The World's Greatest Ideas

by

Institute for Social Inventions

부코

북키앙

만물상자

영문원제 | The World's Greatest Ideas

등록번호 | 제22-2190호
등록일자 | 2002.08.07
전화 | 362-3932
팩스 | 312-1453
무선 | 010-5575-0308
메일 | bookian@paran.com
홈피 | www.booko.kr
주소 | 우)120-818 서울 서대문구 북아현동 3-68 LB빌딩 5층

값은 표지에 있습니다.

The World's Greatest Ideas

by

Institute for Social Inventions

니콜라스 앨버리는 이 책을 끝내고 난 뒤인 2001년 6월3일, 자동차 사고로 세상을 떠났다. 니콜라스는 사회변화창안연구소The Instittute for Social Inventions의 창립자이자 소장이었다.

이 연구소는 의미 있는 사회적 변화를 가져온 혁신적인 아이디어를 전 세계에서 수집하고, 그중 가장 훌륭한 것들은 직접 실행하기 위한 자선 프로젝트다. 여러분이 이 책에서 읽게 될 아이디어들은 그렇게 수집되었다.

아이디어의 힘이 사회를 바꾼다는 신념으로 살아온 니콜라스는 '장인과 도제의 연합', '세계 아이디어 은행', '자연사망 센터', '도전 시암송', 'www.DoBe.org(두비)' 같은 프로젝트를 이끌었다. 어떤 것들은 연구소에 보낸 온 아이디어를 응용한 것이고, 나머지는 니콜라스 자신의 풍성하고 창조적인 상상력에서 나온 것이다. 실제로 그의 비전과 창의성을 길이 증명할 이 책에서는 그가 직접 낸 아이디어가 많이 실려 있다.

그는 헌신적인 사람들로 이루어진 작은 그룹이 세상을 바꿀 수 있다는 확실한 신념이 있었다. 그는 이런 신념을 런던 서부에 거주하는 작은 그룹 의 사람들이 영국으로부터 독립을 선언한(이 책의 '자유독립국 프레스토니아' 참 조), 프레스토니아 공화국 창설에 개입하면서 효과적으로 입증했다.

그는 환경문제에 있어서도 앞서 있었다. 가솔린에 든 납 성분이 아이들 의 건강에 악영향을 끼치는 사실을 들어 1979년 석유회사를 기소하기도 했 다. 그후 몇 년 지나지 않아 무연 휘발유를 시장에 내놓은 회사는 다름 아닌 바로 그 회사였다.

그는 다산적인 사회변화창안자이자, 작가, 출판인, 운동가로서 수많은 사람들에게 영향을 주었다. 그 증거는 우리 주변에 널려 있다. 자선활동을 위해 시를 외우는 학생들, 삼림지에서 거행되는 장례식, 도제 일 맡아서 하기, 점점 더 많은 사람들이 매일같이 세계 아이디어 은행에 아이디어를 제출하는 일 같은 것들이 그것이다. 그의 업적은 잊혀지지 않을 것이며 그가 이룩한 일들은 그가 영감을 불러일으킨 사람들을 통해서 계속될 것이다.

레타 보웬은 대학을 마치자마자 2000년 10월부터 이 연구소에서 일해오고 있다. 대학에서 그녀가 공동 창립한 '무초스 극장'은 벌이가 되는 일을 하기 위해 잠시 해산 중이다. 그녀는 연구소의 점심시간 의식 일부인 매일 시 한편 외우는 일을 꾸준히 해왔다. 여기서 선정한 시들은 2003년 10월에 출간될 연구소의 두 번째 시선《오늘의 시 2》에 수록될 것이다.

닉 템플은 학업을 마치고 바로 사회변화창안연구소에서 일하기 시작해 일년이 지났다. 그는 대학에서 문학, 문화, 현대성, 병적인 시 잡지, 밤새도록 일하는 능력을 익혔다고 한다. 그의 주 업무는 조판과 교정 말고도 조용히 커피를 채우며 쓸모없는 사실들을 기억해내는 일도 포함된다.

스테파니 윈리치는 영국 사우스햄프턴 대학 문화 및 사회변동 석사 출신이다. 1998년부터 사회변화창안연구소의 작가 겸 편집자로 일해오고 있다. 그녀가 공동 편집한 연구소 출판물로는《오늘을 즐겨라》《사회적 꿈과 기술적 악몽》,《영감의 책》《자연스럽게 가야할 길》,《건강정보 1,001가지》,《새 자연사 핸드북》이 있다.

이 책을 공동편집자 니콜라스 앨버리에게 바친다.
그는 2001년 6월3일 이 책을 마친 뒤 세상을 떠났다.
니콜라스는 사회변화창안연구소의 창립자이자 소장이었다.
이 책의 수익금은 자선 프로젝트인 본 연구소에 돌아갈 것이다.
우리 모두가 그를 그리워할 것이다.

세계변혁을 위한 점진주의 전략

브라이언 이노 : 음악가이자 프로듀서이자(세계적인 팝 그룹 'U2'의 프로듀서)
화가이자 작가인 브라이언 이노는 사회변화창안연구소의 후원자다.

치타에게 빨리 달리기 재능이 있듯이 인간에게는 상상력이라는, 무엇이 어떻게 달라질까 생각할 수 있는 재능이 있다. 이는 다른 동물들은 가지지 못한 독특한 재능으로서, 우리 인간은 자신이 살고 있는 사회제도에 대해 다시 생각해보는 능력을 갖고 있다. 이런 재능은 비록 희비가 엇갈리기도 하는 재능이지만 (우리는 우리를 해방시켜주는 제도뿐만 아니라 우리를 노예로 만드는 제도도 만들어낼 수 있다) 그렇다고 사용하지 않을 수 없는 재능이다. 치타가 달리기 시합에서 물러나지 않듯이 우리 또한 상상력 시합에서 물러날 수 없다. 그것은 우리만의 영역이자 우리의 삶 자체다.

그렇다면 우리의 뉴미디어가(우리가 어떻게 하고 있는지 우리에게 다시 보고해주는 일을 맡은 기구) 성공적인 아이디어 대신 나쁜 아이디어이거나 실패한 좋은 아이디어에 더 열중하고 있는 현실은 수상하다. 우리는 나쁜 소식과, 일이 어떻게 잘못 되어 갔느냐 하는 이야기에 빠져 산다. 그러면서 일이 어떻게 잘 될 수 있을까 하는 문제에 대해서는 아주 피상적인 이야기만 나눌 뿐이다.

이는 우리가 우리 자신의 능력을 아직 받아들이지 않으려(아니면 그럴 수 없는) 하기 때문인가? 아니면 여러 가지 일들이 어떻게 하면 더 나아질 수 있는지 고민하고 결정하고 책임지는 일 보다, 우리 자신을 통제 불가능한 복잡성의 희생자로 보는 것이 더 편리하기 때문인가? 그것도 아니면 이상적인 아이디어라고 여겼던 것들이 긴 세월 동안 패배를 거듭하는 것을 보며 무기력해진 나머지 더 이상 잘못되기를 두려워하고 있는 것인가?

이 책과 이 책이 지지하고 있는 세계변화에 대한 접근방식은 유토피아적이지 않다. 이 책에서는 우리는 완전히 새로운 세계를 건설할 것이며, 우리 모두가 자기 맡은 바를 다한다면 완벽을 이룰 것이다. 라고 말하지 않는다. 대신 훨씬 더 실용주의적이며 점진주의적인 전략을 제시하고 있다. 모든 것을 포괄하는 이데올로기적 개괄을 말하는 대신에, 세상을 바꿀 수 있고, 누구라도 적절한 활용이 가능한 사례별 접근방식을 취하고 있다. 이런 식으로 말하고 있는 것이다. 우리에게 주어진 것과 우리가 지금 알고 있는 것을 고려할 때 이 특정한 사안은 이런 식으로 다르게 해보는 것이 더 낫지 않을까? 우선 이 책은 하나의 연구 작업이다. 더 성공적이고 인간적인 해법을 찾기 위하여 전 세계를 뒤지고, 그 결과를 새롭고 독특하게 짝지은 방식으로 보여주고 있다. 그런 의미에서 이 책은 좋은 소식(복음)이며, 신문지상을 거창하게 장식하지 않아도 좋은 인간적 성공의 사례들이다.

이러한 접근방식이 우리에게 말해주는 것은 더 나은 세상이란 모든 것을 다 부순다고 얻어지는 것이 아니라, 더 잘 작동하는 시스템과 제도를 축적함으로써 얻을 수 있다는 것이다. 또 이런 접근방식은 대부분의 사람들은 선택의 여지만 주어진다면 이성적이면서 관대하기까지 한 결정을 할 것이라는 기대에서 나오는 것이다. 책은 또 이렇게 말한다. "미래를 보살피는 일은 우리의 책임이다."

지혜가 솟아나는 풍요의 뿔

제이 월제스퍼 : 제이 월제스퍼는 《Utne 리더》 편집자다.

저널리즘은 업계에 있는 사람들 대부분이 인정하듯 빌려쓰기의 예술이라고 할만한 직업이다. 좋은 저널리스트는 아이디어를 끌어낼 만한 흥미롭고 식견 있는 인물을 재빨리 찾아내는 사람이다. 이 분야의 성공 여부는 대부분의 다른 작가나 편집자들에게 알려지지 않은, 특별히 풍요로운 정보원을 찾아내어 공략하는 일에 달려있다.

눈부신 아이디어와 눈이 번쩍 뜨이게 하는 제안으로 가득 찬 이 근사한 책의 출간으로 나는 저널리스트로서의 내 지위가 내려갈 수밖에 없음을 확실히 예상할 수 있다. 사실 나는 여러 해 동안 《Utne 리더》 잡지를 편집하면서 런던의 사회변화창안연구소에서 이야기들을 심심치 않게 가져다 썼다. 내 생각에 비행기 몇 대분의 노련한 기자들과 수백만 불의 취재여행 예산을 갖춘 주요 언론기업을 다 뒤져봐도 이토록 꾸준히 신선하고 가치 있는 아이디어로 나를 감탄시켰던 곳은 거의 없다. 그런데 이제 내 비밀은 대서양을 건넜고, 호기심 많은 북미인들도(달갑지는 않지만 여러 언론인들을 포함하여) 이 연구소가 제시하는 지혜가 솟아나는 풍요의 뿔을 향유할 수 있게 되었다.

니콜라스 앨버리와 그의 동료들이 제공하는 가장 가치 있는 서비스 중 하나는 기발한 아이디어를 대다수 언론인들이 무심히 지나친 곳에서 끌어왔다는 점이다. 전 세계에서 런던 사무실로 쏟아져 들어오는 우편엽서나 이메일뿐만 아니라 아시아의 마을들, 이름모를 지역사회의 작은 공동체에서 배포한 전단지, 인터넷 어느 한 구석 등에서 말이다. 이따금 《Utne 리더》도 그들에게 약간의 아이디어 거리를 제공했다고 하니 나 또한 기쁘다.

현대생활의 짜증스러운 두통거리와 우울한 순간에 대한 해독제

연구소의 정보들은 런던에 있는 그 유명한 〈더 타임즈〉에 실린 기사들과 비교해도 손색없을 정도다. 하지만 분명한 것은 이런 아이디어들이 두뇌집단이나 대학 연구실의 추상적인 이론에서 나온 것은 아니라는 점이다. 그 아이디어들은 평범한 사람들이 매일 겪는 여러 복잡한 문제들을 보다 즐겁고 신나는 세상을 위한 도전으로 받아들여 체험한 데서 나온 것들이다. 여러분은 이 책에서 주요 국제 문제의 해답을 찾을 수도 있을 것이며, 또한 현대생활의 짜증스러운 두통거리와 우울한 순간에 대한 해독제를 발견할 수도 있을 것이다. 이 한권의 책에는 사회변화창안연구소가 지향하는 전망들의 대부분과 그 정수가 멋지게 담겨있다. 이 책은 상상력의 비상을 통해 더 나은 세상을 꿈꾸는 우리들을 고무시키기도 하고, 동시에 우리 일상생활에 실제로 적용시킬 수 있는 구체적이면서도 탁월한 방법들을 제공해주기도 한다. 이 책에는 모든 사람의 하루를 밝혀주며 내일을 꿈꿀 수 있도록 해주는 무언가가 있다.

인간적인 규모의 아이디어들

커크패트릭 세일 : 커크패트릭 세일은 아홉 권의 책을 쓴 작가다.
그 중 《인간적 규모와 미래에 대한 반역자들》, 《러다이트 운동과 산업혁명에 대한 전쟁》,
《컴퓨터 시대의 교훈》이 있다. 그의 최근 저술로는 《천재성의 불: 로버트 풀턴과 아메리칸 드림》
이 있다. 그는 미국 슈마허 학회의 창립 이사회원이다.

참 뻔뻔하다, 참 염치도 없다, 하고 여러분은 생각했을 것이다. 이 사람들이 세계최고의 아이디어를 알고 있다고? '세계 최고'라고?! 건방진 소리!

하지만 잠시 기다려보자. 이것 하나만 생각해보자. '과학자를 위한 히포크라테스 선서'에서는 경력을 시작하는 과학자들에게 의사들처럼 자기 일생의 업을 판단해줄 윤리적 원칙을 선서하도록 한다. 그런 아이디어가 우리 시대의 위대한 사상과 함께 어깨를 나란히 하지 못한다면 무엇이 그럴 수 있을지 궁금하다. 가령 로버트 오펜하이머(제2차 세계대전 중에 로스 앨러모스의 연구소장으로서 원자폭탄제조계획을 주도했다)나 베르너 폰 브라운(제2차 세계대전을 전후해 v-2로켓을 제작한 로켓의 선구자)이 히포크라테스가 말했듯 나는 어떠한 의도적인 악행이나 위해도 삼가겠노라 하고 선서했다고 상상해보라. 이 세상은 얼마나 다른(그리고 훨씬 더 안전한) 곳이 되었을까.

이 책에 나오는 모든 아이디어가 다 그런 수준이라고 주장할 생각은 없다. 대신 상당수는 그에 근접하고 있다. 가령 고어 비달이 제안한 '미국을 분할하다'는 스위스의 정부 시스템이 '기가 막히게' 잘 돌아가고 있으니 미국도 그렇게 지역 분할하면 어떻겠냐고(막상 논쟁거리가 되긴 어렵겠지만) 주장한다. 또 도시나 지방 단위에서 지역화폐를 개발하자는 아이디어는 국가통화와의 위험한 등락을 피하면서 작은 지역에 돈을 유통시킴으로써, 지역사업을 체인화하거나 지역에 쇼핑몰을 세우는 대신 일자리와 지역사회 경제를 부양하자고 한다.

여러분도 감을 잡았으리라 생각한다. 이런 것들은 정말 대단한 아이디어다. 아이디어를 중요하게 만드는 것이 무엇인지, 제대로 소개한 다음 어떻게 실행에 옮겨야 하는지를 분명히 아는 사람들이 채집한 것들이기도 하다. 정말 이 책을 편집한 사람들은 번뜩이는 아이디어를 발견하고 알리는 일뿐만 아니라, 여러 가지 사례에서 이런 아이디어를 꿰뚫어보고 실현시켜온 오랜 역사를 갖고 있다. 1985년 런던에서 니콜라스 앨버리와 그 동료들이 시작한 사회변화창안연구소는 '사회변화창안'(사회문제에 접근하는 새롭고 상상력 풍부한 방식)을 찾아나서는 사업을 개척했다. 그리하여 그런 창안을 독립 센터, 지역 위원회, 전문가 네트워크, 자문가 그룹, 전국 경진대회, 진정제기 등 통할만한 모든 방법과 결합하여 실행에 옮겼다. 이번에 나온 책은 최근 몇 년간 이들이 마주친 이러한 '창안' 중에서 최고의 것들을 엄선한 것이다.

이들이 성공한 이유는(사실 이 아이디어가 세계최고인 이유는) 문제를 제기한 다음 인간적인 규모로, 이웃 단위에서 솜씨 있게 운영을 하기 때문이다. 여기에 정부의 거창한 방안이나 관료의 도움이 개입되지는 않는다. 전 지구적 문제해결 절차나 유엔의 간섭이 있는 것도 아니다. 모든 아이디어는 실제적이며 지역사회를 기반으로 한 직접 경험에서 나온 것으로, 이를 성취하기 위해 필요한 것이라곤 오직 인간의 독창성과 헌신, 초보적인 여건과 도구(컴퓨터와 팩스를 쓰기도 하지만), 보기 쉽고 배우기 쉬운 원칙과 절차뿐이다.

지력이 다한 밭에 '광물질을 다시 채우기' 위해 돌가루를 사용한다. 싸고 오래가는 짚거죽으로 집을 짓는다. 도시 콘크리트 바닥에 오랫동안 덮여있던 하천을 해방시킨다. 숲밭을 만들어 이웃과 함께 한다. 무차별적인 선행과 넋 놓을 정도로 아름다운 행동을 해본다.

이 모든 아이디어는 보시다시피 단순하다. 깊이 들어가 보면 여러 갈래가 많기도 하겠지만 말이다. 전 세계를 구한다는 뜻을 품은 것도 있지만 모두 작고 실행 가능한 수준에서 구상되고 규정된 것이다. 단순하고 작으며, 값싸고 안전하다. 슈마허가 말한 진정으로 아름다운 것이다.

이 책을 단 몇 분간만 훑어보기 바란다. 여러분을 놀라게 하고, 끌어당기며, 영감을 주고, 힘을 실어줄 수 있는 아이디어와 분명히 마주칠 것이다. 그리고 만일 목록을 전부 뒤져봐도 이들이 세계최고의 아이디어라는 말에 동의할 수 없다면, 그때는 여러분 자신의 아이디어 몇 개를 적어서 사회변화창안연구소에 보내시기 바란다. 그 아이디어들은 다음 책에 실릴 것이다. 바로 그것이 중요한 점이다. (정말 뻔뻔하기도 하다.)

차 례

1. 환경과 생태 19

2. 자기계발 / 의료건강 71

5. 공동체 295

6. 교육 / 육아 347

7. 국제 / 정치 403

8. 경제 / 과학 441

1. 환경과 생태

● 지구를 입양하다 ● 하수 습지를 자연보호구역으로 ● 자갈 가루로 지구를 구하다 ● 자기 산업 배출물을 먹도록 하다 ● 세이브 더 월드 클럽 ● 자이살메르Jaisalmer – 황금도시의 붕괴를 막자 ● 관광으로 황폐해질 섬을 구해내다 ● 덮인 도시하천을 열어주다 ● 코끼리 사냥권을 마을에서 통제하다 ● 유인원 프로젝트 ● 나무 위의 집은 생태 휴양지이다 ● 숲밭 ● 식기세척기 물이 식물에게 좋다 ● 생태변기 ● 퇴비식 변기 – 시의회의 장려금 ● 유기 공중 수영장 ● 자연의 권리 선언 ● 다음 세대를 위한 협의회 The council for Posterity ● 자연 단계The Natural Step – 지속가능한 미래를 위한 국가 계획

지구를 입양하다

'지구 입양 프로젝트The ADOPT-A-PLANET PROJECT'는 1990년대 영국에서 처음 도입되어, 이제는 국제적인 본보기가 되었다. 그것은 자선단체의 후원을 받아 국가적인 홍보활동을 벌이는 일로서, 모든 학교의 모든 학급마다 지구 땅의 특정 부분을 입양하여 지속적으로 돌보는 프로젝트이다. 예를 들면 어느 거리를 입양한다든지, 연못이나 공원이나 강 등을 입양하는 식이다.

학생들이 지구 땅의 특정 부분을 입양하여 지속적으로 돌보는 프로젝트이다.

학생들은 '지구의 수호자'로서 자기들이 입양한 곳을 더 나은 곳으로 만들기 위해 상상력 넘치는 프로젝트를 세우고 실행해 나간다. 그들이 선택한 곳은 모두 파괴되었거나 엉망이 되었거나, 피해를 입었거나 버려진 곳이다. 가장 성공적인 입양을 한 학급에게는 상금을 준다.

역대 수상 사례로서 링컨셔(영국 잉글랜드 중동부에 있는 주) 홀비치에 있는 조지 파머 스쿨의 경우를 보면, 학생들은 쓰레기 투기장이 되어버린 버려진 연못을 입양했다. 그들은 지역 업자에게 의뢰하여 연못을 퍼내도록 했다. 학생들은 이곳을 치우고, 크고 작은 나무와 들꽃 씨앗을 심었다. 경찰과 인근 농부들은 더 이상 투기를 하지 못하도록 연못 일대를 지켜보는 일을 도왔다. 학생들은 상금을 새들이 앉을 수 있는 널빤지와, 새의 보금자리 박스와, 벤치를 사는 데 썼다.

콘월(영국 잉글랜드 남서부에 있는 주)의 솔태쉬에 있는 롱스톤 유아 학교의 5-6세 아이들은 지역의 버려진 놀이터를 입양했다. 그리고는 쓰레기를 치우고, 낙서를 닦어내고, 벽화를 그리며, 수선화를 심고, 새 쓰레기통을 마련하기 위해 크리스마스 캐럴을 불러서 자금을 모았다.

지구 입양 대회에 참석하려면, 어느 학급이든 입양할 장소를 고른 다음 빠른 시일 내에 대회 조직본부에 프로젝트를 등록하기만 하면 된다. 그런 다음 선정한 지역을 어떻게 향상시켰는지를 설명하며 입양 전후의 사진을 첨부한 진척 보고서를 보내는 것이다. 이 아이디어의 원칙은 각 학급이 입양한 장소는 지속적으로 돌본다는 것이다. 따라서 선생님은 해마다 새로 올라오는 학생들에게 이 프로젝트를 전달해준다.

상금과 상장의 수상자를 선정하는 기준에는 다음과 같은 것이 있다.

◆ 프로젝트를 세우고 실행하는 가운데 상상력이 얼마나 풍부했는가?
◆ 학생들이 반反파괴적 측면에 얼마나 초점을 맞추었는가?
◆ 참을성을 얼마나 발휘했는가?
◆ 지역의 도움을 받는 일이나, 프로젝트의 자금을 모집하는 일이나, 필요한 경우 해당 기관에 로비하는 일을 얼마나 성공적으로 해냈는가?
◆ 지구 수호자로서의 이미지를(배지, 옷, 팻말 등) 개발하거나, 더 넓은 맥락 속에서 일을 추진하려는 노력은 어느 정도였는가?
◆ 지역 언론매체에서 그들의 노력을 다룬 보도가 얼마나 있었는가?
◆ 제출한 자료는(그림이나 진척 보고서 등) 얼마나 훌륭한가?

'지구 입양'은 런던에 있는 다음 세대를 위한 위원회(미래 세대의 권익 보호를 목적으로 하는 환경단체)가 운영하고 있다. 시범 프로젝트는 걸벤키언 재단의 최초 자금으로 시작되어 장기 기금을 모집하고 있는 중이다.

하수 습지를 자연보호구역으로

《스미소니언》에 실린 더그 스튜어트의 글을 요약했다.
로저 나이츠가 모니터했다.

'아카타Arcata 습지 및 야생 보호구역'은 샌프란시스코에서 해안선을 따라 280마일 북쪽에 있는 154에이커 면적의 습지공원이다. 조용하고 아주 향기로운 냄새가 나는 이 공원은 아카타를 관광 명소이자 조류 관찰bird-watching 중심지로 만들었다. 이곳은 또 이 지역이 캘리포니아의 엄격한 하수처리 기준을 준수하는 일이 가능하도록 기여했다.

하수는 이 공원에 연이어 있는 여러 인공습지를 굽이쳐 흐르며 통과했다.

1986년부터 이 지역의 구식 1차 처리시설에서 부분적으로 처리된 하수는 이 공원에 연이어 있는 여러 인공습지를 굽이쳐 흐르며 통과했다. 두 달 동안의 장정 끝에 이 물은 훔볼트만으로 연결된 관으로 흘러 들어갔다. 습지에서 흘러나온 물은 일반적으로 만에 있는 물보다 더 맑고 깨끗했다.

이 시스템의 단순 소박함은 이 도시에게 '포드 재단의 정부 내 혁신' 프로그램에서 주는 10만 불의 보조금을 안겨다 주었다. 그리고 미국 전역의 시장과 지역 엔지니어에게서 문의가 빗발치도록 만들었다.

지역 대학인 훔볼트 주립 대학의 환경공학 교수인 밥 기어하트는 제3세계 몇몇 지역사회에서 폐수를 이용한 작물관개 시스템 개발을 도와왔다. 개발도상국에서는 종종 1급수에 해당하는 맑은 물을 구하기 어려웠으며, 구한다 하더라도 염소를 감당하기도 어려웠기 때문이다.

아카타를 만들 때 그가 계획한 디자인에 따르면 32에이커의 황량한 호안 지대에 연못을 파야 했다. 그곳은 오래된 마을 쓰레기장이 있고, 버려진 제 재소가 연이어 있는 곳이었다. 습지마다 개방수역open water과 습지식물이 균형을 이루고 있다. 습지의 형태는 보기 즐거울 정도로 불규칙적이며, 사 람이 만든 작은 섬들이 습지 표면의 여기저기에 솟아 있었다. "진짜 역할을 하는 것은 부들cattail의 뿌리와 가지 주변에 있는 미생물입니다."라고 기어 하트는 설명한다. 부들 줄기가 미끌미끌한 것은, 지나가는 물에 들어 있는 유기 영양분을 먹고 살기 위해 줄기에 꼭 붙어 있는 박테리아와 균류가 있 다는 증거이기도 하다. 이는 사실상 작은 생물학적 필터 역할을 한다.

습지대 식물상은 아주 많은 물새들을 불러들인다.

개구리밥, 부들, 피막이 속, 줄기가 단단한 큰고랭이 속 식물들이 이 영양 가득한 습지 물 속에 산다. 습지대 식물은 또한 아주 많은 물새들을 불러들 인다. 오리, 물닭, 해오라기, 왜가리, 매, 물떼새, 펠리컨, 송골매 등이다. 조 깅을 즐기는 사람들은 붉은 나뭇조각이 깔린 숲길을 따라 달린다. 사무직 근로자들은 점심시간이 되면 차 안에 앉아 책을 본다. 공원에 방문자 센터 를 지을 예정이며, 화장실 칸막이 안에 '도와주셔서 감사합니다'라고 쓴 팻 말을 붙인다는 이야기도 있다.

자갈 가루로 지구를 구하다

'토양 광물질 되찾기' 운동에 따르면 자갈 채취장에 있는 기다란 못에서 흔히 구할 수 있는, 광물질과 미량원소가 풍부한 자갈 가루를 여러분의 정원에 뿌리는 것이 매우 유용하다고 한다. 이 운동은 지금까지 오스트리아 독일 미국에서 가장 활발히 펼쳐졌다. 로베르트 쉰델레는 이렇게 쓰고 있다. "나는 자갈 가루 현상을 우연히 발견했다. 오스트리아 멜크 근처에 있는 내 숲속 땅을 가로 지르는 1.5마일 길이의 길을 내는 동안 자갈 가루에 대해 알게 되었다. 이 가루가 있는 구역은 몇 달 이내에 병든 전나무들이 모두 다시 건강해졌고 그 다음부터는 아주 잘 자랐다."

자갈 가루가 있는 구역은 몇 달 이내에 병든 전나무들이 모두 다시 건강해졌다.

자갈과 바위가루를 주제로 존 해머커와 함께 집필한 책《문명의 생존》에서 돈 위버는 이렇게 쓰고 있다. "샌프란시스코 만 동쪽에 있는 산업용 자갈 채취장에서 나온 자갈 가루를 내 유기농 밭에 평방피트 당 2에서 4 파운드 정도 뿌려보았다. 소출이 양적으로는 2배에서 4배까지 늘어났으며, 맛도 확실히 더 좋아졌다. 열매를 많이 맺는 서양호박과 토마토 화단에서 타고 오르는 덩굴제비콩은 꼭대기에 있는 무거운 콩의 무게 때문에 줄기가

꺾일 때까지 18피트나 자랐다." 해머커의 광물이 함유된 밭에서 나온 곡물 소출은 같은 씨를 이용하여 화학비료를 써서 키운 작물보다 인 성분이 57 퍼센트나 더 많은 것으로 드러났으며, 칼륨이 90퍼센트, 칼슘이 47퍼센트, 마그네슘이 60퍼센트 더 많은 것으로 드러났다. 카나리아 제도의 란세로테 에는 덩굴 식물들이 화산암 많은 토양에서 아주 잘 자랐다. 그리고 이제 영 국에서는 에일즈베리 근처의 스프링힐 농장에서 한 실험의 흥미로운 결과 가 드러나기 시작했다. 서리 대학의 화학학부와 합동으로, 농부들은 인근 채석장에서 나온 화강암 가루를 첨가한 흙에서 밀을 재배하고 있다.

빙하기 동안, 빙하가 수천 년에 걸쳐서 암석을 미세한 가루로 만들기 때문에 비옥한 토양이 만들어진다.

미국에서의 이 운동은 거의 메시아적 어조를 띠고 있다. '지구 광물 회 복' 회장인 조안나 캠프는 "궁극적인 빈곤은 토양의 빈곤이다. 지구의 운명 은 균형에 달려있다."라고 말하고 있다. 광물질을 회복하는 일은 새로운 빙 하기를 피하는 데 도움이 된다. 빙하기 동안, 빙하가 수천 년에 걸쳐서 암석 을 미세한 가루로 만들기 때문에 비옥한 토양이 만들어진다. 미세하게 간 자갈가루를 뿌려주면 토양의 미생물이 자라나며, 그 원형질은 모든 생명의 바탕이 된다. 한편 전 세계적으로 숲이 죽어가면서 이산화탄소 배출이 늘 어남에 따라, 지구의 기후가 변화하여 따스한 간빙기에서 빙하기로의 변이 를 촉진하고 있다.

로베르트 쉰델레는 더 극단적이다. 그는 자갈가루를 하루에 차 숟가락 두 개 분량씩 먹고 있다. 그리고 이를 상품화하여 슈퍼바이오민이라는 이 름의 '미네랄 보조식품'으로 유럽 여러 지역에 팔고 있다. 독일과 오스트리아 제약업계의 대단한 반발을 무릅쓰고 말이다. "제 머리는 몇 년 동안 눈처럼 하얬지요." 그가 말한다. "그런데 자갈가루를 먹기 시작한 뒤부터 이제 다시 거의 검은색이 되었습니다. 지병이, 특히 통풍이 사라졌습니다."

그는 나아가 수퍼바이오민이 우크라이나 '원자물리학 연구소'에서 입증한 바 있듯이 이온화된 입자의 진동률을 떨어뜨림으로써 방사능을 물리치는 효과가 있다고 주장한다. 체르노빌 원전폭발 사고 후에 러시아에서도 수퍼바이오민 4,400파운드 분량을 군용트럭으로 실어갔다고 한다.

이 운동이 점점 주류층에게도 받아들여지는 신호로서 미국 농무부가 후원하는 이 주제에 대한 다양한 연구 프로젝트와 회의가 있다고 조안나 캠프는 주장한다. "미국 내 여덟 개 대학에서 이 분야에 대한 연구를 진행하고 있습니다. 고등학교에서 진행하고 있는 여러 프로젝트는 말할 것도 없지요."

'지구 광물 회복'의 웹사이트도 참고하시길.
www.geocities.com/hotspring/saunal/1432/links.htm

자기 산업 배출물을 먹도록 하다

이안 개스코인

모든 상업, 산업, 농업 조직에게 강이나 수로에 마음껏 폐기물을 방류하도록 하라. 단 한 가지 조건을 달아서 말이다. 그 조건이란 같은 강이나 수로에서 마실 물을 얻되, 폐기물을 방류한 곳보다 하류에서 그렇게 해야 하며, 아무런 정수 처리 없이 자신들이 마실 물로 공급해야 한다는 것이다. 그들이 일하는 곳이 강의 어느 지점에 있든 상관없이 말이다.

환경, 생태

세이브 더 월드 클럽

데스 케이: 데스 케이의 〈세이브 더 월드 클럽〉
뉴스레터에 실린 글을 고쳐 씀.

사람들은 이제 '세이브 더 월드(세계를 구하다) 클럽STWC'에 전에 없이 빠르게 가입하며, '그린피스'나 '지구의 친구' 등과 같은 온갖 종류의 단체와 제휴하고 있다.

> **나는 STWC의 멤버로서 오늘 하루 세계를 구하기 위해 할 수 있는 모든 일을 다 하겠습니다.**

회원가입이 아주 자유롭다는 장점을 기억하라. 서약에 필요한 유일한 필요조건은 '나는 STWC의 멤버로서 오늘 하루 세계를 구하기 위해 할 수 있는 모든 일을 다 하겠습니다.'라고 매일 아침 일어날 때 선서하는 것이다.

웹사이트 : www.savetheworldclub.org

자이살메르Jaisalmer − 황금도시의 붕괴를 막자

《뉴 사이언티스트》에 실린 '자이살메르를 살릴 마지막 기회'라는
수 카펀터의 기사를 요약했다.

여행 이야깃거리를 모으기 위해 인도에 세 달 가 있는 사이에 나는 자이살메르에 일주일 머무른 적이 있다. 라자스탄의 그레이트 인디언 사막 끝자락에 있는 외딴 언덕 위에 걸터앉은 찬란한 요새도시였다. 가장 가까운 대도시 조드푸르에서 기차로 아홉 시간 거리였다. 이곳은 8백 년 동안 그 자리에 서 있으면서 현재 시민들의 조상이 얼마나 풍요로웠고 기술이 뛰어났는지를 증명해주고 있다. 정교하게 깎아 올린 사암砂岩 건축물이 햇빛을 받아 번쩍이고 있었다.

이 도시의 물은 원래 저수지에서 사람의 손으로 길어왔다. 지금은 도시로 흘러 들어가는 물의 양이 훨씬 늘어나 개방형 배수로로는 관리하기가 어렵게 되었다. 그 결과 건물 지반에 물이 스며들면서 여러 구조물들이 불안정하게 되었다. 1993년 예상치 못한 폭우로 타격을 입어 80채의 유서 깊은 건물이 카드로 만든 집처럼 흔들렸다. 그런데, 어느 낙심한 건축가의 말을 빌면 지역주민들은 자신들의 유산이 무너져가는 일에는 아랑곳없이 콘크리트 호텔을 세우거나 값싸게 재건축을 하여 빨리 복구하기를 더 좋아했다. 자이살메르의 딜레마를 국제사회에 널리 소개해야만 이 도시를 구할 수 있을 것 같았다.

돌아와서 나는 《뉴 사이언티스트》에 글을 하나('황금도시의 붕괴') 썼다. 세

계에서 가장 아름다운 도시가 어떻게 산산이 흩어지고 있는지에 대한 글이었다. 나는 어느 라디오 프로그램에 초대되어 이 이야기를 하게 되었다. 10년 전에 자이살메르에 가본 적이 있는, 런던에 거주하는 어느 건축가는 나에게 연락을 해서 자신의 놀란 마음을 전달해주기 바랬다. 우리는 정말 무언가를 해야만 한다고 입을 모았다.

그래서 나는 우편발송목록을 만들어서(웨일스 왕부터 라자스탄 주지사까지) '위기의 자이살메르'라는 캠페인을 발족했다. 우선은 국제적인 관심을 불러일으키는 것이 초기의 목적이었다. 캠페인에 드는 운영비는 특이하게 이 상황에 어울리는 자금원에게서 나왔다. 내가 자이살메르에 갔을 때 마침 조드푸르 웅장한 요새에서 루디야드 키플링의 〈정글 북〉을 영화로 찍고 있었다. 나는 모글리가 화난 벵갈 병사 두 명에게 붙잡혀서 강제로 연회장 테이블로 끌려가는 장면에 나오는 엑스트라 역할을 하나 맡았다. 런던에서 이 영화가 개봉되었을 때, 나는 디즈니사를 설득하여 특별 상영을 하도록 했다. 거기서 나는 자이살메르 문제에 대한 기부금을 모으고 싶었던 것이다.

내 편지는 많은 사람들의 염려와 흥미를 불러 일으켰다. 라자스탄의 주지사와 총괄국장 모두 이 캠페인을 반기며 자원이 마련되는 대로 보존계획을 곧 추진할 수 있으리라는 답장을 보내왔다. 자이살메르를 보존하기 위해서는 인도 당국의 긍정적인 접근이 필수적이란 점을 전제로 할 때, 이러한 반응은 아주 고무적인 것이었다. '예술문화유산을 위한 인도 국가기금'에서도 지원을 약속하는 편지를 보내왔다. '위기의 자이살메르'라는 제목을 단 장문의 편지였다. 런던에 있는 '인도 네루 센터'의 고위 인사는 나에게 강의를 의뢰해왔다.

건축 및 계획 분야에 대한 웨일스 왕자의 도움으로 여러 사람이나 조직은 자이살메르 문제를 뉴욕에 있는 '세계문화유산기금WMF'에게 알렸다. 그러자 WMF에서는 자이살메르에 자기네 대표를 보내서 가까운 미래의 잠재 프로젝트로 고려할까 한다는 답장을 내게 보내왔다.

기나긴 여정일 수도 있다. 하지만 '위기의 베니스'처럼 '위기의 자이살메르'도 알려지면서 나름의 추진력을 얻었다. 우리는 끝없는 싸움을 하고 있는 것이 아니라 조심스러운 전투를 벌이고 있다. 게다가 자금이 (억만금은 아니더라도 몇 백만 불 정도는) 조달될 수 있다. 아마 한 사람의 작은 힘으로도 변화는 일어날 것이다.

어떤 식으로든 돕고 싶은 분은 '위기의 자이살메르'에 연락해 주시기 바랍니다.
www.jaisalmer-in-jeopardy.org

관광으로 황폐해질 섬을 구해내다

니콜라스 앨버리

그리스의 아름다운 섬 스키로스skyros에는 전 세계 섬 주민들에게 줄 교훈이 있다. 스키로스는 관광의 물결 속에서 상대적으로 고스란히 보존되어 있는 몇 안 되는 관광 섬 중 하나다. 내 관점으로 봤을 때 다음과 같은 사실들이 도움이 되었다.(그리고 어느 정도 다른 섬들이 채택할 수 있는 사항들이다.)

◆ 파노스라는 이 스키로스 지역 운동가는 이 섬을 상대적으로 덜 오염시키기 위해서 모든 업주들과 기타 이해관계자들을 다 불러 모았다. 파노스는 중심가에 있는 타베르나(그리스의 자그마한 음식점)와 기념품 가게를 운영했으며, 가게와 음식점과 민박집 등을 모두 이어주는 관광단체를 조직했다. 그 단체는 '톰슨 홀리데이스' 체인이 큰 호텔을 지어서 패키지 휴가 상품을 도입하려던 계획을 철회시켰다. 파노스와 그의 친구들이 조직한 다른 운동도 칭찬할 만하다. 가령 모든 숲이나 해변 근처에 사는 사람들에게 전화를 지급하여 화재가 발생해서 통제할 수 없는 지경에 이르기 전에 즉각 보고할 수 있도록 한 것이다.

> **관광객들은 주민들의 집에서만 묵어야 한다. 집 주인들은 여름철 돈을 벌기 위해 자기들 방을 비워준다.**

◆ 사실상 호텔이 없기 때문에 관광객들은 주민들의 집에서만 묵어야 한다. 집 주인들은 여름철 돈을 벌기 위해 자기들 방을 비워준다. 이 집들은 아름다운 도자기 접시

와 놋 단지가 벽에 걸려 있는 멋진 시골집이다. 그 결과 관광객들의 돈은 곧바로 지역민들의 주머니로 들어간다. 그리고 방문객들은 다른 어떤 방법보다도 더 지역 주민들과 친밀한 접촉을 하게 된다.

◈ 모든 건물은 최대 3층까지만 지을 수 있다.

◈ 쓰레기는 꽤 효율적으로 모아져서 섬에 있는 처리센터에서 압축된다.

스키로스는 또 두 가지 지형적 요인 때문에 보호를 받는다.

◈ 섬은 비교적 가기가 어렵다. 아테네에서 일주일에 두 번 운항하는, 최대 승선 인원 20명인 작은 비행기가 있을 뿐이다. 아니면 아테네에서 버스를 두 번 타고 페리를 세 번 타는 번거로운 여행을 해야 한다.

◈ 중심지는 계단이 많고, 길이 좁아서 자동차와 오토바이 출입을 물리적으로 막아준다.

덮인 도시하천을 열어주다

《예스! 밝은미래 저널》에 실린 마크 오버베이의 '하천을 빛보게 하다' 라는 글을 요약했다.

샌프란시스코 베이 에리어의 지역단체들은 건물과 도로가 들어서면서 덮인 하천을 다시 열어주는 일을 하고 있다. 삽과 곡괭이와 때로는 중장비를 이용하여 하천을 덮고 있던 콘크리트를 걷어내고 그 자리에 식물을 심었다. 그래서 곤충과 새와 양서류와 뱀이 돌아올 수 있도록 했다. 냇물이 흐르자 도시 거주구역에 자연과 농업이 되살아나 지역 주민들도 기뻐했다.

자원봉사자들은 동물이나 곤충 모양의 스텐실을 만들어서 도로포장 아래에 하천이 있는 곳의 위치를 표시했다.

하천 복구 프로젝트에서 고안한 첫 걸음은 '하천 스텐실' 프로그램으로서 자원봉사자들이 동물이나 곤충 모양의 스텐실을 만들어서, 도로포장 아래에 하천이 있는 곳의 위치 표시를 한 다음 지역사회의 관심과 지원을 조성하기 시작한 것이었다.

코끼리 사냥권을 마을에서 통제하다

《리즌Reason》잡지에 실린 카 헤스 주니어의 '야생 성공' 이란 글을 요약했다.
로저 나이츠가 모니터했다.

백인 식민주주의자들은 아프리카 토착민들의 야생동물 사냥을 금지했다. 그 결과 코끼리나 다른 동물들은 아무런 경제적 사회적 가치는 없이 (암시장을 제외하고) 약탈만 하는 골칫거리로 전락했다. 아프리카인들은 야생동물들 때문에 입는 작물피해를 줄이고 가족들에게 고기와 가죽과 상아를 가져다 주기 위해 밀렵에 의존해야 했다.

짐바브웨의 '국립공원 및 야생생물 부서'의 프로그램인 '캠프파이어'는 지역의 자원(특히 큰 사냥감)에 대한 권리를 작은 시골 지역사회에 할당하자는 목표를 세웠다. 그런 다음 그런 권리를 주로 트로피 사냥(상금 등을 내걸고 벌이는 일종의 사냥대회)을 위한 면허의 형태로 팔 수도 있게 하는 것이었다.

밀렵한 코끼리는 고기와 상아를 팔아 보았자 5백 불 밖에 나가지 않았지만 적법한 절차에 따라 거래한 트로피 코끼리는 2만 불이나 나갔다.

얻은 수익은 (버펄로 하나에 수천달러, 코끼리 한 마리는 몇 배가 더 나갔다) 마을사람들에게 지역개발과, 코끼리를 비롯하여 돈을 벌어주는 다른 야생동물을 보호해준 데 대한 보상에 필요한 자금의 원천이 되었다. 밀렵한 코끼리는

고기와 상아를 팔아 보았자 5백 불 밖에 나가지 않았지만 적법한 절차에 따라 거래한 트로피 코끼리는 2만 불이나 나갔다. 캠프파이어 덕분에 짐바브웨에서 밀렵은 줄어들고 코끼리 수는 4만6천에서 6만6천 마리로 늘어났다.

캠프파이어는 지역 의회에서 큰 사냥감에 대한 재산권을 국가에서 자치 마을기구로 완전히 이양한 곳에서 더 잘 작동했다.

캠프파이어 옹호자인 브라이언 차일드는 이 프로젝트에 대해 이렇게 말한다. "사유제보다는 지역사회에 기반을 둔다는 점에서는 공산주의 시스템 같으며, 자원을 배분하는 데에 있어서는 시장을 이용한다는 점에서 자본주의 시스템 같기도 합니다."

캠프파이어식 접근은 '세계야생생물기금' 등에 의해 남아프리카 전역으로 퍼져나가고 있다. 하지만 이 성공도 '미국 동물 애호회' 같은 동물권리 옹호 단체에 의해 위협을 받고 있다. 애호회는 미국 정부에 로비해서 모든 트로피 사냥을 금지하는 '멸종위기 생물 보호법'을 발동하라고 요구하고 있다.

지역사회 보존

〈시애틀 타임즈〉에 실린 폴 설로퍼의 '아프리카 야생동물의 마지막 희망'
이란 글을 요약했다. 로저 나이츠가 모니터했다.

환경단체들은 우간다 정글과 촌락에서 '지역사회 보존'이란 프로젝트를 시작했다. 논쟁중인 이론에 대한 일종의 시험 기회로 삼은 이 아이디어의 지역사회 보존 방법의 핵심은 간단하다. 아프리카 야생동물을 구하기 위해서는 아프리카인들이 잃어버렸던 동물들을 되찾는 것이다. 이론에 따르면 지역민들이 야생동물원에 초대되면 보호 받는 동물과 그 지역에 관련된 새로운 감각을 얻으리라는 것이다.

여러 가지 접근을 시도하고 있는 중이다. 생태관광을 통해서 사람과 동물
사이의 경제적인 연결은 강화되고 있으며, 둘 사이의 의존적 관계도 강화
되고 있다. 고릴라 공원에서부터 마을 사람들에게 물 파이프를 연결하는
것과 같은 방안들은, 마을사람들이 주변 야생동물들에게 결코 무관심하지
않도록 하는 것이 목적이다. 유럽연합, 세계은행, CARE, 네덜란드 정부 같
은 다양한 기구의 지원을 받는 지역사회 보존 노력의 막대한 규모는 생태
적 마셜플랜이라는 평을 받기도 한다. 지지자들은 그것이 아프리카 야생동
물이 생존할 수 있는 유일한 방법이라고 믿고 있다.

유인원 프로젝트

파올라 카발리에리와 피터 싱어가 편집한 책
《유인원 프로젝트: 인간성을 넘어선 평등》에서 요약했다.

유인원 프로젝트를 통해 유인원의 권리 선언을 지지하는 유명한 연구자, 철학자, 작가들로 구성된 국제 모임이 소집되었다. 토론의 핵심에는 동물 행동학(인성학)과 윤리학의 충돌이 있다. 즉 한편으로 동물 행동에 대한 우리의 연구가 있고, 다른 한편으로 인간 사이의 평등의 바탕에 대한 우리의 수사학이 있는 것이다.

이 선언은 역설하기를, 도덕 공동체의 경계를 넓히는 과정에서 우리는 인간의 상식에 초점을 맞출 것이 아니라, 우리가 풍요롭고 다양한 사회적 감정적 삶을 지닌 지적 존재라는 사실에 초점을 맞춰야 한다고 한다.

인간처럼 유인원도 문제를 풀고, 남들을 속이며, 미리 계획을 하고, 도덕적 판단을 한다.

우리가 가진 이러한 특질은 유인원에게도 있는 것이다. 인간처럼 유인원도 문제를 풀고, 남들을 속이며, 미리 계획을 하고, 도덕적 판단을 한다. 책의 기고자들에 따르면 이 모든 특질이 시사하는 바는, 우리가 도덕적 평등이라는 범주 안에 편입시킬 그룹을 선정하는 기준이 더 넓어져야 한다는 점이다.

이 '평등한 공동체' 안에서는 특정한 도덕적 원칙이나 권리가 적용된다. 그것은 우리들 상호간의 관계를 결정할 것이다. 법으로 보호할 이러한 권리들 가운데 다음과 같은 것들이 있다.

생명에 대한 권리

평등한 공동체 구성원들의 삶은 보호받을 것이다. 평등한 공동체 구성원들은 살해당할 수 없다. 예컨대 자기방어 같은 극도로 제한된 경우가 아니고서 말이다.

사적 자유 보호

평등한 공동체 구성원들은 마음대로 자유를 박탈당할 수 없다. 적절한 법적 절차 없이 구금되어야만 한다면 즉시 풀려날 권리가 있다. 유죄 선고를 받지 않은 존재나 범죄에 대한 책임이 없는 존재를 구금하는 일은 그들 자신의 이익을 위한다거나, 자유로운 상태로 두면 자신이 속한 사회 다른 구성원들에게 분명히 위험이 있어서 보호해야만 할 경우에만 허락되어야 한다. 그러한 경우 평등한 공동체 구성원들은 직접 하든지 아니면 관련 역량이 모자랄 경우 중재자를 통해서 재판관들에게 항소할 수 있다.

고문 금지

평등한 공동체 구성원에 대한 심한 고통을 고의적으로 가하는 일은, 장난삼아 한 것이든 누군가의 이익을 위한 것으로 보이는 것이든 고문으로 간주되며, 그릇된 것이다.

유인원 프로젝트는 우리가 살고 있는 사회의 모습을 결정할 윤리를 제자리에 되돌려 놓고자 하는 것이다. 그 중심에는 계몽적 역사의 선례에서 나온 혁신적인 사회계획이 있다. 이 프로젝트의 선동자들은 이렇게 설명한다. 아리스토텔레스는 인간 노예를 '살아있는 재산'이라고 불렀다. 이 표현은 인간이 아닌 동물들의 현 실태를 정확하게 묘사하고 있다. 인간 노예제도는 이러한 상황에 대한 계몽적인 선례를 제시해주고 있다. 노예에 대한 주인의 힘이 나오는 근원은 노예가 공동체의 일원으로 간주되지 않는다는 사실이다. 오늘날 동물을 위한 정치적 행동은 혐오스러운 관행과 대우방식을 없애는 데에 초점을 맞추고 있다. 그러나 노예제도의 역사를 한 번 보기만 하면 이런 식의 접근법은 주변적인 효과밖에 거두지 못한다는 사실을 알 수 있게 된다. 검투사 시합은 폐지되었다. 하지만 그것이 노예들 삶의 전반적인 조건에는 영향을 주지는 못했다. 가장 극심한 형태의 학대를 없애버린, 의심할 바 없이 바람직한 규제라 할지라도 이런 조건을 근본적으로 바꾸지는 못했다. 가령 얼굴에 낙인을 찍는다든지 거세를 한다든지 했던 경우를 보라.

> **매뉴미션이 노예들에게 유일한 해방의 방법이었듯 동물에게도 대우가 필요할 것 같다.**

고대에는 노예에게 아무 주인도 없는 땅으로 떠날 수 있는 방법이 하나 있었다. '매뉴미션manumission'이라고 하는 것이었다. 이 용어는 문자 그대로 '누군가의 손에서 빠져나오거나 풀려나온다'는 뜻으로 무언가에 대한 통제를 포기한다는 뜻을 분명히 가지고 있다. 매뉴미션이 노예들에게 유일한 해방의 방법이었다면 동물에게도 그런 종류의 대우가 필요할 것 같다. 매뉴미션은 그러한 신분 문제를 바로 지적할 뿐만 아니라, 자유를 스스로 쟁취할 수 없는 존재들에게 자유를 양도하도록 하는 장기적이면서 잘 알려진 장치이기도 하다.

어떤 의미에서 실제적이면서 상징적인 매뉴미션을 통해서 유인원에게 평등권을 부여한다는 것은 조심스러운 방법이다. 상대적으로 전 세계에 그들의 수가 적으며, 그러한 움직임을 위해서는 모든 동물들에게 평등권을 주는 일 같은 것보다는 우리 삶을 진솔하게 재편하는 일이 훨씬 더 필요하다. 어떤 동물해방 운동가들은(그들 중 일부는 〈유인원 프로젝트〉의 기고자들이다) 도덕 공동체가 훨씬 더 커지기를 바란다. 그리하여 인간이 아닌 동물들에 대해 더 큰 범주를 적용하자고 한다. 그러나 이 책의 편집자들은, 우리가 평등한 공동체를 확장한다는 더 넓은 윤리적 목적에 연결될 경우 선별적인 매뉴미션 전술의 이점 하나가 드러날 것이라고 생각한다.

그들은 인간이 아닌 동물들을 우리 공동체의 도덕적 영역이라는 보호 밖에 두도록 하는 장벽을 없애려고 한다면, 인간 속물주의의 확실성을 떠받쳐주는 취약한 분야에 압력을 행사하는 것부터 시작해야 한다고 주장한다. 우리는 이제 침팬지와 고릴라와 오랑우탄의 역량에 대해 충분한 정보를 가지고 있다. 이들과 우리 사이에 우리가 그어 놓은 도덕적 경계가 타당하지 않다는 점을 확실히 알기 때문에, 우리가 이들에게 전적인 도덕적 평등권을 부여하는 것은 이치에 맞는 일이다. 이들은 인간이 아닌 동물 중에서 우리와 가장 가까운 친척이 아닌가. 편집자들은 이것이 모든 동물들에게 한꺼번에 적용될 수는 없겠지만 이런 개량주의적 방법이 선례는 남길 수 있을 것이라고 말을 잇는다. 이렇게 시작한 주도적인 첫걸음은 계통수(系統樹, 동물이나 식물의 진화과정을 수목의 줄기와 가지의 관계로 나타낸 것)를 건너 뛰어 뻗어 갈 수 있다. 도덕적 의무에 대해 우리가 현재 갖고 있는 제한적인 이해를 정당화해주는 종들 사이의 경계를 허물면서 말이다.

사회를 위한 시사점
〈유인원 프로젝트〉에서 리처드 도킨스(1941~, 《이기적 유전자》의 저자)는 인간이 유전학적으로 유인원과 같은 과라는 사실을 우리가 쉽게 받아들이지 못하는 점에 대해 쓰고 있다. 사회는 그러한 시각을 받아들이기를 암시하고 있다고 한다.

정치는 완전히 달라질 것이며, 신학이든 사회학이든 심리학이든 대다
수 분야의 철학들 모두가 결코 이전 같지는 않을 것이다.

"나는 반박에 대한 두려움 없이 이렇게 단언한다. 누군가 침팬지와 인간
의 하이브리드(혼종) 교배에 성공했다면 이 뉴스는 지축을 뒤흔들고 말 것
이다. 주교는 징징 울 것이고, 법률가들은 기대에 차서 흐뭇해할 것이며, 보
수 정치인들은 벼락 치는 소리를 낼 것이고, 사회주의자들은 어디에 바리
케이드를 칠지 몰라 헤맬 것이다. 이 위업을 달성한 과학자는 정치적으로
온건한 교원들이 모이는 휴게실에서 명예롭지 못하게 쫓겨날 것이고, 연단
과 저급한 신문에게 탄핵을 당할 것이며, 아야톨라에 의해 유죄평결을 받
을 것이다. 정치는 완전히 달라질 것이며, 신학이든 사회학이든 심리학이
든 대다수 분야의 철학들 모두가 결코 이전 같지는 않을 것이다. 하이브리
드화 같은 우연적 사건에 의해 뒤흔들리고 말 세상은 단절적인 마음이 지
배하고 있는, 정말 종차별적인 세상이다."

유인원 프로젝트는 호주 멜버른에 있다.

나무 위의 집은 생태휴양지이다

데이비드 그린버그 : 다음은 다른 생태관광 개발자들도 모방할 수 있는 이야기다.
우리 연구소에 온 이메일과 아래 웹사이트 글을 요약한 것이다.
www.maui.net/~hanalani

데이비드 그린버그는 하와이 마우이에 있는 나무 위의 집을 마을에서 3마일 떨어진, 정글 가장자리에 처음 지었다. 당시에 그는 이렇게 썼다. 꽃농장이 내려다보이며 바다 전경을 갖춘, 마술적이고 낭만적인 휴양지. 나무 위에 지은 집은 아프리카 튤립나무 위, 땅에서 10피트 높이에 지었다. 그린버그가 미리 밝혔듯 그의 나무 위에 지은 집들은 콘도처럼 위생적이고 통제된 환경을 찾는 사람들에게는 어울리지 않는다.(지붕이 있는 캠핑을 하는 기분을 제공한다.) 하지만 땅에 지은 집과 같은 규모나 여러 시설을 갖추고 있다. 수세식 변기와 온수 샤워를 갖춘 욕실과 더불어 지붕이 있는 캠프 스타일의 부엌, 바베큐 드럼, 가스스토브 등을 갖추었다.

하와이안 헤일 호텔 트리 하우스를 포함하여 세계 여러 곳에 나무 위에 집을 지었다.

그린버그는 말한다. "저는 도시적인 디자인을 추구하는 건축가였습니다. 하지만 지금은 전원적인 디자인을 추구하는 안티 건축가라고 할 수 있습니다." 그의 열정은 고층 시설 건축의 대안으로 하와이에 작은 나무 위

집 생태휴양지를 만들었다. 그린버그의 나무 위에 지은 집은 아주 인기가 좋다. 그는 최근 나무 위의 일곱 개 별도 공간에 20명을 수용할 수 있는 '하와이안 헤일 호텔 트리 하우스'를 포함하여, 남중국해 산야 부근의 하이난 섬에 휴가 임대용으로 네 채의 나무 위 집을 지었다. 이 집들은 5천 에이커 넓이의 산야 난샨의 불교생태 테마공원 가장자리에 있는 타마린드 고목에 자리를 잡았다. 빼어난 미관을 자랑하는 공원에는 식물원과 정원과 사원과 탑이 있다. 베트남 후에 지역에 휴양지 두 곳의 건축을 막 마치기도 했다.

숲밭

로버트 하트가 평생 연구한 복합임업agroforestry(산림농업이라고도 한다. 육림, 작물 재배, 가축 사육 등 농업과 임업을 통합한 개념이다)은 영국 슈롭셔의 웬록 에지에 있는 자기 농장에 숲으로 된 작은 밭 모형을 만들면서 절정을 이루었다. 그가 거기에 만든 숲밭은 얼마든지 모방이 가능한 것으로, 작은 텃밭을 가진 사람도 따라할 수 있는 것이다.

숲밭forest garden이 하나 있으면 한 가족이 최소한의 노동으로 상당한 정도의 자족성을 누릴 수 있다.

숲밭forest garden이 하나 있으면 한 가족이 상당한 정도의 자족성을 누릴 수 있다. 1년에 7개월 정도, 최소한의 노동으로 건강에 아주 도움이 되는 최선의 식량을 만들어낼 수 있는 것이다. 그것은 자연 그대로의 숲이 갖는 자기지속적self-maintaining 생태계의 축소판이다. 과일과 견과류와 나무 덤불, 다년생 및 스스로 씨뿌리는 채소, 식용 및 치료용 허브 등이 다 있는 숲인 것이다.

로버트 하트는 이렇게 말한다. "아무리 맹목적 편견과 기득권에 의해 억제되고 금지되어 있다 하더라도, 숲을 대규모로 훼손하는 극도로 심각한 위기에 대해 '권력당국'이 단호한 결정을 내려주기를 기다리는 일은 별 소용이 없다. 걱정하고 있는 평범한 사람들이 벗겨진 지구의 숲을 회복시키기 위해 스스로 행동을 취해야 한다. 도시에 살고 있다고 하더라도 말이다."

2년 정도 걸려서 일단 만들고 나면 숲밭은 이런 모습을 갖춘다.

◆ 자기영속self-perpetuating을 한다. 모든 식물이 지치나 냉이류처럼 다년생이거나 번식력이 강한 것들이기 때문이다.

◆ 자가 거름을 준다. 뿌리 깊은 나무와 덤불과 허브가 밑흙에 들어있는 광물질을 끌어 당겨서 이웃한 식물들에게 나눠주기 때문이다. 그리고 자주개자리 같은 식용 콩과식물이 있어서 토양에 질소를 공급하기 때문이다.

숲밭은 자가 수분공급을 한다. 뿌리 깊은 식물이 밑흙에 있는 샘줄기를 끌어오기 때문이다.

◆ 자가 수분공급을 한다. 뿌리 깊은 식물이 가물 때라도 밑흙에 있는 샘줄기를 끌어와서, 전체 생태계를 위해 수분을 공급해주는 역할을 하기 때문이다.

◆ 자가 멀칭mulching: 농작물을 재배할 때 경지토양의 표면을 덮어주는 일. 덮어주는 자재를 멀치mulch라고 하며, 예전에는 볏짚 · 보릿짚 · 목초 등을 썼으나, 오늘날은 폴리에틸렌이나 폴리염화비닐 필름을 이용한다. 토양침식방지 · 토양수분유지 · 지온조절 · 잡초억제 · 토양전염성병균방지 · 토양오염방지 등의 목적으로 실시된다이나 잡초제거 역할을 한다. 민트처럼 빨리 퍼지는 허브와 굿 킹 헨리 같은 다년생 채소가 있어서, 나무와 덤불 사이에 있는 지표면을 모두 덮어버린 다음 영구 멀치를 만들어버리기 때문이다.

◆ 자화수분self-pollinating을 한다. 꽃가루받이를 위해 (자가 거름은 아니더라도) 서로 친화성이 있는 과일 및 견과류 나무만을 고르기 때문이다. 그리고 또 나무양파나 야생마늘 같은 방향 허브나 채소가 많기 때문이다. 이는 의심할 바 없이 주변에 치유 효과를 미친다.

◆ 해충과 질병에 잘 견딘다. 방향식물 때문만이 아니라, 갖가지 식물이 다 모여 있어서 단일재배 때 생기는 것과 같은 전염병이 발달하도록 놔두지 않기 때문이다.

숲밭에는 자가치유 기능도 있다. 해줄 일이라곤 가지치기, 다른 식물들이 침범하는 것을 막아주기, 해마다 한 번씩 늦가을에 초본식물들이 다 죽은 다음 거름 뿌려주기 뿐이다. 이 방안은 아주 철저해서 경제성 있는 식물을 만들어내는, 자연 상태의 숲에서 발견되는 일곱 개의 '층'을 모두 이용한다. 일곱 개 층은 다음과 같다.

◆ 키 큰 나무들의 꼭대기가 모여서 된 덮개.
◆ 키 작은 왜성矮星과일처럼 낮게 자라는 나무들로 된 면.
◆ 덤불 과일나무로 된 관목층.
◆ 허브 및 채소로 된 초본식물층.
◆ 백리향처럼 기는, 수평적으로 퍼지는 지표식물층.
◆ 딸기류나 포도덩굴처럼 타고 오르는 식물로 된 수직면.
◆ 그늘에서 잘 견디는 음수陰樹로 된 근권根圈 rhizosphere: 토양 중에서 식물의 뿌리가 영향을 미치는 범위.

공간적으로 최대한의 경제성을 얻기 위해 다음과 같은 장치가 필요하다.

◆ '독일식 둔덕재배 방식German Hüelkultur System'에 따라 세워진 둔덕(밭두둑)에 채소 및 허브를 키운다.
◆ 일본식 와인베리Japanese wineberry나 부채꼴로 타고 오르는 자두fan-trained plum처럼 타고 오르는 장과漿果식물(토마토, 포도 등)을 위해 모든 울타리를 다 이용한다.
◆ '프랑스식 부쉬-토마스 방식'French Bouche-Thomas system에 따라 만든 사과나무 울타리를 쓴다. 여기서 나무는(앨링턴 피핀스) 서로 자라기를 방해하지 않도록 어긋나게 심는다.

'가족 나무'라는 것이 있다. 영국인이 먹는 사과 중에, 한 뿌리줄기에 접목할 수 있는 친화성 있는 변종이(선셋, 디스커버리, 렉스톤스 포천) 그 예다.

보수적인 원예가들은 열매식물을 서로 가까이 심으면 제대로 수확할 수 없을 것이라며 반대할 것이다. 그러나 자연 상태의 숲이나 화단 가장자리의 풀꽃을 봐도 알 수 있듯이, 많은 식물이 다른 종과 가까이 자랄 때 가장 잘 큰다. 그 이유는 식물 공생의 과학에 잘 설명이 되어 있다. 이 분야는 에렌프리트 파이퍼가 '민감한 결정화sensitive crystallization'라는 자체 시스템을 개발한 이후 연구가 거의 진행된 바 없다. 복합임업의 잠재성을 발굴해내기 위해서 이 분야에 대한 광범위한 연구가 필요하다.

많은 식물이 다른 종과 가까이 자랄 때 가장 잘 큰다.

숲밭의 생산물은 건강을 증진시킨다. 16세기와 17세기에 영국이 대단한 용기와 천재성을 가진 인물들을 많이 배출한 것처럼 말이다. 그들이 빠뜨리지 않고 먹었던 것은 '샐리트'나 '샐거먼디'리고 부른 샐러드였는데, 재배하거나 야생에서 채취한 여러 종류의 채소와 과일과 허브로 만든 것이었다.

사라진 숲을 되살리는 숲밭에 대하여 이렇게 생각해보자. 10만개의 뜰에 다 나무를 열 그루씩만 심는다면 백만 그루가 될 것이다. 대단한 숲 아닌가!

2000년에 세상을 떠난 로버트 하트의 소책자《숲밭》은 사회변화창안연구소에서 구할 수 있다. 컬러사진을 곁들인《숲밭 만들기》책자와 비디오(48분)도 '그린 북스Green Books'에서 펴냈다. 이제는 전 세계에 숲밭이 많이 있다.

식기세척기 물이 식물에게 좋다

〈런던 타임즈〉에 실린 나이젤 호크스의 '개숫물이 정원을 살린다'라는 글을 요약했다.

샤워, 개숫물, 세탁기, 식기세척기에서 나온 중수(中水, 그레이 워터)를 정원식물에게 주면 물을 많이 절약할 수 있다.

정원식물이 개숫물에 들어 있는 인산염에 반응하기 때문이다.

정원식물은(상추는 빼고) 수도에서 바로 나온 맹물보다 개숫물을 주면 더 잘 자란다. 개숫물에 들어 있는 인산염에 반응하기 때문이다. 식물이 그런 물에 있는 계면활성제와 바로 닿으면 위험하지만 이 계면활성제는 토양에서는 금방 분해된다.

《가드닝 위치Gardening Which?》 잡지는 테스트한 다섯 개 식물 중에서 비지 리지, 네메시아, 퓨셔는 개숫물에서 훨씬 더 잘 자란다는 사실을 알아냈다. 강낭콩 같은 것들은 더 크고 맛이 좋아졌다. 대신에 상추는 덜 자라고 맛이 써졌다.

생태 변기

건물공학 기술고문인 데이비드 스티븐스가 개발한 생태 변기는 '폴리에틸렌 자루로 만들어진 땅 속의 변기'이다. 이는 자이레 킨샤사에 있는 농업협동조합인 애그리보가 시험한 것을, 옥스팸(Oxfam: Oxford Committee for Famine Relief. 영국 옥스퍼드에 본부를 두고 1942년에 발족한 극빈자 구제기관)이 현장에 있는 모든 직원들에게 세부사항을 전달하면서 시작되었다. 옥스팸은 직원들이 이 뛰어난 아이디어에 자극을 받고 정보를 얻으리라고 믿었던 것이다. 이 시스템은 세계은행과 유엔에서 권장해온 개발도상국 시골마을의 간이화장실을 대체하는 대안으로서 기획된 것이다. 간이화장실은 사람을 난처하게 하고 역겨운 환경을 만들뿐더러, 배설물이 갖는 거름으로서의 가치를 완전히 없애버리며 지하수를 오염시킬 위험을 안고 있었다.

> 배설물이 검은 폴리에틸렌 자루에 담겨서 흙으로 덮이는 방식이다. 그런 다음 이 자루는 채소와 나무를 기르는 데 쓰인다.

이 시스템은 아주 간단한 쓰레기 재활용 방안이다. 생태 간이화장실 시스템은 쓸 때마다 배설물이 검은 폴리에틸렌 자루에 담겨서 흙으로 덮이는 방식이다. 그런 다음 이 자루는 채소와 나무를 기르는 데 쓰인다.

예를 들어 말해보기로 하자. (반쯤 채운) 자루의 목을 묶어서 땅 속 10센티 정도에 묻어둔다. 뾰족한 막대로 자루에 구멍을 열 개정도 낸다. 묘목이나 나무의 씨앗을 심고, 쓰고 남은 물과 소변을(생태변기 시스템에서 소변은 따로 모아서 씻고 먹는 데 쓴 물을 더한 후, 이렇게 섞은 물을 작물에 준다) 매주 뿌려준다. 2년이 지난 다음 자루의 옆을 터서 나무의 잔뿌리가 퍼지도록 해준다. 그러는 사이 자루는 쓸 수 있는 물을 최대한 활용하면서, 뿌리 주변에 충분한 수분을 공급해준다. 자루에 심은 나무는 염분으로부터도 보호된다.

옥스팸이 보듯이 생태변기는 "제3세계의 어두운 전망을 바꿔놓을 것이다. 수질오염, 파리가 옮기는 질병(장티푸스 등), 주혈흡충병住血吸蟲病을 줄여주면서, 토양이 나쁘고 메마른 땅에서 식량과 나무가 자랄 수 있도록 해주기 때문이다. 사람들도 자기 밭을 돌보면서 더 힘이 날 것이다. 작은 농가의 소출이 상당히 늘어날 것이다. 그리고 식량을 살 돈을 마련하기 위해 도시나 대농장에 가서 일자리를 구할 필요도 없어질 것이다. 사람들은 집에서 머물면서 일손을 늘리며, 더 많은 생산 이익을 얻을 수 있을 것이다."

정화조 물이 새어나가 환경을 오염시키는 영국 거주자들의 경우, "생태변기를 쓰면 훨씬 값도 싸면서, 공짜로 유기비료를 얻을 수도 있다."

스티븐스는 1984년부터 실내 화장실에 생태변기를 설치해서 사용해왔다. "화장실이나 정원에 파리나 냄새 문제가 전혀 없어요. 정원은 아무런 인공비료나 동물비료나 해충 없이 너무 기름집니다. 훌륭하게 자란 토마토나 오이 같은 채소를 싱싱하게 먹지요." 스티븐스는 생태변기와 다른 자원 절약 아이디어를 시험하는 시도를 장려하는 단체를 설립할, 7만5천 불이라는 자금을 모으고 있다. 그러면서 도움을 주는 자원단체를 설득하여 자원봉사자들이 개발도상국에서 그런 시스템을 시도해보도록 권하고 있다.

데이비드 스티븐스는 영국 포이스에 살고 있다.

퇴비식 변기 – 시의회의 장려금

다음은 '노르웨이 아이디어 은행'에 나오는
"타눔시(市), 수세식 화장실에 전쟁을 선포하다"라는 글을 고쳐 쓴 것이다.

스웨덴 서해안에 있는 타눔(인구 1만2천)의 시의회는 지역의 수세식 화장실 수를 줄이기 위해서 장려금을 지원하기로 했다.

타눔은 수천 채의 휴가철 별장이 있는 인구가 적은 지역이다. 여름철 손님들은 말할 것도 없고 상주하는 지역민들의 집에 하수도를 연결하고, 현대식 정화 처리장을 건설하는 데는 상당히 비용이 든다.

의회는 수세식 화장실이 환경에 엄청난 악영향을 끼칠 것이라고 판단했다. 땅에 영양분을 되돌려주는 대신, 수세식 변기는 깨끗한 물을 사용해 영양분을 다 씻어내서 바다로 보내 버린다. 그러면 이 영양분은 오히려 오염물질이(어느 정도 정화를 한다고 해도) 되어 버리는 것이다. 농부는 잃어버린 영양분을 보충하기 위해 화학비료를 써야만 한다.

새로 짓는 주택의 경우, 퇴비식 변기 또는 소변 분리식 변기만을 허가해 주기로 했다.

이렇게 왜곡된 영양분의 순환을 막기 위해서 타눔의 정치인들은 단호한 결정을 내렸다. 새로 짓는 주택의 경우, 퇴비식 변기 또는 소변 분리식 변기(영양분의 대부분을 함유하고 있는 소변이 별도의 저장탱크로 흘러가도록 만든 변기)만을

허가해 주기로 한 것이다. 그들은 또한 이미 수세식 화장실을 사용하고 있는 사람들에게는 교체를 장려하도록 결정했다.

시 당국이 수세식 화장실을 무턱대고 금할 권한은 없었다. 대신 새로 설치를 해야 하는 경우, 환경 평가에 따라 허가를 내 주는 방법은 쓸 수 있었다. 허가를 받는다고 하더라도 강력한 억제책을 썼다. 하수도를 연결하는 비용으로 6만 스웨덴 크로네(약 2400불)를 부과한 것이다. 그 결과 새로 짓는 주택 사 오십 가구 중 서너 집만이 수세식 변기를 들여 놓게 되었다.

하수도로의 연결을 피하기 위해 다른 방법을 선택한 사람들도 있었다. 이 경우는 대부분 한 번 쓴 물을 땅 속으로 스며들게 하는 방법을 썼다. 하수도를 이미 연결한 사람들의 경우, 퇴비식 변기composting toilet나 분리식 변기로 바꾸면 1년 치 하수도 사용요금을 50퍼센트 삭감해 주었다. 타눔의 여러 농가에서 특히 소변이나 퇴비식 변기의 대소변을 농사에 이용하는데 적극적이다.

타눔의 사례는 스웨덴의 다른 지역사회를 자극하여 도시계획에 사람의 대소변을 재활용한다는 목적을 포함시키도록 했다.

노르웨이의 스티프텔센 이데방켄도 도움이 될 것이다. www.idebanken.no

유기 공중 수영장

〈에코뉴스〉에 실린 가이 돈시의 글을 요약했다.

스위스 비버슈타인 마을에는 유기 공중 수영장이 막 개장되었다. 염소 chlorine도 없고, 시퍼런 바닥 타일도 없고, 황당하게 물에 미끄러지는 일도 없는 곳이다. 대신 어릴 적 헤엄치던 경험으로 되돌아가는 단순한 기쁨을 주도록 모든 초점을 더 맑고 깨끗한 물에 맞춘 수영장이다.

인공성을 다 배제했을 뿐더러 수영장에 잠자리, 갈대, 수련, 달팽이, 개구리 같은 것들이 살 수 있도록 했다. 수영장의 원래 크기는 길이 80피트에 폭 40피트 밖에 되지 않아서 정화작용을 돕기 위해 옆에다 같은 크기의 못을 두 개 더 만들었다. 새 수영장은 더 깨끗하고 맑고 자연스러워서, 만든 사람들은 그것이 더 즐길만한 것이 되기를 바랐다. 비버슈타인에서 헤엄을 즐기는 사람들에게는 자연이 그 온전한 힘으로 되살아났다고 말할 수 있을 것이다.

자연의 권리 선언

로버트 맥팔랜드 : 로더릭 프레지어 내쉬의 《자연의 권리The Rights of Nature》에 대한
로버트 맥팔랜드의 서평을 요약했다. 서평은 《브레이크스루》 잡지에 실린 바 있다.

환경주의는 사회운동의 일환으로서 발전해가고 있다. 또한 인간의 박해로
부터 자연을 해방한다는 아이디어는 더 자주 더 강력하게 부상하고 있다.
토마스 제퍼슨이 만인이 평등하다고 했을 때, 그와 그의 동료들은(그리고 그
의 국가도) 여성이나 소수인종은 전혀 고려하고 있지 않았다. 동물과 식물,
그리고 강에게까지 윤리적 대우를 확장한다는 생각은 물론 없었다. 하지만
현대의 미국 연방법은 위험에 처한 생물종과 서식지에 대한 법적 보호 장
치를 제시하고 있다.

> **토마스 제퍼슨이 만인이 평등하다고 했을 때, 그와 그의 동료들은(그
> 리고 그의 국가도) 여성이나 소수인종은 전혀 고려하고 있지 않았다.
> 동물과 식물, 그리고 강에게까지 윤리적 대우를 확장한다는 생각은
> 물론 없었다.**

오늘날 이 분야는 윤리적 구속력이 있는 환경주의에 대중이 동참하는 방
안을 준비 중에 있다. 자연의 권리는 이제 법률가, 신학자, 과학자, 그리고
미래세대를 위해 자연의 신성한 가치를 확고히 하려는 많은 사람들의 관심
사가 되었다. 자연의 권리 옹호자들과 자연 착취로 이득을 보고 있는 사람

들 사이에 심각한 대립이 일어날 것이라는 것이 내 확신이다.

자연의 권리 선언

1. 자연은 생명 있는 것이든 아니든 존재에 대한 권리가 있다. 즉 보존과 발전에 대한 권리가 있는 것이다.

자연은 서로 연결되어 있는 모든 생태계, 생물종, 인간들을 보호할 권리가 있다.

---

2. 자연은 서로 연결되어 있는 모든 생태계, 생물종, 인간들을 보호할 권리가 있다.
3. 생명이 있는 자연은 자기 유전적 계승을 보존하고 발전시킬 권리가 있다.
4. 유기체는 알맞은 생태계 내에서의 생식을 포함하여, 자기 종에 적합한 생명에 대한 권리가 있다.
5. 자연 질서를 교란시키는 일은 정당성이 필요하다. 교란은 오직 첫째로 교란의 전제가 민주적으로 합법적인 절차에 따르며, 자연의 권리를 존중하면서 결정될 때만 가능하다. 둘째 교란으로 얻는 이익이 자연의 권리를 전적으로 보호해서 얻는 이익보다 더 비중이 있을 때 가능하다. 셋째 교란이 지나치지 않을 때 가능하다. 손상된 자연은 언제든 회복될 수 있어야 한다.
6. 희귀 생태계들과 그리고 특히 종의 다양성은, 절대적인 보호 아래에 있어야 한다. 멸종을 초래하는 일은 금지되어야 한다.

《미래세대의 권리, 자연의 권리》에서 인용했다. 이 소책자의 기고자 중 하나인 피터 살라딘 교수가 모니터했다.

다음 세대를 위한 협의회 The council for Posterity

리처드 스코러 교수

미래란 본질적으로 예측불가능하다. 예상치 못한 발견, 새로운 목표 선언, 낡은 전망에 대한 싫증, 새로운 천재의 등장은 불안정한 역사의 파도를 훨씬 더 불규칙적으로 뒤흔들어 버린다.

하지만 일정한 흐름도 분명히 있다. 세계의 변화 속도는 인류의 역사가 진행됨에 따라 더 빨라진 것 같다. 적어도 지구상에서 몇 백만 년은 더 생존할 가능성이 있어 보이지만, 우리는 다음과 같은 일을 자행하고 있다.

◆ 일상생활을 위해 단 몇 세기 동안 세계의 광물자원을 다 써버리고 있다.
◆ 남아 있는 중요한 숲, 어류, 생물의 다양성을 파괴하고 있으며, 대다수 다른 생물의 서식지를 심각하게 훼손하고 있다.
◆ 우리 종을 온당한 경계 너머까지 퍼뜨리고 있다. 이러한 과잉을 지속시키기 위해, 탐욕의 과정에 기여하지 않으면 생물권의 어떤 것이든 파괴하고, 기여하는 것은 다 소비해버리면서 말이다.

그리하여 우리는 지구의 재앙이 되어 버렸다. 사자와 같은 품위도 없으며 야생동물들에 대한 관용도 없다.

이렇게까지 된 것은 우리가 스스로에 대해서 비참할 정도로 오만할 뿐만 아니라 근본적으로 잘못된 이미지를 키워왔기 때문이다.

우리는 억제되지 않는 전쟁이나 정신적 억압의 결과, 스스로가 파멸될지도 모른다는 두려움에서 서서히 벗어나고 있다. 가까운 과거의 비관론은 충분히 치유가 가능하다. 하지만 그렇게 하려면 우리 자신과 환경과 인간의 목적에 대해 더 깊은 애정을 가지고 숙고해야 한다. 급격한 변화로 인해 우리는 자신의 존재나 인간들 사이의 통제불능의 분쟁에 대해 신경을 쓸 수 있는 여유를 잃었다. 그 결과 우리는 세계의 현 상태가 부차적인 문제인 것처럼 여기며 중요성을 잊어버렸다. 당장 눈에 보이는 오늘의 힘이 우리 앞에 놓인 수십억 년을 잊어버리게 만든 것이다.

공간과 시간과 삶의 신비에 대한 불가해성 때문에 어찌할 바를 모르는 인간 사회에서, 사라져 버린 생명 있는 모든 것과 우리가 하나라는 느낌을 확장하기 위하여, 우리에게는 무언가 새로운 것이 필요하다. 또 우리 아이들과 우리 다음의 숱한 세대들에 대해 반드시 가져야할 책임감을 확장하기 위하여, 그리고 그들의 환경을 아름답게 지켜주기 위하여, 우리에게는 새로이 성스러운 직분이 필요하다. 그 직분은 우리에게 인간성에 관한 이야기를 들려주어야할 것이다. 우리가 과학을 통해 이제야(지난 2백 년 동안) 알게 된 인간성 말이다. 나는 이 직분을 '다음 세대를 위한 협의회'라고 부르겠다.

우리가 이 협의회를 만들기 위해서는 우리 현실을 진정으로 더 잘 인식할 수 있도록 정보를 제공해주며 안내를 해줄 저명한 단체를 설립한 경험에 당연히 의존해야 할 것이다. 하지만 회색빛 명성을 잔뜩 모으느니, 사적으로 이름없이 진행하는 편을 더 좋아할 수도 있다. 처음부터 구체적인 위임 사항을 제한할 수는 없을 것이다. 대신 우리가 아직 거의 아는 바가 없는 이 세계를 사랑하는 법을 가르쳐 주도록 요청할 수는 있을 것이다. 개인의 차원을 넘어서는, 위대함의 새로운 개념을 명시하는 것도 필요할 것이다. 우리 자신의 진화에 대해 마침내 알게 된 역사의 시점에서, 우리는 그토록 경이로운 창조 과정의 토대 자체를 허물어뜨리는 짓을 멈추어야 할 것이다.

무엇보다 우리가 후손들에게 줄 수 있는 가장 위대한 혜택과 기회는, 인구를 줄이는 것이라는 사실을 알아야 한다. 비록 우리가 우리의 역량들을 게임, 철학, 장난감 우주 모형 등에 낭비하고 있다 하더라도, 우리는 여전히 신나고 매력적인 생명에 대한 이야기들을 낱낱이 이해할 필요가 있다. 그런 이야기에 나오는 우리는, 말 없는 유전적 신비로 우리를 둘러싸고 있는 존재들 가운데 단지 하나일 뿐이라는 것도 말이다.

우리는 공기의 여러 자식 중 하나다.

바다에 대한 이야기는 아직도 모르는 것이 너무나 많다. 하지만 바다의 기원과 진화와 풍요로움에 대해 우리에게 이미 알려진 것만 봐도, 우리는 우리가 얼마나 보잘것없는 존재인가를 충분히 알 수 있다. 공기 이야기는 잘 알려져서, 우리 아이들에게 우리가 어떻게 해서 지금의 존재가 되었는지를 설명해주기 위한 이야기의 1부 역할을 한다.

우리는 공기의 여러 자식 중 하나다. 그러니 우리가 스스로를 가장 빛나는 동물이라고 부르려면, 공기가 모든 포유류의 진화에 참여했으며 인간만을 위해 계획되거나 만들어지지 않았다는 사실, 오히려 우리가 그 안에서 진화해 왔다는 사실을 기억해야만 한다. 여하튼 공기는 무수한 시간을 거쳐 시대마다 한층 진보된 인류 세대를 만들어낼 것이다. 그들은 자기들 자손에게 자기들의 기원에 대해 들려줄 때 경의나 경멸을 품고 이야기할 것이다. 어떤 이야기를 하게 될까?

다음 세대를 위한 협의회는 '다음 세대를 위한 자문'의 역할도 맡아야 할 것이다. 구성원은 이 주제를 가장 심각하게 생각하며, 현 세대를 근시안적인 유행에서 벗어날 수 있도록 일깨우는 논쟁거리들을 던져줄 사람들로 이루어져야 한다. 이런 사람들일 것이다.

◆ 지구적 진화에 대하여 사실로 믿어지는 것을 권위 있게 말할 수 있는 과학자들.
◆ 특히 현 추세의 위험에 대한 책임 있는 주장을 할 수 있는 생태학자들.
◆ 정치, 경제, 역사 해석에 경험이 있으면서, 사람들이 후세의 눈에 비추어 부끄럽지 않은 행동을 하도록 만들 주제를 생각해낼 수 있는 이들.
◆ 젊은 사람들이 받아들이고, 그들이 원할 수밖에 없을만한 인간성을 제시해줄 작가들. 그리하여 젊은이들이 현재의 폐물이 아니라 미래로 가는 길의 일부가 될 수 있다는 희망을 키워줄 비전을 그릴 수 있는 사람들.

협의회에는 젊은이든 늙은이든, 다양한 전통을 지닌 사람들이 필요할 것이다. 대신 자기 전통(가령 기독교나 이슬람)만이 다른 이들에게는 없는 우월한 종류의 권위를 가지고 있다고 믿는 사람은 필요가 없다. 모두가 역사에서(이것 역시 지구상에서는 아주 새로운 것이다) 실험적인 전통일 뿐인 것이다. 협의회는 과학과 도덕을 융합해야 한다. 개인주의를 방어하기 위해 징집병들을 죽음으로 내몰면서도 개인을 떠받든다고 주장하는 이분법은 무너뜨려야 한다. 모든 인간적인 기준의 문제에 대한 한계를 인식해야한다. 시간이 지나면 다 잊혀질 수도 있기 때문이다. 그러므로 인권, 동물의 권리, 사람 목숨의 신성함, 모든 생명의 신성함, 땅에 대한 재산권 및 소유권 개념, 개인의 부와 가난에 대한 제한, 정치권력의 합법성 같은 것들을 과학 지식과 자연 생태학의 기준에서 새롭게 정의할 필요가 있다.

지구상의 생명 공동체에 대한 비전을 형성하는 세력이 되어야 한다.

협의회가 정부의 후원을 받을 경우, 어떠한 위협이나 압력으로부터 자유로워야 하며, 특정 국적이나 인종에 편파적이어서는 안 된다. 또한 10년 정도는 지원을 보장하여 인간의 자아상과 지구상의 생명 공동체에 대한 비전을 형성하는 세력으로서 가치를 입증할 수 있도록 해야 한다. 평범한 어린 학생들도 그 존재를 알 정도로 말이다. 협의회는 젊은이들 사이에 불굴의 헌신과 함께 겸손을 자아낼 것이다. 이 말은 자기중심적인 현 세대를 자극할만한 동기를 이해하여 그들의 상상력을 포착하고, 그들이 폐기하고 살아야 할 관점을 지나치게 비난하기보다 새로운 목표를 세울 수 있도록 이끌어 준다는 뜻이다.

지금은 없지만 필요한 자질을 보여주었던 옛 사람들을 열거해보면 이렇다. H.G. 웰스, 줄리언 헉슬리, 존 보이드 오어, 톰 페인, 아시시의 성 프란체스코, 피터 메더워, 이삼바드 브루넬, 알버트 슈바이처, 알버트 아인슈타인, 마하트마 간디, 에라스무스, 추장 시애틀, 마틴 루터 킹, 이숍.

토대를 마련하는 데에는 한 번에 1백50만 불 혹은 한해에 15만 불씩이 들 것이다. 아니면 재력 있는 출판사나 사업가의 재단에서 실험단계 동안은 지원해야 한다. 유엔이나 유럽 경제연합의 도움이 달갑지 않은 것은, 많은 에너지를 관료적인 일이나 정치적 이해를 구하는 데 써야만 하기 때문이다.

필요한 교육자료에 대한 바탕을 제공해줄 교재는 이미 많이 나와 있다. 변화와 성장이 덜 급한 시대에 이런 교재들이 교육제도 안에 스며들도록 하는 정도면 충분할 것이다. 하지만 그러한 진전은 더딜 것이기 때문에 도그마적인 종교 및 정치 신념이 재발할 경우에는 대응세력이 필요하다.

협의회는 정부의 행동을 잘 지켜보고 그들의 정책이 바탕을 두고 있는 전제를 재검토해 보아야 한다. 이런 이유 때문에 과학적 권위 이상의 무언가가 있어야 한다.

협의회는 '지구시스템과학Earth System Science'과 조화를 이루는 정치 사회적 목적을 수립해야할 것이다. 과학 연구에만 힘쓰지 말고, 기술의 착취가 불러일으키는 정치 경제적 타격과 정당성에 대한 관심을 쏟아야할 것이다. 만연해 있는 자원부족, 기아, 그리고 현재의 폭발적 인구증가와 그에 따른 자유로운 미래와의 부조화에 대한 전망을 밝히는 데에도 애써야할 것이다.

그리하여 협의회는 젊은이들의 목적에 자랑스러운 이야깃거리를 불어넣어 주어야할 것이다.

다음은 협의회의 작업이 바탕을 두어야 할 주제를 책으로 펴냈던 사람이나 단체다. 데이비드 아텐보로, 데이비드 벨러미, 진 메더워, 리처드 도킨스, 폴 얼리히, 도널드 만, 중국 정부의 아이 하나 낳기 정책, 에릭 디킨스, 제임스 러블락, 나사NASA의 지구시스템과학. 이보다 훨씬 많은 도서목록이 있다.

리처드 스코러 교수는 런던 임페리얼 대학의 수학학부 교수다. 이 아이디어는 '사회변화 창안상' 주요 부문을 수상한 바 있다.

'다음 세대를 위한 협의회'의 진행과정

스코러 교수의 아이디어 축소판에 바탕을 둔 영국의 '다음 세대를 위한 협의회'는 1990년에 발족했다. 초기 핵심 그룹에는 스코러 교수 자신과, 허비 지라데트, 펀 모건-그렌빌, 메레디스 스링 교수, 타니아 슈워츠, 가이 돈시, 리즈 호스켄, 브라이언 올디스, 다팅턴의 영 의원, 도리스 레싱, 윌리엄 골딩 경卿, 애니타 로딕, 맥스웰 브루스, 존 세이무어, 앨리스 콜맨 박사, 테디 골드스미스, 다이애나 슈마허, 그리고 사무총장 역할에 사회변화창안연구소의 니콜라스 앨버리가 있었다. 협의회는 몰타에 있는 유네스코 관련기구인 '다음 세대에 대한 책임을 위한 전 세계 네트워크'의 영국 내 연락 단체다. 협의회의 계획에는 다음과 같은 것이 있다.

◆ 잠재적으로 매우 위험한 장기 파급효과를 가져올 개발 문의나 회합에서 미래 세대 이익을 위해 법적 대표성을 제공한다.
◆ '다음 세대를 위한 권리 선언'을 만들 것을 촉구하며 그 내용을(협의회에서 직접 작성한 초안이 아래에 나온다) 널리 알린다.
◆ 어린 학생들에게 1천 파운드를 상금으로 주는 '지구 입양' 경쟁을 통해 아이들의 참여를 유도한다.(자세한 내용은 이 책의 '지구를 입양하다'를 참조.)
◆ 다음 세대에 대한 기사나 책 중 가장 훌륭한 것들을 시상한다.(저녁을 함께 하는 시상식에서 주제 발표를 하도록 저자를 초청한다.)
◆ 다른 나라에도 비슷한 협의회를 만들도록 장려한다.

후손은 여러분에게 남을 위해 사는, 한 차원 높은 의미를 지닌 삶의 목적을 제시해줍니다.

"미래의 세계가 나를 위해 한 게 뭐야?"라고 비난조로 반응하는 사람들에게 협의회는 이렇게 대답한다. "그것은 여러분에게 남을 위하는 삶의 목적을 제시해주는 것입니다. 나이, 성별, 집안, 신조, 국적을 가리지 않는 목적이지요. 삶의 의미를 한 차원 높여주는 것입니다."

다음 세대를 위한 권리 선언

우리 뒤에 올 사람들은 아직 목소리를 낼 수 없다
그러므로 우리는 그들이 물려받을 지구에 대한 권리를 선언하며 규정하고자 한다

그들은 다음과 같은 지구를 물려받을 권리가 있다

우리가 그 풍요로움과 아름다움과 다양함에 경의를 갖고 대하는 지구

대기의 생명력이 넘치고, 맑으며, 영원토록 그러할 지구

자원이 잘 보존되고, 모든 생물이 다양성을 유지하는 지구

우리가 버린 쓰레기 때문에 오염되지 않은, 땅과 물을 보존한 지구

장기적인 파급효과를 고려하여 과학기술을 신중하게 사용하는 지구

인구과잉으로 황폐화되지 않은, 인간적 규모human-scale의 사회에서 사람들이 사는 지구

의사결정을 하는 현 세대의 협의회가 미래 세대의 이익을 대변하고 보호해주는 지구

이 선언은 '다음 세대를 위한 협의회'가 출간한 바 있다. 개선점이나 대안적인 사항을 추천해 주기 바란다.

비슷한 주장을 〈www.descendantsday.org〉에서 볼 수 있다.

자연 단계 The Natural Step −
지속가능한 미래를 위한 국가 계획

스웨덴의 유명 암 연구자인 카를-헨리크 로베르트 박사는 스웨덴 과학계 내부의 지속가능한 미래에 대한 합의를 이끌어내기 위해 '자연 단계'라는 방법을 개발했다. 고집스럽게 밀어붙인 결과 그는 환경문제 및 가장 핵심적인 행동분야에 대해 합의된 22번째 보고서 초안을 작성했다. 그는 국왕과 학교와 산업계 후원자들에게 보고서를 지원하도록 설득하여 전국 모든 가정에 보낼 수 있는 교육 패키지를 마련했다. 스웨덴 문명이 장기적인 미래에 걸쳐 지속가능한 것이 되기 위해 필요한 단계를 개괄하는 내용이었다. 이 프로젝트는 예술가들과 텔레비전 명사들의 지원을 받았다. 또 하원의회, 스터디 서클, 환경 청소년의회를 위한 세미나에도 등장했다. 이 프로젝트는 결국에는 나라의 생활방식을 완전히 재조직할 것이라고 약속한다. "자연의 법칙과 일치하도록" 한다는 것이다.

> **이 프로젝트는 스웨덴 문명이 장기적인 미래에 걸쳐 지속가능한 것이 되기 위해 필요한 단계를 개괄하는 내용이다.**

스웨덴 사회변화창안연구소의 마릴린 메흘만은 이렇게 쓰고 있다. "내가 보기에 카를-헨리크 로베르트 박사의 가장 중요한 사회변화를 위한 창안은 까다롭고 복잡하고 아주 과학적이기까지 한 문제들에 대한 합의를 이끌어내는 과정에 있다. 예를 들어 그의 업적 중 하나는 에너지(생산 및 이용)에 대한 입장표명 하나를 개발해낸 것이다. 그것은 핵발전 같은 주제에 대한 의견과는 상관없이 사실상 스웨덴의 모든 유명 과학자들이 인정하는 것이며, 국회에도 제출된 것이다. 그는 자신의 방식을 주변 잔가지나 잎에 대해 재잘거리기보다 문제가 되는 나무의 '몸통'으로 되돌아가도록 하는 토론법이라고 말한다."

합의 도출

로베르트 박사는 이런 합의 도출의 예를 제시한다.

어느 정치인이 물개의 생식기관이 화학 PCB(폴리염화비페닐) 때문에 파괴되는 것이 사실인지 알기 위해 무작위로 뽑은 과학자들에게 질문을 할 경우, 어떤 결론을 내리는 데 도움이 될 만한 종류의 답변을 얻기는 매우 힘들 것이다. 아마 이런 대답을 들을 가능성이 높다. "그건 아직 분명히 입증된 사실이 아닙니다," 아니면 "네 그건 이제 분명히 입증된 사실입니다," 아니면 "우리 실험실에선 훨씬 더 파괴적인 독소를 하나 발견해냈습니다," 하는 식일 것이다.

이는 환경이란 나무의 잎에 대한 질문을 할 때 생기는 유형의 문제다. 하지만 나무 몸통과 몸통에서 뻗은 가지에 대한 질문으로 시작하면 답변은 더 분명하며 일관성 있게 나온다. 이를테면 이런 식이다.

▷ PCB는 자연에서 생기는 물질입니까?
아니오 그건 사람이 인공적으로 생산한 물질입니다. 모든 과학자들이 그 사실에 대해 인정합니다.

▷ PCB는 화학적으로 안정적입니까? 아니면 독성이 빨리 떨어져서 무해한 물질로 바뀝니까?

안정적이어서 변하지 않습니다. 그 점에 대해서도 모두가 인정하지요.

▷ PCB는 생물 기관에 쌓입니까?

네 그렇습니다.

▷ 그러면 그렇게 안정적이면서 부자연스러운 물질의 허용한계를 예측할 수 있습니까?

아니오 생태계의 복잡성은 본질적으로 무제한적입니다. 그렇다고 해도 그런 물질들은 모두 한계가, 흔히 초과해서는 안 되는 아주 낮은 한계가 있는 것으로 알려져 있습니다.

▷ 우리가 그런 물질을 생태계에 계속 유입시켜도 되는 겁니까?

생존하고 싶다면 그래선 안 되지요.

최종 해답은 그 정치인이 처음부터 실제로 알고 싶어 하던 것이다. 아마 그 정치인은 물개의 생식기관에 대해서는 그다지 관심이 없었기 때문이었을 것이다. 그런데 환경문제에 대한 대부분의 토론이 이렇게 상대적으로 지엽적인 문제만으로 가득 차 있다는 것이다. 이런 문제는 우리가 기본적인 기준틀이나 개관 없이 일을 시작하려 하면 반드시 생기는 일이다. 고립적인 세부사항이 주는 혼란에 빠져 헤매는 일 없이 근본적인 문제에 집중하기 위해서는 그런 틀이나 개관이 있어야 한다.

네트워킹

로베르트 박사는 조직구조에 대해 설명한다.

'자연 단계'는 새 조직이 아니다. 이는 사람들 사이의 네트워크다. 우리는 '자연 보호', '세계 야생생물 기금' 등과 같은 단체를 위해 활동하는 '스웨덴 국민연대' 출신의 훌륭한 활동가들이 있다. 하지만 우리는 그런 단체들처럼 회비를 걷지 않고 있다. 우리는 기업이나 다른 자금원에게 돈을 구걸하고 있다. 우리의 메시지는 "부디 이런 단체에 가입해주세요" 하는 식이다. 그렇게 하면 회원제도에 큰 영향을 끼친다.

**나는 국왕에게 가서 이 프로젝트를 후원해 주겠느냐고 물었다.
그는 동의했다.**

나는 어디를 가건 네트워크를 형성했다. 스웨덴 텔레비전 방송국에 가서 나는 이렇게 말했다. 나와 모든 예술가와 과학자와 이 큰 정부조직이 전 스웨덴 국민을 교육시키길 원하며, 그런 파티를 축하하는 일을 텔레비전에서 하고 싶다고 말이다. 그들은 말했다. "좋지요. 이 모든 일에 다 성공하신다면 저희로서 그런 제안을 마다할 이유가 없지요." 거기서 나는 국왕에게 가서 이 프로젝트를 후원해 주겠느냐고 물었다. 그는 동의했다. 이 일을 하면 할수록 밤잠 설칠 일이 점점 많아진다는 사실을 이해해주기 바란다.

이 모든 프로그램을 추진하면서 무일푼으로 해야 했던 것이다. 기업 후원을 받으러 갔을 때에는 정말 신경이 곤두섰다. 하지만 한편으로 그들의 입장에서는 이 일을 리본 장식이 달린 선물꾸러미로 보는 것 같았다. 날짜 등 모든 것이 갖추어져 있고, 너무나 구체적이어서, 그들은 지금 참여하지 않으면 이 정신 나간 작자가 다른 누군가에게 이 일을 줘버릴 거라고 생각하는 것 같았다.

기업은 자신들의 입장을 보호하는 한편 세상의 영웅이 되고자 하는 경향이 있다. 누구보다도 앞서서 미래의 시장과 기술 확보를 위해 앞 다투어야 하는 것이다. 10년만 지나면 시장은 온통 지속가능성에 대한 사업 일색일 것이다.

우리는 적을 발견하면 이렇게 조언을 구했다.

"이 문제를 추려내는 일을 좀 도와주시겠습니까?" 대답을 듣다보면 우리가 하려는 일에 별 위협이 되지 않는 것 같다. 그래서 적의 조언을 따르다 보면 두 가지 문제가 발생한다. 먼저 적은 그것에 대해 지금 일부 책임을 지고 있다. 우리가 따르는 것이 그의 조언이기 때문이다. 두 번째로 이 프로젝트는 꾸준히 개선되어 간다. 대부분의 사람들이 꾸준히 좋은 아이디어를 내고 있기 때문이다!

다음 단계

미래의 계획은 다음 사항을 포함한다.

◆ 역동적인 기업인, 공무원, 자연과학자들이 '자연 단계 연구소' 및 강화된 협동적 문제해결에 대해 강조를 해야 한다.
◆ 의회 같은 곳에 배포할 수 있도록 에너지정책, 농업, 국가경제에 대한 논문이 필요하다.
◆ 스웨덴 전역 학생 10만 명을 묶는 환경청소년의회 심포지엄을 폐쇄회로 TV로 방송한다.
◆ TV에 '환경퀴즈' 프로그램을 여섯 개 방송한다.
◆ 영화관과 TV용으로 재미 있는 공익광고 여섯 개를 제작한다. 모두 명사가 출연하여

일상생활에서 어떻게 더 환경에 대한 책임을 갖고 사는 법을 배웠는지 보여주는 내용이다.

◆ 아바의 아니-프리드 링스타드가 제작하는 TV 버라이어티 프로그램 여덟 개를 내보낸다.

2. 자기계발 / 의료건강

● 마음가짐 문제 – 사고방식을 바꾸면 더 오래 산다 ● 포트폴리오형 인생살기 ● 무차별적인 선행과 넋 놓을 정도로 아름다운 행동을 해보라 ● 자기만의 십계명을 만들어 보라 ● 호의와 열의를 갖고 듣다 ● 두뇌 교환 – 브레인스토밍 모임 ● 대중연설 연습을 위한 연설 모임 ● 영혼을 새롭게 해줄 은둔처를 짓다 ● 디펙스Dipex – 환자 치료경험 데이터베이스 ● 잠든 환자를 문병 온 사람들을 위한 방명록 ● 강변실명증River Blindless의 위험으로부터 3천만 명을 구하다 ● 산아제한의 대가로 마약중동자들에게 2백 불을 주다 ● 에이즈 – 나는 어떻게 살아남았나 ● 임신 및 출산 도중에 노래를 부르다 ● 돌고래 조산사 ● 괴짜들이 더 건강하다 ● 건강 지수 ● 건강 비법(조언) – 최상의 10가지 ● 의사를 위한 히포크라테스 방문그룹 네트워크 ● 병원 회진을 도는 수련의를 위한 시 ● 알츠하이머 환자에게 다가가는 방법으로 노래를 이용하다 ● 친구와 내기를 해서 담배를 끊다 ● 건강을 위한 터치(접촉)의 달 ● 아픈 아이들을 위한 원격 동화상 기술 ● 자살사건 음성인식 ● 패치 아담스씨의 '양호' 공연 ● 병원 주변의 야생동물 구역

마음가짐 문제 –
사고방식을 바꾸면 더 오래 산다

《마음가짐 문제: 사고방식을 바꾸어 삶을 확장하라》는 토마스 블레이크슬리의 혁신적인 책이다. 이 책은 독일의 어느 수명 연구를 본뜬 과감한 인터넷 실험을 소개하고 있다. 그 연구는 건강한 마음가짐이 건강한 생활방식보다 훨씬 나은 장수비결이라는 사실을 입증하는 것이었다.

이 책의 웹사이트(www.attitudefactor.com)에는 방문자들이 얼마나 잘 살고 있는지, 기쁨을 느끼고 있는지, 자기 조절이 가능한지를 측정하는 테스트가 마련되어 있다. 또 더 나은 마음가짐을 갖도록 도와주는 맞춤식 훈련도 선보이고 있다.

그리고 시간이 흐른 다음 테스트를 받은 사람들이 아직 생존하고 있는지의 여부와 잘 살고 있는지를 추적한다. 그런 식으로 블레이크슬리는 독일에서 발견한 사실을 더 넓게 적용할 수 있는 방법을 모색하고 있다.

블레이크슬리의 작업은 사회가 갖고 있는 교육, 건강증진, 노인문제에 대한 접근방식에 일대 혁명을 가져올 수 있을 것이다.

독일 하이델베르크에서 행한 이 연구를 확장하고 국제화하며 대중화한다면, 블레이크슬리의 작업은 모든 사회가 갖고 있는 교육, 건강증진, 노인

문제에 대한 접근방식에 일대 혁명을 가져올 것이다. 동시에 사람들의 행복감을 월등히 향상시켜주기도 할 것이다. 역사상 이와 비슷한 업적을 자랑할 만한 사람은 얼마 되지 않는다.

하이델베르크의 로날드 그로사르스-마티체크 박사가 고안한 자기조절 실험에 참가한 300명은, 자기조절에서는 높은 점수를 받았으나 생활방식은 매우 건강하지 않았다. 블레이크슬리는 이렇게 밝히고 있다. "이 사람들은 적어도 10년 동안 하루에 20개비가 넘는 담배를 피웠으며, 2온스 이상의 술을 마셨다. 또한 먹는 습관도 건강하지 않았고, 운동도 거의 하지 않았다. 건강하지 않은 생활방식에도 불구하고 이 그룹은, 생활방식은 건강했지만 자기조절이 빈약했던 사람들의 그룹보다 8.5년을 더 살았다. 분명히 자기조절은 건강한 생활습관만 지키는 것보다는 건강 효과가 더 강하며, 훨씬 깊기도 하다. 이 실험에서 정의한 건강한 생활방식이란 담배나 술을 하지 않고, 제대로 먹으며, 하루에 적어도 1.5시간의 운동을 하는 것이었다."

"좋은 건강을 유지하기 위해서는 기쁨과 행복감을 느끼는 것이 절대적으로 중요하다."는 것이 블레이크슬리의 주장이다.

"이러한 감정들은 우리 뇌에 있는 아주 오래되고 말로는 나타내기 힘든 부분에서 생겨나는 것이다. 그것은 같은 진화의 과거를 겪어온 하급생물에게도 있는 부분이다. 또한 뇌의 이 부분은 혈압과 면역 반응을 통제하는 신체기관과 상호작용을 한다. 기본적인 욕구가 충족이 될 때, 신체기관도 가장 효율적으로 돌아가는 것이다."

"이런 욕구가 좌절될 때에는," 블레이크슬리가 말한다. "만성적인 절망 상태에 빠지는 수가 있다. 그렇게 되면 신체기관이 일종의 '자폭 상태'가 되어버려서, 질병이나 암이 쉽게 발을 들여놓게 되는 것이다. 또 심장병이나 뇌졸중이 찾아오기도 하고, 사고를 더 잘 당하게 되기도 한다. 언어적으로 조리 있게 생각하는 능력은 기본적인 욕구와 어긋나는 목적을 좇을 때에는 건강을 해치는 강력한 힘이 되기도 한다."

블레이크슬리의 정의에 따르면 자기조절은 장기간의 기쁨과 복리를 극대화시키기 위해 자기 행동을 조절할 수 있는 능력을 말한다. 그것은 자기 행동의 결과를 면밀히 관찰하여 필요한 교정을 하는 행위다. 블레이크슬리의 자동 온도조절장치 비유는 유익하다. 건물의 온도를 조절하는 자동 온도조절장치가 고장이 나면 방안의 온도가 멋대로 올라가는 것과 마찬가지로, 자기조절 기능이 제 역할을 하지 못하면 빈약한 결과를 낳는 습관적 행동이 끝없이 반복되고 만다.

그처럼 판에 박힌 행동의 결과는 참담하다. 결과에 대한 반응 조절을 계속 실패하다 보면, 건강은 심적으로나 신체적으로나 점점 약해지게 된다. 블레이크슬리는 자기조절 테스트 점수가 미래의 건강에 대한 정확한 예보를 해준다고 믿고 있다. 자기조절을 효과적으로 할 수 있는 사람은 장기적인 복리를 더 알맞게 이루어갈 것이기 때문이다.

"진화는 약자를 도태시키며 강자를 보존하는 방향으로 작동한다."라고 그는 말한다. "어떤 종들의 짝짓기 전투는 가장 강한 자만이 번식이 가능하도록 한다. 포식자가 약자를 도태시키는 경우도 있다. 무기력감을 느낌으로써 인간 면역체계가 약화되는 것은, 아마도 자연이 버림받은 자와 실패한 자를 도태시켜서 종을 향상시키는 방법일지도 모른다."

블레이크슬리는 배우자를 잃은 9만6천 명의 건강기록을 조사한 핀란드의 어느 연구를 인용하고 있다. 연구에서 발견한 사실은 대상자들의 사망률이 짝을 잃은 다음 주에 실제 두 배로 늘어났다는 점이었다. "행복감은 뇌의 아주 오래된 부분과 대뇌변연계邊緣系에서 보내는 신호로서, 면역체계가 최상의 상태로 잘 돌아가고 있다는 뜻을 나타내는 것이다." 그가 말한다. "반면에 무기력감은 정 반대의 신호를 보내는 것이다."

위험 무릅쓰기

블레이크슬리는 말하길, 작은 위험을 과감하게 떠안으면 확신과 통제에 대한 자각을 드높여서 효과적으로 수명을 늘릴 수 있다고 한다. 반대로 두려워하는 태도는 수명을 근본적으로 제한하는 힘을 갖고 있다고 한다. 보험업계와 안전공학자들이 개발한 삶의 실제 위험에 대한 복잡한 표처럼, 예상수명은 나이와 성별에 따른 기본 예상수명에서 예상수명 감소치를(날의 수로 나타냄) 빼서 구할 수 있다. 예컨대 1년 동안 취미 삼아 행글라이딩을 한다면 기본 예상수명에서 25일을 빼는 식이다.

블레이크슬리가 처방하는 '마음가짐 조깅'은 더 길고 건강한 삶을 살고자 새로이 노력하는 사람들에게 분명히 유익한 방법이다. 그의 연구가 보여주는 바는, 테스트에서 받은 점수에 따라 결정되는 '마음가짐 요인'이 건강하고 행복한 삶을 연장해주기에 가장 훌륭한 역량을 가지고 있다는 것이다. 또 그러한 마음가짐은 작은 위험들을 피하면서 걱정을 하는 것보다 훨씬 유익하다는 것이다.

블레이크슬리에 따르면 건전한 인간관계는 3,285일(9년)의 수명을, 건강한 결혼생활은 5년의 수명을 연장시켜 주는 것으로 나타났다. 그의 말에 따르면 간접흡연(수명 50일 감소)을 피하기 위해 사회생활을 제한하는 일은, 더 오래 살려고 하다가 도리어 수명을 줄이는 셈이 되는 것이다.

마음가짐 달리하기

마음가짐을 다르게 하기 위해 블레이크슬리가 제안하는 수백 가지 훈련 중에서 일부를 소개하고자 한다.

◆ 젊은 시절에 즐기던 것들을 목록으로 만들어 보라.
◆ 친한 친구나 연인과 함께 서로 나은 마음가짐을 가질 수 있도록 돕는 계약을 맺어라.
◆ 민속식당ethnic restaurant에 가서 전에는 '역겹다'며 먹지 않던 다른 민족의 음식을 먹어보라.
◆ 하루에 얼마나 소리 내어 웃는지 세어 보라. 어느 연구자가 조사한 바로는, 어린 아이들의 경우 하루 평균 450번을 소리 내어 웃는다고 한다. 반면 어른은 겨우 50번밖에 되지 않는다고 한다.
◆ 오드리 헵번과 앨버트 피니가 주연한 영화 〈언제나 둘이서〉(Two for the Road, 1967)를 보라. 젊은 시절 배낭을 둘러메고 여행할 때의 쾌활함과 호화 호텔의 시설에 대해 이러쿵저러쿵 불만을 표시하는 현실이 보여주는 대조는, 마음가짐 조깅이 대체 무엇인지 극명하게 보여주고 있다.
◆ 다음에 친구가 무언가 쉽지 않은 일을 함께 하자고 하면 그냥 좋다고 말하고, 취소하거나 그만둘 핑계를 찾으려는 유혹을 뿌리치고 계속 밀고 나가 보라.
◆ 술을 마시면 즐거워지고 감정을 나누는 능력이 커진다고 생각하는가? 대답이 그렇다면, 자신에게 한 잔 따르고 즐기길!

◆ 사람은 사회적인 동물이다. 현재 혼자 살고 있다면 좋은 친구나 친척과 함께 지내는
  방법을 연구해 보라.

◆ 훌륭한 대의가 있다면 자발적으로 참여하여 남들을 직접 돕도록 하라.

◆ 어떻게 보일지 걱정하지 말고 음악에 맞춰 춤을 추라. 몸이 음악에 따라 자연스럽게
  반응을 표현하도록 내버려 두라.

토마스 블레이크슬리는 캘리포니아에 살고 있다. www.attitudefactor.com

포트폴리오*형 인생살기

찰스 핸디

내가 지금 시도하고 있는 일은 나 자신을 위한 라이프스타일을 발전시켜 나가는 것이다. 나는 내 걱정거리와 활동분야를 들여다보았다. 그렇게 해서 결정한 일 중 하나는 전일제 종신 교수직을 사임한 것이었다. 나는 '포트폴리오 인생'이라고 표현할만한 것을 만들어냈다. 1년에 100일은 돈을 버는 데 쓰고, 100일은 글을 쓰는 데, 50일은 내가 생각하기에 좋은 일에, 그리고 나머지 100일은 아내와 함께 보내는 데 쓰기로 한 것이다.

> **나는 '포트폴리오 인생'이라고 표현할만한 것을 만들어냈다. 1년에 100일은 돈을 버는 데 쓰고, 100일은 글을 쓰는 데, 50일은 내가 생각하기에 좋은 일에, 그리고 나머지 100일은 아내와 함께 보내는 데 쓰기로 한 것이다.**

나는 이런 날들을 일기장에 표시해둔다. 사람들이 전화를 걸어와서 무언가를 해달라고 하면 나는 이렇게 대답해줄 수 있다. 대단히 미안합니다만

---

* 포트폴리오 : 원래는 '서류가방' 또는 '자료수집파일'을 뜻하지만, 일반적으로는 주식투자에서 여러 종목에 분산 투자함으로써 한 곳에 투자할 경우 생기는 위험을 피하고 투자수익을 극대화하기 위한 방법으로 이용된다.

그날은 제 아내와 함께 보내야 하는 날입니다. 그렇게 하니 해방감을 맛볼 수 있는 삶이 되었다. 일년에 100일이면 돈을 벌기에는 충분했다. 더 벌 이유가 없었던 것이다. 그리고 나는 전 같으면 1년 동안 하던 일을 100일 동안만 하고 있다.

> 누군가가 여러분에게 무슨 일을 하고 있는지 물어볼 경우, 한마디로 대답할 수 있다면 여러분은 실패한 사람이다. 무얼 하고 있는지 30분은 이야기할 수 있어야 한다.

나는 여러 경영자 강의에 나가 경영자들을 이런 포트폴리오형 인간으로 바꾸어 보려고 노력한다. 그냥 IBM의 시스템 매니저가 되려고 하지 마십시오. 1차원적인 인물이 되려고 하지 마십시오. 이제는 포트폴리오형 인간이 되십시오. 나는 그런 라이프스타일이 직장인들에게 존중받을 만한 것이 되도록 하려고 애쓰고 있다. 누군가가 여러분에게 무슨 일을 하고 있는지 물어볼 경우, 한마디로 대답할 수 있다면 여러분은 실패한 사람이다. 무얼 하고 있는지 30분은 이야기할 수 있어야 한다.

세월이 흐를수록 직장에서 일할 연수와 시간이 짧아진다. 점점 더 많은 사람들이 자영업을 하거나, 전일제 평생직장 대신 자잘한 일거리가 더 많이 주어질 것이다. 우리는 대부분 인생의 어느 시점에선가 일자리가 우리의 삶을 지배하지 않는다는 사실을 발견할 것이다. 우리는 새로운 조직 원칙을 발견할 필요가 있다.

삶을 일과 휴가로만 생각하는 대신 활동의 포트폴리오로 생각해보라. 즉 돈을 위한 활동이 일부, 흥미를 위한, 즐거움을 위한, 대의를 위한 활동이 일부라는 식으로 삶을 나누어 생각하는 것이다. 그렇게 하면 일에 대한 만족도와 경제적인 대우와 멋진 동료들을 다 결합한 환상적인 패키지를 갖춘 직업을 찾을 필요가 없다. 어떤 포트폴리오를 구성하든 각 부분에서 다른 결과를 얻을 수 있을 것이며, 하나가 실패한다고 해서 전체가 훼손되는 것은 아니기 때문이다.

무차별적인 선행과 넋 놓을 정도로
아름다운 행동을 해보라

우리가 일상적으로 접하는 뉴스 미디어의 무분별한 잔인함과 지각없는
폭력행위에 대한 보도를 생각 할 때, 다음 글을 보노라면 안도감을 느낄 수 있다.
《글래머》 잡지에 나온 글을 크리스 웰치가 모니터했다.

샌프란시스코의 어느 상쾌한 겨울날이다. 빨간 혼다 차를 탄 여성 하나가
뒷자리에 크리스마스 선물을 가득 싣고 금문교 정산소로 차를 몰아간다.
"제 것만이 아니라 뒤에 있는 차 여섯 대분까지 다 낼게요." 그녀는 미소를
머금은 채 말하면서 통근차 티켓 일곱 장을 건넨다.

뒤에 있던 차들이 하나씩 정산소에 도착하여 돈을 내려고 하다기 이런
이야기를 듣게 된다. "앞에 간 여자 분이 선생님 것까지 다 냈습니다. 좋은
하루 보내세요."

나중에 알고 보니 혼다를 탄 그 여성은 친구네 냉장고에 붙여 놓은 쪽지
에 적힌 글귀를 본적이 있다고 한다. 무차별적인 선행과 넋 놓을 정도로 아
름다운 행동을 해보라. 눈에 확 띈 이 말을 그녀는 받아 적었다.

주디 포면은 자기 집에서 100마일이나 떨어진 어느 창고 벽에 스프레이
페인트로 칠해 놓은 같은 글귀를 발견했다. 그 말이 그녀의 마음에서 며칠
씩이나 떠나지 않자 그녀는 포기하고 그곳까지 차를 몰고 가서 적어와야
했다 "그 말이 너무 아름답게 느껴졌어요." 그녀는 왜 자기가 보내는 모든
편지 하단에 그 말을 쓰는지 설명하며 이렇게 말했다. "천상에서 내려온 메

시지 같았어요."

남편 프랭크도 그 말을 너무 좋아해서 자기가 가르치는 7학년 반의 벽에 써 붙여 놓았다. 그 반에는 그 지역 칼럼니스트의 딸이 있었다. 칼럼니스트는 그 말을 신문에 실으면서 그 좋은 말이 어디서 온 것이며 무슨 뜻인지는 모른다고 밝혔다고 한다.

이틀 뒤 칼럼니스트는 앤 허버트에게서 연락을 받았다. 키가 크고 금발 머리를 한 마흔 살의 이 여성은 이 지역에서 가장 부유한 동네에 살고 있었다. 그곳에서 남의 집을 지켜주는 등 이런저런 일을 하며 그럭저럭 사는 사람이었다. 그녀가 마음속으로 되새기곤 했던 그 말을 종이로 된 컵 받침대에다 적어둔 곳은 소살리토에 있는 어느 식당에서였다.

"멋진 말이군요!" 옆에 앉은 남성 하나가 말하더니 자기 받침대에도 정성 들여 적었다.

"여기 아이디어가 있어요." 그녀가 말한다. "더 행해져야 한다고 생각되는 일이 있으면 무차별적으로 하는 겁니다."

그녀가 해낸 공상에는 우중충해 보이는 학교에 몰래 들어가 교실을 새로 칠해주거나, 빈민가에 가서 식탁에 따뜻한 음식을 차려놓거나, 자존심이 센 할머니 지갑에 돈을 슬쩍 집어넣기 같은 것들이 있다.

선행이란 폭력처럼 스스로 자랄 수 있습니다.

그녀는 또 말한다. "선행이란 폭력처럼 스스로 자랄 수 있습니다."

이제 그 말은 널리 퍼져서 차량 범퍼 스티커, 담벼락, 편지 하단 서명, 명함 같은 곳에서 볼 수 있다. 그 말이 퍼짐에 따라 게릴라식 친절에 대한 비전도 전파될 것이다.

오레건 포틀랜드에 있는 어떤 남성은 시간을 딱 맞춰서 남의 주차 미터기에 동전을 집어넣기도 한다. 뉴저지 패터슨에 있는 어떤 사람들은 들통과 막대걸레와 튤립 뿌리를 들고 쓰러져 가는 집을 습격한다. 그리고는 꼭대기부터 바닥까지 샅샅이 청소를 해서 지켜보고 있는 허약한 집주인 노친네들을 멍하니 미소 짓게 만든다. 시카고의 어느 십대 소년은 갑자기 충동을 느끼면 자기네 집 건물과 집 앞 도로 사이에 난 길의 눈을 치운다. 아무도 안 보는데 까짓 무슨 상관이야 하고 생각하면서 아이는 이웃집 앞에 쌓인 눈까지 치워낸다.

긍정적인 무정부, 무질서, 흐뭇한 소란이다. 보스턴에 사는 어느 여성은 자기 수표에 배서를 하면서 메리 크리스마스! 라고 썼다. 세인트루이스에 사는 어느 남성은 자기 차를 막 들이받은 여성에게 그냥 가라고 손짓하며 말한다. "긁힌 걸 가지고 뭘요. 걱정 마세요."

넋 놓을 정도로 아름다운 행동은 널리 퍼진다. 어떤 남성이 길가에서 지나가는 차가 일으키는 바람에 옷이 휘날리는 가운데 수선화를 심는다. 시애틀에는 어떤 남성이 스스로를 공중위생 자경단원으로 임명하여 슈퍼마켓 쇼핑카트에 쓰레기를 담아 모으며 온 시내를 돌아다닌다. 애틀랜타에선 어떤 남성이 공원 녹색 벤치의 낙서를 지우는 일을 한다.

모든 혁명과 마찬가지로 게릴라 선행은 단 하나의 행동에서부터 서
서히 시작된다.

충격을 느끼며 즐겁게 놀라지 않으면 선행의 수혜를 받는 사람이 되기도
힘들다. 여러분이 출퇴근 시간에 차를 몰고 가다 정산소에서 자기 요금을
앞서 간 사람이 냈다는 이야기를 듣게 된다면 나중에 여러분이 다른 사람
들을 위해서 그런 행동을 할 영감을 얻을 수도 있지 않겠는가? 교차로에서
접촉사고를 당해도 그냥 가라고 할 수 있지 않을까? 지친 계산대 직원에게
여유로운 인사를 건넬 수 있지 않을까? 아니면 더 크고 멋진 일을? 모든 혁
명과 마찬가지로 게릴라 선행은 단 하나의 행동에서부터 서서히 시작된다.
그것이 여러분의 것이 되도록 하길 바란다.

자기만의 십계명을 만들어 보라

니콜라스 앨버리

종교교육의 일환으로서 모든 어린 학생들에게 자기만의 십계명을 만들어 보라고 권할 만하다. 어른들도 같이 해볼 만하겠다. 어느 통신원이 나에게 알려준 바에 따르면, 퀘이커Quakers(17세기 중반 영국의 조지 폭스가 일으킨 프로테스탄트의 한 종파. 의례와 성직자제도를 배격하고 개인의 내면적 체험을 중요시하며 폭력을 배척하는 것이 특징이다. 일본의 무교회주의와도 사상적으로 가깝다.) 교도들은 계명보다 질문을 더 좋아한다. 여러분의 생각을 돕기 위해 존 펩워스 목사의 십계명 버전을 다듬어 주다가 영감을 받아서 만든 내 십계명을 여기에 소개한다.

1. 모든 형태의 창조에 대하여 경의를 표할 지니라.
2. 가족, 친구, 이웃이라는 네트워크를 떠받치고 돌볼 지니라.
3. 노년에 대비하여 건강을 유지할지니라.
4. 인구 상한선을 염두에 두고 출산할 지니라.
5. 삶을 드높이는 일을 고를 지니라.
6. 불필요한 폭력에 호소하지 말고 분쟁을 해결할 지니라.

텔레비전이나 컴퓨터 같은 가상현실의 노예가 되는 일에 저항할 지니라.

---

7. 텔레비전이나 컴퓨터 같은 가상현실의 노예가 되는 일에 저항할 지니
라.

8. 다른 이들의 복리에 심각한 침해를 주는 행동을 삼갈 지니라.

9. 작은 이웃, 작은 회사, 작은 나라 같이 인간적 규모의 사회를 창조할
지니라.

10. 미래세대를 위하여 지구의 아름다움과 다양성을 보존할 지니라.

호의와 열의를 갖고 듣다

브렌다 율랜드 : 브렌다 율랜드는 80대 나이에 산을 뛰어올라가고, 하루에 9마일씩을 걸으며, 일생동안 5-6백만 단어 분량의 언론 칼럼을 썼다. 고전이 된 《글을 쓰고 싶다면》은 보급판으로 14만부가 팔렸다. 다음 인용문과 요약 발췌문은 그녀의 놀라운 책 《칼 같은 팔에 힘을: 글모음》에서 따온 것이다. 이 발췌문의 전문 버전은 《Utne 리더》에 실린 바 있다.

자존심, 자부심, 행동력, 용기는 아무리 많아도 지나치지가 않다. 대신 원심력(관대함) 지향이어야지 구심력(탐욕) 지향이어서는 안 된다.

세상에서 겸손이라고 부르는 것은 무기력에 불과하다고 생각하는 '왕 같은 기품이 깃든' 자부심을 나는 좋게 생각한다. 나는 우리 모두가 스스로를 존중하고 신뢰하고 믿고, 무모하고 꺾이지 않으며, 오만하고 기쁨에 찬 불꽃을 지녀야 한다고 믿는다. 자존심, 자부심, 행동력, 용기는 아무리 많아도 지나치지가 않다. 대신 원심력(관대함) 지향이어야지 구심력(탐욕) 지향이어서는 안 된다.

제대로(호의와 일종의 유쾌한 열의를 받으며) 자기 이야기가 남에게 전달된 적이 없는 사람도 마찬가지다. 이런 사람들의 창조적 원천은 막혀버린 것이다.

나는 일종의 신비주의적 관념을 갖고 있다. 갈수록 더 맑은 물이 샘솟기 위해서는 안에 든 모든 것을 다 표현해버려야만 가능하다고 생각한다. 글

을 쓸 때도 마찬가지다. 학교에서는 종이에다 밝은 것만 쓰라고 배웠다. 틀린 이야기다. 따분한 이야기도 종이 위에 다 쏟아 놓아야 한다. 그런 후 다 찢어버리면 된다. 그래야만 밝은 것이 나오기 때문이다. 따분한 것들을 억누르고 있으면, 분명하고 아름답고 참되고 살아있는 것들도 확실히 감추는 셈이다. 제대로(호의와 일종의 유쾌한 열의를 받으며) 자기 이야기가 남에게 전달된 적이 없는 사람도 마찬가지다. 이런 사람들의 창조적 원천은 막혀버린 것이다. 좀스럽거나 지나치게 감상적이거나 신경질적일 뿐인, 피상적인 말들만 나올 뿐이다. 아직 어느 누구도 멋지게 들어줌으로써 이들에게서 참되고 살아있는 소리를 불러내지 못했다.

나는 이 모든 것들을 3년 전에 발견했다. 그러자 내 인생은 정말 혁명적으로 바뀌고 말았다. 그러기 전에 나는 파티에 갈 때면 이런 걱정이 앞섰다. "자 한 번 노력해보자. 생기 있을 것. 밝은 이야기를 할 것. 대화를 나눌 것. 실망시키지 말 것." 그렇게 마음먹고 막상 실천에 옮기려면 용기를 잃지 않도록 커피를 여러 잔 마셔야만 했다.

누가 이야기하면 그 사람의 입장이 되어 보라. 논쟁하지 말며, 주제를 바꾸지 말라.

이제는 파티에 가기 전에 내 자신에게 이렇게 말한다. 누가 나에게 말하든 호의를 갖고 들으라. 누가 이야기하면 그 사람의 입장이 되어 보라. 내 마음을 그 사람에게 강요하지 말고, 논쟁하지 말며, 주제를 바꾸지 말라. 그래서는 안 된다. 그러면 내 마음가짐은 이렇게 된다. "더 이야기해 보세요. 이분은 자기 영혼을 나에게 보여주고 있다. 지금 당장은 건조하고 빈약하고 지루한 이야기뿐이지만, 곧 이분은 그냥 나오는 말이 아니라 생각해서

나오는 이야기를 하기 시작할 것이다. 이분은 참된 자기 모습을 보여줄 것이다. 그러면 멋지게 살아날 것이다."

> **이분은 자기 영혼을 나에게 보여주고 있다. 지금 당장은 건조하고 빈약하고 지루한 이야기뿐이지만, 곧 이분은 참된 자기 모습을 보여줄 것이다.**

얼마 전에 나는 20년 동안 만나지 못했던 사람을 하나 만났다. 그는 보기 드물게 활기차 있었으며 돈도 상당히 많이 모아둔 상태였다. 그런데 그이는 듣는 능력을 완전히 잃어버린 사람이었다. 아주 빨리 말하고 재미있는 이야기도 했으며, 그의 말을 듣는 것은 한마디로 매력적인 일이었다. 그러나 내가 말을 했을 때는 불안해했다. "그거 좀 집어주시겠어요? … 내 라이터가 어디 있더라?" 그건 일종의 버릇이었다. 그는 수많은 책을 읽었고 사상을 받아들이는 데에도 적극적이었다. 그런데 그는 다른 사람의 이야기를 들을 수가 없었던 것이다.

> **자기 이야기를 누군가가 충분히 다 들어주고 나면 이분은 잠잠해질 거야. 그때가 되면 내 이야기를 들으려고 할 거야.**

그래서 나는 이렇게 했다. 내가 더 잘 참을 수 있었기 때문이다. 나는 듣지 않고 자기 이야기만 하는 그를 내 아버지에게 대하듯 거부하지 않았다. 나는 그의 말을 듣고 또 들었다. 주제넘게 나서지 않았고 그에게 부담감을 주지도 않았다. 나는 속으로 이렇게 말했다. "이분은 몇 년 동안 혹독한 압력을 받아왔다. 이분의 가족들은 더 이상 이야기를 들어주지 않고 있구나.

하지만 이제 내가 들어주기만 하면 맺힌 것들을 다 풀어낼 수 있을 거야. 이분은 자유롭게 끝없이 계속 이야기해야 해. 자기 이야기를 누군가가 충분히 다 들어주고 나면 이분은 잠잠해질 거야. 그때가 되면 내 이야기를 들으려고 할 거야."

역시 그랬다. 며칠 후 그는 나에게 질문을 하기 시작했다. 나는 곧 정중하게 말했다. "보세요. 선생님은 남의 이야기를 듣는 능력을 너무 잃어버렸어요."

그는 꼼짝 않고 가만히 있더니 나를 빤히 쳐다보았다. 그가 자신도 모르게 나를 믿게 된 것은, 내가 그토록 완벽하게, 푹 빠져서, 비판 없는 동정심으로, 단 한 점 지루함이나 조바심도 드러낸 적이 없었기 때문이다.

"이제 말해보세요." 그가 말했다. "그 점에 대해 이야기해 보세요. 모두 다 이야기해 주세요."

자 그래서 우리는 잔디밭을 오가며 함께 걸었고, 나는 그에게 그 점에 대한 내 아이디어를 이야기했다.

"선생님은 아이들을 사랑하지만, 아마 받아들이지는 않고 있지요. 들어주지 않으면 사람들은 선생님 앞에서 바싹 말라버리고 맙니다. 자기 자신의 3분의 1로 줄어버리는 거지요. 들어보지 않으면 누군가를 알 수가 없습니다. 그렇습니다. 선생님은 사실이나 신문에 난 이야기나 아마 모든 역사까지 알 수 있을지도 모릅니다. 대신 단 한 사람에 대해서도 알 수 없을지도 모릅니다. 어떠세요. 저는 듣는 것이 사랑하는 일이라고 생각하게 되었습니다. 정말 그렇더군요."

내가 가지고 있던 생각이 이 사람에게 그토록 놀라운 효과를 일으키지 않았더라면 아마 나는 이 글을 쓰지 않았을 것이다. 그가 말하길 내 생각은 자기 온 삶을 바꿔버린 것이기 때문이다. 그는 곧 자기 아이들과 가까워지게 되었다며 내게 편지를 보냈다. 그는 자기 아이들이 어떤 존재인지를 발견하고는 아주 놀랐다고 했다. 지금껏 아이들이 얼마나 독창적이고 독립적이며 용감한지를 알지 못했던 것이다. 그의 아내도 다시 그를 진정으로 돌보게 된 것 같았다. 그리고 그들은 사실상 모든 것에 대해 대화를 나누었으며, 서로를 웃게 만들기도 했다는 것이다.

듣지 않아서 생기는 가장 심각한 결과는 세상에서 가장 무서운 저 권태다. 이는 정녕 사랑의 죽음인 것이다.

부모와 자식간의 비극이 서로 들어주지 않는 데 있는 것처럼 남편과 아내 사이도 마찬가지다. 서로 의견이 다르면 자기 생각에만 지독스럽게 매달리면서 서로 점점 더 크게 소리를(실제로는 아니더라도 최소한 속으로는) 지르기 시작한다. 귀 기울여 들으며 점점 더 조용해지고, 더 이해하게 되는 대신 말이다. 그런데 듣지 않아서 생기는 가장 심각한 결과는 세상에서 가장 무서운 저 권태다. 이는 정녕 사랑의 죽음인 것이다. 이는 다른 어떤 것보다 더 사람들 사이를 가두어 버린다. 나는 그래서 결혼한 사람들이 그렇게 싸운다고 생각한다. 부부싸움은 절연과 권태의 벽을 허무는 일이다. 감정에 상처를 입을 때에는 진정으로 듣기 시작하기 때문이다. 마침내 둘이서 하는 대화는 의미 있는 교류가 된다. 하지만 둘의 결혼생활에 분명하고 치유될 수 없는 상처가 남게 된다. 그들이 서로를 비판적으로 들었기 때문이다.

비판적 듣기 외에도 좋지 않은 것이 또 하나 있다. 수동적이며 검열하듯 하는 듣기다. 이따금 남편들이 이런 식으로 듣는 경우가 있다. 아내가 말할 때 옹졸한 염탐꾼처럼 마음 속으로(아니면 소리 내어) 계속 "웃기지 마 … 웃기지 마 … 말도 안돼" 하고 뇌까리는 식이다.

자 그러면 어떻게 들어야 하나? 생각보다 어려운 일이다. 나는 비판적 듣기는 좋지 않다고 생각한다. 사람을 뻣뻣하고 머뭇거리게 만들기 때문이다. 그렇게 되면 말하는 사람은 자기표현을 진지하고 꼼꼼하게 골라서 하기 시작한다. 그 사람 내부의 작은 샘에서 물이 솟아나지 않게 된다. 비판적으로 듣는 사람은 상대방을 말려버린다. 하지만 창조적으로 듣는 사람은 상대방이 앞 뒤 가리지 않고 말하고 싶게 만드는 사람이다. 상대방의 컨디션이 최악일 때든, 독설을 퍼붓든, 성미가 까다롭든 말이다. 그런 사람들은 잘 웃으며, 상대방이 하는 어떤 말에도 흥겨워하는 사람들이다. 제대로 들을 줄 아는 사람은 상대방의 성미가 까다롭다 하더라도 늘 그런 것은 아니라는 사실을 잘 알기 때문이다. 그들은 상대방이 좋을 때에만 사랑하는 것이 아니라 상대방을 전적으로 사랑하는 것이다.

듣는 법을 배우기 위해 여기 몇 가지 제안을 하고자 한다. 평정을 배우려고 해야 한다. 매일 일정 시간을 현재만을 위해 살도록 해야 한다. 매일 가끔은 자신에게 이렇게 말한다. "자 지금 무슨 일이 벌어지고 있지? 이 친구가 내게 말을 하고 있네. 나는 평온하다. 시간은 무한히 펼쳐져 있다. 나는 듣는다. 이 모든 이야기를." 그러면 여러분은 갑자기 사람들이 말하고 있는 소리뿐만 아니라 사람들이 말하려고 하는 내용까지 듣게 된다. 그러면서 그들에 대한 모든 진실을 감지하게 되는 것이다. 그리하여 여러분은 단편이나 이런저런 객체가 아닌, 투명한 전체로서의 한 존재를 느끼는 것이다.

그런 다음 여러분 내면의 자기주장을 살펴보라. 그리고 버리도록 하라.

칵테일을 너무 많이 마시지 않도록 하라. 에너지와 위트처럼 느껴지지만 아무것도 아닐 수 있는 피곤한 강박을 버리도록 하라. 그리고 다른 사람의 말을 들으려는 의지만 가진다고 해서 되는 일이 아니라는 사실을 명심하라. 정말 제대로 들어야만 한다. 그래야만 마술이 시작되는 것이다.

이따금 사람들이 들을 수 없는 이유는 말하지 않으면 사회적으로 아무 쓸모가 없어질지도 모른다고 생각하기 때문이다. 그칠 줄 모르는 이야기의 활기와 요동이 있어야 한다고 주장하는, 옛날 무도회식 교육을 받은 여성들이 있다. 하지만 그건 정말 사람을 피곤하게 만드는 일이다.

좋지 않은 일이다. 우리는 모두 이 점을 알아야 한다. 말하기가 아니라 듣기야말로 진정 훌륭한 역할이다. 그것은 상상력을 발휘하는 역할이다. 그리고 진정으로 들을 줄 아는 사람은 말하는 사람보다 훨씬 더 사랑 받으며 매력적이다. 그리고 더 효과적이며, 배우는 것도 더 많고, 더 큰 도움이 된다. 그러니 부디 들어보라. 아내의 이야기를 듣고, 남편, 아버지, 어머니, 아이들, 친구들의 이야기를 들어보라. 여러분을 사랑하는 이들과 사랑하지 않는 이들, 여러분을 지겹게 하는 이들, 여러분 적들의 이야기까지도 들어보라. 작은 기적이 일어날 것이다. 그리고 아마 큰 기적까지도.

아이들과 대화하는 법 – 다음 세대를 기르는 사람들을 위한 조언

여러분의 가여운 아이들에게 기계적인 질문을("얘야 손은 씻었니?" 하는 식) 하지 말라.

여러분의 가여운 아이들에게 기계적인 질문을("얘야 손은 씻었니?" 하는 식) 하지 말라. 그런 따분하고 기계적이고 불만스러우며 의무적인 질문은 하지

말라.(대부분의 부모들이 해야만 하는 거의 유일한 대화.) 그런 질문이 아니었다면
꽤 행복한 표정을 지었을 얼굴이 어떻게 지독한 피로와 지루함과 따분함으
로 그늘지는지 잘 살펴보라. 그리고 이렇게는 말하지 말라. "얘야 학교는
어땠니?" 이 말은 사실상 "제발 지금 이 순간 정신적으로 완전히 늘어진 나
를(엄마를) 좀 즐겁게 해주렴. 내가 내놓을 만한 기발하고 흥미로운 일이 하
나도 없구나. 그리고 성적 잘 받았다는 재미나고 신나는 이야기 좀 해주
렴." 하고 말하는 것과 똑같다.

　오래 전에 내 아이가 네 살이었을 때 나는 갑자기 이러지 않는 법을 터득
했다. 나는 너무 따분하고 정신적으로 게으르고 지치게 만드는, 기계적인
질문을 하지 않는 법을(하늘에서 불이 번쩍 하듯이) 배운 것이다. 나는 딸아이에
게 무언가 흥미 가득하고 주목을 끄는 이야기를 하려고 했다. "엄마가 보니
까 옆집의 팻 그리브스가 이상하게 생긴 노란 고양이한테 쫓겨 달아나면서
엉엉 울더라." 내 아이의 눈은 흥미로 불꽃이 튀기 시작했다. 그래서 우리
는 가장 생기발랄한 대화를 시작하게 되었다. 그러면 자 보시라! 아이는 금
방 자기 나름대로 제일 흥미롭고 별난 이야기를 하는 것이었다. 식사시간
이 될 때마다 내가 느낀 점은 재주 넘치는 이야기꾼이자 유쾌한 존재인 아
이의 말을 홀린 듯 들으며 웃음을 터뜨리는 쪽은 언제나 나였다는 사실이
다. 아이의 눈빛은 멋진 척도라서 단 한 순간에, 여러분이 잘못하고 있고 따
분해지고 있으며 잔소리 많은 여선생 같아지고 있음을 알려준다. 딸아이는
그때부터 나를 좋아하기 시작했다.

　같은 사실의 다른 측면이 또 하나 있다. 요즘 젊은 부부들은 대개 이렇
다. 아이들 때문에 지치고 창백해져서 신경질적으로 얼굴을 찌푸리면서 늘
이렇게 부탁한다. "얘야 제-발 그만 자라 응? … 잭, 샐리, 제인, 얘들아 제-
발 다른 방에 가서 텔레비전이라도 봐라."

그런 부모들에게 나는 이렇게 이야기한다. "아니에요. 그건 옳지 않아요. 그냥 부모노릇만 하려고만 하면 안 됩니다. 아주 활기 있고, 건강하고, 컨디션이 좋아야하며, 지칠 줄 모르고, 떠들썩하고, 명랑해야 합니다. 짓궂거나 시시한 장난, 이야기, 각색, 행동, 뒤로 공중제비 돌기, 운동이나 광대짓, 들떠서 떠들기도 잘해야 해요. 그래서 댁의 아이들이 격렬한 운동을 마친 다음, 웃음과 지적인 운동으로 지쳐버린 다음, 이마에 창백한 주름을 지으며 '엄마 … 제-발 이제 자요!' 하고 외칠 때까지 말입니다."

두뇌 교환 – 브레인스토밍 모임

⟨www.thebrainexchange.com⟩ 웹사이트의 일부 내용을 요약했다.

리 글릭스타인과 함께 샌프란시스코에 있는 '두뇌교환Brain Exchange'을 창립한 조이-릴리는 이렇게 쓰고 있다. "나는 창의성이란 '삶의 모든 분야에서 일어나는 문제를 솜씨 있게 그리고 혁신적으로 풀어가는 것'이라고 정의한다. 문제를 창의적으로 푸는 방법은 여러 가지가 있다. 내가 개인적으로 좋아하는 방법은 다른 사람들의 도움을 받는 것이다. 왜 혼자 끙끙 앓아야만 하나? 함께 문제를 풀어나가는 방법 중 내가 알기에 가장 즐거우면서도 활기찬 형태는 브레인스토밍brainstorming이다. 이 과정에서는 비판 받을 걱정 없이 아이디어를 얼마든지 내놓을 수 있다는 장점이 있다. 아이디어의 현실적인 해결책을 찾기 위해 분석하는 일은 나중에나 신경 쓸 일인 것이다."

매달 온갖 이슈를 다루는, 여성들을 위한 무제한 브레인스토밍 모임을 개설하고 있다.

캘리포니아에는 현재 두뇌교환을 하는 그룹이 여럿 있다. 그곳은 사람들이 안고 있는 문제면 어떤 것이든 논의하는 장이다. 가령 조이-릴리는 샌프란시스코에서 2주에 한 번씩 남녀를 위한 브레인스토밍 모임을 주선한다. 이스트베이에서는 수잔 골드스타인과 아니타 골드스타인이 매달 여성들을 위한 무제한 브레인스토밍 모임을 개설하고 있다. 퇴직문제, 새 일자리나 인간관계, 심지어 새 집이나 베이비시터를 찾는 실용적 문제까지 도움을 주고자 하는 것이 목적이다.

자기가 사는 지역에도 브레인스토밍 그룹을 개설하고자 하는 사람들을 위해 조이-릴리는 이런 조언을 하고 있다.

◆ 친구들에게는 하나의 게임으로 소개하라.
◆ 지역 신문과 업계 소식지에 광고를 하라.
◆ 상공회의소나 기타 업계의 협회와 상의하라.
◆ 아무리 규모가 작더라도 정기적인 모임 일정을 반드시 지켜라. 그러면 적당한 사람들이 몰려들 것이다.
◆ 기자들을 초청하라. 그들에게도 좋은 이야깃거리가 될 것이다.
◆ 특정 지역 문제를 논하는 모임을 소집하라.
◆ 유명한 브레인스토밍 참가자들이 모임을 이끌어 가도록 하여 모임 자체가 큰 행사가 되도록 하라.

각자가 좋아하는 음식과 문젯거리를 지참하여 참석하는 식사 모임을 열라.

◆ 각자가 좋아하는 음식과 문젯거리를 지참하여 참석하는 식사 모임을 열라.
◆ 낭만적인 파트너를 만나는 방법을 주제로 하는 모임을 가져 보라.
◆ 라디오의 전화참여 프로그램에 대한 브레인스토밍을 해보라.

조이-릴리는 친구, 가족, 동료와 함께 브레인스토밍을 해보기를 권한다. 몇 가지 운영 지침을 소개한다.

1. 아이디어는 간소하게 낸다. 이야기를 들려주려 해서는 안 된다.

2. 한 번에 아이디어 하나씩을 낸다.

3. 명령형을 사용한다.(이렇게 하라, 저렇게 해 보라. 하는 식이 되어야지. '...하면 어떨까?' 라는 권유는 하지 않는다.)

4. 다른 사람이 낸 아이디어를 비난한다거나 "그 말도 맞지만" 하고 말하는 경우가 생기지 않도록 확실히 챙겨야 한다.

5. 최대한 우스꽝스럽거나 멍청해 보이는 생각을 해보라.

6. 나온 아이디어에 마음껏 편승한다.

7. 질문할 사항이 있으면 해당 아이디어에 대한 평가 없이 모두 적어두고 브레인스토밍을 하는 동안은 꺼내지 않는다.

(원서 편집자의 말: 브레인스토밍을 완벽하게 구사하는 그룹에서는 지침 2, 3, 7은 잘 따르지 않는 경우가 많다.)

아이디어를 습관적으로 비판하려는 사람들이 있다. 인상을 찌푸리거나 "그건 이미 해본 일인데" 하는 말을 하는 이런 조급한 심판관들은 모임의 분위기를 썰렁하게 만든다. 대신 모든 제안을 선물처럼 받아들이는 사람은 ("그건 나도 아는 건데" 하고 말하지는 않을 것이다) 문제의 대부분을 이미 해결한 셈이다. 리가 주로 하는 브레인스토밍은 제시된 아이디어에 대해 다음과 같은 질문 네 가지를 던지는 평가과정을 거친다.

1. 이 아이디어의 장점은 무엇인가?

2. 이 아이디어의 단점은 무엇인가?

3. 이런 문제들을 어떻게 극복할 수 있을까?

4. 이 평가과정을 통해 힌트를 얻은 새로운 아이디어는 어떤 것인가?

두뇌 교환에 대해 더 자세한 내용은 웹사이트인 〈www.thebrainexchange.com〉에 있다.

대중연설 연습을 위한 연설 모임

니콜라스 앨버리 : 리 글릭스타인이 쓴 《듣게 만들라! 말할 때마다 청중을 사로잡는 법》의 서평.

리 글릭스타인은 사람들이 대중연설 연습을 하도록 돕는 '스피킹 서클'이라는 운동을 시작하여 2천 개가 넘는 그룹을 직접 지도하기도 했다. 그가 보기에 친구든 가족이든 직장 동료든, 어떠한 그룹이라도 자체 '스피킹 서클'을 만들기 위한 방식을 이용해볼 만하다.

> **각 회원이 무대에서 5분간 이야기할 기회를 주되 청중은 끝나고 나서 긍정적인 반응만 보여야 한다. 그래서 안전하다는 느낌을 갖게 해준다.**

'스피킹 서클'의 핵심은 회원의 숫자를 최대 10명까지로 제한하여 각 회원이 무대에서 5분간 이야기할 기회를 주는 것이다. 청중은 끝나고 나서 긍정적인 반응만 보여야 한다. 그래서 안전하다는 느낌을 갖게 해준 다음, 옛날에 많은 사람들 앞에서 받은 적이 있는 큰 충격으로 생긴 손상을 점점 고쳐나가야 한다.

'스피킹 서클'이 어떻게 운영되는지 소개하자면 이렇다.

◆ 모임은 차나 커피로 시작하여 2시간 30분을 넘어가면 안 된다.

◆ 진행자가 참석자들에게 기본 규칙을 간단히 소개한다. 그러면 모두 일어나서 차례로 각자 3분씩 자기소개를 하여 '체크인'을 한다. 듣는 사람들은 아무 반응을 하지 않는다.

◆ 그런 다음 각자 5분씩 무대에서 연설을 한다.

◆ 진행자는 30초가 남으면 손가락을 들어 표시해준다.

◆ 듣는 사람들은 연설한 사람을 무조건 지원해주며 긍정적으로 받아들인다. 연설하는 동안은 조용히 있고 피드백 시간에는 긍정적인 발언만 한다.

◆ 연설 도중이나 연설자들 사이에 청중들이 이야기를 하지 않는다.(물론 웃는 것은 허용된다.) 필기를 하면 안 된다. 연설 내용에 대해 평을 해서는 안 된다.

◆ 연설 내용은 비밀이다. 특별히 허락 받지 않는 이상 서클 바깥에서 논해서는 안 된다.

◆ 피드백은 한 사람 당 30초까지이며 전적으로 긍정적이어야 한다. 듣는 사람의 감정이나 반응을 묘사하되 연설자의 삶에 대한 언급은 하지 않는다. 한 연설(이야기)과 전에 한 다른 연설을 비교하거나 평가하지 않는다. 가르치거나 분석하거나 조언하려 들지 않는다. 여기 금지된 피드백 사례를 들어본다.

지금까지 하신 이야기 중에 최고예요

– (전에 한 이야기와 비교를 했다)

오늘은 정말 마음을 다 열어놓으셨군요. 이제 정말 어떤 분인지 알겠습니다.

– (다시 전에 한 이야기와 비교를 했다)

아마 이렇게 했더라면 전문가 뺨치는 연설이 될 뻔 했어요

– (조언을 했다)

◆ 연설자는 피드백에 답하여 '감사합니다'라는 말 이상의 표현을 하지 않는다.

모든 참석자는 가기 테이프를 집에 가지고 가서 자기가 한 이야기를 평가할 수 있다.

◆ 가능하면 모임을 비디오로 찍어둔다. 모든 참석자는 자신의 테이프를 집에 가지고 가서 자신이 한 이야기를 기록하고 평가할 수 있다.

◆ 진행자는 몇 마디로 모임을 마무리한다. 그런 다음 사교적인 시간을 갖는다.

청중을 사로잡는 연설가가 되는 법

5분 만에 무슨 말을 할지 어떻게 생각해낼까? '스피킹 서클'에서는 무대 위에서 5분 동안 아무 말없이 있는 것이 허용된다. 아이디어는 자신에게 달려 있다. 여러분이 신경과민으로 엉망이 되어버린 사람이라면 그런 사실을 숨기려 들지 말라. 글릭스타인은 독자들에게 말하길 다음과 같은 질문을 미리 생각해두면 적절한 주제를 찾는 데 도움이 될 것이라 한다.

◆ 지금껏 삶이 내게 가르쳐준 것은?
◆ 인생의 전환점은 무엇이었나? 어느 방향으로 가다 어떤 지점에서 돌아서게 되었나? 배운 점은 무엇인가?
◆ 어떤 비밀을 발견했나?
◆ 자기 삶에서 영감을 준 사람들은 누구인가?
◆ 친구들을 위로하거나 조언을 줄 때 대개 어떤 이야기를 해주게 되는가?
◆ 삶에서 주로 어떤 분야에 특별히 분명한 통찰을 갖고 있는가?
◆ 잘 하는 일이 어떤 것인가?
◆ 어떤 분야에 독특한 시각을 갖고 있는 것 같은가?
◆ 어떤 난관을 극복한 적이 있는가? 극복하기 위해서는 어떤 일을 했는가?
  무대에서 있는 그대로를 보여주기 위해 적용할 수 있는 기법이 따로 있는 것은 아니다. 하지만 여기에 도움이 될 만한 글릭스타인의 제안이 있다.
◆ 말하기 전에 적어도 몇 초 동안은 청중을 조용히 받아들이라.(바라보라.)

청중 가운데 있는 한 사람에게 말하듯 하라. 다음 사람에게 넘어가기 전에 5초에서 10초 정도 시간을 끌어보라.

◆ 청중 가운데 있는 한 사람에게 말하듯 하라. 다음 사람에게 넘어가기 전에 5초에서 10초 정도 시간을 끌어보라.
◆ 짧은 문장으로 말하라. 각 사람과 마주보기 위해 자주 멈추라.

◆ 중요한 대목 사이에는 더 오래 침묵하라.

◆ 되도록 가만히 서서 이야기하며, 어느 사람을 보고 말할 때 천천히 방향을 돌리라.

◆ 유머를 구사한다면 자기 경험에서 나온 것만 사용하라.

이야기가 끝났을 때, 사람들이 박수치는 동안 얌전하게 빠져나가는 일 없이 가만히 서서 갈채를 '마음 속으로' 받아들여라.

◆ 이야기가 끝났을 때, 사람들이 박수치는 동안 얌전하게 빠져나가는 일 없이 가만히 서서 갈채를 '마음 속으로' 받아들여라.(글릭스타인이 말하길 케네디 대통령의 연설 필름을 보면 청중의 사랑이 자신에게 쏟아지는 동안 그가 멋지게 멈추고 있는 모습을 볼 수 있다고 한다.)

글릭스타인은 또 일상생활에서 더 긴 연설을 할 수 있도록 하는 조언을 해준다. 많은 경우 '스피킹 서클'과 관련이 있다. 그는 이야기를 할 때 자기 삶에서 일어난 짤막한 실제 이야기로 시작하라고 한다. 겪어서 배운 바가 있고 연설 주제와(여기에 대해 3분까지 이야기해도 좋다) 관련이 있는 경험을 말한다. 그런 다음 여러분이 다룰 중요한 점을 서너 문장으로 요약한다. 그리고 사람들에게 이제 자신의 어떤 이야기를 듣게 될 것인지를 한 문장으로 말한다. 질문을 하거나 무언의 신호를 보내서 이런 취지가 청중에게 받아들여지는지 확실히 한다. 그 다음 이야기의 본론으로 들어간다.

자기 삶에서 일어난 짤막한 실제 이야기로 시작하라.

이야기는 글릭스타인의 ARC를 따르도록 구성할 수 있다. ARC는 자각Awareness, 재구성Reframing, 전념Commitment을 나타낸다. 자각 부분에서 다음과 같은 질문을 할 필요가 있다.

◆ 자신을 화나게 만드는 문제는 어떤 것인가?

◆ 그 문제가 왜 생기는가?
◆ 고치기 위해 어떤 노력을 했는가?
◆ 그런 노력은 왜 실패했는가?

문제를 새롭고 역동적인 방식으로 푸는 방법을 내놓는다.

재구성 부분에서는 문제를 새롭고 역동적인 방식으로 푸는 방법을 내놓는다.

전념 부분에서는 자기 삶에서 이 문제를 다루기 위해 당장 할 수 있는 구체적인 일이 무엇인지를 청중에게 말해준다. ARC의 각 부분은 관련이 있는 개인적인 이야기로 시작하는 것이 제일 좋다.

이런 시간을 함께 하는 일이 어떠했는지 청중에게 말하거나, 연락처를 알려주거나, 영감을 주는 말을 인용하거나, 개인적인 이야기를 조금 더 하면서 이야기를 맺는다. "여러분의 맺음 말은, 여러분의 해결책과 그들 사이에 평생의 관계를 열어주는 것일 수도 있다."라고 글릭스타인은 말한다.

이 책, 그리고 사회혁신적인 '스피킹 서클'은 남들 앞에서 말하는 일이 너무 두려운 사람들에게 필수일 뿐만 아니라, 사람들이 일상적인 만남에서 긴장을 풀고 진정한 자신을 표현할 수 있도록 도와준다.

영혼을 새롭게 해줄 은둔처를 짓다

G. 로슨 드린커드 3세 : 《뉴 에이지》 저널에 실린 글과
《은둔처: 영혼을 새롭게 해줄 은신처를 손으로 만들다》라는 책을 요약했다.
로저 나이츠가 모니터했다.

뒤뜰의 조그만 집이든, 산 속의 오두막이든, 아니면 다락방 하나든, 혼자만의 공간은 영혼을 달래줄 은둔처가 될 수 있다.

내 첫 은둔처의 모습을 지금은 잘 떠올릴 수가 없다. 그것은 내 나이 여덟에 당시의 가장 친한 친구였던 피트 오벤스체인, 그리고 그의 귀찮은 꼬맹이 동생 토미와 함께 만든 것이었다. 버지니아 작은 마을의 동네 어딘가에서 우리는 다 썩어 가는 널빤지를 잔뜩 훔쳐와 나무상자 같은 집을 지었다. 바싹 당겨 앉으면 작은 아이들 서너 명이 들어갈 정도의 크기였고, 우리는 갖가지 옷차림으로 분장을 하고 있었다. 우리들만의 이 환상의 세계에서 다 쓰러져 가는 나무상자는 우리들의 영지였다. 조약을 만들고, 계획을 세우고, 외국에 대한 습격을 개시하는 곳이었다. 그곳은 사적인 공간으로서 불간섭 지역이었으며, 엄마들에게도 접근금지 구역이어서, 여자 아이들은 감히 들어갈 엄두도 낼 수 없는 곳이었다.

자기 영혼을 새롭게 하고 싶을 때, 사람들은 어디로 가며 무엇을 하는가?

내 어린시절은 작은 공간 속에서 벌어진 모험으로 가득 차 있었으며, 그러한 순간들은 내 영혼 깊숙한 곳에 송진처럼 달라붙어 있었다. 그래서 버지니아 대학에서 건축을 전공한 다음, 나는 어느새 버지니아 샬로츠빌에 있는 신생 건설회사의 공동 소유자가 되어 있었던 것이다. 나는 다음과 같은 질문에 대한 답을 찾아 나섰다. 만사를 다 제쳐두고 떠나기 바랄 때, 사람들은 어디로 가며 무엇을 하는가? 자기 마음을 비춰보며 질문을 던지고 휴식을 가져야 할 때, 영혼을 새롭게 해야 할 때, 그리하여 자기 자신을 되찾기 위해서 스스로를 잃어버려야만 할 때 말이다.

처음에 나의 탐색은 주로 은둔처의 물리적 공간에 대한 것이었다. 방, 공간, 건물, 또는 사람들에게 은둔과 프라이버시와 평화와 정적을 주기 위해 별도로 마련된 피난처 같은 것 말이다. 이러한 은둔처들을 묘사할 때 주로 '도피처', '안식처', '은신처', '성역'이라는 표현을 쓰곤 한다. 그러한 장소는 오두막, 작은 집, 동굴, 트레일러(컨테이너 박스), 텐트, 판잣집 형태를 띠기도 한다. 그런데 이러한 탐사여행 동안 내가 발견한 사실은, 사람과 장소가 불가분의 관계라는 점이었다. 나에게 은둔처는 특정의 장소가 아니었다. 그것은 마음의 상태였다. 그것은 어떤 목적지라기보다 여행의 과정에 가까웠다. 자기 신체가 긴장을 풀고 영혼을 새롭게 해줄 장소를 마련하기로 결정했다면, 영감과 안식과 창의성과 기쁨의 순간을 이미 상당히 갖춘 셈이다.

은둔처는 특정 장소가 아니다. 그것은 마음의 상태다.

개인적인 은둔처를 만들고 싶다면 어디에서 시작해야 할까? 꿈에서? 터부터 잡아놓고? 돈을 먼저? 그림으로 그려본 후? 지금 있는 집 그대로? 아니

면 고풍스러운 자재를 사 모아서? 나는 영혼이 가고자 하는 곳에서부터 시작하라고 말하고 싶다. 어디서 시작하건 맞닥뜨리게 될 두 가지 측면이 있다. 그건 목적이나 사용가능성, 그리고 장소다.

은둔처의 목적은 분명해 보인다. "난 그저 떠나 있을 장소가 필요할 뿐이에요!"라고 사람들은 말한다. 많은 사람의 영혼에는 단지 그런 장소만이라도 있었으면 하는 욕구가 있다. 긴장을 풀고, 휴식을 취하며, 재충전을 하고, 중심을 잡기 위해서 자신만의 공간이 필요한 것이다. 하지만 자신의 개인적인 은둔의 구체적인 목적이 무엇인지를 잠시 살펴보는 것도 도움이 되리라. 그것은 행동과 관련이 있을까, 직업과 관련이 있을까, 취미와 관련이 있을까? 스키 타기나, 그림 그리기나, 글쓰기도 함께 해야 하나? 혼자서만 있어야할까, 다른 사람들과 함께 할까? 이런 질문이 너무 부담스러워 시작도 못하는 사람도 있다.

은둔의 핵심은 자기 존재에 대한 질문을 던지고 자기 삶의 본질을 평가할 기회를 갖는 것이다.

한편 이런 탐색이 자신을 보다 깊이 이해할 수 있도록 하여 은둔의 핵심을 파악하게 되는 사람도 있다. 그것은 자신에게 질문을 던지고 자기 삶의 본질을 평가할 기회를 갖는 것이다.

자신에게 의미가 있는 은둔의 속성을 나열해 보라. 커다란 메모판에 목록을 붙여두고 참고하면 도움이 될 것이다. 이런 문제들을 생각해보자.

◆ 은둔한다는 생각이 자신에게 중요한 이유는 무엇인가?
◆ 특별히 꿈꾸고 기다리는 은둔 장소는 어떤 곳인가?

◆ 그런 은둔이 무엇을 가져다주리라 생각하는가?

◆ 무엇이 은둔을 가능하도록 해줄까?

◆ 은둔하는 시간을 어떻게 쓸까?

◆ 은둔처는 언제 사용할까?

◆ 왜 은둔을 하는 것일까?

◆ 장소는 누가 사용할까?

◆ 은둔할 장소를 갖추기 위해 필요한 것은 무엇이며, 포기해야 할 것은 무엇인가?

◆ 은둔할 시간을 갖기 위해 포기해야할 것은 무엇인가?

◆ 이번 은둔의 핵심은 무엇인가?

◆ 이번 은둔의 핵심이 아닌 것은 무엇인가?

이런 질문을 하다보면 얻어지는 것이 더 많으리라. 메모를 잘 하거나 일지를 계속 쓰는 것이 좋다. 자기가 정한 기준에 따라 은둔을 하면 확실히 기쁨은 더 커질 것이다.

은둔처를 정하는 일은 열렬한 은둔 계획자에게 가장 중요하면서도 힘든 작업일 것이다. 장소를 선정할 때 고려해야 할 점을 보면 땅값에서부터, 지역 선정, 자연환경, 자기 집과의 거리 같은 것들이 있다. 이러한 점들은 다음과 같은 실제적 문제에도 영향을 준다.

◆ 은둔처를 짓는 데 걸리는 시간은 어느 정도인가?

◆ 짓기가 얼마나 쉬우며 비용은 어느 정도인가?

◆ 은둔처를 얼마나 자주 이용할 것인가?

◆ 짓는 데 난관은 없는가?

산을 갈망하는 사람도 있고, 사막이나 바다를 더 간절히 바라는 사람도 있다.

장소는 전혀 문제가 되지 않는 사람도 있다. 여기나 저기나 마찬가지라는 식이다. 반면 장소가 모든 것인 사람도 있다. 은둔처를 어디에 만들 것인지에 대해 심사숙고하다 보면, 은둔처로 갈 때 자신에게 더 의미 있는 것이 무엇인가에 대한 단서를 얻을 수도 있다. 산을 갈망하는 사람도 있고, 사막이나 바다를 더 간절히 바라는 사람도 있다. 완전히 격리되고 싶은 사람이 있는가 하면, 어느 정도의 친교를 원하는 사람도 있다. 눈을 바라는 사람도 있고 언제나 봄이기를 원하는 사람도 있다. 강가의 캠프나, 할머니 할아버지의 농장에서 보낸 여름날이나, 깊은 숲속 오두막에서 보낸 애틋한 어린 시절의 기억을 갖고 있는 사람들이 많다. 이러한 깊은 인상은 은둔할 장소나 스타일을 결정짓는다.

자기만의 은둔처는 뒤뜰이나, 목장의 한 구석이나, 심지어 다락이나 지하실처럼 가까울 수도 있다. 훌쩍 떠나서 자기 영혼을 깨끗이 씻어줄 장소를 찾는 것이니 만큼 먼 곳일 수도 있다.

다음 질문은 은둔을 계획할 때 참고로 하면 도움이 될 것이다. 최종 리스트라고 생각하는 일은 절대 없길 바란다. 단지 여러분의 여정에 있어서 좋은 출발의 안내자 역할을 하길 바랄 뿐이다.

자연적 특성

◆ 바람이 주로 부는 방향은 어느 쪽인가?

◆ 은둔처의 멀고 가까운 전망은 어떤가?

◆ 인접한 곳에서 본 은둔처의 모습은 어떤가?

◆ 계절별로 장소의 일조량은 어느 정도인가?

◆ 장소의 지형이나 경사는 어느 정도인가?

◆ 따져 봐야할 나무나 자연 지형이 있는가?

◆ 마실만한 물을 구할 수 있는가?

◆ 해당 지역에서 우물을 파서 물이 나올 성공률은 얼마나 되나?

설비

◆ 전기가 들어오는가?

◆ 전화는 들어오는가? 전화가 필요한가?

◆ 천연가스나 용기에 든 가스를 구할 수 있는가?

◆ 상수도가 연결되어 있는가?

◆ 장작을 손쉽게 구할 수 있는가?

◆ 하수처리시설이 있는가?

가장 가까운 이웃은 얼마나 떨어져 있는가? 그런 이웃이 얼마나 가
까이 있기를 원하는가?

위치

◆ 살고 있는 집과는 얼마나 먼가?

◆ 필요하다고 생각하는 서비스를(식료품점, 의료시설, 도서관, 우체국, 은행, 교회) 받을 수
있는 곳과는 얼마나 떨어져 있는가?

◆ 필요한 건축자재나 설비를(콘크리트, 목재, 배관, 전기, 땅 고르기, 정화조) 파는 곳과는
얼마나 떨어져 있는가?

◆ 가장 가까운 소방서는 얼마나 떨어져 있는가?

◆ 가장 가까운 이웃은 얼마나 떨어져 있는가? 그런 이웃이 얼마나 가까이 있기를 원
하는가?

디펙스DIPEx – 환자 치료경험 데이터베이스

의학 전문지 《란셋》에 '환자들의 경험 데이터베이스DIPEx:
경험과 정보를 공유하기 위한 멀티미디어 접근'이라는 제목으로 발표된 글과
디펙스의 웹사이트(www.dipex.org)의 내용을 요약했다.

건강정보 관리상의 주요한 결함을 메우기 위하여 영국 옥스퍼드의 전문의 팀 하나가 환자경험을 데이터베이스로 만들어 인터넷이나 시디롬으로 찾아볼 수 있도록 하는 일을 추진하고 있다. 그들의 목표는 환자의 치료경험에 대한 이해를 높이며, 환자와 건강 전문가의 만남을 더 균형 있게 만들기 위한 것이다. 환자는 그러한 데이터베이스를 하나의 원천으로 삼아 비슷한 병을 앓은 사람들의 기분을 어느 정도 알 수가 있다. 반면에 건강 전문가들은 환자에게 가장 필요한 것과 친숙하지 않은 진행 경과에 대한 정보를 얻을 수 있을 것이다.

질병 경험, 도와준 사람들에 대한 정보, 기타 필요한 자원에 대해 환자들과 가진 인터뷰를 수집한 것이다.

디펙스는 질병을 겪은 환자와 가진 인터뷰를 체계적으로 수집하고 분석하여 다음의 세 가지와 연결하는 것이다. 치료효과의 증거, 도와준 사람들에 대한 정보, 그리고 기타 필요한 자원이 그것이다. 목표는 고혈압에서 유방암이나 심방세동atrial fibrillation(심방근의 많은 부분이 동시에 불규칙적으로 통제 없

이 수축하는 상태)까지 각 질병마다 별도의 사이트를 개설하여 모든 정보를 다 담되, 디펙스 산하에 두는 것이다.

각 질병마다 환자와의 면담을 수집하고 분석한 다음, 적절한 표본추출법을 통해 최대한 넓은 범위의 경험을 나타내기 위해 노력한다. 상태에 따라 운영그룹(임상 의사, 지원 단원, 학자 등)은 포함된 정보를 판별하고 승인하는 책임을 맡게 될 것이다. 이는 데이터베이스에 담긴 정보의 질과 특성을 확보하기 위해 디펙스가 추진하는 엄격한 모니터링 절차의 일부다. 이 프로젝트가 필요한 후원을 받는다면 더 나은 정보를 필요로 하는 환자를 만족시켜줄 것이며, 건강 전문가와 그들이 대하는 사람들 사이의 관계를 획기적으로 향상시킬 수 있을 것이다.

디펙스는 원래 영국 옥스퍼드 대학 소속이었으나 현재는 별도의 기관으로 독립했다. www.dipex.org

잠든 환자를 문병 온 사람들을 위한 방명록

〈시애틀 타임즈〉의 '디어 애비' 칼럼에 보낸 '오타와의 루스'의 편지에서 발췌했다.
로저 나이츠가 모니터했다.

최근에 나는 사랑하는 양어머니를 암으로 잃었다. 그녀는 병을 맞아 용기와 유머와 결의로 맞섰으며, 가족들도 같은 식으로 대처하도록 격려했다. 병원에서 지낸 마지막 몇 주간 동안 그녀는 잠을 아주 많이 잤으며, 찾아오는 문병객들을 많이 놓칠 수밖에 없었다. 그들 모두를 볼 수 없게 된 그녀는 실망이 컸다. 그래서 우리는 그녀의 침대 곁에 방명록을 놓아두었다. 친구 분이 찾아왔을 때 그녀가 잠들어 있으면 그 친구 분은 자기 이름으로 글을 남겼다. 그녀는 깨어나서 즐거이 방명록에 써놓은 생각과 추억과 우스개와 희망과 기원을 읽었다.

이 방명록은 그녀를 기리는 노트가 되었다.

어머니가 세상을 떠나자 이 방명록은 그녀를 기리는 노트가 되었다. 방명록을 읽을 때 가족과 친지들은 함께 웃고 울 수 있었다. 그들은 모두 이 특별한 여인을 기억할 수 있었기 때문이다.

여러분도 우리의 값진 경험을 보고 이 아이디어를 자기 생활에 이용할 수 있기를 바란다.

강변실명증River Blindness의 위험으로부터 3천만 명을 구하다

마크 에드워즈 : 마크 에드워즈는 환경전문 포토 에이전시인
'스틸 픽처스'를 운영하고 있다.

나는 최근에 아프리카의 강변실명증이 사실상 퇴치되었음을 축하하는 사진촬영 여행을 다녀왔다. 이 병의 퇴치는 '세계 건강 본부' 및 다른 단체들이 주관한 장기 프로그램 덕이었다. 이 프로그램은 이제 앞으로 이 질병을 직접 관리할 각국 정부에게 넘겨졌다. '강변실명증'이라고도 알려진 회선사상충증은 열대 아프리카의 비옥한 하천 계곡에서 발견되는 특유의 기생충 질병이다. 심하게 감염되면 결국 실명하게 되고, 마을 전체가 살던 곳을 떠나 사막으로 이주하게 만들 수도 있는 병이다.

현재 3천만 명이 제조자가 무료로 기증한, 이버멕틴이라는 약 덕분에 이 강변실명증의 위험에서 벗어났다.

현재 3천만 명이 이버멕틴이라는 약 덕분에 이 질병의 위험에서 벗어났다. 이 약은 1년에 2번만 복용해도 충분한다. 이 약은 제조자가 무료로 기증하고 있는데, 아마도 유럽이나 미국의 수의사들에게 이 약을 판매해 충분한 이익을 내고 있기 때문에 가능했을 것이다. 이 아이디어는 확대될 수 있다. 가령 유럽이나 미국에서 구입한 콘돔을 하나 살 때마다 아프리카와

남미 일부 지역에 무료로 배포할 콘돔 값도 계산되도록 하는 방법이 있다.

원서 편집자 의견

적도 아프리카와 중남미 유럽의 이 프로그램에 1억정 이상의 약을 제공한 회사는 거명할 만하다. 그 회사는 머크 샤트 앤 돔이며, 이버멕틴 정제의 브랜드 명은 멕티잔이다.

이 병이 창궐할 당시 아프리카 촌락 인구의 15퍼센트가 실명했다. 때문에 한 마을 전체가 비옥한 강변지대를 버리고 떠나야만 하기도 했다.

회선사상충증은 1백만 명 이상에게 실명이나 심각한 시각장애를 일으켰다. 이 병이 창궐할 당시 아프리카 촌락 인구의 15퍼센트가 실명했다. 또한 수백만 명 이상이 심한 가려움증과 피부손상을 겪었다.

이 질병은 피해자들이 살고 있는 강에서 번식하는 작은 흑파리가 옮기기 때문에 '강변실명증'이라고 부른다. 이 병 때문에 여러 지역사회 주민들이 비옥한 강변지대를 버리고 척박한 땅으로 이주하곤 했다.

1995년 머크의 뉴저지 사무실에서 '시각의 선물'이라는 7피트 크기 조각품의 제막식이 있었다. 이 조각상은 아프리카 마을의 한 소년이 눈 먼 사람을 인도해 가는 형상을 조각한 것이다. 전에는 흔한 장면이었지만 이버멕틴의 보급으로 이제는 점점 사라져가고 있다.

산아제한의 대가로
마약중독자들에게 2백 불을 주다

《타임》지에 실린 마고트 혼블로워의 글과 〈시애틀 타임즈〉에 실린 엘리 샌더스의 글(모두 로저 나이츠가 모니터했다), '크랙' 웹사이트(www.cracksterilization.com)의 내용을 요약했다. (현재는 www.cashforbirthcontrol.com로 웹사이트의 주소가 변했다.)

바바라 해리스가 창립한 크랙(CRACK: Children Requiring a Caring Kommunity)은 마약 중독자들이 확실히 산아제한을 할 경우 대가로 현찰 2백 불을 주고 있다.

미국에서는 마약에 노출된 신생아가 매년 50만 명 태어나고 있다. 그들 중 상당수는 뇌 손상이나 에이즈를 앓고 있다.

빈민가의 마약 중독자들은 마약 살 돈을 마련하는 간편한 방법으로 몸을 파는 경우가 흔히 있다. 그리고 피임을 소홀히 하다가 원치 않던 출산을 하게 되는 경우도 자주 일어난다. 미국에서는 마약에 노출된 신생아가 매년 50만 명 태어나고 있다. 그들 중 상당수는 뇌 손상이나 에이즈를 앓고 있다. 해리스는 마약에 의존해 살고 있는 어느 여성의 네 자녀를 모두 입양하기도 했다. 그녀는 경찰, 지방검사, 사회복지사, 지역 정치인들에게 로비를 하여, 이런 여성이 자기가 낳은 아이들의 목숨에 얼마나 지속적인 위험을 주고 있는지 알도록 했다.

"제가 마침내 깨달은 사실은", 그녀가 말했다. "이런 여성들이 산아제한을 하게 만들려면 제 자신이 직접 나서는 수밖에 없다는 점이었지요.”

그녀가 생각해낸 계획은 마약 중독자들에게 2백 불을 주어서 불임수술을 받거나 장기적인 산아제한을 하도록 하는 것이었다. 1997년에 창립한 이후, 크랙은 대략 200명의 여성과 한 남성에게 돈을 지급하여 이 프로그램을 따르도록 했다. 1년 동안 ‘데포 프로베라’ 같은 피임 주사를 맞는 것처럼 덜 극단적인 방법도 있었지만, 대다수는 불임수술을 선택했다.

크랙은 중독자와 직접 대면하는 방법 말고도 무료 전화와 웹사이트를 개설하기도 했다.

인권 변호사나 생명 윤리학자들의 반발이 있었다. 그들의 염려는 이 구상이 비윤리적일 수 있다는 점이었다. 이들 여성의 상당수가 동의를 하는 과정에서 충분히 관련 정보를 입수하지 못하는 처지에 있다는 것이다. 자기들의 출산 권리를 2백 불이라는 뇌물을 받고서 포기하는 것은, 이들이 나중에 후회하게 될 결정을 하도록 내모는 일이라고 미국가족계획연맹의 회장인 글로리아 펠트는 말한다. 또한 이 프로그램은 사회의 주변적인 위치에 있는 사람들에게 우생학적인 공격을 행하는 것으로 비쳐지기도 했다.

해리스는 인종주의자이며 사회계획론자라고 하는 비난의 아우성에 맞서 당당히 자신을 변호했다. 그녀는 흑인 남편과 결혼하여 혼혈아 셋을 낳았으며, 입양한 아이 넷이 모두 흑인이었다. 그녀가 보기에 크랙의 역할은 원치 않는 아이를 갖지 않게 하기 위해 산아제한의 기회를 주는 것이다. “우리의 목적은 불임수술이 아니라 산아제한입니다. 그러니 저로서는 알코올 중독자나 마약 중독자가 산아제한을 하면 안 된다고 하는 이유를 알 수가 없군요.”

“제일 큰소리로 떠드는 사람들은 아이를 키우는 이들이 아니에요.” 그녀가 불만을 털어놓는다. “이런 아기들을 18년 동안 자기 집에 기꺼이 들여놓을 생각이 없는 사람들의 의견이라면, 전혀 존중하고 싶은 마음이 없군요."

일례를 보면 제이슨은 마약중독자 엄마에게서 나서 무게가 2파운드도 나가지 않던 아기였다. 아기는 짧은 3년의 삶을 살았다. 호흡기에 전적으로 의존하여, 목에 튜브를 꽂지 않고선 자기 힘으로 전혀 숨을 쉴 수가 없었다. 먹을 수 있는 것이라곤 위로 통하는 튜브를 이용한 유동식流動食뿐이었다. 상태가 위급하여 일주일 내내, 하루 24시간 내내 간호사들의 보살핌이 있어야 했다. 이런 일을 담당하는 간호사들에게 드는 비용만 해도 헐세 4백만 불이 넘게 들어갔다. 게다가 거두어 키우는 사람들과, 숱한 병원신세(날 때 7개월을 머문 것을 포함하여), 많은 외과수술, 의약품, 여러 사회복지사들에게 드는 엄청난 비용이 있었다.

제이슨이 나서 죽기까지의 기간 동안 그의 마약중독자 부모는 아이를 또 하나 낳았다. 역시 호흡기에 의존해서 살았던 이 아기는 제이슨만큼 살지도 못했다. 뇌파가 나타나지 않자, 의사들은 고심 끝에 생명유지장치를 떼내기로 했던 것이다.

마약에 중독된 여성이나 남성의 파트너는 종종 비범한 수치의 임신(5에서 10명 이상까지)을 하는 경우가 있다. 그들은 그러한 상황을 전혀 통제할 수 없는 처지에 빠지곤 한다. 임신기간 중 코카인을 복용하는 여성이 낳은 아기는 저체중 출생일 확률이 두 배에서 여섯 배까지 더 높다. 저체중 출산아는 생후 첫 달 안에 사망할 확률이 40배나 더 높다. 뿐만 아니라 살아남는다 해도, 정신지체나 뇌성마비나 시청각 장애를 포함하여 평생 장애를 입을 위험이 훨씬 높다. 이런 이유 때문에 '마치 오브 다임스March of Dimes*' 같은 출생결함 방지 재단은, 코카인을 복용하는 여성들에게 임신하기 전에 마약

---

* 출생결함과 영아사망률을 줄임으로써 아기들의 건강증진을 목적으로 하는 비영리 단체

을 끊든지 아니면 임신기간 내내 완전히 마약 없이 지낼 수 있다는 확신이 들 때까지는 임신을 미룰 것을 권하고 있다.

마약중독자의 아이들은 또한 에이즈에 감염될 확률이 높다. 아기들은 오랫동안 힘들고 비싼 병원 신세를 진 다음에나 몹시 부담스러운 '위탁양육 시스템'에 맡겨지는 일이 가능해진다. 조그마한 신생아들은 약물 금단증상에 시달리며, 대개 태어나자마자 버려지고 만다. 또한 아이들은 외면당하고, 나아가 신체적으로나 육체적으로 학대당하며, 결국 홈리스가 되거나 격리시설에 수용되거나 그보다 더한 처지가 되기도 한다.

바바라 해리스는 어떻게 하면 약물이나 알코올에서 벗어날 수 있느냐 하는 문제에 대한 해답을 갖고 있지는 않다. 대신 도움이 필요한 사람이면 누구에게나 약물 및 알코올과 관련한 재활 서비스를 제공하는 여러 단체를 알려주려 한다. 크랙이 수행하고 있는 예방 프로젝트의 유일한 목적은 약물 및 알코올에 절은 상태에서 임신하는 사례를 줄일 수 있는 선택의 기회를 제공하는 것이다.

크랙CRACK은 미국 캘리포니아에 있다.

에이즈 – 나는 어떻게 살아남았나

니나 마코프 어시스턴트 : 니나 마코프 어시스텐트와 폴 더피의 책
《나는 어떻게 에이즈를 딛고 살아남았나: 한 여성의 놀라운 회복 - 그리고
다른 사람들을 도울 때 쓰는 기법》을 요약했다.

1985년 11월 나는 인체 면역결핍 바이러스(HIV: Human Immune deficiency Virus 에이즈 바이러스) 양성반응을 보였고, 에이즈 관련 복합증(ARC: AIDS-related complex) 진단을 받았다. 나는 연인인 네이도에게서 감염되었는데, 그는 자기가 바이러스 보균자라는 사실을 모르고 있었다. 진단에 대한 나의 반응은 깊은 무기력과 극심한 분노 사이를 오가는 것이었다. 결국 나는 두 손을 들고 받아들이기 힘든 현실을 받아들여야만 했다. 죽음이었다. 그 순간 나는 더 이상 내 신체 상태에 스스로 책임이 없는 척 하고 있을 수 없었다. 나는 자기로서는 더 이상 할 일이 없다고 고백한 내 의사에게 언제나 감사할 것이다. 그의 솔직함 때문에 나는 내가 스스로의 인생에 책임을 져야만 한다고 느끼게 되었던 것이다.

나는 더 이상 내 신체 상태에 스스로 책임이 없는 척 하고 있을 수가 없었다.

나는 앞으로 살날이 유한하다는 자각을 하게 되었다. 운이 좋으면 대략 500일이 될 듯 싶었다. 하루하루가 너무나 소중했다. 그래서 나는 모든 일

의 우선순위를 다시 잡아서, 내 자신을 리스트의 맨 꼭대기에 놓았다.

생각해보니 내 삶의 그 지점까지 나는 늘 내 자신의 요구를 부인하였다. 부모, 남편, 아이들, 내 영적 스승 등 나는 늘 내 자신 밖의 대상을 돌보는 역할만을 해왔던 것이다. 더 이상 잃을 것이 없어지자 나는 내 병에게 앉아서 당하는 대신, 배우고 자라기 위한 마지막 기회로 삼기로 작정했다. 나는 내가 과연 누구인지를 발견하는 여행의 첫발을 내디뎠다. 내 바깥 세계가 아니라, 내 안에 있는 참된 본질을 찾아가는 시도였던 것이다. 내 삶에서 가장 중요한 여행이 시작되는 시점이었다.

1985년을 돌이켜보면 언론매체와 의료계의 병적 흥분 때문에, 에이즈 관련 진단은 사실상 사형선고였다. 내가 지금도 살아있는 것은, 죽으리란 사실을 전적으로 받아들인 다음 그 순간부터 다시 살기 시작했기 때문이다. 1986년 5월 나에게서 증상은 사라졌으며, 나는 ARC(에이즈 관련 복합증)에서도 완전히 벗어났다. 놀랍게도 HIV(인체 면역 결핍증) 항체에도 음성반응을 보였고, 지금까지도 그런 상태다.

내 몸이 스스로를 치유할 수 있도록 내가 구사한 구체적인 방법을 소개한다.

◆ 순간을 사는 법을 배웠다.
◆ 삶의 우선순위를 다시 배열하여, 내 자신을 리스트의 맨 꼭대기에 두었다.
◆ 내 자신에게 전념하는 법을 배워 내 삶에 든든한 경계선을 만들었다.
◆ 생활의 속도를 늦추어, 삶이 매순간 주는 귀한 선물을 기쁘게 받아들이는 법을 배웠다.
◆ 나는 내 노이로제보다 내 삶에 더 충실하기로 했다.
◆ 하루에 적어도 한 시간은 명상을 하였으며, 때로는 세 시간을 하기도 했다.
◆ 내 안에 깃든 아이와 대화를 시작하여, 그 아이를 보듬어 안는 법을 배웠다.
◆ 내 안에 있는 치유자를 신뢰하였다.

◆ 보이지 않는 것을 시각화하고 긍정하는 방법을 이용했다.

◆ 매일 운동했다.

◆ 신체적으로나 육체적으로나 다이어트를 바꾸었다. 그래서 먹고 싶은 것, 읽고 싶은 것, 영화나 텔레비전에서 보고 싶은 것은 모두 의식적으로 내가 원하는 것만을 골랐다.

◆ 함께 시간을 보내고 싶은 사람을 신중하게 선택했다.

◆ 의사와는 진솔하고 보완적인 관계를 형성했으며, 어떠한 약도 금하겠다는 내 직관을 믿었다.(이는 내 개인적인 선택이었을 뿐, 다른 분들에게 꼭 권하고 싶은 방법은 아니다.)

◆ 일상의 사소한 부분을 포함한 내 주변의 모든 일을, 스스로가 세운 개인적인 기준에 맞추어 행하도록 했다.

나는 에이즈에 대하여 완전히 무관심한 사람을 만나본 적이 없다. 그것에 대해 비판적이거나 겁에 질리거나 독선적인 사람이 있는가 하면, 열려 있고 동정적이며 진심으로 도움을 주려는 사람들도 있다. 어느 쪽이든 사람들은 그것에 대해 반응을 한다. 에이즈는 지구에 치유의 힘을 가져다주었다. 사회의 모든 층이 그것의 영향을 받는다. 그것은 지구에서 일어날 필요가 있는 엄청난 변화의 시작이다.

어머니 대지의 숨결, 피, 살이 인류라고 하는 작은 기생충 때문에 온통 오염이 되어버렸다.

우리의 지구별인 어머니 대지Mother Earth가 에이즈를 앓고 있는 것이다. 그녀의 숨결(우리가 마시는 공기), 피(물), 살(땅)이 인류라고 하는 작은 기생충 때문에 온통 오염이 되어버렸다. 지구의 면역체계는 오랜 혹사와 소홀과 착취를 당하여 심하게 손상이 되었다. 시한폭탄은 째깍거리고 있으며, 말 그대로 경종이 울리고 있다.

내가 믿기로 에이즈는 대중적으로 우리에게 가능했던 그 어떤 것보다 더 강력한 변화의 도구다. 그것은 우리가 아는 한에서 삶의 토대 전부를 재점 검하도록 강요하고 있다. 그것은 의료계와 관련된 산업 전체를 뒤흔들고 있다. 또한 교육 및 법체계에도 영향을 주고 있다. 그것은 우리가 갖고 있던 가치관과 도덕과 정체성을 의심하도록 강요하고 있다. 그것은 우리에게 같은 인간으로서 서로를 동정과 이해로 보살피도록 강력히 요구하고 있다. 이것이 에이즈의 메시지인 것이다.

임신 및 출산 도중에 노래를 부르다

《폭력 없는 출산 Birth Without Violence》의 저자 프레데릭 르보이어는 최초로 신생아의 눈으로 출산을 바라본 사람이다. 그는 출산을 보는 방식에서 두 번째 혁명을 시도하려 하고 있다. 이번에는 산모가 인디언 노래를 부름으로써, 임신과 출산을 일종의 영적 체험으로 변모시키는 시도를 하고 있다.

핵심은 이렇다. 산모는 배를 이용하여 깊이, 천천히 숨을 쉰다. 숨을 내쉴 때 크고 순수하고 완전한 소리로 노래를 부르면서, 힘을 주어 자궁을 수축시킨다. 그러다가 날숨의 끝 무렵, 수축을 마친 다음 다시 숨을 들이쉰다. 르보이어는 이 노래를 인디언 스승인 사비트리 나이르에게서 배웠다.

니콜라스 앨버리가 이 방법에 대하여 르보이어와 인터뷰를 했다.

앨버리 임신이나 출산 도중에 산모가 노래를 부르는 다른 문화나 사회가 또 있습니까?

순수하고 완전한 소리와 출산을 연결하는 이 새로운 시도는, 여성들이 전혀 알려지지 않았던 체험의 세계로 들어갈 수 있도록 대문을 활짝 열어줄 겁니다.

르보이어 없습니다. 순수하고 완전한 소리와 출산을 연결하는 이 새로운 시도는, 여성들이 전혀 알려지지 않았던 체험의 세계로 들어갈 수 있도록 대문을 활짝 열어줄 겁니다.

여성은 출산을 할 때 완전히 다시 태어나지요. 자신의 출생으로 되돌아가서 스스로를 뛰어 넘을 수 있는 겁니다. 여성의 작은 자기self는 진정한 자기 자신인 완전무결함totality과 합쳐지지요. 이 놀라운 체험을 하는 동안 여성은 작은 ‘나’라는 한계에 부딪치게 되며, 자아는 무너지고 맙니다. 자기 자신인 동시에 완전무결한 상태가 되지요.

앨버리 뱃속에 있는 아기가 산모의 노랫소리를 좋아한다는 증거는 있습니까?

르보이어 있습니다. 자궁 속에서 아기가 심하게 움직이는 경우, 상당수는 아기가 편안하지 못하다는 뜻입니다. 그러면 엄마는 "내 아기가 이제는 달라졌구나"라는 노래를 불러주지요. 엄마는 아기가 덜 움직이는 것을 느끼면서 알게 되지요.

앨버리 이런 노래를 연습시키기 위해 산모들을 한곳에 모아 놓고 가르친다는 생각을 해 본적이 있으신지요?

르보이어 아니요. 그것은 일대일 관계가 되어야 합니다. 심리치료와 아주 비슷하지요. 그것은 너무나 사적인 행위입니다. 출산 직전에 짧은 수업 몇 시간만 들으면 된다고 믿고 있는 여성들이 있습니다. 운전을 처음 시작하기 전처럼 말이지요. 하지만 가르칠 수 없는 것들이 있기 마련입니다. 모든 내적 체험은 조율의 문제입니다. 조금씩 조금씩 깨달아 나가는 것이지요. 배우는 사람은 이해하려 할 것이며, 읽어보고는 "그래 맞아"라고 말할 수도 있지요. 그러나 가르침은 개인적으로 이해한 것을 확인해주는 것일 뿐입니다. 다른 가치는 모르겠군요.

앨버리 특별히 정해진 인디언 노래만이 효과가 있을까요?

르보이어 이렇게 말하는 사람들이 있죠. "분만 중에 음악을 듣는다는 건 참 좋은 일이다. 비발디든 뭐든 좋아하는 음악이라면 다 좋다."라고 말입니다. 하지만 순수하고 완전한 소리를 듣는다는 것은 다른 문제입니다. 완전한 소리는 모든 조화를 다 담고 있지요. 그것은 모든 소리를 다 합쳐 놓은 것입니다. 마치 무지개가 모든 색깔을 다 갖고 있는 것처럼 말입니다. 순수하고 완전한 소리가 있으면 절대적인 완전함을 만져볼 수가 있지요. 소리가 자기 안에서 열린 다음 깨어나도록 내버려 두어야 합니다. 여성이 이런 수준에 있는 자기 자신과 연결될 때, 아이를 낳는 체험은 다른 차원으로 바뀌고 맙니다.

이런 종류의 출산은 병원에서는 할 수 없는 것입니다. 의사는 여성이 스스로 여행하지 못하도록 방해합니다.

이런 종류의 출산은 병원에서는 할 수 없는 것입니다. 소수만을 위한 방법이지요. 의사는 여성이 스스로 여행하지 못하도록 방해합니다. 너무 걱정이 많지요. 제가 여성에게 집에서 아이를 낳으라고 하는 건 아닙니다. 그건 제가 상관할 바가 아니지요. 대신에 "제가 원하는 게 바로 이거예요."라고 말하는 여성이 있다면 저는 기꺼이 권하겠습니다. 아이를 낳는 일에 올바른 방법은 없습니다. 모든 길이 나름대로 의미가 있겠지요.

출산은 달콤한 무엇도 아닙니다. 그것은 한 사람이 겪을 수 있는 가장 격렬한 체험이지요. 동시에 싸우기만 하면 끝도 있지요. 술에 취한 듯 에너지가 넘쳐흐르는 기쁨에 대해 신비주의자들이 말하는 것과 비슷합니다. 자궁 수축을 참거나 고통을 견디는 대신, 여성이 이런 식으로 강렬한 분만을 겪는 것이 가능하지요.

　출산에서는 호흡이 가장 중요합니다. 호흡과 힘을 주는 일은 완전히 동조同調가 됩니다. 그것은 호흡과 힘주는 일이 하나이자 같은 운동이라는 사실을 알게 되는 문제입니다. 우주의 호흡과 박자를 맞추는 일이지요. 그러한 호흡이 우리를 숨쉬는 셈입니다. 그것은 홀로그래피의 전체 대 부분 개념입니다. 즉 각 부분이 전체의 복제물처럼 된다는 것이지요.

　그리고 임신한 여성에게 흔히 예정일이 언제라고 말하는데, 그것은 예정이 아닙니다. 임신한 여성은 시간 너머에 존재한다. 그것은 은총의 순간이기도 합니다. 몸 주변으로 에너지가 형성됩니다. 그런데 일단 임신이 제도권에 편입되고 나면 마술은 사라집니다. 슈퍼마켓처럼 되어 버리는 것이지요. 더 이상 신성함은 찾아볼 수 없게 됩니다.

프레데릭 르보이어는《호흡의 기술 The Art of Breathing》이란 책을 썼다. 르보이어의 이 주제에 관한 다큐 영화 〈출산 의식 The Rite of Birth〉도 있다.

돌고래 조산사

〈데일리 테리그래프〉지에 실린 비키 맥킨지의 글을 요약했다.

러시아 출신 남성 조산사인 이고르 차르코프스키는 흑해 수중에서 돌고래의 도움을 받아 산모의 출산을 돕는 사람으로 유명하다. "돌고래는 뱃속에 있는 아기에게 친근감을 갖고 있습니다. 그러니 산모도 자연스럽게 호감을 갖지요. 돌고래는 여성이 출산할 때를 알고 주위로 몰려듭니다. 그들은 엄마와 아기에게 일종의 보호감과 안전감을 줍니다." 하고 차르코프스키는 말한다.

돌고래는 여성이 출산할 때를 알고 주위로 몰려듭니다.

"아기가 태어날 때 돌고래는 이따금 아기를 코로 디밀어 바다 표면으로 데리고 나와서 숨을 쉬도록 도와줍니다."

차르코프스키는 1979년 돌고래 연구소에서 돌고래와 아기를 데리고 실험을 했다. 그는 이 9피트짜리 포유류가 8일에서 8살 사이의 아기들에게 너무나 다정하게 대한다는 사실을 알게 되었다. 돌고래는 아기들이 등에 타도록 했으며, 놀랄만한 보살핌과 이해심과 목적의식을 가지고 아기들을 다루었다.

더 구체적으로 말하자면 그는 이 동물이 신생아에게 얼마나 크게 도움이 되는지를 알게 된 것이다. 아기들은 바닷속에 평화로이 누워서 잠들어 있었으며, 돌고래들은 그 주위를 헤엄치고 있었던 것이다. 그가 내린 결론은 돌고래가 특유의 온화한 에너지로 출산 전후에 아기와 엄마가 함께 받는 스트레스를 풀어버린다는 것이었다.

이고르 차르코프스키는 러시아 모스크바에 살고 있다.

괴짜들이 더 건강하다

로저 나이츠가 모니터한 《이그재미너》의 글, 〈런던 타임즈〉에 쓴
빅토리아 맥키의 글, 《이코노미스트》의 글을 고쳐 썼다.

괴짜들은 보통 사람보다 5년에서 10년을 더 살기만 하는 게 아니다. 그들은
동시에 평균적으로 일반 대중에 비해 더 건강하고(보통 사람들이 1년에 세 번 정
도 병원에 가는 데 비해 이들은 8년에 한 번 정도로 간다) 행복하며 지적으로 산다.
《괴짜들: 과학적 조사》의 저자인 데이비드 윅스 박사는 유머감각, 기발한
상상력, 강력한 의지에 대해 감탄하게 되었다. 그가 발견한 바로는 이 세 가
지가 자신이 인터뷰한 1,100명의 괴짜들이 갖고 있는 공통적인 특징이었
다. 그리고 그는 이런 특질이 그들을 건강하게 한 비결이라고 생각한다. 그
들에게는 스스로를 몰아가는 최우선적인 호기심이 있어서, 평범한 사람들
을 괴롭히는 일상적인 짜증이나 스트레스에는 무감각해져 버린다.

**유머감각, 기발한 상상력, 강력한 의지는 괴짜들이 갖고 있는 공통적
인 특징이었다.**

"그들은 남들처럼 잘 살아 보겠다고 덤비지도 않고, 유행을 좇을 생각도
없으며, 대개 자신들은 옳으며 나머지 세상은 다 틀렸다는 강한 신념을 갖
고 있다."라고 윅스는 말한다.

괴짜라고 해서 정신적으로 문제가 있는 것은 아니라는 점을 그는 강조한

다. 어떤 의미에서 그것은 더 심각한 정신적 무질서에 대한 일종의 방어기제 역할을 하기도 한다. 약한 우두牛痘 백신이 만개한 천연두天然痘 발병을 막는 것처럼 말이다. 괴짜들은 창조적이고, 호기심이 많으며, 어릴 때부터 자신들은 어딘가가 다르다는 사실을 잘 알고 있으며, 자기만이 좋아하는 일에 즐거이 푹 빠져 지낸다. 그들은 흔히 독신이거나, 맏이 아니면 외동이거나, 철자법에 서투른 사람들이다. 그들은 세계를 더 낫게 만들거나 구하겠다는 프로젝트를 머리 속에 가득 넣고 다니는, 흥이 넘치는 이상주의적인 사람들이다. 그들은 영원히 움직이는 기계를 만지작거리거나, 폐물을 가지고 자동차를 조립하는 법을 발견하거나, 존 채프먼(자니 애플시드로 더 잘 알려진)의 경우처럼 수도 없는 사과나무를 심으며 미국을 횡단하기도 한다.

"저는 이미 우울증 환자를 치료할 때 제가 한 괴짜 연구에서 배운 사실을 써먹고 있습니다." 하고 윅스는 말한다. "그러고 나니 확실히 전보다 결과가 좋아요. 환자들에게 좀 느슨해지라고 말하죠. 유머감각과 상상력을 좀 발휘해 보라고 말합니다. 신경증 환자들은 지나치게 심각한 사람들이거든요."

데이비드 윅스 박사는 영국 에딘버러의 로열 에딘버러 병원 의사다.
비엔나 대학의 정신의학과 교수인 지그리트 문저 교수도 비슷한 연구를 한 바 있다.

건강 지수

존 하트 (의학박사) : 다음은 《건강과 행복》이라는 책의 발췌문이다.

IQ가 지적능력을 측정하는 것과 같은 맥락에서, HQ는 한 개인의 건강과 행복을 측정하는 것이다.

사람들에게 한 가지 부족한 점은 자기 건강에 대한 기억할만한 계량적 측정치가 없다는 것이다. HQ 개념은 이런 결핍을 보충해준다. HQ는 건강Health 지수Quotient라는 뜻이다. IQ가 지적능력을 측정하는 것이라면, HQ는 한 개인의 건강과 행복을 측정하는 것이다. 개념 정의상 평균 건강을 100으로 잡는다. 이 개념의 이점은 개인이 자기 건강을 정확히 보고 건강이 더 나아지기 위해 분명한 목적을 세울 수 있다는 점이다. 건강지수는 혈압과 같은 건강에 대한 객관적 지표를 측정할 필요가 있을 것이다. 뿐만 아니라 음주나 흡연 같은 행동 요소, 스트레스 같은 행복 요소, 아니면 '만족' 같은 규정짓기 힘든 요소도 필요할 것이다. 1980년 영국 정부의 조사위원회에서 발간한 〈건강의 불균등: 블랙 보고서〉 조사의 위원장인 더글러스 블랙 경은 '크리스티 고든 강연'에서 이렇게 말했다. "건강 통계는 성격상 주로 질병률이나 사망률에 대한 것이지 양호한 건강에 대한 것이 아니다. 양호한 건강이란 정신의학적으로 표현하자면 '활력과 행복감의 긍정적인 표현 및 주변 환경이나 사회에 대한 참여'라고 한다."

HQ 개념은 예방 선별검사 프로그램의 필수적인 일부가 될 수 있다. 자궁경부암이나 유방암의 경우 각각 스미어나 엑스레이 유방촬영법으로 특정 그룹을 선별 검사하는 일은 이미 당연한 것이 되었다. 고혈압을 진단하기 위해 혈압을 재거나, 관상동맥성 심장질환에 대한 소인이 있는지 알아보기 위해 혈중 콜레스테롤을 재보는 것과 마찬가지로 말이다. 더욱이 생물공학 기업들에 의해 가능하게 된 일련의 테스트 결과, 당뇨병이나 폐기종이나 심장병이나 여러 가지 암이나 심지어 아직 시작도 되지 않은 알코올중독 같은 흔한 병 때문에 죽을 확률이 가장 높은 사람들도 알아낼 수 있게 되었다. 낭포성 섬유증이나 헌팅던 무도증 같은 유전 질환을 밝혀낼 수 있는 새로운 임신 테스트가 개발되었다. 차세대 '내과의사 진료실' 검진 테스트가 도래하고 있다. 이들 중에 침으로 찔러서 얻은 혈액 샘플을 이용하여 2분 만에 혈장 콜레스테롤을 알아낼 수 있는 방법이 있다. 선별검사라는 아이디어는 이제 때를 맞았다. 특히 더 건강한 생활습관을 선택하도록 할 HQ 요소와 결합되어서 더욱 그렇다.

HQ 테스트 자체가 포괄적인 건강검진이 될 것이다.

HQ 테스트 자체가 포괄적인 건강검진이 될 것이다. 지금까지 해오던 키, 몸무게, 청력 및 시력 테스트, 혈액 및 소변 샘플 분석 등의 방법들도 계속 필요할 것이다. 환자는 심장혈관 및 폐 기능을 측정하기 위해 컴퓨터를 이용한 모니터링을 하는 러닝머신treadmill 운동부하 검사도 해야만 할 것이다. 불가피하게 광범위할 검사 일정에 따른, 다른 선별검사 평가도 필요할 것이다.

추가 면담을 하여 피검자에게 가장 위험한 문제에 초점을 맞추어서 HQ

결과를 알려주며 치유 가능성을 밝혀줄 것이다. 건강지수 100이하의 사람들에겐 특별한 관심을 갖도록 할 것이다. 치유를 위해서 '개인별 위험감소 프로그램', 식이요법, 운동 등을 개발해야 할 것이다. 가능한 범위 내에서 가족계획, 에이즈를 포함한 성병, 치과 위생, 정부 및 개인 차원의 사회보장 서비스, 질병후원모임(남들에게 없을 것 같은 희귀병을 앓는 사람들을 위한 것을 포함하여 거의 9천개가 있다), 지역 운동관련 활동, 상담 서비스, 복지혜택(가령 난방보조), 사고 방지 등에 대한 정보를 주도록 해야 할 것이다. HQ 후속조치는 소아마비, 홍역, 풍진, 백일해에 관련된 면역을 향상시키는 데 이용될 수 있다. 누구에게 선별검사를 해야 하나? 전체인구의 대표 샘플 및 고위험 그룹의 구성원이다. 대표샘플을 조사하면 '국가 HQ'를 구할 수 있을 것이다. 이 지수는 정해진 한해에 국가의 건강을 10퍼센트씩 향상시키는 목표를 달성하기 위한 지표로 활용될 것이다. 이 지수는 또한 국내총생산GDP 수치가 경제 분야에서 한 역할처럼, 건강 분야에서 광범위한 국제 비교를 촉진할 것이다. 나아가서 장점이 더 있다. 건강지수는 의료비즈니스업계내에서 치료법이나 건강관리팀, 병원 등의 '생산성'을 결정할 수 있는 기준이 될 것이다.

존 하트는 영국 브라이튼에 살고 있다.

건강 비법(조언) – 최상의 10 가지

사회변화창안연구소는 《최신의학연구로 본 건강비법 1,001가지》라는 책을 낸 바 있다. 사람들의 건강 회복을 도울 목적으로 낸 책이다. 건강은 한 번 잃은 다음 다시 찾는 것보다 지키는 것이 훨씬 더 쉽다. 이 책에서 가장 낯 거나 덜 알려진 비법을 여기에 조금 소개하고자 한다.

◆ 토마토를 섭취하면 얻게 되는 리코펜은 건강에 이롭다. 어느 대규모 연구 결과, 리 코펜 수치가 높은 사람은 심장병에 걸릴 위험이 절반 수준이었다. 또 어느 연구에서 는 토마토 식품을 일주일에 두 번 이상 먹으면 전혀 안 먹는 사람에 비해 전립선암 에 걸릴 확률이 34퍼센트까지 적었다. 가공된 토마토가 가장 몸에 좋은 듯하며(토마 토소스, 퓨레, 케첩), 토마토 주스는 거의 도움이 되지 않는 것으로 나타났다. 리코펜 은 수박, 분홍색 자몽, 살구에도 들어있다.

◆ 연구자들은 저지방 식사를 하면 알츠하이머병을 줄일 수 있다고 말한다. 생선을 많 이 먹으며 저지방 식사를 하는 스웨덴인들이 알츠하이머 발병률이 가장 낮다.

◆ 위스콘신 대학의 로버트 스웨인과 동료들이 발견한 바, 활발한 쥐의 뇌에는 비활동적 인 쥐에 비해 모세관이 많아 돋아났다. 스웨인은 비슷한 모세관 급증이 사람의 뇌에 서도 일어날 수 있으며 나이가 들면서 생기는 감퇴를 막을 수 있다고 믿는다. 가령 한 달 동안 육체적 운동을 한다든지 정신적인 '인지 운동'을 하면 그렇다는 것이다.

◆ 키위는 흔히 먹는 과일 중 가장 '영양이 꽉 찬' 것이다. 비타민 C 및 E, 마그네슘,

칼륨, 섬유질, 세로토닌, 아르기닌(발기부전 치료제로 쓰인다), 그리고 암이나 심장병을 이기는 데 필요한 영양소가 많이 들어 있다.

◆ 뉴질랜드 오타고 대학 등에서 1만1천명의 자원자를(육식자, 반 채식주의자, 채식주의자) 대상으로 실시한 13년에 걸친 연구 결과, 평상시에 견과류(호도, 잣, 땅콩 등)를 많이 먹는 사람은 모든 원인에 의한 사망률이 4분의 1 가량 줄었다. 견과류는 비타민 E, 산화(노화)방지제, 영양소, 리놀렌산이 풍부하다.

◆ 셀레늄 섭취가 적으면 암, 심장혈관질환, 불임과 연관이 깊었다. 셀레늄 수치가 낮은 HIV(에이즈 바이러스) 환자는 정상 수치인 사람보다 에이즈로 죽을 확률이 20배나 높았다. 조지아 대학의 윌 테일러가 '바이러스 발발 방지약'이라고 부른 셀레늄은 콩팥, 간, 가금류(닭, 오리 등), 생선, 곡류, 고단백 빵에 들어있다.

◆ 남자는 1년에 헌혈을 세 번 함으로써 심장병을 줄일 수 있다. 체내 철분의 양을 줄일 수 있기 때문이다.(월경 출혈로 여성이 심장병을 줄이는 것과 마찬가지다.) 어느 새로운 연구는 핀란드 남성 2천명을 대상으로 연구한 결과, 심장병과 높은 철분 수치 사이에 직접적인 연관이 있음을 입증했다.

◆ (방울다다기)양배추brussels sprout는 유방암, 간암, 대장암을 예방하는 합성물인 시니그린을 함유하고 있다. 시니그린은 특히 쓴 양배추에 많이 들어있다.

◆ 런던 미들에섹스 병원에 있는 강직성 척추염(AS: ankylosing spondylitis) 연구 클리닉의 앨런 에브링거 교수는, 고수분 고과당 식사를 하면 류마티즘 관절염에 도움이 되는 경우가 많다는 주장을 담은 연구결과를 발간했다. 프로테우스 미라빌리스 proteus mirabilis 같은 세균에 의한 상부요로upper urinary tract 감염은 류마티즘 관절염 재발을 부추길 수 있다. 이런 감염을 줄이기 위해 에브링거 교수는 매일 2리터의 액체(차, 커피, 레모네이드, 모든 종류의 청량음료)를 마시기를 권한다. 요로감염을 줄이는 더 나은 방법은 오렌지주스, 레몬주스, 그리고 모든 종류의 채소와 같이 과당을 함유한 식품을 많이 먹는 것이 좋다.

◆ 에브링거 교수는 또 강직성 척추염을 앓는 사람들에게 복합 탄수화물이 적은 식사를
하도록 권하고 있다. 특히 병이 도질 때는 더 그렇다고 한다. 그의 조언에 따르면
빵, 감자, 과자 칩, 쌀, 스파게티, 시리얼, 케이크, 쿠키를 다 줄여야 한다. 그리고 줄
어든 칼로리를 보충하기 위해서는 육류, 생선, 콩류, 견과류, 채소, 샐러드, 유제품,
과일을 늘려야 한다고 한다. 규정량의 포도당이나 자당sucrose 같은 단순 탄수화물
은 평상시대로 섭취할 수 있다. 그리고 후추, 소금, 허브 같은 음료나 양념은 자유롭
게 섭취해도 좋다. 에브링거 교수는 강직성 척추염은 장내 세균인 클렙시엘라
klebsiella에 의한 감염 뒤에 오는 '반응성 관절염'reactive arthritis의 일종이라고
보고 있다.

의사를 위한 히포크라테스 방문그룹 네트워크

다음은 네 가지 출처에서 요약한 글이다. '건강 및 질병 연구소' 웹사이트,
마크 매카프리의 보고서 '동정심 교육', 제니퍼 데사이의 기사 '어디가 아픈지 말하라',
《호울 어스 리뷰》에 실린 피터 워셜의 인터뷰가 그 넷이다.

2000년 8월 캘리포니아 볼리나스의 '건강 및 질병 연구소ISHI'는 서비스로서의 의술과 자기 일에서 더 깊은 의미를 발견하는 데 관심이 있는 의사들을 위하여 새로운 봉사 프로그램을 개설했다. 샌프란시스코 베이 에리어에 있는 레이첼 레멘 박사가 성공적으로 시범을 보인 의사들의 토론그룹 모델에 바탕을 둔 이 프로그램은, 의사들이 상호 보완적인 친목단체를 만드는 방편이다. 이 프로그램은 개설하기도 쉽고, 비용도 적게 들며, 어떠한 기관의 도움도 필요없다. 그룹의 운영을 위한 전문성도 필요하지 않다.

> **입회 대가는 그룹이 선택한 주제에 대한 의사 개인이나 직업 생활에서 나오는 이야기를 하는 것이다.**

그룹을 시작하기 위해 의사 하나가 생각이 비슷한 동료 몇 사람을 한 달에 한 번 초대하여 두세 시간 정도 모임을 갖는다. 입회 대가는 그룹이 선택한 주제에 대한 의사 개인이나 직업 생활에서 나오는 이야기를 하는 것이다. 관련 있는 문학 이야기나 시도 좋고, 노래나 다른 예술적 표현도 좋고, 그룹이 주제를 깊이 있게 탐구할 수 있도록 해주는 운동도 좋다.

"누군가의 이야기를 들으면," 레멘 박사는 말한다. "그 사람과 연결되는 것입니다. 그러면 그 사람과 적이 될 수 없습니다. 일종의 친밀감이 형성되는 것이지요."

주제는 그 전달의 모임에서 정한다. 베이 에리어 그룹에서 정한 주제에는 고생, 듣기, 위엄, 신비, 용서와 실수, 기쁨, 사랑, 외로움, 두려움이 있다.

그룹을 조직한 사람은 만날 장소를 주선하고, 날짜 시간 장소 주제를 상기시켜주는 연락을 하며, 이야기나 시를 소개하면서 모임의 토론을 이끈다. 또한 참석자 모두가 말할 수 있는 기회를 갖도록 토론의 시간조절을 한다. 입소문으로 그룹은 성장하게 된다. 지역사회 내에서 여러 그룹이 다른 시간대에 열림에 따라 의사들은 자기 일정에 맞는 선택을 할 수 있다.

베이 에리어 그룹 참석자들은 이런 모임이 자기 일과 관련하여 굉장히 중요하고 연관성이 많다는 점과 토론이 심오하다는 것을 안다. 많은 사람들이 영감을 얻었다고 이야기하고 자기 일에 임하는 자세를 새롭게 했다고 한다. 올해 레멘 박사의 그룹은 의료업에 종사하는 의미를 더 깊이 새기기 위해 히포크라테스 선서의 가치를 탐구할 것이다. 그리고 건강 및 질병 연구소는 이 주제에 대한 자료를 준비할 것이다.

《호울 어스 리뷰》에서 피터 워셜과 가진 인터뷰에서 레멘 박사는 의사들을 위한 방문 그룹의 시작을 이렇게 설명한다. "저처럼 수련을 그만두고 원래대로 돌아오는 의사들을 위해서죠. 이따금 저는 의술이 질병 같다는 생각을 합니다. 회복할 필요가 있지요. 저는 '회복기 의사'입니다 … 제 생각에 우리는 통달과 신비 사이의, 정보와 지혜 사이의 의업을 만들어냈습니다 … 신비에 대해 이야기하는 의사들을 한 그룹 모아놓고 나면 자제하라고 하기 힘든 경우가 많습니다. 우리가 보는 많은 것들은 이해되지 않는 것들이지요."

ISHI는 미국과 캐나다 전역에 25개 이상의 새 그룹을 개설하려고 한다. 그들은 그룹을 시작하려는 의사들에게 재료와 자원과 지원을 제공한다.

마음과 정신의 의술 회복하기

'마음과 정신의 의술 회복하기'는 현직 의사들을 위해 레이첼 레멘 박사가 개발한 건강 및 질병 연구소 내의 과정이며, 의사들을 위한 히포크라테스 방문 그룹과 같은 취지를 갖도록 고안되었다. 이 과정은 의사들로 하여금 의사가 된다는 것이 어떤 의미인지를 넓게 생각하고, 자신들의 상처를 치료하기 시작하며, 의업의 신비롭고 신성한 차원을 탐험하도록 한다.

의사들끼리 허심탄회한 대화를 할 기회를 준다.

교과과정은 동료 의사들끼리 허심탄회한 대화를 할 기회를 준다. 질병과 죽음에 대한 그들의 경험은 독특한 것이어서, 의학 수련을 받아보지 못했거나 자신들에 대한 기대에서 오는 중압감을 느껴보지 못한 사람들은 이해할 수 없다. 동료들과 갖는 보완적인 대화는 의사들이 담대하게 자기 일을 할 수 있도록 해주며, 그들이 의업을 선택한 순수한 열정에 다시 불을 붙여준다.

'마음과 정신의 의술 회복하기'는 해마다 1년에 걸쳐 반복되는 세 번의 강도 높은 워크숍으로 이루어진다. 워크숍은 카먼월에서 갖는 나흘간의 은거다. 이곳은 캘리포니아 포인트 라이스 국립해안공원 내에 있는 볼리나스 인근의 60에이커 땅에 자리 잡은 건강 및 환경 연구소에 있다.

워크숍은 한 번에 여덟에서 열명 정도의 의사만 참여하도록 하여 그룹을 소규모로 운영하고 있다. 구성은 발견모델에 바탕을 두고 있다. 참가자들은 직업적이고 개인적인 경험, 주제, 시각뿐만 아니라 혁신적인 경험사례나 자료에 대해서도 곰곰이 생각해보고 의견을 나누어 보도록 권유 받는다. 대화를 권장하는 것 외에도 학습모델은 인본주의 심리학 및 초개인심리학, 신학, 동서양 영적 전통, 이미지, 미술품, 위대한 전통 의술 같은 다양한 분야의 이론과 기법을 활용한다. 더 공식적인 교과과정과 아울러 한 시간 반 동안의 요가를 통해 하루를 시작한다. 또 많은 시간을 묵상과 명상과 일기쓰기와 비공식적인 만남을 갖는 데 쓰도록 한다. 참가자들은 이 은둔기간 동안 마사지나 레이키(영기) 요법에 참여할 수도 있다.

기본 철학

레멘 박사가 보기에 주류문화를 치료하는 방법은 구문화 중심에서 신뢰 받고 있는 사람들의 하위문화를 형성하는 것이다. 하위문화집단 사람들은 새로운 가치를 갖고서, 과거에 억눌렸던 관점들을 강화하며 보상해준다.

객관성은 사람들의 눈을 가려버리기도 합니다.

레멘 박사가 믿기에 의료업에서 성공한 사람들은 하나의 완전한 인격체이고자 하는 노력으로 인해 벌을 받은 경험을 가지고 있고, 그에 따른 상처의 대가로 일정한 보상을 받게 된다. 하지만 그 때문에 더 깊은 상처를 갖게 된다. "의과대학에서는 교육 보다는 훈련을 시키죠." 그녀가 말한다. "인격체이고자 하는 노력은 비전문적이고 수치스럽게 여겨지는 그런 풍토에서 말입니다. 학생들은 객관적이 되도록 훈련 받습니다. 하지만 환자를 온전한 한 사람으로 인정해서 발생한 것 보다 객관성을 지키려다 발생했던 실수가 훨씬 많다는 점을 알아야 합니다. 객관성은 사람들의 눈을 가려버

립니다. 학생들은 또 적당히 거리를 두어야지만 안전해진다고 생각하는
듯, 냉정하게 사실에만 집착하여서 스스로를 분리하도록 훈련 받습니다.
모든 문화는 사람들에게 '그림자'를 드리웁니다. 인정받기 위해서는 본래
자신의 인성을 일부 억압하도록 압력을 주는 것이지요."

샘플 연습

'치유자의 기술' 강의 시간의 연습(레멘 박사가 샌프란시스코 소재 캘리포니아 대학
의과대에서 지도하는) 중에는 다음과 같은 것들이 있다.

◆ 학생들에게 눈을 감도록 한 다음 전문인이 되는 과정 중에 변할지도 모르는 자신의
  일부를 그려보라고 한다. 그런 다음 학생들은 자신의 그런 부분을 그림으로 그리고
  핵심적인 특성에 이름을 붙인다. 학생들이 많이 떠올리는 단어는 동정심, 지혜, 정
  절, 생명에 대한 신뢰 같은 것들이라고 한다.
◆ 의과대학생들에게 묵상적인 일기를 쓰도록 한다.
◆ 이 강의는 5분짜리 '보완 공동체'를 하면서 끝날 수도 있다. 왼쪽에 있는 사람에게
  자기 이름을 크게 불러보라고 한다. 그런 다음 45초 정도 완전히 침묵한 상태에서
  모두가 그 사람에게 힘을 실어준다. 레멘 박사는 말한다. 처음으로 우리는 동료 전
  문인들과 올바른 관계를 갖게 됩니다.
◆ 학생들에게 만일 자신의 최고 가치에 따라 의업을 펼친다면 의술이 과연 어떠한 것
  이 될 수 있을 것인지에 대해 곰곰이 생각해보도록 한다. 그런 다음 자기 일상생활
  에서 이런 비전을 실현할 수 있도록 도움을 청하라고 권한다. 도와주세요, 보여주세
  요, 제게 주세요 같이 '도움의 언어'를 표현한 단어들을 사용하면서 말이다. 그리고
  두 시간 정도가 지난 다음 자기가 쓴 글을 서로에게 읽어주도록 한다.

레멘 박사는 《내 할아버지의 축복: 힘, 도피처, 소속에 대한 이야기들》의 저자다.
그녀의 전작 베스트셀러는 《식탁에서 나오는 지혜》다.

병원 회진을 도는 수련의를 위한 시

의학전문지 《란셋》에 실린 의사 해롤드 홀위츠가 쓴 '회진하며 읽는 시:
수련의 훈련에 인간성의 통합을 부여하기 위한 모델'이라는 논문을 요약했다.
마리-루이스 그레너트가 모니터했다.

병원에서 일상적으로 회진을 하는 전문의와 수련의들은 환자의 상태를 돌보면서 서로에게 영향을 주고받는다. 하지만 의사들을 더 상냥하게 만들거나, 과로한 의료진과 의과대생들 사이에 일어나는 쇠진을 덜어주기 위해, 이런 회진을 인간적인 것으로 만드는 과정은 거의 주목을 받지 못했다.

우리는 팀원 중 하나가 돌아가며 골라 온 시 한 편을 읽고 논하곤 했다.

나는 작은 실험을 하나 해보기로 했다. 회진에 배정된 90명에게 팀원들이 돌아가며 골라 온 시 한 편을 읽고 논하도록 하는 일이었다. 가능하면 참여자들 자신이 직접 쓴 시를 골라오도록 원하기도 했다. 걱정을 덜어주기 위해 나는 처음 몇 편을 골라왔다.

우리는 전부 18편을 함께 이야기했다. 질병과 의사가 된다는 것의 의미를 다룬 시들이 가장 많이 선보였다. 그러나 연애시인 〈여명이 온다네〉가 가장 활발한 대화를 불러 일으켰다. 이 익명의 시는 아이티에서 온 레지던트가 골라 온 것이었다. 이렇게 시작한다.

잠시 뒤면 그대 미묘한 차이를 알게 되리

손을 맞잡는 것이 영혼을 바꾸겠다는 의미는 아니라는 것을

그리고 누군가에 기대는 것이 곧 사랑을 의미하는 것이 아님을 알게 되리

회사가 당신의 모든 안녕을 보장할 수 없는 것처럼

키스가 사랑의 시작을 의미하는 계약이 아님을 깨닫게 되리

이 시는 의사가 환자와 갖는 개인적 관계에 대한 의술의 감성적 요구를 논하기 위한 도약대이기도 했다.

이 시는 굳건한 관계를 위해서는 자기만족이 필요하다는 대화를 이끌어냈다. 더욱이 의사가 환자와 갖는 개인적 관계에 대한 의술의 감성적이며 신체적인 요구를 논하기 위한 도약대이기도 했다. 의사들의 높은 이혼율과 마약의존도 같은 문제도 제기되었다.

회진 때 시를 읽는 새로운 경험이 팀원들의 긍정적인 반응을 이끌어내는 데 중요한 요소라는 것에는 논란의 여지가 있다. 시간이 흐를수록 시를 읽는 일이 점점 흐지부지 될 수도 있다. 하지만 일주일에 한두 번 정도 그런 기회를 가지다 보면 성찰의 순간과, 지식습득 위주의 훈련에서 잠시 벗어나는 순간을 마련해줄 것이다.

시를 놓고 이야기하다 보면 팀원들 사이의 관계가 향상된다는 것이 내가 받은 인상이다. 서로에 대해서나 환자에 대해서나 감정을 더 잘 알 수 있게 되기 때문이다.

알츠하이머 환자에게 다가가는
방법으로 노래를 이용하다

《월스트리트 저널》에 실린 존 카터의 '어머니와 함께 노래하기'라는
글을 요약했다. 로저 나이츠가 모니터했다.

87세 된 어머니의 기억이 한꺼번에 사라지는 모습을 절망적으로 지켜봐야
만 했던 언론인 존 카터는 어머니가 음악을 기억하는 능력은 그대로 남아
있다는, 그나마 위로가 되는 사실을 발견했다.

아버지가 돌아가시자 어머니의 기억은 감퇴하기 시작하여 점점 흐릿해
져 가더니, 단기적인 기억력은 거의 완전히 사라져버렸고 마침내 자기 아
들도 알아보지 못하게 되었다. 카터는 친근한 일화를 들려주며 어머니의
기억을 되살려보려고 노력했다. 아무것도 통하지 않았다. 어머니도 아들의
고통을 감지하더니 함께 불안을 느꼈다.

**놀랍게도 어머니는 노래를 따라 불렀다. 그것도 기억을 살려서 말
이다.**

그러던 어느 날 절박한 마음에 그는 어머니의 피아노를 오랫동안 빛내
주었던 옛날 노래책을 하나 가지고 왔다. 그는 어릴 적 어머니가 불러주었
던 '로몬드 호수'라는 노래가 생각나서 머뭇거리며 불러보려고 했다. 그는
이렇게 썼다. "놀랍게도, 어머니는 내 손에든 노래책 가사를 보더니 노래를

따라 불렀다. 그러다가 가사를 보지 않고 기억으로 노래를 불렀다. 함께 노래할 때 어머니는 황홀해했고 나도 마찬가지였다."

그 다음 만남부터 그들은 노래에만 몰두했다. 어머니는 노래하고 아들은 테이프를 틀었다. 어머니가 어릴 적부터 불렀던 노래 레퍼토리를 번갈아가며 들려준 것이다.

어머니나 아들이나 둘이서 적어도 음악이나마 함께 할 수 있다는 사실은 아주 큰 위로가 되었다. 노래를 한 곡 끝내면 어머니는 손뼉을 쳤다. 카터는 이렇게 쓰고 있다. "나는 인간관계가 이렇게 감미로울 수 있는지 미처 몰랐다."

친구와 내기를 해서 담배를 끊다

에릭 스키글리아노 : 좋은 금연법 하나를 소개한다. 《시애틀 위클리》에 실린
에릭 스키글리아노의 〈카멜 담배 없는 느긋한 삶〉을 요약했다. 로저 나이츠가 모니터했다.

나는 담배를 끊는 것이 아니라 담배 필 기회를 거부할 수 있는 자극이 필요
했다. 친구와 영화를 보고 나서 차를 몰고 오던 중에 영감이 떠올랐다. "네
가 나보다 먼저 다시 담배를 핀다는 데 3백 불을 걸지" 하고 내가 불쑥 말했
다. 그는 바로 알아차리고는 내 말에 동의했다. 우리 둘은 그 이후로 깨끗
이 손을 씻었다. 나는 앞으로도 3백 불 정도의 가치가 있는 담배 한 개비를
발견할 수 있으리라고 생각지 않는다.

건강을 위한 터치(접촉)의 달

니콜라스 앨버리

비영리 참여 행사 웹사이트인 www.DoBe.org는 5월을 전 세계 '건강을 위한 터치의 달'로 홍보하고 있다.

배경이 되는 아이디어는 그것이 터치 연쇄편지(행운의 편지)처럼 작용할 것이라는 예상이다. (1) 보통은 그러지 않을 사이인 남성 세 명과 여성 세 명을 (사교적이며 성적이지 않은 방법으로) 터치한다. (2) 그리고 그 사람들에게 이 두 가지 사항을 언급하면서, 각자 여섯 명씩을 터치하라고 알려준다. 이는 예컨대 어깨 위에 살짝 손을 대는 거의 느낌도 없는 터치다.

1982년 영국에서 이 행사를 처음으로 시험해보니 그달에 대략 2백만이나 되는 사람들이 더 터치를 했다는 놀라운 조사결과가 나왔다. 영국은 특히나 터치에 굶주린 듯하다. 한 연구 프로젝트가 발표한 바로는, 어느 파리 카페와 런던 카페에서 시간당 일어난 터치 사례를 비교해 보니 파리가 110건인 반면 런던은 0이었다고 한다.

수많은 과학연구가 조사한 바, 터치는 우리 건강과 사회생활에 필수적인 것이다. 1910년대 미국의 버려진 아기를 키우는 병원에서 사랑의 터치를 도입하기 전, 물질적 조건은 가장 청결했음에도 불구하고 첫돌 이전 아기들의 사망률은 거의 100퍼센트였다. 입증된 바, 나이가 들어서도 한 사람의 자부심이 어느 정도인지 알아보려면 그 사람이 얼마나 남들을 터치하는지를 보면 알 수 있다고 한다. 우리가 터치를 받느냐 못 받느냐는 사실상 거의 모든 사회적 만남에 대한 감정의 색채를 결정한다. 예컨대 어느 도서관 연구 프로젝트에서 책을 건네받을 때 거의 감지하지 못할 정도나마 사서의 터치를 받은 사람들은 다른 사서보다 그 사서를 (혹자는 사서라는 사람들 전체를) 더 긍정적으로 평가했다.

아픈 아이들을 위한 원격 동화상 기술

《월스트리트저널》에 실린 돈 클라크의 글을 요약했다. 로저 나이츠가 모니터했다.

스티븐 스필버그의 스타브라이트 재단과 네 개의 기술회사는 전 세계 병원에 누워 있을 수밖에 없는 아이들을 전자장치로 연결하자는 협약을 체결했다.

> **병세에 따라 얼굴 모습이 달라지는, 화학요법을 쓰는 환자 등에게 특히 치료 효험이 있다.**

이 아이디어는 중병에 걸린 아이들이 컴퓨터 화상회의 기술을 이용하여 가족이나 다른 환자들을 보고 이야기할 수 있도록 함으로써 고립감을 줄여주자는 취지다. 그들은 또 아이들이 자신을 대신하는 '아바타'(살아 움직이는 정신)를 창조하여 다른 병원에 있는 아이들의 아바타와 함께 놀 수 있도록 했다. 이는 병세에 따라 얼굴 모습이 달라지는, 화학요법을 쓰는 환자 등에게 특히 치료 효험이 있다.

초기의 어떤 연구들을 보면 그런 전자장치를 통한 기분 전환이 진통제를 투여를 상당히 줄여주는 것으로 나타났다.

자살사건 음성인식

《뉴 사이언티스트》에 실린 이안 샘플의 '무덤에서 나온 목소리' 라는 글을 요약했다.

최근의 연구를 보면 누군가가 자살을 심각하게 고려하고 있다는 최초 신호는 목소리가 살짝 변하는 것이라고 한다. 이 변화는 구별할 수 있는 것이어서, 정신과 의사들은 이런 목소리 변화를 실제 자살할 사람과 단지 우울한 사람들을 구분하기 위한 일종의 초기 경보 시스템으로 활용할 준비를 하고 있다.

예일 대학 정신과 의사인 스티븐 실버만은 환자의 목소리를 들으면 그 사람이 자살 시도를 할 것인지 추론할 수 있다고 발표했다. 이런 비과학적인 직감을 느낀 그는 내쉬빌에 있는 밴더빌트 대학의 전자공학자 미첼 월크스를 찾아갔다. 그런 목소리 변화에 대한 실험적 증거가 있는지 알아보기 위해서였다. 그들은 우울증을 앓는 환자 여러 명과 한 인터뷰를 녹음하여 그렇지 않은 사람들의 녹음과 비교해 보았다. 그런 다음 녹음과 환자의 병력을 비교해보기도 했다.

이런 검사와 분석을 거친 다음 월크스는 자살할 환자는 목소리가 '약간 힘없이 텅 빈 듯' 해진다고 이야기했다. 이는 사람들이 '무덤에서 나온 목소리' 라고 부르는 특징이다. 더 과학적으로 표현해서 그는 심각하게 자살을 고려하고 있는 사람은 단지 우울하기만 한 사람보다 모음을 발음할 때 더 좁은 주파수 대역을 사용한다고 말했다. 게다가 심각하게 자살을 고려하고 있는 환자들의 목소리는 음조도 두드러지게 높다고 한다.

스트레스를 받으면 근육 긴장도에 변화가 일어나서 성대에 영향을 줄 수도 있다.

윌크스는 이런 변화가 오는 이유가 스트레스 때문에 생기는 심리적 변화 때문일 수도 있다고 하지만, 아직 명확하지는 않다. 스트레스를 받으면 근육 긴장도에 변화가 일어나서 성대에 영향을 줄 수도 있다고 한다. 윌크스는 또 마음이 불안하거나 스트레스를 받을 경우 성대의 습도와 신축성에 변화가 일어난다고 덧붙인다.

이 사실을 알면 전화 자원봉사자들이 발신자의 심리상태를 측정하는 데 상당히 도움이 될 수도 있다. 이 연구의 궁극적인 결과는 전화 자원봉사자와 응급실이 진단장치를 마련할 수 있도록 하는 것이다. 그렇게 되면 봉사자들이 어떤 사람이 정말 자살하려고 하는지 아닌지 더 잘 알 수 있을 것이며, 그만큼 많은 목숨을 구할 수 있을 것이다. 사마리아인 공동체 출신 엠마 샤르베트가 말하듯 어떤 사람이 자살할 가능성이 어느 정도인지 일찍 알 수 있는 방법이 있다면 큰 도움이 될 것이다.

패치 아담스씨의 '양호' 공연

《런던 가디언》에 실린 글, 《워싱턴포스트 매거진》에 실린 패치 아담스 박사와의 인터뷰와,
아담스 박사가 우리 연구소에 보낸 편지를 요약했다.

버지니아 알링턴의 의사 패치 아담스씨는 환자들에게 비용을 청구하지 않고, 오진 보험을 들지 않으며, 그들과 시골 농장 같은 환경에서 살고 있다.

그의 '공연'에는 영양, 운동, 놀람, 호기심, 사랑이 들어 있다.

그의 말로는 기쁨이 다른 어느 약보다 더 중요하다고 한다. 아담스 박사는 자신의 건강철학을 무대공연을 통해 보여준다. 여기서 그는 19세기 만병통치약장수 연기를 한다. 그의 '공연'에는 영양, 운동, 놀람, 호기심, 사랑이 들어 있다.

아담스 박사는 미국 전역 의과대학에서 정기적으로 강연을 하며, 웨스트 버지니아 포카혼타스 카운티 320 에이커 땅에 병원 겸 건강관리센터를 짓기 시작했다. 로빈 윌리암스가 주연한 영화 〈패치 아담스〉가 성공한 뒤부터는 자금이 쏟아져 들어왔다. 일단 병상 40개 규모 병원이 완성되면 이 지역 일대에 완전 무료 건강관리 서비스를 제공하는 데 힘쓸 것이다. 패치 아담스의 수입은 기부금과 자신의 '양호' 공연에서 나온다.

"최고의 치료는 행복을 느끼는 겁니다. 의사가 할 수 있는 나머지 모든 것들은 기껏해야 도움을 주는 것일 뿐이지요."라고 그는 말한다.

"건강에 대한 전형적인 정의는 병이 없는 상태라고 합니다. 저에게는 건강이란 매일매일 일상생활에서 행복하고 활기차고 열의가 있는 삶입니다. 그렇지 못하면 어느 정도 아프다고 보는 것이지요.

우리는 결코 치료율을 기준으로 생각하지 않을 겁니다. 안전에 대한 그릇된 느낌을 주기 때문입니다. 사람은 죽는 날까지 항상 '과정 중에' 있습니다. 우울증은 고칠 수 있는 것이 아닙니다. 사람들 말대로 하자면 여러분은 어떤 사람이 행복을 발견할 수 있도록 도울 수 있으며 바라건대 그 사람이 행복을 지속할 수 있도록 도울 수도 있습니다.

어떤 사람이 나를 찾아왔는데 당장 처리해야 할 출혈 같은 문제가 아니라면 첫 목표는 그런 관계에서 생길 수 있는 친교를 형성하는 일입니다. 그래서 우리는 첫 만남에 서너 시간 정도를 함께 보냅니다. 함께 걸어도 좋고, 낚시를 좋아하면 함께 낚시를 하러 가기도 합니다. 달리기를 좋아하면 함께 뛰기도 하고, 그러면서 인터뷰를 하기도 합니다. 그 시간이 끝날 무렵이면 환자와 저 사이에는 우정이 싹트기 시작합니다. 우리는 거기서부터 시작합니다."

환자는 잊어버려라, 우리가 재미있어야 한다.

"처음부터 제게 확실히 든 생각은 우리가 하는 일이 즐거워야 한다는 것이었습니다. '환자는 잊어버려라, 우리가 재미있어야 한다.'라는 식이었지요. 인생은 즐거워야 합니다! 저는 제가 아주 심각한 상태였을 때 삶이 어떠해야 한다는 것을 깨달은 적이 있습니다. 저는 궤양을 앓고 있었는데 아주 죽고 싶은 심정이었습니다. 그것이 심각한 상태에 있던 저라는 사람이었습니다.

여러분은 '회진을 돌 때 보면 그 의사는 환자에게 참 친절해'라고 환자가 말했다면 무엇에 대해 이야기하고 있다고 생각하십니까? 의사가 병실에 안고 들어오는 사랑과 유머일 것입니다.

우리가 환자들을 위한 병상과 현대 의료시설에 필요한 기술을 갖추면서도 우리 나름의 모델을 만들기 전에는, 이 나라 건강관리 보급 시스템에 어떤 영향도 끼치지 못할 것입니다. 그것이 우리가 하는 일입니다.

우리는 오랫동안 미국 내에서의 건강관리 보급을 하나의 모델로 통합하는 문제에 도전해왔습니다."

◆ 우리는 의료비를 청구하지 않습니다. 그래서 우리 사회에서 탐욕이 가진 힘의 문제를 알리고 싶습니다.
◆ 우리는 오진 보험에 가입하고 있지 않습니다.

병원이기도 하면서 집이라는 가정적 환경을 느낄 수 있도록 아름다운 외부 환경 속에 농장, 극장, 공예품 센터, 레크리에이션 시설 등을 갖춘다.

◆ 우리는 함께 삽니다. 의료진과 환자가 병원이기도 하면서 집이라는 가정적 환경을 느낄 수 있습니다. 아름다운 외부 환경 속에 농장, 극장, 공예품 센터, 레크리에이션 시설 등을 갖춤으로써 대부분의 환자들을 괴롭히는 지루함, 외로움, 두려움 같은 문제들을 해결하고 싶습니다.
◆ 우리는 지역사회와 연대하여 건강을 연구하며, 협동과 양보의 기술을 배우는 장소가 되려고 합니다. 전 지역사회에 즐거운 상호독립이 어떠한 효과를 줄 수 있는지 장기적으로 보여줄 수 있는 사례가 될 것입니다.
◆ 우리는 유머를 아주 중요하게 생각하기 때문에 심각한 병원 대신 엉뚱하고 장난스러운 병원이 되려 합니다.
◆ 우리는 미국에서 처음으로 학제적 병원이 되어서 모든 분야의 치료자들과 협진하는 풍토를 존중할 것입니다.
◆ 우리 병원의 기본 윤리는 건강한 삶을 사는 것이지 단지 병을 정복하는 것이 아닙니다.

병원 주변의 야생동물 구역

팻 하트리지

이 아이디어는 내가 1984년 11월 옥스퍼드 처칠 병원 격리병동에서 리지오넬라 질환 진단을 기다리며 보낸 우울한 2주 동안 생각해낸 것이다. 내 병실 생활에 생기를 불어넣어준 존재는 창밖의 벽에 앉아있던 울새였다. 현악기를 연주하면 파란 새가 날아올 듯 했고, 새가 앉을 자리를 만들어주면 텔레비전보다 훨씬 볼만할 것 같았다. 집에서 요양을 할 때에도 병원 창을 통해 들었던 이 야생동물소리 녹음 때문에 생기가 돌았다.

새나 벌이나 나비들이 병동 가까이 날아오게 함으로써 환자들을 즐겁게 해주었다.

병원 주변에 야생동물 구역을 만들어서 새나 벌이나 나비들이 병동 가까이 날아오게 함으로서 환자들을 즐겁게 해주는 것은 좋은 아이디어라고 생각한다. 이 일은 새들이 미역 감는 수반이나 먹이공급대, 둥우리 상자, 야생동물들의 주목을 끄는 식물 등을 이용하여 할 수 있다. 요점은 환자들을 위해서 병실의 지루한 일상을 벗어나게 해줄 관심거리를 만들어 주고, 문병객들에게 선물로 꽃보다는 새 모이를 들고 가도록 권하고, 민감한 환자들이 재미 삼아 여러 생물의 관찰내용을 기록하도록 하거나 자기 지역 자연보호 레코드를 추가하도록 하는 것이다.

병원에 장기입원 해야 하는 환자들에게는 외부강사를 초청하여 야생동물을 주제로 한 강연을 하게 함으로써 지식을 넓히고 관찰하는 즐거움을 더하게 할 수 있다. 일단 구역을 조성하고 나면 아마 인근 학교의 자원봉사자들의 도움으로 유지할 수 있을 것이다.

나는 이 아이디어를 사회변화창안연구소에 제출한 다음 연례 경진에도 참가하고 싶다는 생각이 들었다. 그러기 위해서는 이 방안이 실행가능하다는 점을 보여주어야 했기에 지역 병원에 문의하여 반응을 알아보았다. 처칠 병원은 특히 관심이 많아서, 부간호과장인 패터슨 부인의 열성적인 도움으로 식물을 심을 공간을 마련했다. 정원 두세 개를 만들어서 병원이나 인근 학교의 자원봉사자들이 관리하도록 하는 내 원래 아이디어는 성공을 거두면서 내용이 수정되어야 했다. 예상 구역이 너무 기름진 곳으로 드러나서 더 조직화된 노동력이 필요하게 되었다. 그래서 나는 지역사회 프로그램을 통해서 버그스, 벅스, 옥슨 네쳐럴리스트 기금 같은 곳을 내 대리인 격으로 활동하도록 했다. 이 프로그램이 끝나자 나는 이 방안을 내 자신과 자원봉사자 한두 명의 힘으로 직접 챙겨야 했다.

'야생생물 기금'('왕립 자연보호 협회'의 전신)은 계획, 조림, 작업에 대한 조언을 주는 프로젝트 묶음을 내놓기도 했다. 보조금에 관한 정보는 낡은 것이지만 나머지 묶음은 여전히 상당히 관련이 있다.

처칠 병원에서 만든 원래 야생생물 정원 다섯 개 중에서 둘은 용도변경이 되었고, 하나는 이제 막 지었으며, 하나는 병원 정원관리인이 맡고 있다. 나는 2차대전 동안 예배당으로 사용되었던 조립식 주택을 허문 자리에 만든 '구 예배당 야생생물 정원'을 관리하고 있다. 이 정원은 아주 성공적이어서 환자, 직원, 문병객들이 규칙적으로 이용하고 있다. 여기는 옛 조립식 주택 버팀목에 걸쳐 자라던 옅은 등나무가 있는 멋진 곳이다.

3. 문화 / 대인관계

● 마르셀 프루스트 지원단 ● 추억상자 만들기 ● DIY 개인지도 ● 영화 상영 후 관객들끼리 토론하기 ● 북팔Book Pals ● www.DoBe.org – 베이징에서 바르셀로나까지 도시를 다시 부족화하다 ● 버닝맨 – 구경꾼 없는 축제 ● 소음 정도를 포함한 음식점 평가 ● 슬로우푸드 – 두 시간 동안 먹는 점심을 지키는 세계적 운동 ● 구루(guru : 영적 지도자)? 어떻게 평가할 것인가 ● 남자친구는 데이트를 하기 위해 20불을 맡겨야 한다 ● 스피드 데이팅 – 또 만나기 전에 7분간 대화해보다 ● 결혼 전에 캠핑을 같이 가다 ● 혼전 적합성 평가 테스트 ● 무삽입 섹스 파트너 ● 새 탄트라 요가 ● 비난 대 칭찬의 비율이 부부의 행복을 예고하다

마르셀 프루스트 지원단

P. 시걸 : 마르셀 프루스트 지원단 웹사이트에서 요약했다. 줄리 밀튼이 모니터했다.

나는 샌프란시스코 중심부에 있는, 방 열네 개가 딸린 다 쓰러져 가는 큼직한 에드워디안 양식의 2층짜리 아파트에서, 친구 여섯 명과 그칠 줄 모르고 찾아오는 재미 있는 손님들과 함께 살고 있다. 동거인들은 예외없이 예술인 기질이 조금씩은 있는 사람들이다. 우리는 몇 년 동안 함께 살면서 서로의 창의성을 나란히 자극해왔다. 우리는 가족이다. 역기능이 있기도 하지만 그래도 서로 보완적인 관계다.

아무래도 지원단 없이는 《잃어버린 시간을 찾아서》를 끝까지 읽기가 불가능할 것 같아.

룸메이트 중 한 친구의 생일이 돌아왔을 때 나는 그에게 어떤 선물을 받으면 좋겠냐고 물어 보았다. 그는 며칠을 생각해보더니 이렇게 말했다. "내 생일에 진짜 내가 바라는 건 네가 나와 함께 프루스트를 읽는 거야. 난《잃어버린 시간을 찾아서》를 지금까지 세 번이나 읽어보려고 했는데, 아무래도 지원단 없이는 불가능할 것 같아."

나도 내 나름대로 프루스트를 두 번 읽어보려고 시도한 적이 있었다. "좋아," 하고 나는 힘없이 대답했다. "네가 원한다면."

“너무 겁먹지 마.” 그가 말했다. “하루에 열 페이지만 읽는 거야. 11개월 정도밖에 걸리지 않을 걸. 그리고 아마 우리와 함께 읽을 사람들을 더 찾을 수 있을지도 모르지. 재미있을 거야.”

나는 11개월 동안이나 난해한 글을 읽는 데 자신을 바칠 사람들을 어디서 한 무리 찾아낼 수 있을지 자문해 보아야 했다. 그러자 분명한 대답이 절로 나왔다. ‘샌프란시스코 불협화음Cacophony 모임’이었다. ‘불협화음’은 온갖 종류의 대담한 흥밋거리를 만드는 데 헌신하는 사람들의 모임이다. 위험 요소가 다분한 사람, 기발한 사람, 문학 취향이 강한 다수가 모여 있었으며, 모두가 필수적으로 참여했다. 그래서 나는 ‘불협화음’에 이런 뉴스레터를 보냈다.

“우리는 마르셀 프루스트의 대작 《잃어버린 시간을 찾아서》를 마지막 페이지까지 독파하려는 시도를 수도 없이 해왔습니다. 우리들 중에는 이 놀라운 문학작품을 3권 째까지 잘 넘어간 사람들도 있습니다. 하지만 그들도 결국은 이 자기 성찰적 문화사의 고전을 자랑스럽게 독파하는 일을 가로막고 서 있는 벽에 부딪칠 수밖에 없었습니다. 우리는 모두 숙명적이고, 기면발작을 일으키며, 속수무책으로 만드는 이 벽에 굴복하고 말았습니다. 그래서 우리는 이 대서사시적 시도를 함께 할 수 있는, 비슷한 쇠약증세가 있는 분들을 간절히 찾고 있습니다. 엄숙한 서약 아래에 모두 모여서 잔잔한 감동도 느끼면서, 하루에 적당히 열 페이지만 읽는 속도로 세 권 분량을 함께 독파하기를 바랍니다. 빈티지 북스 1982년 판을 보는 것으로 미리 합의하면 좋겠습니다. 그러면 같은 속도로 진도를 나갈 수 있을 것이며, 한 달에 두 번 있을 모임에서 같은 비율로 발견한 문학적 환희를 함께 맛볼 수 있을 것입니다. … 등등”

첫 모임에 여덟 명의 문학광이 나타나 내 룸메이트의 생일 스케줄을 잡아 주었다. 우리는 페르노(리큐어)를 마시고 마들렌(과자)을 먹었다. 전에 모르던 사람들과 인사를 했으며, 이 공동 모험에 대한 염려도 털어놓았다. 모임에 찾아온 사람들은 3,500 페이지가 넘는 책읽기에 자발적으로 참여한 사람들이 대체 어떤 사람들인지 알아도 볼겸, 기분전환을 하고 싶은 이들이었다. 그중 하나는 외부 입회인 자격을 지정 받아서 장기간에 걸친 지원단 회원들의 행동변화를 관찰하게 되었다.

가령 책에서 어느 저녁파티가 140페이지 동안 계속되는 2주 동안에는, 우리도 강제로 공모자가 되어 지루한 파티에 참석해야만 했다.

읽기는 바로 다음날부터 시작되었다. 참가자 중 네 명은 우리집 사람들이었다. 우리는 곧 일어나서 모닝커피를(말 그대로 아침은 아니다) 마시기 위해 비척거리며 나올 때, 각자 《잃어버린 시간을 찾아서》를 들고 와서 마음에 드는 구절을 함께 나누기 시작했다. 그러다 성에 차지 않으면 가장 멋진 불후의 문구를 고양이 먹이 뒤의 우중충한 벽에다 쓰기 시작했다. 가령 책에서 어느 저녁파티가 140페이지 동안 계속되는 2주 동안에는, 실제생활에서도 흔히 그렇듯 우리도 강제로 공모자가 되어 지루한 파티에 참석해야만 했다.

그러다 우리는 이런 생각들을 하게 되었다. "르그랑댕의 여행은 대체 뭐지?" 또는 "스완이 왔을 때 오데뜨는 정말 드포쉬빌과 함께 자고 있었을까?" 하는 식이었다.

우리는 들떠서 '불협화음' 뉴스레터에 우리의 두 번째 모임을 알렸다. 이때는 40명이 모였다. 하지만 그것은 우리가 장문의 안내문 끝에 모임의 저녁 여흥으로 이 책의 일부분을 영화화한 〈스완의 사랑〉이라는 장편영화와, 몬티 파이튼의 유쾌한 촌극인 〈마르셀 프루스트 요약 콘테스트〉라는 단편영화를 상영한다는 광고를 실었기 때문이다. 모인 사람들 중에는 프루스트를 읽어보려는 사람, 그럴 생각을 하고 있는 사람, 읽어야만 하는 사람, 불어로 읽어본 사람들이 있었다. 사람들은 소리 내어 읽었고(영어와 불어로), 마들렌을 우적우적 먹었으며, 페르노를 엄청나게 마셔댔다.

우리의 외부 입회인과 나를 아는 사람은 누구나 금방 우리들 중에서 가장 변한 사람이 바로 나라는 사실을 알게 되었다. 프루스트 지원단의 존재를 알린다는 자체가 이미 충분한 증언이 되어서 초기부터 경고 신호가 분명히 나타났다. 나는 지겨운 자동응답기 메시지를 지워버리고 주간 프루스트 인용문을 녹음했던 것이다. 이는 내가 변함없이 지난 3년간 해온 일로서 내 전화임을 재차 설명할 필요가 없게 만들었다. 처음에는 이 소리를 듣다가 전화를 끊어버리는 사람이 많았는데, 아마 내가 마침내 정신이 나가버렸다고 확신한 손님들이었을 것이다. 어떤 사람들은 정기적으로 전화를 걸어 녹음한 인용문을 들었다.

전화를 건 사람들도 스스로 변했음을 느꼈다. 우연히 들은 인용문이 귓전을 하도 울려서 프루스트는 절대 읽지 않겠다는 결심이 녹아버린 경우도 있었다. 내 집착을 비웃던 사람들이 몰래 1권을 사서 탐독을 하기도 했다.

여러 달이 빨리도 지나갔다. 우리는 이중생활을 하고 있었다. 우리의 삶과 마르셀의 삶이었다.("아직도 스완 부부와 저녁을 함께 하시나?", "발베크로 이미 떠나셨나?" 하는 식.) 간단한 문장으로 말하는 능력이 줄어들었다. 그런 사실을 참을 수 없던 회원들은 탈퇴를 했고, 들어올 사람은 또 들어왔다.

모임은 세기말 분위기가 나는 곳에서 했으며, 프루스트 나라의 정보는 엄청나게 쌓였다. 시작한지 9개월이 지나자 절박한 상실감이 찾아들기 시작했다. 겨우 800페이지 남았네 ... 500페이지 밖에 ... 200 ... 아니 안돼. 우리는 서로 안부를 물어보며 인사하는 버릇을 버린 지 오래였다. 같이 프루스트를 읽는 사람을 만나면 물어보는 첫마디가 "몇 페이지 읽으세요?"였다.

비바람이 거칠게 몰아치던 1월, 원래 회원 중에서 거의 마지막 순간까지 살아남은 셋은 다 우리집 사람들이었다. 셋 중 누가 먼저 책을 끝내느냐 하는 일종의 경쟁심이 일어났다. 이 모든 일을 시작한 존은 자기가 제일 먼저 끝낼 것이 확실하다고 선언했다. 우리는 곧 그 이유를 알게 되었다. 그는 우리 책을 몰래 가져가서 마지막 페이지를 찢어버렸던 것이다.

물론 존은 우리 중에서 제일 먼저 끝낼 수 있었다. 그는 또 프루스트 읽기가 재미있는 일이라는 사실을 입증했다. 돌아보면 우린 늘 같은 두려움을 안고 있었기 때문이다. 하지만 그것만이 유일한 이유였던 것은 아니다.

나에게 이 읽기의 가장 큰 스릴은 책 전반에 대한 내 태도에 영향을 미쳤다는 점이다. 책들은 늘 일종의 신성한 소마냥 어떠한 흠집이나 손상을 입혀서도 안 되는, 가장 조심스럽게 대해야 했던 대상이었다. 그런데 이 책을 읽으면서 통감할 수밖에 없었던 사실은, 끝이 뾰족한 연필로 아무리 점을 많이 찍는다고 해도 페이지마다 발견되는 보석에 손상이 가는 것은 아니라는 점이었다. 처음 몇 백 페이지를 읽어가면서 나는 인쇄된 페이지에 대한 내 부르주아적 점잔을 극복했다. 그래서 여백은 휘갈겨 쓴 글과 감탄부호로 가득 찼으며, 원문 자체는 밑줄, 형광펜 자국, 괄호, 색종이 포스트잇 같은 것투성이였다.

책에 대한 내 중산층적 숭배는 달이 갈수록 더 흔들려서, 나는 자주 책을 손에 든 채 지쳐서 곯아떨어지다가 책이 바닥에 툭 떨어지는 소리에 깜짝 놀라 깨어나곤 했다. 하도 시달려서 책의 제본은 금방 헤어졌고, 1권은 여러 조각으로 분책되어 버렸다. 책읽기 동료 몇몇이 휴가를 갈 때, 책 한 권의 무게를 덜어주기 위해 나는 이 분책 여러 개를 빌려주었다. 이전 행동에서 벗어나는 주목할 만한 일탈을(위대한 책에 표시를 하고 찢는 행위) 겪으면서 나는 마음이 가벼워짐을 느꼈다. 금기시 하던 전통을 벗어나는 쾌감이 있었던 것이다.

이제 나는 인간 심리에 대해 일종의 코드를 알게 되었다.

인간성이라는 주제, 특히 사랑에 대해 프루스트가 보여준 냉소적이면서 지당한 관찰을 받아들이는 가운데, 재미와 후련한 돌파구를 느낄 수 있었다. 이 책은 또 사람들 사이의 모든 만남에 일종의 예감을 갖게 해주었다. 어릴 적 지그 춤곡이 울려 퍼지기만 하면 꼼짝없이 망신을 당할 수밖에 없다는 사실을 알았을 때 내가 느끼던, 곧 터져 나올 억누를 수 없는 웃음과 같은 것이었다. 이제 내가 인간 심리에 대해 일종의 코드를 알고 있다는 믿음 때문에, 나는 어떠한 가능성이든 두려움 없이 웃음으로 대면할 수 있게 되었다.

추억상자 만들기

이본느 말릭

우리들 대부분은 기념품을 가지고 있다. 금전적인 가치는 없지만 우리의 기억을 되살리는 감상적이거나 향수 어린 물건들. 이를테면 오래된 사진, 편지, 동전, 티켓, 열쇠, 도자기, 장식물, 휴가 기념품, 스카프, 넥타이, 메달, 증서 같은 것들 말이다. 하나하나 보면 작거나 시시해 보일 수 있지만 한데 모아놓고 전시를 하면 같은 물건들임에도 장식적이고 재미있는 개인 박물관 역할을 할 수 있다.

추억상자는 반짇고리나 과자 깡통이나 공구통(2-3층으로 열리는 툴박스)이나 둥근 차 쟁반이나 얕은 여행가방을 이용해서 만들 수 있다.

전시 배열은 비싸지 않게, 가령 반짇고리나 과자 깡통이나 공구통(2-3층으로 열리는 툴박스)이나 둥근 차 쟁반이나 얕은 여행가방에 하면 된다. 이런 것들은 다시 색칠하여 추억의 물건들을 멋지게 담아낼 수 있다.

나이가 들었다고 해서 꼭 움직임 없이 나란히 화분식물처럼 앉아있을 필요가 있는가? 마지막을 기다리고 있는 텅 빈 사람처럼, 우리가 어떤 존재였는지 아무런 이야기도 나누지 않으면서 말이다.

은퇴를 하고 집에서 쉬게 되면 살아본 경험을 표현하거나 살아남았다는 사실에 대해 자부심을 느낄만한 수단을 거의 발견하지 못하고 지내는 경우가 대부분이다.

추억상자가 있으면 '무언가 보여줄 만한 것'을 갖게 된다. 여러 가지 요구에 대한 하나의 대답이다. 그것은 비언어적인 방법으로 소통하는 기회가 된다. "내가 여기 있었지. 난 이렇게 했어. 난 이걸 배웠지. 난 존재했고, 살았으며 지금도 그래." 하는 식이다.

그것은 또한 시각적인 언어로 안심시켜주는 역할을 한다. (남아 있는 더 짧은 삶보다)살아온 기나긴 날들을 (추억을 통해서)강조하고 자극하며 주목하게 만드는 것이다.

언어는 장벽이 되지 못한다. 자신의 과거에 대한 실체적인 표현방식으로 자부심을 가질 수 있다.

그럴듯한 물건들을 모아서 한데 전시하는 일은 자기 집에서 친구들과 함께 하거나, 미술치료의 일환으로 노인 복지관 같은 곳에서 할 수도 있다. 비슷한 처지에 있는 사람들이 동료애를 느끼면서 시작할만한 용기가 부족한 사람을 자극하고 북돋워줄 수 있다.

참여자들은 결과에 놀라고 기뻐할 것이다. 지역 도서관 같은 곳에 전시를 하여 다른 사람들(특히 같은 세대들)의 인식과 흥미를 불러일으킬 수 있을 것이다.

같은 맥락에서 영국에서 가장 큰 어린이 자선단체인 바나도스는 자체 '추억 창고'를 만들었다. 여기에는 그것을 채우는 방법에 대한 조언까지 딸려 있다. 일종의 위기를 맞은 부모를 위해 고안된 것으로서, 부모가 직접 해줄 수 없을 경우 아이에게 가족사 창고 역할을 해줄 수 있다. 큼직한 노랑 상자에는 서랍이 여섯 개, 그리고 서랍에 맞는 서류철 같은 추억 책자가 딸려 있다. 여기에 가족사진과 기념물을 보관하도록 한 것이다.

DIY 개인지도

앨런 스턴 : 앨런 스턴이 제안한 '직접하기(DIY: do-it-yourself 개별지도'는 '가정공학 발전 및 학습 연구소(The Institute for Domestic Engineering Advancement and Learning, IDEAL)'라는 이름으로 불린다.

아이딜IDEAL의 목적은 '가정공학' 기술을 배우고 싶은 학생들을 등록시키는 일일 것이다. 그래서 집과 집안 물건과 부착물들을 매력적이고 편안하며 훌륭한 상태로 유지하는 것이다.

교사는 학생의 집에서 실용적인 직접하기 개인지도를 할 것이다.

아이딜은 고문역할을 할 독립 기술자나 교사로 된 명부를 만들 것이다. 미국에 있는 열린대학Open University이 지역에 있는 교사와 자문역 네트워크를 구성하는 것과 마찬가지 방식이다. 아이딜 교사는 학생의 집이나 작업을 해야 할 장소에서 실용적인 개인지도를 할 것이다. 그 학생이 현재 해결해야할 문제에 관해 능숙해지고 혼자 해결할 수 있도록 돕는 것을 목적으로 한다. 그런 개별 지도로 가르칠 수 있는 가정공학 기술은 다음과 같다. 페인트칠 및 장식, 배관, 배선 및 전기설비, 일반 가정 및 건물의 가구·기계장치·모터·자전거뿐만 아니라 내외부 설치물 및 부속물의 수리, 그리고 정원 꾸미기 및 원예 프로젝트에 대한 길라잡이까지.

이 새로운 교육기관의 재정은 학생들이 (아이딜을 통해서) 교사들에게 낸 수강료로 충당될 것이다. 수강료는 평균적인 작업에 대한 시장 시세로 맞출 것이다. 교사들이 받는 돈은 사실상 일 자체에 대한 것이 아니라 학생들이 그 일을 스스로 할 수 있도록 가르치는 행위에 대한 대가다.

아이딜은 다음과 같은 문제를 처리하기 위한 단계를 밟아 나가야 한다. 교사 선별 및 진행 중인 교육의 질 관리, 학생평가기준 수립, 가정공학 학위 수여 같은 문제 말이다.

아이들의 초기자금 제공과 창립은 홈디포Home Depot 같은 대형 건자재 할인점 체인 몇 군데에서 쉽게 후원을 받을 수 있을 것이다. 그러면 재정 면으로나 홍보 면으로나 모두에게 혜택이 돌아갈 것이다. 모두 직접하기꾼들DIYers의 나라를 만드는 데 일조할 것이기 때문이다.

직접하기에 대해 알아야 할 것은 무엇이든 알고 싶지만 직접 모험을 하기는 두려워하는 집주인들의 시장이 계속 커지고 있다는 것이다. 아이딜은 이들에게 이바지할 것이다.

아이딜이 제공할 이익을 요약하면 이렇다.

◆ DIY라는 주제를 놓고 볼 때 지역사회는 더욱 자족적으로 변모하여, 개조되고, 소생되며, 일신될 것이다.
◆ 제대로 된 기술을 가졌으며 공감할 수 있는 지역 기술자들이 계속 커가는 고마운 시장을 찾을 것이다. 늘 더욱 어렵기만 한 가정의 일을 해결하기 위해 새로운 기술이 필요할 때마다 개별지도 서비스가 필요할 것이기 때문이다. 더욱이 아이딜 교사라는

지위 때문에 그들에 대한 이미지와 지역사회 내에서의 위치가 높아질 것이다. 그리되면 일에서 얻는 만족감이 커질 것임은 말할 필요도 없으리라.

영국의 위키스 건자재 회사의 회장인 W.J. 맥가스는 이 방안에 대해 아주 적극적인 반응을 보였다. "현재 우리에게 있는 혁신, 제품개발, 디자인 부서를 훨씬 더 진취적인 위키스 연구소로 만들기 위해서 논의하는 일은 참 즐겁습니다."

앨런 스턴은 영국 런던에 살고 있다.

영화 상영 후 관객들끼리 토론하기

니콜라스 앨버리

나는 영화관에서 상영이 끝날 때마다 관객들이 남아서, 방금 본 영화에 대해 이야기를 나누는 시간을 15분 정도 가져보기를 제안한다. 극장 직원 하나가 사회를 맡는 것도 좋을 것이다. 영화의 이미지가 아직 생생히 남아 있어 토론은 더욱 열띤 분위기가 될 수 있으며, 새로운 친구관계가 만들어져서 가까운 카페나 술집으로 자리가 이어질 수도 있다. 이렇게 되면 극장에서 일하는 사람들도 더 흥이 날 것이며, 외로움과 소외감을 느끼는 도시인에게도 위안이 될 것이다.

나는 극장 문을 나서다가 사람들이 하는 이야기를 듣고 매료당한 적이 많았다.

나는 극장 문을 나서다가 사람들이 하는 이야기를 듣고 매료당한 적이 많았다. 그런데 영화감상은 커플이나 작은 그룹 안에서는 금세 사라져버리기 쉽다. 나오는 이야기가 그다지 다양하지 않으며 초점이 딱히 일치하지 않는 경향이 있어서, 특정 대화 주제가 그다지 오래 가기 힘들기 때문이다. 여러 관객이 모인 자리에서 갖는 토론은 여러 다양한 관점과 함께 훨씬 더 생동감 있고 강렬한 힘을 만들어 낸다.

극장에서는 최소한 안내문을 걸거나 영화가 시작하기 전 스크린에 슬쩍 비추어 줌으로로써, 나중에 영화에 대해 이야기를 나누고 싶은 사람들은 근처에 있는 어느 카페에 가면 된다고 알릴 수 있을 것이다. 그러면 극장 직원이 다른 토론 참가자들과 함께 이야기할 수 있는 자리를 마련해주는 식이다. 아니면 극장에서 제공한 표식을 달아서 식별이 가능하도록 할 수도 있을 것이다.(영화와 극장에 대한 무료 홍보의 효과도 거둘 것이다.)

모든 사람이 득을 볼 것이다. 극장은 활기찬 만남을 자극하는 장으로 알려질 것이고, 관객은 서로 주고받을 것이 더 많아질 것이며, 인근 카페는 손님이 늘어날 것이다.

나는 〈www.DoBe.org〉 라는 웹사이트 개설에 참여했다. 이 사이트는 언젠가 전 세계 모든 도시를 위한 섹션을 만들 것이다. 그리하여 사람들이 서로 영화 산책에 참여하기를 권하며, 영화가 끝나면 식사나 차를 같이 하며 대화 나누기를 권하는 광고를 싣도록 할 것이다.

북팔 Book Pals

스티븐 로저스

너무 마음에 드는 책이 있어서 다른 독자와 함께 그 책에 대해 깊은 대화를 나누어 봤으면 하는 생각을 해본 적이 있는가? 도서관에서 빌린 책 뒤에 있는 열람표에 빌린 사람의 연락처가 있다면 어떨까? 같은 작품에 매료된 사람들을 만나보고 싶은 사람이 자기 이름과 연락처(전화번호나 이메일 주소)를 기재할 수 있도록 말이다.

책을 빌려 보다가 너무 중요하다고 생각한 부분에 이미 밑줄을 그어 놓거나 페이지의 모서리를 접어놓은 사람과 만나고 싶은 충동을 강하게 느끼는 경우가 있다. 내 제안이 최선의 방법은 아닐 것이다. 그렇게 하다보면 사람들이 서로에게 연락하는 새롭고 기발한 방법을 틀림없이 찾아낼 것이기 때문이다.

원서 편집자의 말

이 아이디어는 아마존닷컴이나 다른 인터넷 서점에게 흥미로운 것이 될 수 있으리라. 사람들은 인터넷서점에서 좋아하는 책을 찾아, 마찬가지로 같은 책에 빠진 사람들이 만든 온라인 모임에 가입할 수 있을 것이다.

www.DoBe.org –
베이징에서 바르셀로나까지
도시를 다시 부족화하다

www.DoBe.org('두비')는 사람들이 도시를 경험하는 방식에 혁명을 일으킬 수 있는 잠재력이 있다. 전 세계 모든 도시를 위한 무료 이벤트 웹사이트로서 행사 안내는 사이트 방문자들이 알아서 한다. 이 사이트는 소비자만을 위한 것이 결코 아닌, 사이트 방문자들의 전적인 참여로 이루어진다. 그래서 어느 도시에 처음 온 사람은 즉시 지역 사람들과 제대로 접촉할 수 있다. 길을 걷거나 철학 토론을 벌이는 살롱에 가입하거나, 글쓰기 그룹, 체스 시합, 풋볼팀, 극장 그룹, 디너파티, 암 환자 자조(셀프헬프) 그룹, 아니면 자기가 멋대로 만든 그룹에 가입함으로써 사람들을 만난다.

이 사이트는 소비자만을 위한 것이 결코 아닌, 사이트 방문자들의 전적인 참여로 이루어진다.

이 웹사이트는 단지 영화나 연극 같은 것을 안내하는 곳이 아니다. 단순히 수동적인 소비를 수반하는 행사는 알리지 않는다. 때로는 단지 청중 속 익명의 일원이 되는 것도 대단히 즐거운 일이기는 하지만, 현대 도시생활에는 작은 창의적인 그룹에 함께 모여서 많은 사람들이 느끼고 있는 고립

과 소외를 떨쳐 버리고 싶은 충족되지 않은 요구가 있기 때문이다.

그래서 영화나 연극은 포함되지 않는다. 대신 작은 그룹이 특정 영화를 함께 보러가서 영화가 끝난 다음 근처 카페에 모여 영화 이야기를 나누는 경우는 참여의 형태로서 자격을 얻는다. 마찬가지로 강연도 제외되지만 끝나고 나서 상당한 수준의 열린 토론이 있는 강연은 가능하다. 다시 말하면 이 사이트의 행사는 단순히 듣고 보는 것보다 참여 여부에 따라 결정된다.

이 사이트는 짝짓기용이 아니다. 모든 행사는 서너 명이 참여하는 몇 개 그룹이 참여해 이루어진다. 그리고 성적이거나 불법적 행위 또는 인종차별적이거나 불친절한 내용은 배제한다.

'두비'는 자선 프로젝트이며 사실상 예산이 전혀 없다. 이 사이트는 필 윌슨과 메릴린 앨버리의 노고 덕분에 프로그램으로 만들어진 것이다. 캘리포니아에 서버를 두고 '뉴 시빌리제이션 네트워크'의 플레밍 펀치가 개설하여 관리하고 있다.

'두비'는 이 사이트가 모든 도시마다 운영되도록 돕고, 흥미로운 행사로 게시판에 씨를 뿌리고, 사람들을 참여하도록 하고, 지역 미디어에서 기사를 다루도록 설득할 자원봉사 편집자와 활동가를 찾고 있다. 또 전 세계 도서관 사서들의 흥미를 불러 일으켜 각 지역 핵심 편집자로 활동하도록 하려고 한다. 그러면서 오페라 그룹에서부터 엄마와 딸이 함께 하는 책 토론 그룹까지, 창조적인 지역사회 행사를 활성화하는 역할도 함께 하도록 하는 것이다.

이상적으로는 마케팅에 쓸 자금이 필요하기는 하다. 하지만 실질적으로 사람들이 친구에게 전하고 친구들도 같은 일을 하도록 권하는, 입소문이 가장 중요하다는 사실은 의심의 여지가 없다.

버닝맨 – 구경꾼 없는 축제

니콜라스 앨버리 : 다음은 '버닝맨닷컴'〈burningman.com〉이라는 웹사이트에 실린
밀레나 페트로바의 이메일, 《Reason》에 실린 브라이언 도허티의 글 "버닝맨 자라나다"를
보고 편집한 것이다. 후자는 로저 나이츠가 모니터했다.

네바다 주의 블랙록 사막에서 해마다 열리는 버닝맨 페스티발Burning Man Festival을 보고 다른 곳의 축제가 배울 점은 무엇일까?

무엇보다 먼저, 축제는 작게 열라는 점이다. 해가 거듭될수록 커져만 간다면, "일시적이며 자율적인 지대"이자 무정부적인 자유공간이 참가자를 모두 위험에 빠뜨리는 폭도들의 장으로 변모하고 말 것이다. 2000년 덴마크에서 열린 데니쉬 로스킬레 축제에서 여덟 명이 깔려 죽은 것처럼 말이다.

버닝맨의 경우에는 꼭 필요하고 충분히 이해할만한 나름의 규칙을 발전시켰다. 그래서 이 축제에는 공식 캠프파이어 행사가 없고, 횃불 의식도 없으며, 축포도 없고, 불꽃놀이도 없다.

대신 다른 축제에서 유익하게 써먹을 수 있는 흥미로운 규칙이 다음과 같이 있다.

◆ 자판기가 없다. 참가자는 일주일 동안 쓸 음식, 물, 잠자리를 가져와야 한다. 물물교환경제라서 사람들은 자기 물건을 줄 수는 있되 팔 수는 없다. 의지할 사람은 자기 자신 뿐이니 각자 준비를 해야 한다.
◆ 차를 가져올 수 없다.(차가 하나의 예술작품이 아니라면 말이다.)
◆ 등록하지 않은 비디오카메라를 가져올 수 없다.

◆ 구경꾼이 없다.(모두가 적극적으로 참여하여야 한다. 아무 생각 없이 지켜보기만 하는 소비자가 아니라 행사에 창의성을 더해 주어야 한다.) 일례로 밀레나 페트로바의 설명을 보기로 하자. "우리가 운영한 이동식 술집인 바질라는 환상적이었다. 우리는 어느 날 오후 긱스빌 한 가운데에서 술을 마시고 있었다. 사람들이 다가와서 허락 없이 사진을 찍자 우리는 이렇게 외쳤다. '구경꾼이다! 구경꾼! 이리로 와요!' 그러자 긱스빌의 검사이면서 패션 판관이자, '소녀처럼 옷 입는 소년을 좋아하는 소녀들'의 위원회장이자, 바질라의 수석 바텐더인 족제비 소년이 긱스빌의 행동강령을 읽어 내려갔다. 구경은 용납할 수 없으며, (모두 외쳤다) '노래를 하거나 춤을 추거나 바지를 내리면' 참가자가 될 수 있다는 내용이었다. 너무 재미있게도 많은 사람들이 세 번째를 선택했다."

기획자 중의 한 명인 대릴 반 리이는 주의사항 하나를 알려 주었다. "우리는 '구경꾼은 안돼'"라는 문구를 선전하지 않는 편이 더 나았으리라는 생각을 가끔 한다. 1999년에 여기 와서 수백시간을 테마 캠프를 차리는 일에 쏟은 사람이 있었다. 그는 일상적으로 뻔한 옷차림을 하고 있었다. 그는 길을 가다가 '참여하지 않는다'는 이유로 다른 캠프 사람들의 놀림을 받곤 했다. 그들은 그가 어떤 특별한 의상을 걸쳐야 한다고 생각하고 있었다. 열정적인 자기표현은 선물을 주며 다른 사람들을 초대하여 함께 노는 일에 쏟아야 하는 것이지, 무자비한 종류의 검열에 허비해서는 안된다."

버닝맨 페스티발은 다른 축제에 쓸만한 교훈을 제공하기도 한다. 진짜 경찰은 축제 측의 대원 160명과 함께 현장을 순찰하며, 대원들과 상의하지 않고 행동하는 일이 거의 없다. 자원봉사 대원들은 모두 훈련을 받을 때

"우리는 경찰이 아니다!"라는 구호를 외친다. 그들이 있는 목적은 도움을 주는 것이기 때문이다.

사막에서 지낸 9일

버닝맨 페스티발 분위기를 다소나마 느껴보기 위해서 밀레나 페트로바의 경험담을 소개한다.
(사회변화창안연구소의 《오늘을 즐겨라》라는 책에서 발췌함.)

이 하이쿠haiku(俳句, 일본 정형시로 5/7/5의 운율을 지닌 한 줄짜리 시(간혹 3행으로 나눠 쓰기도 한다)로, 오랜 전통을 지니고 있으면서 오늘날까지 창작되고 회자되는 대중 시)를 보노라니 눈물이 다 난다.

이봐요 그대 머리에 불이 붙었네요

그게 무슨 행위예술쯤 되는 건가요

아니면 내가 도와줘야 할 일인가요?

사막에서 9일을 지낸 다음 오늘 아침에 돌아왔다. 좋은 시간이었다. 치유의 경험이었으며, 삶의 마술에 한 발 더 다가서는 기분이었다. 처음 사흘 동안은 황당한 날씨 덕분에 심심하지는 않았다. 초속 100마일의 바람에 텐트며 차양 같은 것들이 모두 내려앉았던 것이다. 사람들은 널브러진 쓰레기를 줍기 위해 플라야playa(사막의 오목한 저지대. 우기에는 얕은 호수가 됨) 여기저기를 달렸고, 모래는 온몸 구석구석을 파고들었다. 추웠다. 내 티켓에는 참가 중에 발생할 수 있는 심각한 부상이나 죽음의 위험을 자발적으로 감수하겠다는 문구가 있었다. 이런 재미를 기대한 것은 아니었지만, 어쨌든 재미 있는 일이었다. 내 자신이 강해지고 대담해진 기분이었다.

가장 멋진 저녁시간은 오후 4시에 가진 친교시간이었다. 땅거미가 질 무렵 우리는 무無에서 솟아난 문화에 혀를 내두르며 이곳저곳을 돌아 다녔다. 석양이 비치는 탑, 둥근 지붕, 예술품, 불, 모래 폭풍 때문에 분위기가 너무나 신비롭고 마술적이었다. 블랙록은 한마디로 놀라운 곳이었다. 사막의 여왕 의상을 입고 베일로 가린 채, 나는 이 모든 아름다움 속에서 작아짐을 느꼈다. 동시에 나는, 사막에 있다보면 좋은 것과 나쁜 것이 얼마나 금방 확연히 드러나며, 우리가 그 동안 물건을 사는 일에 얼마나 길들어져 있었으며, 얼마나 작품을 만들고 싶어지며, 우리네 문명에서 창조가 얼마나 중요한지를 깨닫고 있었다. 그랬다. 도시생활과 대량판매가 나에게 제공했던 완충지대 너머에 있는 사막 한가운데에서, 당연한 것이라곤 아무것도 없었다. 우리가 가져와서 다음 7일 동안 써먹어야 할 것을 빼고는 어떠한 문화도 존재하지 않았던 것이다.

나는 무언가 잡힐 듯한 것을 만들고 싶은 강한 충동을 느꼈다.

지적인 목적을 추구하며 삶의 대부분을 내 머릿속 판단으로만 살아온 탓에, 나는 예술적인 창조를 위해 충분한 시간을, 아니 확신을 갖지 못했었다. 그런데 버닝맨이라는 환경에서 나는 무언가 잡힐 듯한 것을 만들고 싶은 강한 충동을 느꼈다. 아무런 정의도 없고, 경계도 없으며, 판단도 없는 이 환경에서, 역사나 지적 이론화라는 맥락과는 상관없이 진행할 수 있는 무언가를 말이다.

그것이 바로 버닝맨이라는 곳의 예술이었다. 직접적이고 즉각적인 것이다. '변화에 굴복하며, 유혹에 굴복하라.' 그것은 입구의 안내문으로서, 내가 분명히 따른 말이었다. 나는 또 지역사회 만들기를 알게 되었고 그것에 참여하게 되었다. 긱스빌에서는 모든 사람이 손으로 만든 여러 가지 독특한 의상을 갖고 있었고, 예술 시설과 행사가 있었다. 나는 유기적인 오락과 불 지피기, 불꽃놀이, 타악기소리, 무언가를 만들기, 연기하기, 탁 트인 곳에 나가 소리치고 비명 지르기, 사막에서의 시간들을 사랑했다. 긴장을 푸는 모든 시간들을...

아이디어 몇 가지 더

버닝맨 자체에는 적용할 수 없겠지만 흔한 축제를 향상시키는 제안을 두 가지 더 하고 싶다.

◆ 입구에서 안내하는 사람들은 참가자가 도착하면 빈 배지나 꼬리표를 고를 수 있도록 한다. 12가지색으로 되어 있으며, 점성술의 12개 별자리를 각자가 나타내도록 만든 것이다. 사람들은 이 배지에 자기 실제 생일을 쓸 수도 있다. 그런 다음 다른 사람의 깃을 보고 같은 배지를 찾는 것이다. 그러면 당신은 그 부족이나 커트 보네거트Kurt Vonnegut(미국 소설가. 공상과학소설과 풍자소설을 쓰는 작가로 미국 현대소설의 대표자 중 하나다. 수많은 단편소설과 수필을 썼으며 가장 유명한 작품으로는 《제5의 도살장 Slaughterhouse-Five》(1969)가 있다)가 말한 "카라스karass"의 일원이 되어서, 그들에 대한 책임을 지는 것이다. 책임은 축제의 규모에 따라 달라질 수 있는데, 대개는 담소를 나누거나 함께 한 잔 하는 일이다. 아니면 별자리가 같은 사람을 발견하면 함께 어울리는 일이다. 어디를 가든 다소 겉도는 사람들이 있는 법인데, 이런 사람들에게는 도움이 될 것이다.

◆ 이야기 텐트도 도움이 될 것이다. 극작가인 닐 오람은 녹색 축제에서 '랩 텐트Rap Tent'라는 것을 운영한 적이 있다. 그 텐트에 들어가서 사소하지 않은 수준에서 그와 대화를 나눌 수 있다. 광고를 하여 축제 현장의 조용한 장소에서 정해진 시간동안 대화를 나누며, 의식을 진행할 사회자를 두는 방법을 사용해봐도 좋으리라 생각한다.

소음 정도를 포함한 음식점 평가

〈런던 타임즈〉에 실린 앨리슨 먼로의 편지를 요약했다.

음식점 평론가들은 자기 리뷰에 그 음식점의 평균 소음도를 표시해야 한다. 배경음악이 있는지 그리고 어떤 종류인지를 밝히는 것도, 식별력 있는 식객들이 무엇이 적당한 먹거리인지 더 알고 고를 수 있도록 도와줄 것이다.

음식점에 대한 평가는 오랫동안 음식, 서비스, 담배연기 정도가 주요 기준이었지만 음식점에 자주 가는 사람들에게 조용함은 이제 우선사항이다.

슬로우푸드 – 두 시간 동안 먹는 점심을 지키는 세계적 운동

《Utne 리더》를 인용한 아메리칸 에어라인 잡지인 《아메리칸 웨이》와,
《타임 유럽》에 실린 앤드류 핀켈의 '프리미오 슬로우푸드'를 요약했다.

처음에 그것은 단지 가벼운 장난일 뿐이었다. 어디를 가나 있는 햄버거에 깃든 명랑한 철학적 시도는, 이제 일 분만에 뚝딱 만든, 일 분만에 미쳐버리는 세계의 상징이 되어버렸다. 맥도날드는 로마의 유명한 스페인 계단에 아래에 있는 아름다운 스페인 광장을 침략하는 꼴이 되어 버렸다. 그 생각을 하기만 하면 음식 및 와인 평론가 카를로 페트리니와 이태리 미식가 모임인 아르치골라의 동료 회원들은 소화불량에 걸릴 지경이었다.

패스트푸드에 맞서 싸우기 위해 '슬로우푸드'보다 더 나은 무기가 또 있을까 ?

그들은 패스트푸드에 맞서 싸우기 위해 '슬로우푸드'보다 더 나은 무기가 또 있을까 하고 생각을 하게 되었다. 그래서 페트리니 일당은 '(음식이 주는) 즐거움 보호 및 권리를 위한 국제운동'을 조직하여 '슬로우푸드 선언'을 했다. 슬로우푸드 전쟁의 첫 번째 일격이었다. "산업화의 기치 아래 태어나 자란 지금 세기에 기계가 발명되고 우리의 역할모델이 바뀌어졌다. 속도는 우리의 족쇄가 되었다." 선언은 이렇게 시작했다. "우리는 어떤 바이러스

의 먹이가 되었다. 우리의 관습을 파괴하고, 심지어 집 안에서도 우리를 공격하며, 우리를 새장에 가두고 패스트푸드를 먹이는 '패스트라이프'가 바로 바이러스다." 치료법은? "천천히 충분히 기쁨을 맛볼 수 있고, 확실히 미감을 만족시켜주는 식사를 하는 것이다." 부엌에서 음식을 정성스럽게 준비하는 것에서 시작하여 테이블에서 좋은 와인으로 끝을 내며 한가로운 대화를 나누는 것이다.

"처음에는 일종의 게임이었어요." 페트리니가 말한다. "음식이란 상하기 쉬운 예술로서 미켈란젤로의 조각이나 티치아노의 그림처럼 나름대로 즐길만한 것이라는 점을 사람들에게 일깨워주고 싶었지요. 그냥 배를 채우기 위해 집어 삼키는 것이 아니라 문화를 맛보는 행위라고요." 이 그룹은 선포하길, 이제는 두 시간을 먹는 점심과 네 시간을 즐기는 저녁 식사로 되돌아갈 시기라고 했다.

아, 그러나 맥도날드는 그다지 신경을 쓰지 않았다. 1986년 슬로우 식객들의 탄원에도 아랑곳없이 체인점을 하나 열었는데, 변변한 경쟁 한 번 하지도 않고 전 세계 점포 중에서 열 번째로 매출이 많은 곳의 하나가 되어버렸다. 그렇지만 페트리니는 자신의 슬로우푸드 아이디어가 먹혀들어가고 있음을 알게 되었다. 이 '운동'에 대한 문의 전화가 빗발쳤다. 천천히 많이 먹기 철학에 열성적으로 동조하는 사람들이 늘어났다.

"슬로우푸드란, 원래 뜬구름 잡는 이야기였지요. 아르치골라에 있던 우리들이 이 아이디어를 구체적인 것으로 만들었지요." 페트리니가 말했다.

회원들은 오래 먹기와, 음식 이야기, 와인, 문화, 철학을 나누기 위해 만난다.

1989년 파리 모임에서 정식으로 설립한 '아르치골라 슬로우푸드 운동'
은 사회의 속도와 균질적인 산업화 음식에 대한 불가피한 저항을 위한 국
제적 집결지가 되었다. 회원들은 오래 먹기와, 음식 이야기, 와인, 문화, 철
학을 나누기 위해 만난다. 그들은 와인 시음회 행사와 전통음식 강좌를 조
직한다. 그리고 스트레스를 주는 패스트라이프를 멸시한다.

"패스트푸드는 음식의 사회적 측면을 죽이고 맙니다." 페트리니는 말한
다. "그것은 사람들에게서 음식이 주는 풍요로움과 문화를 앗아가 버립니
다."

이 비영리 운동은 이제 45개국 6만5천 회원에 560개의 지역 지부를 자랑
한다. 이 지부들은 슬로우푸드 운동의 핵심적 역할을 하는 곳으로서 지역
단위에서 운동의 철학을 전달해주고 대변해주는 곳이다. 지부 회원들은 조
리법의 전통과 문화를 배우고, 시음회 행사를 준비하며, 천천히 먹고 마시
는 즐거움을 함께 맛보기 위해서 격식 없이 만난다. 가끔 그들은 소규모의
지역 생산업자의 홍보를 위해서 중계 역할을 하기도 한다. 미국 사무소는
2000년 뉴욕에서 처음 열렸다. 슬로우푸드의 로고인 달팽이는(느리지만 맛이
있다) 사람들의 생각보다 더 빨리 움직인다.

페트리니는 맥도날드나 다른 어느 스톱워치 체인에게서 자신의 운동에
대해 반응을 보였다는 이야기를 들어본 적이 없다. 그는 파리의 어느 라디
오 방송에서 마련한 토론 프로그램에 맥도날드에서 나오기로 한 사람이 불
참한 적이 있다고 말했다. 일리노이 오크 브룩에 있는 맥도날드 세계 본부
의 대변인 브래드 트래스크는 슬로우푸드 운동에 대해 잘 모른다고 말한
다. 하지만 그는 덧붙인다. "우리가 어느 지역에 가서 그 지역의 음식문화
를 빼앗는다고 생각지는 않습니다. 우리는 우리를 원하지 않는 곳에는 절
대 가지 않습니다."

슬로우푸드는 무엇보다 일종의 마음상태다. 페트리니는 회원들이 미식가 취향의 엘리트가 아니라는 점을 조심스럽게 지적한다. "샌드위치 하나를 먹더라도, 슬로우푸드 경험을 할 수 있습니다. 게다가 돈은 많지만 음식문화는 아주 나쁠 수 있습니다. 진수성찬을 매일 먹을 필요는 없지요." 페트리니는 말한다.

회원들이 먹기에 많은 신경을 쓰지만 슬로우푸드 운동은 확실히 먹기 이상을 추구한다. 이 운동은 전 지구적 공세의 일환으로 매년 전 세계에서 여러 미식가 행사를 벌인다. 가장 유명한 것은 최근 토리노에서 매년 열리고 있는 '살로네 델 구스토'다. 그것은 가장 뛰어난 맛의 향연이자 가장 큰 고급 음식 및 와인 박람회다. 행사의 말미에는 토리노의 옛 피아트 공장의 온 구석구석이 다 치즈, 와인, 트뤼플 향 나는 초콜릿으로 뒤덮인다. 음식 워크숍, 맛보기, 세미나는 미식가들의 세계가 맛 교육 사업에 어떤 진지함을 갖고 접근하는지 뚜렷이 보여준다.

홀의 일부는 '음식의 방주'에서 나온 식품들을 위한 자리로 비워둔다. 이 상징적인 배는 산업사회의 표준화와 지나친 식품위생법 때문에 위협 받고 있는 음식이 가득 실려 있다. 이런 식품에는 숭어알, 모젤 빨간 복숭아, 코르바라 자두 토마토, 비올리노 디 카프라 같은 것들이 있다. 이런 식품은 값은 싸지만 환경에는 비싼 비용을 치르게 하는 현대 농산품 산업에 희생된 것들이다. 그래서 이 행사는 음식 바로 알기, 환경 의식, 전통 제조 기법을 고수하는 장인(또 하나의 위기에 처한 종) 보호에 대한 이 운동의 노력이 합류하는 지점이다. 슬로우푸드는 합성된 균질적 식품의 끝없는 홍수로부터

구시대의 맛을 보호하려할 뿐만 아니라 소규모 특화 식품 제조자들을(생물 다양성의 자연 관리인) 활성화하려 한다. 그리고 이 모든 것을 입맛으로 승부해서 얻어낸다.

심사위원단이 특화 제조자 수상자를 뽑는다. 고대의 맛과 생산법을 잘 보존하고 재발견한 데 대한 경의의 표시인 것이다.

이런 행사의 성공은 분명 차별적인 향토 요리와 전통의 승리다. 하지만 이 운동은 또한 개인을 인정하고 그들에게 보상을 준다. 전 세계에서 초청되어 온 400명의 저명한 요리사, 작가, 음식운동가로 이루어진 심사위원단이 특화 제조자 최종 명단에서 다섯 명의 수상자를 뽑는다. 고대의 맛과 생산법을 잘 보존하고 재발견한 데 대한 경의의 표시인 것이다. 이 상은 금방 미식가 세계의 노벨상이 되었다. 터키 출신의 유명 수상자인 양봉가 벨리 굴라스는 독특한 꿀을 흑해 너머 멀리 떨어진 숲에 있는 나무줄기에서 만들어낸다. 슬로우푸드 페스티벌에 참가하기 전에 그는 조국을 한 번도 떠나 본 일이 없었다. 그는 여권을 가지러 자기 마을에서 하루 이상을 걸어야만 했다.

점점 더 공격적으로 침입해 들어오는 음식과 문화의 표준화에 대한 이 운동의 더 큰 저항의 표시는 아이들에게 식탁에서 얻을 수 있는 즐거움을 가르치는 일이다. 슬로우푸드 페스티벌이 열릴 때마다 아이들을 위한 맛보기 강습이 있다. 또 슬로우푸드는 학교에서 아이들에게 지식의 도구로서 감각의 중요성에 대해 가르치도록 교사들과 협력해왔다. 슬로우푸드는 어른들을 위한 두 개의 교육프로젝트를 준비하고 있다. '음식의 대가'와 폴렌조 에이전시 프로젝트의 일부인 '유럽 맛 학회'가 그것이다. '음식의 대가'

는('맛의 대중대학'이라고 알려진) 와인과 치즈, 각종 조리 기법과 올리브유에 이르는 주제를 아우를 만한 강의 계획표를 제시하고 있다. 이 강의는 전 세계 지부 네트워크와 제휴하면서 이태리 전역에서 열린다. 이름과는 달리 슬로우푸드 운동의 성장은 빠르게 나아가고 있는 것이 분명하다.

구루(guru: 영적 지도자)? 어떻게 평가할 것인가

컬트(소수의 조직화된 신앙 집단) 종교 분파에 대한 스캔들이 너무나 많았다. 사회변화창안연구소는 그래서 어떤 구루나 신흥 컬트의 제자가 되고자 하는 분들이 입문하기 전에 해볼만한 질문 리스트를 추려보았다. 다음 질문에 대한 '예' 대답의 숫자에 따라 구루를 비교해본다면 조잡하나마 쓸만한 역할을 할 것이다.

1. 구루가 제공하는 것은 무료인가?

2. 구루는 상대적으로 가난한가?(즉 품위를 유지하는 데 필요한 정도 이상의 부를 사적으로나 실질적으로 소유하고 있는가.)

3. 조직에 가입하지 않고도 가르침을 받을 수 있는가?(즉 무언가를 전달하기 위해 책이나 테이프나 공개적인 모임이 있는가?)

4. 구루를 쉽게 떠날 수 있으며, 옛 제자들이 만족스러운 대우를 받으며, 구루의 '반대자들'도 정당한 대우를 받고 있는가?

구루의 조직에서 하는 일을 판단해 보았을 때 품위에 대한 배려가 있는가?(가령 건물이 흉하지 않은가?)

---

5. 구루는 제자들과 성관계를 금하고 있는가?

6. 가족이나 친지들과 자유로운 접촉이 허용되는가?

7. 구루의 조직에서 하는 일을 판단해 보았을 때 품위에 대한 배려가 있는가?(가령 건물이 흉하지 않은가?)

8. 구루의 가르침은 옛 사람들의 영적 통찰과 조화를 이루는가?(가령 헉슬리가 선정한 명문집인《영원한 철학》에 나오는 것들과 같은.)

9. 조직이 비권위주의적인가? 가령 민주주의적 요소가 있는가? 즉 질문과 논쟁과 스스로 생각하는 능력이 환영받는가?

10. 구루의 정통성은 (자기 정통성의 유일한 결정자가 자신뿐이라고 주장하지 않으면서) 이전의 구루들을 기리는 전통 속에 자리 잡고 있는가?

11. 구루 자신만이 깨달음을 얻기 위한 유일한 길을 제시하는 완벽한 지도자라고 주장하는 데서 벗어나 있는가? 구루는 (만일 있다면) 자신의 '결정적인 약점'이 공개되는 것을 인정하고 있는가?

12. 구루는 자기 권위가 일정 단계까지만 유효함을 인식하고 있는가? 즉 제자의 배움을 자기 수준으로 올리는 선까지만 지속된다는 사실을 인정하는가?

13. 구루의 조직은 일상적인 운영방식에서 심리적으로 강제성이 있는 세뇌작업을 성공적으로 피하고 있는가?

14. 이런 질문에 대한 구루나 그 조직의 답변이 다른 정보원에게서 나온 증거와 일치하는가? 이를테면 '컬트 인포메이션 서비스'의 견해를 참고해 볼 만하다.(미국 뉴저지 소재 www.cultinformation service.org/)

15. 구루에게 등록한 제자가 1천명 이하인가?(더 많은 추종자가 있는 구루는 권력의 유혹에 쉽게 굴하는 경향이 있다.)

'구루 지수' 평가표

구할 수 있는 자료를 다 보고, 현재와 과거 제자들이 주는 추가 정보를 다 섭렵한 다음(그리고 여기 평가된 구루가 다 살아 있다는 듯이 질문에 모두 답을 한 다음), 우리는 다음과 같이 구루의(살아 있건 아니건) 근사치 표를 만들었다.

◆ 바그완(오쇼 라즈니쉬) 17
◆ 마하리쉬 23
◆ '재탄생 운동Rebirthing movement'의 레너드 오어 53
◆ '하레 크리슈나 운동Hare Krishna movement'의 스와미 박티베단타 60
◆ 크리슈나무르티 73
◆ 스티븐 게스킨(테네시 농장 코뮌) 77

이런 평가는 제자가 특정 구루에게서 무엇을 배울 수 있는지를 꼭 나타내는 것은 아니다. 대신 그 구루가 얼마나 '안전한지'를 나타내주는 쪽에 가깝다. 제자가 될 가능성이 있는 사람들은 '낮은 구루지수'를 보이는 구루와는 되도록 조직 차원의 개입을 피하는 것이 바람직할 것이다. 지난 3천년 동안 있었던 전통 구루들은 70점 이상을 받기가 별로 어렵지 않았을 것이다.

남자친구는 데이트를 하기 위해 20불을 맡겨야 한다

《리더스 다이제스트》에 실린 스코트 마틴의 기사를 발췌했다.
로저 나이츠가 모니터했다.

이제 데이트를 시작할 만한 나이가 된 딸을 둔 내 동료는, 딸의 남자친구를 버릇들이려는 다짐을 단단히 하고 있다. 그래서 동료가 고안해낸 방법은, 딸과 데이트를 하려는 남자친구는 필수적으로 20불을 내도록 하는 것이었다. 딸이 자정까지 돌아오지 않으면 그 돈은 딸의 아빠가 갖는 것이다.

스피드 데이팅 –
또 만나기 전에 7분간 대화해보다

〈시애틀 타임즈〉에 실린 자넷 투의 '서둘러서 데이트하기' 라는
글을 요약했다. 로저 나이츠가 모니터했다.

만남 및 선택 프로그램인 '스피드 데이팅'은 데이트하고 어울리기에는 너무 바쁜 이들에게 사람 만날 기회를 제공함으로써 결혼을 장려하는 데 일조할 수 있다.

스피드 데이팅 프로그램은 남녀에게 7분간의 대화할 시간을 준다. 시간이 다하면 남자는 다른 여자에게 간다. 대화가 매번 끝날 때마다 방금 만난 사람을 다시 볼 것인지 여부를 기록해둔다. 두 사람이 모두 다시 보기를 원하면 서로의 전화번호를 받을 수 있다. 되도록이면 남자가 여자에게 먼저 전화를 걸도록 권한다.

이 시스템은 단일 신앙 공동체가 계속해서 사라지는 현실을 안타까워하는 단체가 운영하는 것으로서, 기회가 닿는 한 유대인들 사이의 만남을 육성하는 데 열심이다. 주최자 중 하나인 대니 모스코위츠의 말에 따르면 스피드데이팅은 어머니 세대는 그렇지 않다 하더라도 어차피 대부분 유대인 아이들이 마음 한 구석에 갖고 있는, 어쩌다 보니 유대인이 된 사람들을 만나는 재미있는 방법을 제공한다.

모든 참가자들은 20불씩을 낸다. 행사는 10년 단위 연령대를(가령 22세에서 32세, 30에서 40세) 기준으로 짰다. 참가한 사람들 대부분은 이 아이디어가

작동하는 방식에 대해 열의를 보이는 것 같았다. 저녁이 시작되자 주최자들이 벨을 울리며 준비! 데이트 시작! 하고 외치면서 생기는 약간은 광적인 분위기가 마음에 걸리긴 했지만 말이다. 주최 측 랍비가 중간 시간에 지혜의 말씀을 짤막하게 인용하기도 한다. 하지만 데이트는 금방 본격적으로 시작된다. 시애틀에서 벌어진 어느 행사에서 어떤 남자는, 이 모든 행사가 끝났을 때에는 조금 지치기도 했지만 파티에서 재잘거리는 사람들과 씨름하는 것보다는 낫다고 말했다. 그와 이야기를 나눈 어느 여자도 이 경험은 단거리 경주가 아니라 마라톤에 더 가깝다고 말했다. 하지만 비슷한 생각을 가진 사람들을 만나는 간단하고 흥미로운 방법이라고 생각했다.

준비! 데이트 시작!

이 시스템은 용어 그대로의 '스피드' 데이팅이라기 보다 함정이 적고 블라인드 데이트가 아닌, 초점이 있는 만남 주선이라고 생각한다면 더욱 매력적인 경험이 될 것이다. 이제는 수천 명이 미국 전역 도시에서 경험해 보았고 영국과 호주를 포함한 다른 5개국에서 그 가치를 인정받은 듯하다.

결혼 전에 캠핑을 같이 가다

밝혀지지 않은 미국의 어느 매체에 실린 벳시 웨이드의 글을 요약했다.
로저 나이츠가 모니터했다.

내 친구들이 더 이상 불행한 결혼을 하지 않도록 할 수 있는 조언 하나가 여기 있다. 여덟 시간 동안 함께 기차를 타 보기 전에는, 아침에 그 사람의 기분이 어떻게 변하는지 알기 전에는, 일주일 동안 함께 캠핑을 가보기 전에는, 절대로 결혼을 하지 말라. 나는 이런 원칙을 갖고 있으면 모든 가능성을 다 겪어볼 수 있다고 생각한다. 숨겨온 알코올중독이나, 괴상망측한 치약 짜기 버릇이나, 정치적 견해의 불일치 같은 것들 말이다.

혼전 적합성 평가 테스트

결혼 전 과연 올바른 결혼이 될 것인지에 대한 여러 질문들이 있겠지만 그보다 더 간편한 이 테스트는 사회변화창안연구소 직원들이 동료 한 사람의 약혼발표에 때맞추어 고안한 것이다. '결혼'이란 단어는 자녀양육에 대한 장기적 책임을 수반할 수 있는 어떤 관계라는 의미로 사용한다.

누구와 결혼해서 아이를 낳을 것인가 하는 결정은 인생의 다른 어느 결정보다도 미래의 행복에 더 큰 영향을 미칠 것이다. 그러니 그런 결정은 가능하면 냉정하게 고려해볼 필요가 있다. 처음 밀려오는 사랑의 감정에 너무나 쉽게 잘못 끌려갈 수 있기 때문이다. 다음에 나오는 질문 중 절반은 결혼 및 인간관계의 성공과 실패에 대한 장기적인 학술연구에서 나온 것들이다. 여러분과 여러분의 파트너 모두 이 테스트를 하려고 한다면 개별항목에 어떻게 표시했는지 상대에게 알려주지 않는 것이 더 현명할 것이다. 최종 합계만 함께 이야기하는 것이 더 나으리라 본다.

다음 질문에 0부터 10까지 표시를 하라.('가장 옳음'이면 10을, '전혀 옳지 않음'이면 0을.) 아무에게도 결과를 알려줄 필요가 없으니 최대한 솔직하게 질문에 답하라. 자신밖에 속일 사람이 없다.

◆ 우리 둘 사이에 마찰이 거의 없다.

◆ 마찰이 있으면 매우 만족스럽게 해결한다.

◆ 상대방의 의견에 반대하기보다 동의하는 경우가 훨씬 많다.

◆ 상대방이 나이가 들어서 상대방의 부모와 비슷한 인격을 갖추게 된다면 좋겠다.

◆ 나는 좋든 나쁘든 내 감정을 상대방과 함께 나누며, 상대방도 마찬가지다.

◆ 상대방의 문화적 사회적 지적 경제적 배경과 지능이 나와 아주 비슷하다.

◆ 삶에 대한 철학이나 영적 믿음이 비슷하다.

◆ 내 부모의 건강은 좋다. 나는 상대방이 기본적으로 행복해 하는 편이라고 생각한다. 그리고 상대방이 우울, 강박, 거식증 혹은 그 비슷한 음식섭취 장애, 과도한 불안, 또는 기타 정신건강 문제로 고통을 겪고 있다고는 생각지 않는다.

◆ 상대방은 섬세하고 친절하며, 이기적이거나 자기 집착적이지 않다.

◆ 부모가 자녀의 배필을 골라주는 사회에 살았더라면, 상대방은 내 부모가 아마 골라 주었을 만한 사람이다.

◆ 우리는 함께 나눌 여러 가지 대화 주제를 가지고 있다. 나는 여러 주제에 대한 상대방의 이야기를 좋아하며, 상대방의 친구도 좋아한다.

◆ 지금까지 전력을 봐서 상대방은 심각한 관계를 맺고 있는 중에는 일부일처제적이다.(한 사람만 사귄다.)

◆ 우리는 결혼이라는 울타리 안에서 다른 사람과의 관계에서 누릴 수 있는 자유의 정도에 대해 동의한다. 따라서 나는 질투심은 우리 둘 사이에 문제가 되지 않으리라고 생각한다.

◆ 우리 둘은 성적으로 아주 만족스럽다.

여러분의 합계를 내어보라. 사귄 지가 6개월이 되지 않았다면 10점을 주어서는 안 된다. 합계를 최대 가능치(150)로 나눈 다음, 100을 곱하여 여러분의 '결혼 적합성 백분율'을 구하라. 70퍼센트 이하인 사이라면 장기적인 관계를 유지하기 위해 애를 써야할지도 모른다. 그리고 관계가 개선될 가능성에 대해 확신할 때까지 몇 년 동안은 아이 낳는 문제는 미루는 것이 더 좋을지도 모른다. 50퍼센트 이하라면 결혼을 서두르지 말라는 신호로 받아들여도 좋을 것이다.

무삽입 섹스 파트너

니콜라스 카

어떠한 재앙일지라도 긍정적인 측면이 있다. 에이즈의 영향으로 새로운 코드의 성적 행위를 널리 받아들이도록 하는 가능성이 열렸다. 우리가 서로 성적으로 관계하는 친밀한 방식을 공개적으로 토론하는 일이 이미 받아들여지게 되었다.

다음에 나오는 제안은 부부가 아닌 연인들에게 금욕생활이나 콘돔을 쓰는 방법 대신 할 수 있는 그럴듯한 대안이다. 또 에이즈의 위험을 피하는 것 말고도 여러 가지 긍정적인 면을 갖고 있다.

그것은 새로운 섹스 파트너가 생겼을 때 삽입에 대해 선을 긋는 간단한 상호협정이다.

아이디어 자체는 별로 새로울 것이 없다. 그것은 새로운 섹스 파트너가 생겼을 때 삽입에 대해 선을 긋는 간단한 상호협정이다. 이렇게 하면 '완벽한' 성 경험을 가질 가능성은 없어지지만, 즐거움을 다 망치는 걱정거리를 피하는 대가로서는 공정하다고 생각한다. 헤르페스(포진), 에이즈, 성병, 임신과 피임에 대한 염려, 성적 만족도에 대한 걱정, 깊이 자리 잡은 죄의식의 떠오름, 감정을 자극하는 염려 등에 대한 두려움은 파트너의 마음을 상하게 만들 수 있다.

나는 내가 특별히 난잡하다고 생각지는 않는다. 사실 내 성생활은 일부
일처제적 관계의 연속이었다. 대신 이러한 관계 사이사이에 연인이 여럿인
경우도 있었다. 자극 때문이건, 온정 때문이건, 오래 사귈 사람을 새로 찾고
싶은 마음이었건 말이다. 이렇게 일회적인 성 경험은 대부분 실망스러운
것이었다. 좋았다 하더라도 둘 사이의 편안했던 우정 관계는 어색한 것으
로 격이 떨어지고 말기도 했다. 그런 다음 상대방에게는 없는 고통스런 갈
망을 가져서 비극적인 감정이 들기도 했다.

> **깨끗하고 끈적한 주말. 우리는 긴장을 풀고 많이 웃을 수 있었다. 계
> 속해서 섹시한 느낌을 가질 수 있었으며, 분위기는 낭만적이면서도
> 상냥했다.**

몇 년 전 심각한 관계 하나가 끝난 다음 나는 내가 하던 일회적 성관계
패턴을 피하기로 결심한 적이 있다. 그렇다고 금욕이 답은 아니라는 사실
을 알게 되었다. 그럴수록 긴장감만 커져갈 뿐이었다. 그러다 나는 같은 처
지에 있는 여성을 하나 만났다. 그래서 우리는 같이 잠은 자되 관계는 피하
면서 서로의 욕구를(적어도 온정에 대해서라도) 채우기로 했다. 그녀가 새 짝을
만날 때까지 우리는 그 방법을 계속 사용했다. 그 다음에 나는 한 여성을(이
문제를 이야기할 때 알고 있던 유일한 여성) 나와 함께 보내는 깨끗하고 끈적한 주
말에 초대했다. 우리는 둘 다 멋진 시간을 가졌다. 긴장을 풀고 많이 웃을
수 있었다. 내가 사정을 피했기 때문에 계속해서 섹시한 느낌을 가질 수 있
었으며, 분위기는 낭만적이면서도 상냥했다. 주말이 지난 다음 우리 둘은
모두 마음 속으로 보살핌을 받으며 훈훈해진 느낌이었다. 그리고 '성관계'

를 갖지 않았다는 사실은 우리가 서로에게 책임을 질 관계가 아님을 분명히 해주었다. 사귀던 사람과 헤어진 후 일회적인 관계를 많이 갖던 여성과 잔 적이 있었다. 나는 (그녀가 택한 바는 아니었지만) 무삽입협정을 주장했다. 그런데 놀랍게도 그녀는 난잡한 생활 가운데 처음으로 오르가슴을 느꼈던 것이다. 그녀가 생각하기에 그것은 다른 걱정 없이 긴장을 풀 수 있었기 때문이다. 협정에 대한 '불신자'였던 그녀는 삽입이 금지되자 경험을 더 자유롭게 즐길 수 있음을 알게 된 것이다.

> **삽입을 자제하며 사정을 피하는 일은 실제로 경험을 더 고양시켜준다. 그것은 탄트라를 포함한 여러 전통을 통해서도 입증된 바다.**

이 모든 이야기는 배우자가 될 가능성이 있는 사람에게는 적용해서는 안 될 일종의 도착행위처럼 들릴 수도 있다. 사실 이는 건전한 성관계를 준비하는 훌륭한 준비절차다. '끝까지' 가기 전에 서로 긴장을 풀고 서로의 터치가 주는 자극을 즐기는 것이다. 삽입을 자제하며 사정을 피하는 일은 실제로 경험을 더 고양시켜준다. 그것은 탄트라를 포함한 여러 전통을 통해서도 입증된 바다.

이미 언급했듯이 삽입 없는 섹스는 그다지 새로운 일도 극적인 일도 아니다. 내가 여기서 강조하고자 하는 바는 그것이 흔한 유사 부부관계에서 받아들여져야 한다는 것이다. '무삽입' 섹스는 섹시하고 안전하고 재미있다. 그리고 그것은 당신이 서로에게 눈길을 주지 말았어야 했다며 후회하는 일은 없도록 할 것이다.

새 탄트라 요가

데이비드 미스킨

자칫 갈라설 수도 있는 부부, 특히 자녀를 둔 부부는 내가 말하는 '새 탄트라 요가'를 시도해보면 파경을 막고 결속을 강화할 수도 있다. 이는 남성 입장에서 가능한 한 오르가슴을 피하면서 치르는 잠자리 행사 또는 의식이다. 이 의식은 규칙적으로, 미리 정한 시간에, 되도록 매일 일어나기 전에 치르는 것을 원칙으로 한다. 부부가 아무리 바빠도, 자녀가 아무리 많아도, 그날의 분위기를 결정하기 위해서는 적어도 열 번은 왕복운동 또는 '스트로크'를 하도록 한다. 시간에 구애받지 않는다면 횟수야 얼마든지 좋다.

부부가 아무리 바빠도, 그날의 분위기를 결정하기 위해서는 적어도 열 번은 왕복운동 또는 '스트로크'를 하도록 한다.

이는 섹스라기보다는 양 파트너가 서로에게 헌신하는 일종의 의식이고, 결혼서약을 새롭게 하는 일이며, 결과야 어떠하든 둘 사이가 지금 어떤 상태든 꼭 떠맡아야만 하는 의식으로 느껴지도록 해야 한다. 둘 중 하나가 아무리 기분이 가라앉았거나, 스트레스를 받았거나, 지쳤거나, 언짢거나, 급하더라도, 이는 욕망이나 심지어 준비절차마저도(이럴 때 윤활크림이 도움이 된다) 뛰어 넘은 하나의 의식이 되어야 한다. 이 의식은 또 이야기할 수 있는 기

회로 삼을 수 있다. 육체적 접촉이 유지되기 때문에 대화 주제와 상관없이 둘의 관계는 덜 위협적인 분위기가 된다. 이런 접촉 가운데 모든 문제는 더 쉽게 풀린다. 다른 의견이나 마음의 상처를 이야기할 수 있고, 들을 수도 있다. 감정 표현도 더 자유로워지며, 심지어 공격성을 연극화할 수도 있다. 많은 부부는 일상에서 분열이 조금씩 끼어들도록 내버려둔다. 성관계는 일종의 뛰어 넘어야할 장애물 경주가 되는 지경에 이른다. 사이가 악화되거나 아기가 생김에 따라 횟수는 점점 줄어든다. 새 탄트라 요가는 섹스 자체에 초점을 맞추는 법 없이, 그리고 물론 다른 시간 다른 종류의 성관계를 방해하는 법 없이, 두 사람의 성적 좌절을 제거해준다. 이 의식에 숙달된 부부는 실제(훨씬 더 미묘한) 동양의 탄트라 의식을 연구해도 좋겠다.

성교 없는 의식

이유야 어떻든 성관계가 적절치 못한 경우, 부부는 하루를 시작하기 위해 빠르고 간단한 다른 의식에 의지할 수 있다. 가령 결혼서약을 짧은 형태로 함께 따라하는 방법이 잇다. 침대에 누워 서로의 눈을 바라보고 서로를 친밀하게 쓰다듬으며 이렇게 말할 수 있을 것이다. "나(이름)는 그대(이름)를 영원토록, 잘살 때나 못살 때나, 성할 때나 아플 때나, 사랑하고 위하겠습니다. 그러니 하느님이시여 부디 저희를 도우소서."

비난 대 칭찬의 비율이
부부의 행복을 예고하다

《런던 가디언》에 실린 제롬 번의 이야기를 요약했다.

시애틀에 있는 워싱턴 대학의 고트먼 교수에 따르면 관계의 지속에서 중요한 것은 비난 대 칭찬의 비율이다. 자기 실험실에서 수많은 부부가 다투는 소리를 기록한 결과, 고트먼은 어느 부부가 5년 후에도 함께 살지를 90퍼센트의 정확도로 예측할 수 있다고 주장한다.

> 상대방에 대한 부정적인 발언 한 번에 긍정적인 발언 다섯 번 꼴인 부부는 괜찮다.

그가 발견한 중요한 사실은 사랑한다는 말을 얼마나 하거나 싸우는 횟수가 어느 정도이냐가 아니라 긍정적인 교환과 부정적인 교환 사이의 균형이다. 상대방에 대한 부정적인 발언 한 번에 긍정적인 발언 다섯 번 꼴인 부부는 괜찮다. 비율이 1대 2 정도면 문제가 있다.

4. 사회

● 도심지역의 과일나무 ● 금요일을 주말의 시작일로 만들다 ● 미아를 위한 GPS 팔찌 ● 히치하이커 안전 엽서 ● 삶의 질 – 임종 시의 견해 ● 인도인들의 문자해독력 증진을 위해 노래에 자막을 달다 ● 매 맞는 여성을 위한 무료 경보발신기 ● 휠체어 사용자를 위한 이동식 극장 좌석 ● 휠체어를 탄 경찰 ● 휘발유와 함께 파는 보험 ● 맹인에 대해 가르치기 위해 음식점 불을 다 꺼버리다 ● 박애주의자를 위한 셀프헬프(자조) 그룹 ● 실업자들에게 텃밭을 나누어 주다 ● 밭을 필요한 사람에게 주다 ● 짚거죽 집에 살다 ● 집을 사기 전에 길거리에서 잠을 자보다 ● 할당통보 없이 지방세를 부과할 수 없다 ● 공동주택 거주자를 위한 80시간 노동세 ● 노동세(노동으로 내는 세금) ● 사회 산업특구 – 사회혁신을 위해 규제를 완화하다 ● 공무원 응대양식 – 공무원에게도 작성할 서류를 주다 ● 정책 결정을 위한 시민 배심원단 ● 원조대금을 가임기 여성에게 주어 인구 압박을 덜어주다 ● 마리화나씨 거래를 합법화하다 ● 21세가 되는 시민 모두에게 8만 불을 줌으로써 불평등을 줄이다 ● 젊은이들에게 줄 지역사회의 보조금을 젊은이들이 결정하다 ● 재소자를 선도하는 옛 재소자들 ● 실수에 대해 반대성향을 가진 사람들로 재소자그룹을 만드는 교도 행정 ● 판사가 피해자에게 강도의 집에서 물건을 가져가도록 허락하다 ● 범죄의 고리를 끊기 위한 브라질 지역사회의 교도 행정 ● 작은 감옥이 더 조용하다 ● 감옥을 둘러싼 낮은 벽 ● 배심원이 중간에 막고 질문을 할 수 있다 ● 인간 친절 재단 ● 영앳하트Young At Heart – 65세 이상 노인을 위한 공연 극장 ● 취향이 같은 노인들의 집 ● 노인이 된다는 것을 체험해보다 ● 골프차(골프카트)만을 시가지의 허가차량으로 ● 스마트 카 – 아주 새로운 교통 시스템을 위한 제안 ● 스마트 도시교통 웹사이트 ● 길바닥에 그려진 눈동자 시선 방향 표시 ● 의무 교통패스 방안

도심지역의 과일나무

크리스 젠식이 본 연구소로 보낸 이메일을 고쳐 썼다.

나는 도심지에 왜 과일나무를 심지 않는지 늘 궁금했다. 이런 나무는 경제적으로 불우한 도시 주민들에게 식량을 제공할 수 있을 것이기 때문이다.

이런 나무는 국립 및 주립공원에 있는 종자에서 구하면 될 것이다. 그러면 일반 기업에서 파는 묘목을 사는 데 드는 많은 비용을 줄일 수 있을 것이다. 나무는 일단 심고 나서 키우기만 하면 여러 해 동안 많은 식량을 생산해낼 것이다. 나는 여기 워싱턴 D.C에서 그런 프로그램을 추진한다면 적극적으로 자원봉사를 하겠다. 그런 가능성을 알아보는 중이다.

원서 편집자의 말

호주 퀸즐랜드에 있는 1에이커의 땅이 '먹어도 되는' 공원으로 변했다. '퍼머걸처permaculture'('영구적인permanent'에 '재배culture' 또는 '농업agriculture'을 붙인 합성어. 자연과 인간의 공생을 실현하고자 하는 일종의 생명운동이며, 자연과 공생하는 무공해 농법과 자급자족적인 공동체로서의 삶이 강조된다.) 원칙으로 설계된 이 공원은 과일, 허브, 꽃, 채소를 지나가는 누구나 가져 갈 수 있다. 지역 주민과 학생들이 필요한 일과 관리를 맡아서 하고 있다.

금요일을 주말의 시작일로 만들다

알렉산드르 포톨리친 : 러시아에서 '세계 아이디어 은행'에 보낸 이메일에서.

금요일은 주말의 세 번째 날이 되어야 한다. 여러 가지 이점이 있기 때문이다.

◆ 토/일요일을 주말로 하는 것은 유대-기독교 전통에서 나온 상징이다. 이는 어떤 면에서 이 두 문화의 공존 문제를 완화시키는 역할을 했다. 이웃과 같은 날에 마음껏 파티를 열 수 있다면 그만큼 반목과 질시를 할 기회는 줄어들 것이다. 금요일을 이런 주말에 덧붙인다는 것은 이슬람교 신자들을 같은 클럽에 가입시킨다는 뜻이다. 물론 그만큼 긴장은 줄어들고 존중하는 마음이 더 생길 것이다.
◆ 주말이 길어지면 일자리가 늘어날 것이다. 동시에 더 많은 사람들이 사회적인 소속감을 느끼게 만들 것이다.
◆ 일이 덜 피곤해지면서 스트레스가 줄어들 것이다. 가족과 함께 보낼 시간이 더 많아질 것이며, 아이들에게 관심을 가질 시간도 더 늘어날 것이다.
◆ 지금 있는 주말 동안 가능한 것보다 더 먼 지방까지 여행을 갈 수 있을 것이다. 그러면 먼 지방이 그만큼 더 발전할 것이다.

미아를 위한 GPS 팔찌

스콧 신더 : '세계 아이디어 은행'에 보낸 이메일을 요약했다.

이런 제안을 하기 전에 나는 상당히 고민을 해야 했다. 나는 아이들을 위해서 팔찌를 하나 디자인하고 싶다. 현재 위치를 알려주는 위성위치확인시스템GPS이 달린 것으로 말이다.

이 팔찌를 호출할 경우 이에 응하는 방법으로는 위치와 함께 아이의 심장박동을 알릴 수 있게 하고 싶다. 현재 미국에서 이 기술이 호출기용으로 사용되고 있지만 응답하는 방법은 미리 맞춰놓은 세 가지 방법뿐이다.

팔찌는 줄을 조절할 수 있게 만들어 아이가 크더라도 따로 더 큰 것을 살 필요가 없도록 해야 한다. 그리고 팔찌를 풀 수 있는 사람은 보호자인 부모나 사법당국직원(미국의 경우 FBI가 되겠다)만이 가능하도록 해야 할 것이다.

선택사항의 하나로서 팔찌를 풀 경우에는 언제든지 신호가(소리는 나지 않게) 지역 사법당국에 전달되어야 한다. 보호자인 부모는 몇 분 이내에 그 기관에 전화를 해서 팔찌를 풀어놓은 것이 일상적인 일이라고 확인해야 한다.

팔찌의 외장은 티타늄 합금으로 만들어야 하며, 호출시에는 소리가 나지 않아야 한다.

어린이 유괴와 납치 횟수가 점점 늘어난다는 사실을 너무나 잘 알고 있다. 이렇게 한다면 그런 시도를 물리칠 수 있으리라고 확신한다.

히치하이커 안전 엽서

셸리아 프렘린의 제안에 따라 니콜라스 앨버리가 고쳐 썼다.

희롱이나 강간을 당하는 위험을 줄이기 위해 되도록이면 히치하이커는 우체통 옆에서 차를 불러 세우면 도움이 될 것이다. 탑승자는 친구의 주소를 적어 놓은 우편엽서를 여러 장 갖고 있다가 차를 얻어 타기 전에 위치와 날짜와 방향을 적어둔다. 그러다가 차를 타게 되면 엽서에 마지막으로 차량 번호를 적은 다음 우체통에 넣는 것이다. 그러면 엽서를 받은 친구는 엽서를 보낸 친구가 안전하게 도착했다는 전갈을 받지 못할 경우 경찰에 신고를 할 수 있을 것이다. 카드에 적인 운전자에 대한 정보는 공격을 억제하는 역할을 할 것이다.

우체통은 주요 편승 지점에 설치하면 된다. 아마 '수지 램플루 재단'(다이애나 램플루의 딸이 실종된 후 세워진) 같은 자선단체의 지원을 받을 수 있을 것이다.

우체통이 없을 경우 탑승자는 지나가는 사람이나 다른 히치하이커에게 엽서를 주며 부쳐달라고 하거나, 아니면 투명한 봉투에 넣어서 길가에 두면 된다. 봉투에는 이렇게 표시를 해두면 될 것이다. "긴급. 안에 든 엽서를 꼭 부쳐주세요."

셸리아 프렘린은 영국 런던에 살고 있다.

삶의 질 – 임종 시의 견해

메레디스 스링 : 메레디스 스링 교수는 《인간, 기계, 그리고 미래》의 저자로서 자선단체인
'파워에이드'의 의장이면서 영국 왕립공학아카데미 특별회원이다.
다음은 《퓨처 제너레이션 저널》에 실린 '다음 세대를 위한 멋진 세상'이라는 논문과,
《월드 퓨처》에 실린 '영구적인 문명에 필요한 조건'이라는 논문을 요약한 것이다.

한 사람의 '삶의 질'(Q)은 그가 살아온 삶의 가치를 결정한다. 나는 임종 시에 누워서 내 삶이 완전히 쓸모없는 것이었다고 느낄까, 아니면 현재나 미래의 다른 사람들에게 약간이나마 도움이 되는 것이었다고 느낄까? 나는 생물권, 가이아(하나의 유기체로 본 지구)에 도움보다는 해로움만 준 것이 아닐까? 부강한 나라에는 '삶의 질'이 분명히 떨어지고 있는 신호가 있다.

◆ 자살과 알코올 중독과 마약에 의한 일탈.
◆ 심신증 및 스트레스에 의한 질병.
◆ 범죄, 폭력, 문화파괴.

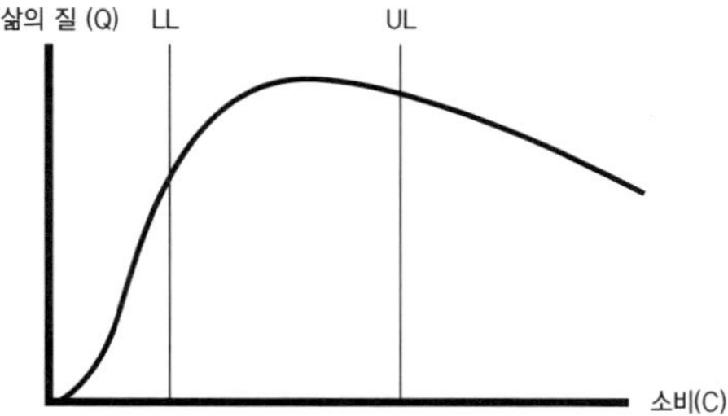

그림(LL=적정 소비량의 하한선 UL=지속가능한 소비량의 상한선)

‘삶의 질’(Q)은 사람들이 굶주릴 때 매우 낮아진다. 그러면서도 최대치의 Q를 가능하게 하는 최적의 소비수준(C)이 있다. Q와 C의 상관관계는 그림과 같이 나타나게 되어 있다.

내가 쓴 책《엔지니어의 양심》에 보면 이 최적의 소비수준은 지구가 수십억 인구를 지속가능한 기준에서 먹여 살릴 수 있는 정도를 말한다.

내가 내린 결론은 우리 후손들이 그럴듯한 삶을 살 수 있는 유일한 희망은 다음 20년 정도 이내에 사회의 기본 패러다임이 변화하는 것이다. 어떤 방식의 변화냐 하면 사람들이 물질적 부 보다는 자기 ‘삶의 질’에 의해 자기 성공을(그리고 주변 사람들의 것도) 판단하는 방식이다. 이것은 새로운 아이디어가 아니며, 많은 사람들은 이미 이런 판단을 하고 있다. 대신 모든 사람들이 모든 물질적 필수품에 접근하는 것 외에 더 나은 ‘삶의 질’을 얻을 시회를 갖도록 하기 위해서는, 모든 결정이 이 원칙에 따라 이루어지도록 이런 판단이 널리 받아들여져야 한다.

다음 세대를 위한 유일한 희망은 성공여부의 판단이 물질적 부 보다는 ‘삶의 질’에 의해 결정되는 것이다.

생활수준이 너무 낮아서 굶주리거나 겨우 헐벗은 생계를 유지하는 정도라면 평균적인 ‘삶의 질’이 낮은 것이 명백한 사실이다. 하지만 부유한 사회에 대한 어느 연구는 사치와 부를 획득하려는 욕망 말고는 삶의 모든 목적을 잃어버린 이유 때문에 Q가 떨어지고 있음을 분명히 보여주고 있다.

야망에 찬 사람들은 자기 부와 권력에 결코 만족하지 않고서 더 많이 갖기 위해 주변 사람들을 밀어 제치고 나아가려 한다. 그러다 흔히 크게 실패하거나 끝없는 죄의식에 시달리다 삶의 종착역에 다다르기도 한다. 변호사라는 사람들이 가장 소득 높은 사람들이 되어 버린다. 자신들이 쓸모없다는 근본적인 고통을 겪는 것과 별도로 실업자들은 이것이 자신들의 탓이라는 치욕에 희생되기 쉽다. 많은 사람들이 일거리를 잃는 위험에 경악을 한다. 그래서 '균형 있는 사회'는 모든 사람이 적어도 자기가 시스템에서 얻는 것만큼은 되갚는 원칙에 입각해야 한다.

재앙이 불쑥 다가와서 사람들이 정말 겁을 먹게 될 때가 되어서야 이런 패러다임의 변화가 올 수도 있다. 히틀러의 광기에 공포를 느끼고 나서야 배급제를 받아들였듯이 말이다.

생태계와 수천 년 동안 조화롭게(균형 있게) 살았던 다른 문명들은 기본적으로 유목문화였다. 북미 선주민, 칼라하리사막의 부시맨, 호주의 토착민들을 보라. 그들은 주어진 땅에서 아주 적은 숫자만이 살았다. 우리의 문제는 아마 지구상에서 80억 가량의 인구를 부양할 안정된 시스템을 원한다는 사실일 것이다. 그러면서 이 모든 사람들에게 산업혁명의 모든 실질적 혜택을 다 받게 해주면서도 그 이상의 역효과는 막아야 한다는 것이다.

균형 공학

우리가 '균형 공학'적 접근을 택한다면 전 세계의 화석연료 사용 총량이 현 수준의 3분의 1로 떨어져야 할 것이다. 가령 동네에는 자가용 없이 자전거와 대중교통수단과 약간의 택시만 있어야 할 것이다. 더 멀리 가는 용도로는 매우 경제적이고(갤런당 200마일) 수명이 긴(100만 마일) 차가 있어야 할 것이다. 그것은 디젤(경유)이나 가솔린(휘발유) 대신, 메탄올/공기 연료 전지나 농업 대체물로 움직여야 할 것이다.

기차도 재생 가능한 에너지인 바람, 조수, 태양열 전기로 움직여야
할 것이다.

비행기 여행은 시간당 300에서 400마일 정도의 속도로 달리게 하는 터보프롭엔진이 톤-마일당 연료소비를 아주 줄일 수 있을 것이다. 지역 내나 지역간 대중교통은 빈번하고 편안하고 편리해야 할 것이다. 궁극적으로는 기차도 재생 가능한 에너지인 바람, 조수, 태양열 전기로 움직여야 할 것이다.(뜨거운 물이나 증기를 뿜어내는 광전지나 증기 농축기도 좋다.) 메탄올 연료전지나 디젤엔진은 정온기간calm period에 이용이 가능하도록 할 수 있을 것이다.

나는 내 손자의 손자 세대쯤에는 '균형 사회'에 살기를 바란다. 부자들의 양심이 충분히 살아나서 필수적인 자원을 배급제에 의존하는 일이 그때에나 가능할 것이기 때문이다. 그리고 이런 일은 그리 늦기 전에 일어날 것이다.

인도인들의 문자해독력 증진을 위해
노래에 자막을 달다

브리즈 코타리 : 다음은 세계 아이디어 은행에 보낸 이메일을 고쳐 쓴 것이다.

영화 주제가에 붙이는 '지역언어자막SLS'은 일상적인 오락에 읽기 연습을 가미하기 위해 음악과 텔레비전의 강력한 결합을 이용하는, 매우 간단하면서 터무니없을 정도로 경제적인 아이디어다. SLS를 이용하면 텔레비전 프로그램에서 노래가사와 같은 언어로 된 자막이 나타난다.

이렇게 모든 주와 언어권에 방송되는 인기 가요 프로그램에 가장 간단한 방식을 추가하여 수많은 인도인의 문자 해독율 증진에 엄청나게 기여할 수 있다.* 우리가 보기에 글을 알만한 사람들도 현재 지독하게 낮은 문자 해독율을 보이고 있다. 한편 텔레비전은 평균적인 인도 가정에서 접하는 여러 미디어 중에서 점점 높은 비율을 차지하고 있다. 이제 텔레비전의 영향력은 거의 영화 산업에 필적할 정도가 됐다.

구자라트 경험

지역언어자막은 더 이상 잠재력을 가진 아이디어로만 남아있지 않다. 구자

---

* 2000년 자료(스위스 국제경영개발원 IMD)에 의하면 인도의 15세 이상 성인 문맹율은 46.5%로 세계에서 제일 높은 수준이다.

라트는 지금까지 이 아이디어가 실현된 처음이자 유일한 주다. 아흐메다바드에 있는 인도경영연구소(교육 혁신을 위한 라비 마타이 센터), ISRO(개발 및 교육 소통 단체), 도르다르샨 켄드라(구자라트 지역 국영방송) 세 기관의 협동 덕분이었다.

1999년 5월부터 매주 텔레비전에 방송되는 구자라트 영화 주제가 프로그램인 '치트라기트'는 구자라트 말로 자막을 단다.

자막을 단 가사는 노래의 진행에 맞추어 색깔이 바뀐다. 새로 글을 배운 사람들이 노래를 따라 부를 수 있도록 한 것이다. 글을 아는 시청자와 모르는 시청자들로부터 받은 2천 장이 넘는 엽서의 내용은 자막에 대해 거의 한결같이 호의적이었다. 일반적으로 사람들이 지역언어자막을 즐기는 이유는 함께 따라 부르고, 노래가사를 익히게 되며, 가사 일부를 따라 적을 수 있기 때문이다. 소리와 자막의 보완적인 효과 때문에 많은 사람들이 노래를 더 잘 들을 수 있게 됐다고 말한다. "약간 청각장애가 있는 우리집 식구 중 한 명도 이 프로그램을 보면서 춤을 추기 시작했어요." 메흐사나 지역에 있는 카디 마을에서 온 화가 라메쉬브하이 나이크의 말이다.

자막을 단 가사는 노래의 진행에 맞추어 색깔이 바뀐다.

지역언어자막의 힘은 알게 모르게 교육적이라는 사실에 있다. 표면적으로는 대중가요 프로그램의 오락성을 드높이면서도 동시에 읽기 연습을 부차적이고 자동적이며 무의식적으로 가능케 한다. 이 자막처리는 '국립 문맹퇴치 지원단'과 각각의 주에서 문맹퇴치에 쏟아 붓는 돈에 비한다면 터무니없을 정도의 낮은 일인당 비용으로, 가정이라는 환경 속에서 평생 도움이 될 글 읽는 능력을 배양시켜 준다.

현재 구자라트에는 중앙과 지방에서 지출한 문맹퇴치 비용이 해마다 새로 문자를 깨우친 사람당 2불 꼴이다. 새로 글을 배운 인구의 5퍼센트 이하를 차지하는 정도다. 매주 치트라기트 방송 1회분을 자막으로 처리하는 경우, 적어도 새로 글을 배운 인구의(350만 명) 25퍼센트가 해마다 매주 30분 꼴로 읽기 연습을 하게 된다. 구자라트에서 지역언어자막은 일인당 1센트의 비용도 먹히지 않는 셈이다.

이 자막처리의 경제학은 인구가 더 많은 주에서는 더 매력적이다. 인도 전체 문맹자와 문맹을 갓 탈피한 사람 중 절반이 넘는 힌두어 벨트(비하르, 마드야 프라데쉬, 라자스탄, 우타르 프라데쉬, 히마찰 프라데쉬 주)에서 매주 방송되는 치트라하르에 가사 자막처리를 한다면 해마다 일인당 0.0001불도 되지 않는 돈으로 1억2천만 명의 새로 글을 배우는 사람들에게 읽기 연습 기회를 주는 셈이 될 것이다.

이런 자막처리가 매일 텔레비전에 나온다면 오락시간을 빼앗지 않으면서도 수많은 사람들에게 평생 영향을 끼칠 읽기 기술을 가르치는 데 정기적이고 유익한 효과를 줄 것이다.

지역언어자막 – 대중적이면서 효과적이다

주 단위로나 국가 전체로나 읽기 실력 향상을 위한 지역언어자막의 엄청난 잠재력은 아흐메다바드에 있는 공립 초등학교에서 아이들을 대상으로 한 3개월 간 지속된 실험에서 얻어진 것이었다. 읽기 능력 향상은 자막 없이 같은 프로그램을 본 아이들보다 자막을 본 아이들이 더 나은 것으로 판명되었다.

지역언어자막 프로그램의 시청자 층은 상당히 넓었다. 방과 후 보충을 받을 수 있는 취학 어린이들, 배우다 만 읽기 기술을 다시 배울 수 있는 학교 중퇴자들, 문맹퇴치 캠페인 하에 기본적인 기술을 열심히 습득했지만 정기적인 연습을 할 기회가 없었거나 개인적인 열의가 부족했던 수많은 어른들이 그들이다. 이 자막처리의 주요한 이점은 읽기 연습에 대해 개인적인 열의와 상관없이 배울 기회를 준다는 사실이다.

지역언어자막은 영화 주제가에 대한 사람들의 관심에 의존하고 있다. 여기에 대한 인도 인구 10억의 열정은 의심할 여지가 없기 때문이다.

지역언어자막이 무언가에 의존하고 있다면 그것은 영화 주제가에 대한 관심일 것이다. 여기에 대한 인도 인구 10억의 열정은 의심할 여지가 없다. 이제 이 간편하고 비용 안 드는 수단으로 성공을 거두는 일은 미디어와, 각 주 및 중앙 정부의 정책 결정자들에게 달려 있다.

지역언어자막은 바보상자로 글을 깨칠 수많은 사람들의 삶의 질을 향상시켜 줄 것이다.

사회복지

매 맞는 여성을 위한 무료 경보발신기

《타임》지에 나온 기사를 바탕으로 했다. 로저 나이츠가 모니터했다.

탬파에 있는 'ADT 보안 시스템'은 매 맞는 여성 시민들에게 시험운영pilot program의 일환으로 '공포버튼 목걸이'를 지급하고 있다. 집에서 200피트 이내의 거리에서 공포버튼을 누르면 전화선을 타고 간 신호가 ADT에 전달되고, 이어서 경찰에도 연락을 해주는 시스템이다. 이 시험 프로그램에 참여하기 위해서 여성은 공격이 시작되면 고발하는 버튼을 누르는 데 미리 합의를 해야 한다.

휠체어 사용자를 위한 이동식 극장 좌석

'워싱턴 포스트 기고자 그룹'의 찰스 크로새머의 글 '장애인을 짐짝처럼 다루지 말라'를
요약했다. 로저 나이츠가 모니터했다.

찰스 크로새머에 따르면 워싱턴에 있는 케네디센터의 콘서트홀은 휠체어
사용자를 염두에 두고서 멋지게 새 단장을 했다. 그는 워싱턴 포스트의 칼
럼니스트이자 22세 때부터 휠체어 생활을 해온 사람이다.

**케네디센터는 오케스트라 좌석 한 줄을 몽땅 치워버리고 똑같아 보
이지만 움직일 수 있는 의자로 바꾸어 버렸다.**

영화관에서 휠체어 사용자를 위해 좌석 한두 개를 치우기도 한다. 하지
만 대부분의 휠체어는 여기 들어가지도 않을뿐더러 앞좌석 사람들에 가려
영화를 보기도 힘들 정도다. 그런데 케네디센터는 오케스트라 좌석 한 줄을
몽땅 치워버리고 똑같아 보이지만 움직일 수 있는 의자로 바꾸어 버렸다.

크로새머는 이렇게 쓰고 있다. "기발하다. 장애인이나 비장애인이나 다
함께 쓸 수 있다."

바닥이 꺼져 있어서 뒷사람의 시야가 방해를 받지 않는다. 그리고 콘서
트홀 어디나 바닥이 꺼진 곳에는 알맞은 조명이 자연스럽게 설치되어 있다.

휠체어를 탄 경찰

《이그재미너》에 실린 기사를 고쳐 썼다. 로저 나이츠가 모니터했다.

캘리포니아 캐피톨라 경찰서 직원의 절반은 주차관리 요원으로 일하는 휠체어 생활을 하는 사람들이다. "우리는 10년 동안 주차 단속을 위해 장애인을 고용해왔습니다. 그리고 결과가 좋았습니다." 톰 한나 경찰 반장이 말한다. "이분들은 일을 열심히 하고 있고, 봉사를 하며 소득을 올릴 수 있는 기회가 있다는 점을 감사하게 생각합니다. 그들은 경찰 제복을 입고 일하며, 우리들과 다를 바 없이 잘 합니다."

4년 전 다리에서 떨어져 하반신이 마비된 대니는 이렇게 말한다. "승용차에 딱지를 끊는 일은 문제가 없어요. 하지만 큰 트럭이면 앞 유리 가까이 갈 수가 없어서 이동중인 경찰을 부르지요. 그러면 그분들이 알아서 해줍니다. 승강이가 벌어지는 경우도 있습니다. 그럴 때는 운전자에게 만일 불응하면 법정으로 가서 해결해야 할 거라고 말해 주지요. 가끔은 술을 너무 많이 마신 운전자를 만나서 다른 경찰을 불러야 할 때도 있습니다만 드문 경우지요."

한나 반장은 말하길 이 해변도시에서 장애인을 고용하는 정책은 다른 지역사회에서도 잘 적용될 수 있을 것이라고 한다. "그들은 일을 말끔히 처리할 수 있음을 우리에게 증명했습니다."

휘발유와 함께 파는 보험

폴 블랜큰쉽

휘발유 1갤런을 사면 운전자는 그 휘발유가 차에 남아 있는 동안 보험 한 단위를 사는 셈이 되게 한다.

캘리포니아 운전자 중 40퍼센트가 무보험이다. 내 제안의 핵심은 휘발유와 보험에 드는 비용을 한데 묶는 것이다. 휘발유 1갤런을 사면 운전자는 그 휘발유가 차에 남아 있는 동안 보험 한 단위를 사는 셈이 되게 한다. 주유소에는 휘발유 품질과 함께 보험회사의 종류도 게시한다. 둘을 합친 가격도 게시한다.(소매업자는 어느 보험회사와 제휴할 것인지를 선택한다.)

소비자는 자신이 하는 운전과 직결되는 고정 보험료를 내는 덕을 보게 언게 된다. 보통은 대체 교통수단을 이용하며 자가용은 가끔씩만 이용하는 경우, 훨씬 낮은 보험료를 적용 받는다. 갤런당 보험료를 분명히 게시하여 휘발유를 살 때 가격비교가 훨씬 쉬워지도록 한다. 보험료를 선정할 때 생기는 인종적 편견도 줄어들 것이다. 흔히 저소득층이 더 높은 보험료를 지불하는데, 이는 가장 어려운 사람들에게 가장 무거운 부담을 지우는 셈이 된다. 이 방안대로 하면 더 올바른 위험분담이 가능해질 것이다.

사고가 발생할 경우 소비자는 보호를 보장받는다. 휘발유가 남아있는 한 보험에 가입되어 있는 셈이기 때문이다. 물론 이는 보험 시스템이 무과실 원칙 아래에서 작동한다는 뜻이다. 과실여부와 상관없이 전적으로 보장받는다는 것이다.

운전자가 연료 효율이 더 높은 차를 찾으려는 의욕이 극적으로 늘어날 것이다.

휘발유값이 인상되면서 긍정적인 효과가 나타날 것이다. 연비가 좋을수록 보험적용도 더 받게 될 것이므로, 운전자가 연료 효율이 더 높은 차를 찾으려는 의욕이 극적으로 늘어날 것이다. 대체교통수단 및 대중교통에 대한 수요증가가 예상되기도 한다.

이러한 시스템을 관리하기 위한 간단한 방법 하나는 컴퓨터 코드를 한 운전면허증을 발행하여, 주유를 할 때마다 사용하도록 하는 것이다. 가장 최근의 보험 수탁회사가 어디인지를 알 수 있으면서, 심각한 운전법규 위반을 했을 경우 운전자는 이 카드를 제시하라는 요구를 받을 것이다. 이렇게 되면 위험한 운전자들이 도로에 나오는 일이 더 힘들어질 것이다. 그래서 위험이 줄어들어 보험료까지 낮아질 수 있을 것이다.

이 아이디어는 유동적이다. 이 기본개념은 신설 세금(가령 대중교통세나 건강관리세)을 마련하는 데까지 확장될 수 있다. 그리고 운전면허증은 일종의 위험요소를 반영하도록 코드화될 것이다.

이 아이디어로 주요 관련 당사자는 모두 이익을 얻을 수 있다. 휘발유 소매업자는 제2의 수익사업을 갖게 되기에 참여 유도를 받을 것이다. 마일당 보험료에 따라 소매업자는 50에서 100퍼센트까지 추가 이익을 얻을 수 있을 것이다.

보험회사로서는 현재 무보험 운전자들이 보험료를 내게 되기에 이 아이디어에 끌릴 것이다.(그런 회사는 추가로 포괄적인 보험상품을 계속해서 내놓을 것이다.)

정부는 무보험 운전자들 때문에 발생하는 재산 및 건강관리 비용을 지출할 필요가 없어서 추가 절감효과를 볼 것이다.

폴 블랜큰쉽은 캘리포니아에 살고 있다.

맹인에 대해 가르치기 위해 음식점 불을 다 꺼버리다

《런던 가디언》에 실린 '블라인드 데이트'라는 스티븐 모스의 글과, 〈파이낸셜 타임즈〉에 실린 '장애인들의 1급호텔 고급취향'이라는 앨런 홀의 글을 요약했다.

시력을 잃고 나면 일자리 찾기가 쉬운 일이 아니다. 세상 사람들 대부분이 볼 수 없다는 것이 어떤 것인지에 대해 아무 생각이 없기 때문이다. 이 두 가지 문제는 요르헤 슈필만이 취리히에서 '블린데쿠(눈먼 소)'라는 음식점을 차렸을 때 우선적으로 고려했던 사항이었다. 이 음식점은 맹인 웨이터들이 서빙을 하는 곳이다. 여기서는 모두가 완전히 깜깜한 상태에서 식사를 해야 한다. 앞을 못 보는 사람들에게는 일자리를 주고 볼 수 있는 사람들에게는 짧게나마 실명의 체험을 주기 위해서다. 음식점의 (볼 수 있는) 지배인인 아드리안 샤프너는 이렇게 설명한다. 우리는 사람들이 실명의 문제에 대해 더 민감해지기를 바랍니다. 손님들에게 이것은 새로운 경험이지요. 감각 하나를 쓸 수 없으면 나머지 감각을 더 많이 써야만 합니다.

블린데쿠라는 이름은 눈먼 자의 소가죽blindman's buff이라는 파티 게임의 스위스식 표기에서 따온 것이며 식당에는 따라야 할 나름의 규칙이 있다. 가방과 외투는 안전을 위해 라커에 두고, 핸드폰과 야광시계도 따로 보관해야 하며, 손님들은 자리로 가기 위해서 웨이터나 웨이트리스의 어깨에 손을 얹고 가야 한다. 아무리 해보려 해도 아무것도 볼 수 없을 정도로 완전히 깜깜하다. 웨이터는 외워서 주문을(메뉴는 몇 가지로만 한정되어 있다) 받는

데, 특별히 너무 많은 주문일 경우 녹음기를 사용한다.

완전히 새로운 식사 경험이라는 점 말고도, 이는 볼 수 있는 손님들에게 새로운 사회경험이기도 하다. 제스처도 얼굴표정도 시선 맞추기도 없는 대화는 무엇을 입고 있으며 어떻게 생겼는지에 신경을 쓰기보다 어떤 말을 하는지에 주목을 하게 만든다. 샤프너는 더 단순하게 표현한다. 말하지 않으면 존재하지 않는 거지요. 의미심장하게도 이 음식점은 유명한 블라인드 데이트 장소가 되었다. 커플들은 당장 눈에 띄는 시각적인 부분에 마음을 빼앗기는 일 없이 둘이 얼마나 잘 지낼 수 있을지를 가늠할 수 있는 것이다. 음식을 더 즐기게 만드는지는 논란의 여지가 있다. 하지만 앞을 못 보며 먹는 것과 실명 교육의 혼합은 뛰어난 경험이다. 이 음식점에서 식사를 하려면 4개월을 기다려야 한다고 한다. 미국, 아일랜드, 영국의 음식점 주인들은 이미 이 아이디어를 프랜차이즈로 만드는 데 흥미를 보였다고 한다. 요르헤 슈필만은 맹인일지는 모르지만 선견지명에 있어서는 전혀 부족함이 없음을 보여주었다.

박애주의자를 위한 셀프헬프(자조) 그룹

세상을 더 나은 곳으로 만들기 위해 자기 재산을 쓰고 싶어 열망하는 부유한 사람들을 위한 셀프헬프 그룹 역할을 하는 단체들이 세계적으로 여럿 있다. 영국을 예로 들면 '사회변화를 위한 네트워크'가 1985년에 설립되어 지금은 회원이 60명가량 되었으며 항상 더 많은 사람들을 확보하기 위해 살피고 있다. 네트워크 회원들이 단체로 자금을 모으는 프로젝트는 회원들이 직접 찾아낸다. 요청 받지 않은 사항은 고려하지 않는다.

어느 회원은 이렇게 말한다. 우리가 사는 사회는 불평등이 너무나 심화되어 있다. 돈이 평등하게 분배되지 않는 세상에서 돈을 가지고 있으면 세력을 얻게 된다. 하지만 그만큼 책임도 커질 수가 있어서 죄책감에 말도 못하게 시달릴 수도 있다.

전회원이 2년에 한 번 모이는 회의에서는 여러 수준의 부의 분배방안이 권장되며, 회원들은 돈이 해결하지 못하는 고립감의 문제에 직접 부딪친다.

어느 새로 가입한 회원이 말했다. 제 남편과 저는 우리 사업을 처분한 돈을 받은 다음 7개월 정도가 지난 다음 네트워크에 가입하게 되었어요. 세상을 보는 관점이 많이 달라지더군요. 그녀는 또 이렇게 질문했다. 자기 돈에 대해 이야기하면서 곁에서 이상하게 쳐다볼 사람들 걱정을 안 할 수 있는 곳이 또 어디 있겠습니까?

이 네트워크에서 자금을 댄 프로젝트는 요크셔 광부의 아내들이 만든 교육센터에서부터, 가뭄에 시달리는 아프리카에 적합한 식물을 육성하는 카보 베르데 섬에 있는 나무 보육원이나, 지역 문화조건에 알맞은 인공 의수족을 생산하는 인도의 프로젝트에 이르기까지 다양하다.

> **우리는 주는 행위를 어떻게 하면 더 만족스럽게 할 것인가 하는 문제와 씨름합니다.**

미국에서 이 일을 담당하고 있는 주요 단체는 다음과 같은 활동을 하고 있다.

◆ 샌프란시스코에 있는 '스레쉬홀드 재단'. 이곳은 재정적 능력이 있으며 자선사업에 개인적인 관심이 많은 사람들을 위한 단체다. 여기서 추구하는 바는 더 공정하고 상냥하고 지속가능한 세계를 구축해 모두를 위한 유산으로 남기는 일이다.

◆ 매사추세츠 알링턴에 있는 '모어 댄 머니'. 비슷한 단체로서 20대 상속인들에게 단체의 간행물과 상담과 특별봉사를 제공하고 있다. "돈이 있는 사람은 부족할 것이 없다고 흔히들 생각하지요."라고 그들은 말한다. "반목과 질시의 대상이 된 우리는 너무 적게 가진 사람들을 깊이 보살피는 동시에, 여유를 누리는 독특한 도전과 기회에 대해 이야기할 수 있는 안전한 토론장을 접할 기회가 좀처럼 없습니다. 아이들을 위한 신탁기금을 만들지의 여부를 떠나서, 우리는 주는 행위를 어떻게 하면 더 만족스럽게 하며 사람들과의 여러 관계 속에서 돈 문제를 어떻게 다룰 것인가 하는 문제와 씨름합니다."

실업자들에게 텃밭을 나누어 주다

디다 프랜시스

영국의 좋았던 옛 시절, 시민들은 자기 몫으로 채소를 키울 조그만 땅 덩이를 할당받기 위해 대기자 명단에만 들면 되었다. 그러나 지금은 그렇지가 않다. 이제는 그런 텃밭이 사라져 가면서 냉동 채소가 대신 번성하게 되었다. 그나마 남아 있는 곳도 개발의 물결에 위협을 받고 있다. 이들 초록 오아시스는 우리가 살고 있는 도시의 허파다. 우리는 이들을 지켜내야 한다.

이제는 그런 텃밭이 사라져 가면서 냉동 채소가 대신 번성하게 되었다.

나는 어느 친구의 도움을 받아(처음에 각자 50파운드씩 냈다) '실업자들의 텃밭'을 시작했다. 우리는 소작료와 연장과 씨앗 마련에 도움을 주었다. 씨앗은 내가 어느 친절한 원예 센터에서 할인가로 산 것이었다. 연장은 군부대에서 남아도는 것 또는 할인판매나 친구들에게서 구한 것들이었다. 이 프로젝트에서 필요한 것이라곤 약간의 여윳돈 및 실업자들과 접촉하는 일이었다. 지역 신문과 '땅의 친구들'이란 단체가 홍보를 도와주었다.

생산적인 텃밭은 가족의 식비를 상당히 많이 줄여 주었다.

일은 이렇게 진행되었다. 어느 실업자가 노르위치 클레맨츠 조합에 들러서 우리 포스터를 본다. 나는 그 사람을 시청의 해당 부서로 보내어 자기 집 근처의 땅을 자신의 몫으로 받도록 한다. 그 사람이 나에게 청구서를 보내면, 내가 시청에 납부를 한다. 첫 시즌에는 땅 두 뙈기를, 두 번째 시즌에는 네 뙈기를 빌렸다.

생산적인 텃밭은 가족의 식비를 상당히 많이 줄여 주었으며, 신선한 유기농 야채를 얻을 수 있었다. 그것은 또한 많은 즐거움과 사회생활(몫으로 받은 땅은 친근한 텃밭이었다)의 원천이 되기도 했다. 게다가 텃밭은 훌륭한 소풍 장소가 되기도 한다. 도시에 살고 있는 가족들은 하나 정도 텃밭을 가지는 게 여러모로 유익하다. 그러니 우리 모두가 텃밭을 만들고 가꾸자. 그건 또한 실업자들을 돕는 일이기도 하다.

밭을 필요한 사람에게 주다

댄 베이커

댄 베이커는 시인이자 소설가로서 1980년대부터 오레건 포틀랜드에 있는 채소밭을 나눠주고 있다. 사립 재단과 기금의 후원을 받아서 베이커는 원하는 사람의 집 뒤뜰에 무료로 밭을 만들어주고 있다. 그는 밭고랑을 만들어주며 격자 울타리, 씨앗, 비료, 토마토 바구니, 병충해 방지, 설명, 조언, 그리고 간단한 조리법까지 다 알려준다. 베이커는 이웃에게 진정 필요한 일을 해주고 있다. 그 과정은 (물질적이든 심리적이든 영적이든) 엄청나게 달라질 수 있다. 베이커는 수백 개의 밭을 만들었다. 다음은 《선》에 실린 그의 글을 요약한 것이다. 로저 나이츠가 모니터했다.

> **씨를 뿌릴 때는 씨앗 세 개를 이용하라고. 하나는 그대를 위해서, 하나는 이웃을 위해서, 그리고 나머지 하나는 하느님을 위해서.**

자선기금과 재단에서 밭이 제대로 되어가고 있는지 알고 싶어 한다. 밭이 있으면 피폐해진 사람들의 존엄을 깎아내 버리는 지금의 고통을 풀어줄 수 있는가? 깡패 아이 하나가 말썽을 일으키거나 감옥에 가는 길에서 헤어났다고 확실히 이야기할 수는 없다. 내가 투표를 할 생각도 않는 사람들에게 샌드위치를 나누어주었다거나, 집 없이 떠도는 홈리스 가족에게 잠자리를 제공해주었다고 말할 수도 없다. 대신 나는 수많은 사람들의 소중한 돈과 시간과 노고, 의사에게 갈 일, 절망, 치료 전문가와 함께 보내야할 시간, 죽음에 대한 동경을 덜어주었다. 나는 밭주인들에게 말하길 이것은 그대들 자신의 가게라고 한다. 배가 고프면 이리 와서 직접 먹을 걸 챙겨가라고. 씨를 뿌릴 때는 씨앗 세 개를 이용하라고. 하나는 그대를 위해서, 하나는 이웃을 위해서, 그리고 나머지 하나는 하느님을 위해서. 내가 하느님을 이야기하면 그들은 꼭 소리 내어 웃고 만다. 아니면 조용히 이야기가 끝나기를 기다린다. 나는 그들이 자기를 돌볼 가능성을 심었다는 것을 안다. 하지만 기부한 사람들은 숫자를 원한다. 나는 그들에게 밭은 제각기 적어도 한 해 여름마다 5백 불 어치의 식량을 생산할 수 있다고 말한다. 가스나 시간 같은 것들을 따지지 않는다면 말이다. 그리고 밭의 95퍼센트는 첫해에 생산력이 있으며, 85퍼센트가 이듬해에 그렇다고 말한다. 사실 나는 그런 것들을 다 따져보지는 않는다. 오륙년이 지나도 계속해서 생산력이 있는 밭을 흔히 볼 수 있지만 말이다. 어떤 사람들은 이사를 가면서 밭을 통째로 실어 가다시피 하기도 한다.

더 알리기 힘든 사실은 자기가 가꾼 콩과 토마토를 나에게 보여주는 70세 할머니에게서 볼 수 있는 건강과 기쁨이다. 자기가 밭의 주인이라며 대견스러워하는, 한때 몸을 팔아 살던 어느 여성의 열두 살 난 아들의 얼굴에서 뿜어져 나오는 성취감도 그렇다. 또 이웃들의 질투는 어떤가. 밭 하나를 만들어주고 나면 이듬해에는 이웃집 두셋도 자기들 몫을 요구한다. 처음부터 끝까지 입소문만으로 진행되었다. 나는 다른 식으로는 도저히 그것이 어떻게 돌아가는지 알 수가 없었다. 신청자가 모자랐던 적은 없었다. 돈이나 시간이나 에너지가 모자랐다면 몰라도 말이다.

원래 아이디어는 밭이 점점 사라지는 안타까운 현실에 대한 반발이었다.

지금은 너무나 칭송 받는 것에 대한 반발로서, 다수의 것을 빼앗아서 소수에게 나눠주는 것이었다. 자유 시장경제 및 복지시스템은 그 복잡함으로 인해 준비되어있지 않은 사람들을 희생시킨다. 그것은 너무나 거대하고 깊이 스며들어 있어서 밭처럼 조그만 것으로는 맞서기 힘든 것이다. 하지만 밭은 아직도 삶의 전체 순환을 담고 있다. 지역 자원을(젖소 사육장과 경마장에서 나오는 거름, 건설용 하층토, 퇴비, 남은 씨앗) 활용하거나, 화석연료 사용을 줄이거나, 사람들을 생명과 다시 이어주어서 모두에게 도움을 줄 수 있는 것이다.

필요한 것은 무엇이든 이미 갖춰져 있다. 공원 담당자들은 트랙터, 트럭, 작업 공간, 온실, 남아도는 시간이 있다. 수많은 사람들이 이웃을 돕기 바라고 있다. 일꾼들은 연결해주는 대행자나 농업 프로그램을 통해서 구할 수 있다. 우리가 할 일이란 모두 한자리에 모으고, 대가를 지불하는 것이다. 텔레비전에 방송이 한 번 나가기만 하면 밭을 만들어 달라고 하는 신청이 끝이 없다. 필요한 사람들은 자기들이 얻을 수 있는 어떤 도움이든 바란다. 그들은 이웃들을 잠잠하게 만들 사람들이 되거나 이미 그런 사람들일 수 있다. 그들은 인내하며 다른 이들에게서 평화를 이끌어낼 것이다.

이 프로젝트에서 흑자를 보는 데는 7년이 걸렸다. 그리고 그것은 내 아내와 친구들의 호의와 아량이 없었다면 일어날 수 없는 일이었다. 우리는 스스로를 일으켜 세웠다. 영예는 이 일을 후원하고 이 일에 대한 신뢰를 가져온 재단이나 기금에게로 돌아간다. 그것을 자선이라고 부르지만 사실 그것은 단순히 서비스다. 기금의 수혜자들도 해줄 수 있는 배려다. 밭을 두 개 세 개 더 갖고 싶어 한(그래서 더 가진) 할머니 몇 분이 보여준 것과 같은 배려 말이다. 그들은 모든 이웃들에게 채소를 더 나눠주고 싶었던 것이다.

228

티끌만큼이라도 고통의 무게를 덜어주려고 하는 게 실제가 아니라고 생각하세요?

그들은 나에게 왜 이런 일을 하느냐고 묻는다. 그러면 나는 누군가가 할 필요가 있는 일이라서 그렇다고 대답한다. 채소밭이 하나 필요하지 않으신가? 쉽게 가질 수 있고 힘들지 않게 관리할 수 있는 것으로 말이다. 자, 쉽게 하나를 얻으셨다면 행운을 빈다. 그리고 즐겁게 지내시기 바란다. 한 번은 내가 지친 상태에서 인터뷰에 응한 적이 있다. 젊은 기자가 물었다. "왜죠?" 나는 이렇게 대답했다. "나는 세상을 바꾸려고 합니다." 그녀는 다시 이렇게 물었다. "실제생활에서는 무얼 하시죠?" 나는 순간 평정심을 잃어버리곤 이렇게 대답했다. "밭을 나눠주는 게 실제생활이 아니라고 생각하세요? 티끌만큼이라도 고통의 무게를 덜어주려고 하는 게 실제가 아니라고 생각하세요?" 노장철학에서는 자신과 삶에서 참됨을 얻기 위해서는 서로를 밟고 올라서려 하지 말고 가만히 놀라움 속에 자기 삶을 살며, 늙고, 죽으라고 가르친다. 참된 삶을 얻는 방법은 주는 것이다. 그런 행동이 궁지에 몰린 사람에게 살아볼 힘을 주는 것이라면, 그것은 좋은 일이다. 손에 넣기 쉬운 삽 하나로 말이다.

밭을 나눠주는 일은 특별히 훌륭한 일이 아니다. 다만 너무 드문 일이라는 사실이 안타깝다.

댄 베이커의 '텃밭 프로젝트 재단'은 오리건의 잭슨빌에 있다.

짚거죽 집에 살다

'문화 창의성을 위한 대안'에 실린 베키 케머리의 '크리스티나의 집:
뉴멕시코 타오의 흙(어스쉽)과 짚거죽'라는 글을 요약했다.

짚거죽 집을 짓는다는 것은 새로운 발상이 아닐지도 모른다. 이 기법은 백여 년 이전에 초기 정착자들이 널리 쓰던 것이었다. 건축자재가 부족하다 보니 바로 구할 수 있는 재료를 이용하여 임시변통으로 거처를 마련했던 것이다. 1930년대 이후 그런 집을 짓는 경우는 거의 없었으나 이 경이롭게 오래 가는 건물(14채가 아직 남아있다)은 1970년대에 이 방식에 대한 세계적 관심을 다시 불러일으킬 만한 영감을 제공했다.

미국 내에서 건물 건설과 유지에 드는 자원과 에너지는 다른 어느 활동보다 더 많다.

1990년대에 나바호 부족국은 인디언 보호구역 내 주택부족 문제를 알리기 위해 짚거죽 집 건설 프로그램을 시작하여, 미국 남서부 지역에서 새로운 호응을 얻을 수 있었다. '기발한 건축기술 센터'에 따르면 미국 내에서 건물 건설과 유지에 드는 자원과 에너지가 다른 어느 활동보다 더 많다. 그러므로 이 시대만큼 지속가능하고 에너지 효율적인 집이 더 절실하게 필요한 때가 없었다.

흙으로 채운 타이어로 외벽을 쌓고 회반죽으로 채운 음료 캔과 유리 병으로 내벽을 두른다.

시애틀에서 뉴멕시코 타오로 이사 온 크리스티나 스포롱(26)은 이 지역 건축설계자이자 건축업자인 마이크 레이놀즈의 회사에 취직을 했다. '어스쉽'이라 알려진 레이놀즈의 건물은 폐타이어와 캔을 이용해 놀라운 효과를 만들어낸다. 흙으로 채운 타이어로 외벽을 쌓고 회반죽으로 채운 음료 캔과 유리병으로 내벽을 두른다.

크리스티나는 4분의 1 에이커 땅을 5백 불에 구입해서 친구들의 도움으로 여름 한철에 지을 집을 디자인했다. 어스쉽 디자인과 짚거죽 건축을 혼합한 스타일이었다. 먼저 이른 봄에 그녀는 집터를 잡아 놓은 다음 지역 매립장에 가서 타이어를 모아왔다. 타이어마다 흙으로 가득 채워서 큰 쇠망치로 다져서 앉혀야 했다. 고되고 노동집약적인 일이었다. 크리스티나는 낮 동안 집 짓는 일에 전념하기 위해 웨이트리스 자리를 구했지만 친구들의 도움이 여전히 필수적이었다. 하루는 친구들과 함께 짚거죽 벽의 기초를 만들기 위해 8야드 길이의 콘크리트를 부었다. 그런 다음 그녀는 기둥과 들보에 쓸 자재를 모아왔다. 개중에는 옛 사육장에서 쓰던 기둥을 재활용한 것도 있었다. 타이어 벽이 완성되고 나서야 본격적으로 짚거죽 집짓기에 전념할 수 있었다.

짚은 사육장에서 샀다. "행여나 습기가 차기 전에 서둘러 벽에 붙이기 위해서는 거죽을 사는 수밖에 없어요."라고 크리스티나가 말했다. 가마니를 기둥과 들보로 된 집 틀 안에 벽돌 탑처럼 쌓아 올렸다. 콘크리트 철근을 벽 내부에 심어서 닭장 철망으로 덮었다. "처음에 발라 붙여놓고 보니

제 거죽은 너무 고르지가 못해서꼭 스머프 집 같았어요." 크리스티나의 말
이다.

**북미에서 해마다 생기는 짚의 4분의 1만 이용하면 실내 면적이
1,500 평방피트인 집을 3백만 채 이상 지을 수 있다.**

대안 건축은 더 노동집약적일지도 모른다. 하지만 크리스티나는 그만한
가치가 있다고 확신한다. "지속가능한 건물은 일정 기준의 환경친화적인
자재를 사용하면서 다른 가치를 표현합니다." 타이어와 짚은 모두 이런 기
준을 만족시켜준다. 짚은 얼마든지 구할 수 있기도 하다.《거죽으로 지으세
요》의 저자는 야심 찬 관점을 제시한다. 북미에서 해마다 생기는 짚의 4분
의 1만 이용하면 실내 면적이 1,500 평방피트인 집을 3백만 채 이상 지을 수
있다.

주택

집을 사기 전에 길거리에서 잠을 자보다

켄 캠벨

도시의 위험 지역에 있는 집을 사려면 그 전에 토요일 날 길거리에 밴을 대 놓고 하룻밤을 차 안에서 자보라고 권하고 싶다. 토요일 밤 최악의 상태에 서 이웃들이 어떻게 행동하는지 확인한다면 나중에 겪을 수 있는 가슴앓이 를 피해갈 수 있을 것이다.

할당통보 없이 지방세를 부과할 수 없다

니콜라스 앨버리

사람들이 자기 지역사회 발전에 더 적극적으로 참여하도록 하는 방법 중 하나는 (기본 서비스가 아닌 항목에 대하여) 적어도 지방세(지역에서 내는 세금)의 일부나마 지방의회가 아니라 각 거주자가 할당량을 정하도록 하는 메커니즘을 마련하는 것이다. 가끔 지역 회관이나 놀이터 등에 뉴스레터를 보내서 어떤 프로젝트에 돈이 필요하며 얼마나 필요한지를 알리도록 한다. 그리고 각자의 우선순위에 따라 각자의 세금을 매기도록 한다. 어느 프로젝트에 세금이 너무 많이 몰리면(또는 자기가 바라는 바를 굳이 선택하지 않았다면) 그만큼의 돈은 시의원들이 알아서 자금이 모자라는 프로젝트에 쓰도록 한다.

각자의 우선순위에 따라 각자의 세금을 매기도록 한다.

시민들도 일정 거주민 이상의 서명을 받으면 자금이 필요한 프로젝트를 뉴스레터에 실을 수 있도록 한다.

여기서 주요 기본원칙은 할당통보 없는 과세는 없다는 것이다.

공동주택 거주자를 위한 80시간 노동세

다음은 '노르웨이 아이디어 은행' 사이트에 실린
'셸레그란 공동주택 운동'이라는 글을 고쳐 쓴 것이다.

노르웨이 베르겐 근처에 있는 특이한 공동주택인 노르다스의 거주자들은, 공동 정원과 다른 시설을 돌보는 일에 가정 당 1년에 80시간은 의무적으로 참여해야 한다. 혼자 사는 사람들은 40시간을 일해야 한다. 정해진 시간을 다 채우지 못하면 어떠한 이유든 대가를 지불해야 한다.

이곳의 집들은 함께 쓰는 열린 공간 주변에 모여 있다. 일상적인 접촉을 더 쉽게 만들어주기 위한 것이다(대신에 베란다는 이웃에서 볼 수 없게 만들어 놓았기 때문에 프라이버시에 대한 욕구를 채워주고 있다). 유치원, 유스클럽, 매달 열리는 공동주택 모임을 위한 회의실이 있는 주민회관은 자연히 공동주택의 초점이 된다.

그렇게 해서 나타나는 전체적인 효과는 강한 공동체 의식과 상호부조 의식이다. 자발적인 협동의 결과 아이나 노약자나 장애인을 돌봐주게 되었다.

주민들은 계획에서부터 실행에 이르기까지 공동주택 일의 모든 단계에 직접적으로 참여한다. 실제로 많은 사람들이 육체노동을 제공했다. 주거는 비싸지 않으면서 거주자 각자의 취향에 따라 맞춤식으로 꾸몄다.

에드바르 복트는 노르웨이에 살고 있다. 헤스테하우겐은 노르다스와 비슷한 방식으로 운영되고 있는, 셸레그란 공동주택이 추진하고 있는 또 하나의 프로젝트다.
노르웨이 그뤼넬로카에 있는 스티프텔센 이데방켄도 비슷한 곳이다. www.idebanken.no

노동세(노동으로 내는 세금)

프레드 앨런

노동세는 직접 내든 다른 누군가가 내도록 하든 좋은 아이디어다. 노동세는 실업자에게는 아무 세금도 걷지 못하는 문제를 해결해준다. 납세자가 노동으로 대신하는 것이야말로 바람직한 방식이다.

프레드 앨런은 영국 캠브리지에 살고 있다.

니콜라스 앨버리의 반응

나는 이런 계열의 시범 프로젝트를 몇 년 전에 시도한 적이 있다. '셰퍼즈부시' 조합 공동주택에 사는 1백 명 남짓한 주민들을 위해서였다. 주민들은 매주 한 번 2파운드의 세금을 내든지, 아니면 공동체 프로젝트에 평균 20분씩 일을 하도록 하는 작업 일람표에 서명을 해야 한다. 하수구를 고치는 일 같은 인기 없는 작업은 세금을 훨씬 빨리(가령 10분) 공제해 버리도록 했다. 이런 일을 하는 주민은 한 가지 일만으로도 몇 주치 세금을 공제해 버릴 수 있었다. 작업조정자는 으레 가장 덜 '비싼' 일을 하겠다는 신청을 받으려 했다. 반면 꽃에 물을 주는 작업처럼 인기 있는 일은 훨씬 느린 공제율을 적용했다. 30분을 꽉 채워야만 한 주치 할당량을 공제하도록 하는 것이었다. 주민들은 필요한 일을 제안하기도 했다.

이 방법은 한동안 잘 돌아갔다. 그러나 처음 마음가짐이 희미해짐에 따라 주민들의 참여가 점점 줄어드는 일을 방지할만한 강제조항(조합 공동주택 명단에서 결국 빠질 수도 있다고 하는 것 같은)이 필요했다.

분명히 그런 방안은 주변 마을 전체에도 적용할 수 있을 만큼 확장이 될 수 있을 것이다. 노동세를 전체 소득세의 작은 일부로 만들어서 노동으로 공제할 수도 있게 하는 것이다. 실직중인 사람들은 자기 할당액을 노동으로 채울 수 있을 것이다. 동시에 지역 환경을 개선하는 역할도 하게 된다. 작업 조정자와 마을 위원회의 감독이 필요할 것이다. 어쨌든 그러한 마을 위원회를 만드는 일은, 열중할 만한 좋은 일거리를 마련하는 일과 함께 긍정적인 일보 전진이 될 것이다.

사회 산업특구 –
사회혁신을 위해 규제를 완화하다

《런던 가디언》에 실린 데이비드 로빈슨의 '돈이 다는 아니다'라는 글을 요약했다.

데이비드 로빈슨은 혁신적인 사회 경제 정치적 장치를 테스트하기 위해 특정 지역사회에서 규제를 완화할 것을 제안한다. 그의 아이디어의 핵심 요소는 지역사회, 셀프헬프(자조), 무비용이다.

혁신적인 사회 경제 정치적 장치를 테스트하기 위한 기업지구를 만든다.

로빈슨은 지역 당국이 현행 '경제특구'와 비슷한 '사회 산업특구' 운영 허가를 내주어야 한다고 주장한다. 사회적으로 유익한 역할을 맡을 수 있도록 규제는 완화되어야 할 것이라고 한다. 그가 제시하는 예를 하나 들자면 실업자들의 경우 사업이 실제 수지를 맞출 때까지 계속 혜택을 받으면서 차량정비 같은 분야의 사업에 종사하며 그간 충분히 활용하지 못했던 기술을 마음껏 발휘할 있도록 도와야 한다. 사업에서 얻는 수입은 기금에 보관하여 사업을 지속하는 데 도움이 될 자본을 형성할 수 있다는 것이다. 그는 주택건설, 학교, 훈련, 건강 같은 분야에서도 비슷한 실험을 할 여지가 있다고 본다.

공무원 응대 양식 –
공무원에게도 작성할 서류를 주다

클레어 울프가 쓴《혁명까지 해야 할 백한가지 일 101 Things to Do 'till the Revolution》
(www.loompanics.com)의 89번째 항목에서 요약했다. 로저 나이츠가 모니터했다.

개인정보를 무례하게 요구하는 공무원들에 대한 답으로서, 클레어 울프와
찰스 컬리는 그들에게 '공무원 응대 양식'이라는 종이 한 장을 건네주라고
권한다. 그것은 그들 특유의 서류작업 분위기를 내는 것이다. 그 양식은 개
인적인 기록의 일부를 요구한다. 양식 세 벌을 작성할 것을 요구하라. 문제
의 공무원에게 작성한 양식의 질문에 대한 답을 다 메운 다음 나머지 양식
두 벌도 다 기재하도록 한다. 그리고 참된 관료적 형식주의 정신에 입각하
여 양식을 사용하는 횟수에 제한이 없어야 한다.

샘플 양식에는 다음과 같은 사항이 들어 있어야 한다.

날짜:	장소:
이름:	소속기관명:
근무처 주소:	
시, 구(군):	우편번호:
전화번호:	연봉:
감독자 성명:	감독자 전화번호:

요청사항을 상세히 적으시오: (적어도 두 줄은 채우시오)

이런 요청을 할 필요가 있습니까?

그렇다면 어떤 사람이나 기관에서 이런 일을 맡겼습니까?

이런 요청을 허가하는 법령은 무엇이며, 해당 법령의 몇 조 몇 항에 명시되어 있는지 밝히시오:

이 요청은 어느 관련법이나 헌법상의 규정에 따른 것입니까?

전에도 저 때문에 이런 양식을 작성한 적이 있습니까?

언제인지 정확한 날짜를 쓰시오:

저에게서 얻은 정보로 무엇을 할 것입니까?

혹시 범죄수사가 목적입니까?

위증일 경우 처벌을 받을 것이며, 앞서 말한 내용이 사실이고 거짓이 없음을 서약합니다.

서명

이것은 하나의 예다. 상상력과 창의성을 발휘하여 공무원응대양식을 개인적으로 수정해보길 바란다. 공무원들에게서 받은 것을 갚는 방법으로는 그들을 그들 특유의 번거로운 형식주의에 가두어 버리는 방법만한 것이 없다.

정책 결정을 위한 시민 배심원단

'공공정책연구소Institute for Public Policy Research' 가 발간한 보고서인
〈시민 배심원단: 실행에 옮길 이론〉을 요약했다.

시민 배심원단은 여러 유권자 층을 대변하는 일부의 사람들이다. 참가자들은 특정 현안(건강문제 같은)에 관련된 모든 배경과 현재의 의견에 대하여 자세한 설명을 듣는다. 그리고 가능한 해법을 논의하도록 의뢰를 받는다. 이따금은 텔레비전 프로그램에 참석하여 그런 논의를 하기도 한다.

> **시민 배심원단은 여러 유권자 층을 대변하는 일부의 사람들로서 특정 현안에 관련된 모든 배경과 현재의 의견에 대하여 자세한 설명을 듣는다.**

이 시스템이 효과적인 것은 모든 시민이 진정한 의사결정에 참여하도록 하기 때문이다. 그것도 입수할 수 있는 모든 정보에 대한 접근권을 가지면서 말이다. 그러한 배심원단이 낸 견해는 대표성을 띠기에 입법부의 관심을 끌 수 있다.

지금의 민주주의가 안고 있는 문제 하나는 일반인들이 이렇게 정보를 입수하는 것이 쉽지 않다는 점이다. 사람들은 정치인과 미디어가 함께 행하는 조작의 영향을 받기 때문에, 한 표의 행사는 단지 수백만 표 중의 하나일 뿐이어서 영향력을 행사할 수 없다는 무력감을 느끼게 된다.

공공정책연구소는 미국과 독일에서(독일에서는 배심원단을 "입안 세포"라고 부른다) 진행하고 있는 해당 프로젝트와 연계하여 다섯 개의 배심원단을 시범 운영했다. 배심원은 12명에서 16명 정도로, 지역사회의 여러 분야에서 무작위로 모집한다. 그들은 관련 배경지식에 대한 충분한 안내를 받고 핵심 증인들은 만난다. 그런 다음 배심원단은 몇 개의 소그룹으로 나뉘어져 정보를 조사하고, 증인에게 반대심문을 하며, 사건의 다양한 측면을 논의한다. 각 소그룹에서 발견한 사항들을 전체 배심원단에서 취합하여 결론을 내린다. 그런 다음 그 결론은 배심원단을 위임한 주체에게 전달한다. 배심원단의 판결은 만장일치일 필요가 없을뿐더러, 그들이 낸 제안이 구속력이 있는 것도 아니다. 그러나 위임 주체는 배심원단의 조사결과를 공표해야 하며, 정해진 기간 안에 그 결과에 대해 응답해야 할 의무가 있다. 추천사항을 받아들이거나 아니면 그렇게 하지 않는 이유를 공적으로 알려야 하는 것이다.

연구결과는 일반 시민들이 의사결정에 기꺼이 참여하고자 하며 복잡한 현안을 파악할 능력이 있다는 사실을 보여주었다. 배심원단의 편성은 참가자들이 더 넓고 객관적인 관점을 갖도록 해주며, 현안을 다른 관점에서 보도록 하는 데도 도움이 되었다. 여러 배심원들은 활동기간이 끝나는 시점에 다른 참여 기회에도 관심이 있음을 밝혔다.

> **배심원단은 확정적이고 세밀한 계획보다는 윤곽을 잡는 일에 더 능한 듯했다.**

배심원단은 아직 의견이 굳어지지 않은 새로운 문제를 더 훌륭히 다루는 것 같았다. 그들은 또한 확정적이고 세밀한 계획보다는 윤곽을 잡는 일에 더 능한 듯했다. 배심원단 모델은 합의를 이끌어내며, 대중과 의사결정자 사이의 이해를 증진시키는 데 훌륭한 도구임이 판명되었다. 더욱이 시민 배심원단은 지방이나 중앙 정부뿐만 아니라 작은 조직 단위에서도 이용할 수 있는 제도다.

공공정책연구소는 런던에 있다.

원조대금을 가임기 여성에게 주어
인구 압박을 덜어주다

가이 여먼 : 고인이 된 가이 여먼이 쓴《아프리카 달의 산》이란 책을 요약했다.

현재 케냐에 대한 서방의 재정적 지원이 가져다주는 혜택은 아주 허구적이다. 국가의 재정상태가 나아진다 하더라도 인구의 극히 일부만 혜택을 입는 반면, 대다수 국민들은 높은 출생률로 그런 기회가 사라져버리기 때문이다. 원조기금을 산아제한을 위한 장려금으로서, '국가 지참금'의 형태로 가임기 여성에게 직접 주는 것만이 폭발적인 인구증가를 신속하게 안정시키는 유일한 방법이다. 그런 시스템은 여성해방을 드높이는 만큼 여성과 아이들에게 실질적인 복지혜택을 줄 것이다. 또한 지속가능한 농업과 근본적인 환경보존을 향한 본질적인 첫걸음이기도 할 것이다.

이 제안은 교육과 빈곤퇴치를 위해 필요한 다른 장기대책을 가능하게 하는, 위기를 맞이하여 제안한 비상대책으로 간주되어야 할 것이다.

생물학적 대격변

1925년 노르웨이 인구는 케냐와 거의 똑 같았다. 60년이 지난 지금 노르웨이 인구는 절반이 채 늘지 않았다. 이제 노르웨이 사람들은 세계 어느 나라에서도 보기 힘든 사회복지수준을 누리고 있다. 같은 기간 동안 케냐 인구는 10배가 늘어났다. 케냐인들의 모든 갸륵한 노력에도 불구하고 만연된 빈곤에 대한 근본적인 변화는 일어나지 않았다. 그러는 동안 국토는 엄청난 환경파괴를 겪었다. 케냐와 여러 제3세계 나라들은 생물학적 대격변을 향해 가고 있다.

원조기금을 가임기 여성에게 직접 줘야한다.

서구의 산아제한 정책을 아프리카에 이식하는 시도는 지금까지 대체로 실패했다. 이유는 서구와는 크게 다른 아프리카 사회의 정서 때문이다. 남성우월주의가 아이를 요구하는 상황에서 남성에게 호소하는 가족계획은 호응을 얻기 힘들다. 남성이 지배하는 사회에서 가족계획이 효과를 얻기 위해서는 여성에게 호소하는, 여성의 입지를 강화시켜주는 형태로서만 가능할듯하다. 따라서 문제는 아프리카 여성에게 무엇을 해줄 수 있느냐 하는 질문이 된다. 여성에게 단지 피임할 수 있는 기회만을 제공하는 것이 아니라, 출산문제를 무시하는 남성의 강한 압박보다 더 강한 선택기회를 택하도록 해줄 유인책도 제공하는 것이다.

지참금

현재 아프리카 전역에서는 신랑의 부모가 며느리로 맞이할 신부의 부모에게 지급하는 (신랑)지참금 또는 신부값을 내고 있다. 따라서 신부와 서둘러 결혼해야 한다는 압박이 대단하여 가능하면 신부가 빨리 임신을 함으로써 자기 몸값을 하기를 바란다.

아프리카 여성들이 평생 한 번 큰소리 칠 수 있는 때가 있다. 혼전 기간 동안 신부값을 흥정할 때다. 나는 여성에게 협상의 카드로 쓸 수 있도록 일종의 개인자금을 제공할 것을 제안한다. 그 돈을 가지고 한편으로는 남편을 고를 때 협상력을 발휘하며, 다른 한편으로는 결혼을 늦추거나 거부하는 선택을 할 수 있도록 경제적 뒷받침을 해주는 것이다. 그런 자금의 규모와 제공방식은 현재 아프리카 여성들을 일찍 결혼하게 만드는 사회적 압력을 극복할 수 있을 정도가 되어야 할 것이다.

> **가령 16세 정도까지 임신하지 않고 남아 있는 모든 여성에게 일정 금액을 지급해주는 것이다.**

나는 전통적인 지참금 시스템에 어느 정도 편승하여 국가가 제공하는 '국가 지참금'을 도입하기를 주장한다. 이 시스템 하에서는 가령 16세 정도까지 임신하지 않고 남아 있는 모든 여성에게 일정 금액을 지급해주는 것이다. 지급은 임신 사실이 밝혀지는 대로 중단될 것이지만, 일정 기간 동안 임신 경력이 없으면 다시 지급을 해준다. 그렇게 하면 여성이나 그 부모가 결혼을 늦추게 만드는 상당한 자극이 될 것이며, 결혼했다 하더라도 여성과 남편이 임신을 늦추도록 하는 효과를 낼 것이다.

지역경제 부양

이런 시스템을 실행하는데 엄청난 비용이 드는 것은 아닌가? 여기에 대한 답변을 하라고 한다면 실질적으로 거의 돈이 들지 않을 것이라고 얘기할 수 있다. 우리가 할 수 있는 일이라곤 돈이 흐르는 방향을 돌리는 것뿐이다. 현재 자금은 서구에서 정부기관으로 흘러 들어와서 여러 부처의 손을 거쳐, 업자나 관리자들에게 넘어간다. 그런데 이들은 흔히 너무나 무능력하거나 부패해서 시골 지역경제에는 거의 도움이 되지 않고 있다. 수십억 불의 돈을 쏟아 붓는 이 절차는 받아들이기 힘들 만큼 비싸고, 낭비적이며,

비도덕적이다. 국가지참금 시스템 하에서는 같은 액수의 돈이 우체국 예금 계좌나 여성 부조단체를 통해서 농가에 직접 들어간다. 처음으로 아프리카 농업인은(여성이 으뜸가는 농업인이다) 자신을 어떻게 '개발'할 것인가를 마음대로 결정할 기회를 얻게 될 것이다. 현명하게 저축을 하던 소비를 하던(시골 여성들의 손에 어느 정도 돈이 쥐어지기만 한다면 현명하게 쓸 것이라고 나는 확신한다) 돈은 알아서 시골마을 경제를 부양하는 방향으로 흘러갈 것이다. 대부분의 원조 방안이 특히나 실패하는 부분을 극복할 수 있는 것이다.

> **처음으로 아프리카 농업인은 자신을 어떻게 '개발'할 것인가를 마음대로 결정할 기회를 얻게 될 것이다.**

낭비될 돈이 전혀 없다. 가족계획을 잘 실행한 경우에만 돈을 지급하기 때문이다. 제대로 실천하지 않은 가정에 대해서는 돈을 지불하지 않는다.

더블린 트리니티 칼리지의 '시스템 및 데이터 연구 학교'의 레이먼드 크로티 교수는 《위기의 아일랜드》라는 책에서 이와 비슷한 제안을 하여 내 주목을 끌었다. 그가 한 컴퓨터 계산에 따르면 현재의 제3세계에 대한 서구의 원조를 기준으로 할 때 현재의 출생률을 반감하기 위해 적절한 자금조달이 가능할 것이라고 한다. 이런 견해는 예컨대 케냐의 모이 대통령이 케냐 가정의 평균 자녀수를 8명에서 4명으로 줄이자는 호소에 부응하는 것이다.

실질적인 문제

이 시스템 초기에는 여성이 자기가 받은 지참금 원조에 대해 전적인 통제를 확보하는 데 어려움을 겪을 수도 있다. 하지만 이 방안이 있다는 자체가 여성의 힘을 향상시켜주고 여성단체를 발전시키는 자극제가 될 수 있다.

그렇게 되면 자기들 이름으로 받은 자금에 대해 더 나은 통제 수단을 확보하는 데 도움이 될 것이다. 이 방안의 결과, 현재 자행되고 있는 여성억압 및 조혼, 일부다처제, 여성할례 같은 제도에 대한 강경 입장이 순화될 수도 있다.

> **국가 지참금 시스템은 현재 자행되고 있는 여성억압 및 조혼, 일부다처제, 여성할례 같은 제도에 대한 강경 입장을 순화할 수 있다.**

이런 아이디어는 서서히 실현될 것이기에 초기의 자금 수요는 그리 많지 않을 것이다. 이 생각은 물론 가장 나은 관리 시스템을 찾아내기 위해 처음에는 적절한 규모로 시험 시행을 할 수도 있다. 어려움을 지적하는 일은 쉬운 법이다. 중요한 것은 시행착오를 거쳐서 해답을 찾아내는 일이다. 시험 방안의 결과에 따라 어린 나이에 결혼을 하여 아기를 많이 낳도록 하는 현재의 사회적 억압을 완화하기 위해 필요한 월정 금액을 결정할 수도 있다.

우리는 사실상 시스템에 따라 아이를 낳도록 유인하는 것이 아니라, 아이에 대한 수당을 주는 시스템을 마련하는 셈이 될 것이다. 여성의 임신을 방지하도록 하는 데 지급된 자금은 사실상 이미 태어난, 아니면 나중에 태어날 아이들에 대한 복지를 향상시키는데 쓰일 것이다. 적절한 간격을 두고 태어나며 양질의 영양 공급을 받은 아이들의 생존률은 현재의 일반적인 경우보다 훨씬 더 높을 것이다. 모든 사회가 사람들에게 돈을 주어서 무언가를 하게 만드는 개념을 받아들이고 있는데, 서구에 있는 우리는 점점 사람들에게 돈을 주어서 무언가를 못하게 하고 있다는 지적은 중요하다. 농업생산을 통제하고 보호정책을 장려하는 원칙이 널리 애용되어 온 것이 사실이다. 결국 우리가 주장하는 바는 모든 여성이 아니라고 말할 수 있는, 양도할 수 없는 권리를 강화시키는 것이다.

　필요한 가족계획 서비스를 제공하기 위한 세부계획이 가끔 장애물로 거론되기도 한다. 하지만 나는 이런 견해에 공감할 수 없다. 우리는 고도로 훈련 받은 직원들을 갖춘 고도로 세련된 클리닉이 필요하다는 생각에서 벗어나야 한다. 마을 가게, 무료 기계대여소, 맨발의 조언자들이 매우 단순한 수준에서 서비스를 제공할 수 있다. 서구의 기준으로 정상치를 전제하고서 처음부터 아이디어에 대한 100퍼센트 가까운 보장을 해야 한다고 느낄 필요는 없다. 초기에는 남성이 콘돔을 사용하는 일이 보편화되기 어려울 것이다. 하지만 최근에 나온 여성 콘돔의 견본을 보면 앞으로 많은 가능성이 있음을 시사해준다.

에이즈

아프리카에서 널리 퍼진 질병인 에이즈의 어두운 그림자를 고려하지 않고서 이 대륙의 향후 인구 경향에 대해 논한다면 그 어떠한 이야기도 비현실적일 것이다. 지참금 시스템에 대한 내 제안은 이러한 배경을 바탕으로 보아야 할 것이다. 에이즈가 앞으로 어떤 영향을 미칠지 평가하기는 어렵다. 하지만 런던 임페리얼 칼리지와 프린스턴 대학 연구자들이 내놓은 최근 연구결과를 보면 에이즈가 향후 수십 년 동안 현재의 아프리카 인구 예측에는 그다지 큰 변화를 끼치지 않을 것이라고 한다. 내 마음에 한 줄기 희망의 빛이 비친다. 대유행병인 에이즈를 통제할 수 있을 것으로 보이는 유일한 방안은 인구 안정을 가져다 줄 방안과 대체로 같다. 에이즈는 결국 행동 패턴에 따라 사회가 분극화됨으로써 통제될 수 있을 것이다. 한편으로는 성에 대해 예방적인 접근을 취함에 따라, 이 비켜갈 수도 있는 질병에 사실상 '면역성이 있는' 하위문화가 대두할 것이다. 반대편 극에서는(대극점에서는)이 질병이 자체의 비극적 진행을 계속해 나갈 것이다.

> **국가 지참금은 매춘과 성 문란을 줄임과 동시에, 안전한 섹스 및 남녀 모두의 콘돔 사용을 장려하는 중요한 역할을 하기도 할 것이다.**

국가 지참금의 적합성은 시골 사람들뿐만 아니라 도시 거주자들에게도 보편적으로 적용될 수 있다는 점에 주목해야 한다. 국가 지참금은 또 매춘과 성 문란을 줄임과 동시에, 안전한 섹스 및 남녀 모두의 콘돔 사용을 장려하는 중요한 역할을 하기도 할 것이라는 예상을 할 수 있다. 아프리카의 도시 매춘은 도시 빈곤, 남성의 유동성, 불안정한 새 도시사회의 특징이 되어버린 버려진 아내 및 파트너의 만연이 가져온 결과다. 이런 여성들에게 대안적 수입 원천이 주어진다면 그만큼 매춘으로 내몰리는 숫자가 줄어든다는 것이 내 확신이다.

> **에이즈는 결국 행동패턴에 따라 사회가 분극화됨으로써 통제될 수 있을 것이다.**

결론

지속가능한 농업 및 삼림관리(연료 공급)가 없는 한 케냐의 동식물 생태계를 보존하려는 어떠한 노력도 무용지물이 될 것이며, 현존하는 보호지역 및 공원 체계도 모두 무너지고 말 것이다. 그런 지속가능성의 선봉이 되는 것은 인간 및 가축의 수를 안정시키는 일이다. 따라서 모든 기구는 정부든 비정부든, 사회 농업 야생생물과 관련된 것이든 아니든, 절체절명의 목적에 자원과 에너지를 다 쏟아 넣어야 한다.

마리화나씨 거래를 합법화하다

니콜라스 앨버리

나는 대마초(마리화나)를 합법화하여 세금을 물려야 한다고 하는 의견에는 동의하지 않는다. 그렇게 되면 틀림없이 현재의 담배 제국들과 경쟁하는 산업으로 성장할 것이다. 대마초는 아주 해로울 수 있다. 특히 유럽에서처럼 담배와 섞은 후, 보통 담배를 피울 때보다 훨씬 깊이 들이마시게 되면 더욱 그렇다. 어느 연구에서는 대마초가 정신분열적 환각을 촉진한다는 결과를 보여주기도 했다.

> **대신 광고를 통해 사용을 권장한다든지 씨 말고 다른 형태로 거래하는 일은 불법화해야 한다.**

마리화나 잎은 미국에서 흔히 하듯이 차처럼 마시거나 담배 없이 그대로만 피우면 덜 위험할 수 있다. 나는 마리화나를 개인적으로 쓰기 위해 기르거나 처방에 따라 대마초 시럽을 구하는 것은 합법화하기를 제안한다. 대신 광고를 통해 사용을 권장한다든지 씨 말고 다른 형태로 거래하는 일은 불법화해야 한다.

캘리포니아의 합법화 사례

'멘도시노, 개인이 마리화나를 경작하고 소유하는 일을 합법화한 미국 내 첫 카운티가 되다'라는 출처를 알 수 없는 글을 요약했다. 밀레나 페트로바가 모니터했다.

캘리포니아 멘도시노 카운티 유권자들은, 멘도시노를 개인이 마리화나를 경작하고 소유하는 일을 범죄로 간주하지 않는 미국 내 첫 카운티가 되도록 하는 조례를 통과시켰다. 말썽 많았던 미국 대통령선거가 있던 날인 2000년 11월7일, 'G 조례'는 압도적인 표차로 통과되었다. 이 조례 하에서 지역당국은 마리화나와 관련된 사법권을 최소화하며 25뿌리 이하의 작물(또는 말린 것)과 관련된 사건은 기소를 금지해야만 한다. 작물을 25뿌리 이상 키우고 마약을 파는 일은 여전히 범죄행위로 간주한다.

이 조례가 통과되었다는 사실은, 더 나은 용도에 쓸 수 있는 막대한 돈을 마리화나와의 전쟁에 쓰는 데 대한 지역민들의 불만 표시라고 하는 주장이 있다. 마리화나 사건만 주로 담당해온 변호사 리처드 글렌 보이어는 말한다. "G 조례에 대한 압도적 승리는 학교에 쓸 돈을 빼내어서 식물에 대한 군사적 전쟁에 남용하는 실태에 사람들이 식상했음을 보여주고 있습니다." 사실 미국에서 마리화나에 대한 전쟁에만 해마다 최대 80억불이 소모되고 있다고 한다. 이 조례는 적어도 그런 수치를 줄이는 역할을 하기 시작할 것이다. 멘도시노 공무원들은 새 자치법에 따라 자신을 위한 마리화나를 기르고 쓰는 사람들을 수사하고 구속하고 기소하는 데 카운티 자금을 쓰는 일을 즉각 중단해야만 한다. "포도재배와 대마초재배 사이에" 법적으로 아무런 차별이 없어져야 한다고 하는 보이어 변호사의 주장에 모두 동의하지는 않는다 하더라도, 소모적인 경찰력 동원을 끝내며 성숙한 개인의 선택을 존중하는 일은 분명히 환영받을 것이다.

21세가 되는 시민 모두에게
8만 불을 줌으로써 불평등을 줄이다

브루스 애커맨과 앤 올스탓이 쓴 《이해관계자 사회The Stakeholder Society》를 바탕으로 함.
《애틀랜틱 먼슬리》에 실린 잭 비티의 서평을 요약했다. 로저 나이츠가 모니터했다.

런던에 있는 사회변화창안연구소는 예전에 모든 젊은이를 위한 아이디어 하나를 언급한 적이 있다. 성인이 되면 돈을 가장 기발하게 쓸 수 있는 일정 시점에서 국가에서 큰돈을 준다는 내용이었다. 브루서 애커맨과 앤 올스탓은 《이해관계자 사회》에서 같은 방법을 미국적 관점으로 주장한다. 초점은 주로 나라 안의 불평등을 완화하는 데 맞추었다.

그들은 2퍼센트의 부유세가 생기기를 바란다(미국 국방예산과 맞먹는 돈이다). 계산을 해보니 이 부유세의 93퍼센트는 미국사회에서 가장 부유한 20퍼센트가 내게 될 것이라고 한다. 이 엄청난 돈이 있으면 스물한 번째(대학 진학을 하는 경우 열여덟 번째) 생일을 맞는 모든 미국 젊은이에게 8만 불씩을 나눠줄 수 있다고 한다.

이 방안 덕으로 젊은이들은 집을 사거나 사업을 시작하거나 대학학비를 낼 수 있을 것이다.

"40대가 되어 자신이 20대에 가질 수 없었던 기회에 대해 안타까워하는 사람들이 너무 많다."라고 애커맨과 올스탓은 말한다. 불균형적이긴 하지

만 그 돈은 월급을 가지고는 돈을 모을 수 없는 흑인 같은 사람들에게 유리한 작용을 할 것이다. 두 사람은 이들이 집을 사거나 사업을 하거나 대학학비를 낼 수 있기를 바란다.(4년간 학비가 보통 8만 불 정도 된다.)

이러한 제안은 부의 새로운 불평등 때문에 생기는 사회적 구속을 줄여주고, 기회균등을 더 제공해주며, 공동체의식과 사회적 책무와 애국심을 고취시켜준다.

젊은이들에게 줄 지역사회의 보조금을
젊은이들이 결정하다

마이클 노튼

영국의 '체인지메이커스 보조기금Changemakers Grants Fund'은 젊은이들이 전개하는 지역사회 프로젝트를 지원하는 기부금 집행을 젊은이에게 맡기고 있다.

젊은이들이 이끄는 지역사회 아이디어에 대한 관심이 점점 커지고 있다. 젊은이들 스스로 염려하거나 필요를 느끼는 문제에 대한 해답을 찾는데 그들의 도움을 직접 받기 위해서다. 이들은 지역사회 프로젝트에 대한 자신의 아이디어를 발전시키거나, 프로젝트를 계획하거나, 방편을 제시하며 일을 떠맡거나, 완성단계까지 면밀히 지켜보거나, 자기들의 경험을 되돌아보고 교훈을 얻기도 한다.

이들은 맡은 일을 전적으로 알아서 처리한다. 일은 틀에 박힌 것에서부터(노인 방문하기나 지역 보육원 일 거들기 같은) 아주 상상력이 필요한 것까지(초등학생들이 모인 자리에서 13세 소년들이 지뢰에 대한 5분짜리 연극을 한다든지, 폐허가 된 땅 일부를 묘기용 자전거 트랙으로 만든다든지, 교도소에서 후원회의 밤을 갖는다든지 하는) 다양하다.

체인지메이커스는 이 생각을 계속 발전시켜서, 영국에 있는 80개가 넘는 학교와 아동기구에서 이용할 수 있도록 만들었다. 젊은이들의 참여정신을 이끌어 내고, 취업에 유리한 기술을 향상시켜주며, 활발한 시민정신까지 고취시켜주는 이러한 접근법에 대한 인식은 점점 좋아지고 있다.

젊은이들이 자신들의 프로젝트 비용을 직접 모금할 수 있도록 했다.

이렇게 커가는 관심에 화답하며 젊은이들의 지역사회 참여를 향상시키는 데 도움을 주기 위해 체인지메이커스는 제휴를 했다. '프린스 트러스트', '내셔널 유스 에이전시', '지역사회 신탁 및 재단 협회' 같은 단체와 팀을 이루어 젊은이들이 자신들의 프로젝트 비용을 직접 모금할 수 있도록 했다. 1999년에 발족된 이 기금은 영국 내 예닐곱 지역에서 시범적으로 시작되어 전국으로 확대되고 있는 중이다.

마이클 노튼은 런던에 있는 체인지메이커스의 집행위 위원장이다.

범죄와 교도행정

재소자를 선도하는 옛 재소자들

마이클 패터슨

마니통쿠앗은 '왐파노그(1621년 메이플라워호를 타고 온 청교도들이 내린 매사추세츠의 플리머스에 살던 인디언 부족. 추위와 굶주림에 시달리고 있던 백인들에게 옥수수와 칠면조를 주며 돌보아주었고, 옥수수 농사법도 가르쳐준 것으로 유명하다) 소국Wampanoag Nation'의 연장자이자 이야기꾼이다. 그는 1970년대부터 3개 주에서 재소자 갱생 프로그램을 운영해왔다. 그곳의 재범률은 6퍼센트 이하여서 전체 비율과 비교할 때 훨씬 낮은 수치였다.

마니통쿠앗이 말하길 그 동안 그가 함께 일 해온 재소자들 대부분은(90퍼센트가 족히 넘는다) 살아오는 동안 의지할 만한 사람이 단 한명도 없던 이들이라고 한다. 교도소에서 '의료서클'을 운영할 때 여러 재소자들이 태어나서 그렇게 존중받아 보기는 처음이라고 말했다고 한다.

마니통쿠앗은 선도 프로그램 하나를 제안한다. 이 프로그램을 마친 옛 재소자가 현재의 재소자들이 사회에 제대로 되돌아갈 수 있도록 선도하는 것이다.

마니통쿠앗은 미국 뉴햄프셔에 살고 있다.
자세한 내용은 그의 책《난폭한 범죄 끝내기》에 있다.
마이클 패터슨은 미국 매사추세츠에 살고 있다.

실수에 대해 반대성향을 가진 사람들로 재소자그룹을 만드는 교도 행정

더그 윌슨의 웹사이트 내용을 고쳐 썼다. 더그 윌슨은 밴쿠버에서 멀지 않은,
캐나다 브리티시 콜롬비아 서해안 밖에 있는 가브리올라 섬에 살고 있다.

범죄를 실수로 대한다면 그것이 어디서 오는지를 보는 일은 그다지 어렵지 않다. 대부분의 범죄를 저지르는 사람들은 제대로 교육 받지 못하거나 아는 것이 없는 이들이다. 그리고 그들은 대개 비슷하게 여러 형태의 실수를 저지르기 쉬운 사람들에게 둘러싸여 지낸다. 알코올과 마약 남용은 바로 이 사실의 한 사례다. 알코올이나 마약에서 정말 얻을 수 있는 혜택은 없다. 다만 짧은 쾌락이 올 수도 있을 뿐이다. 이 일시적인 쾌락에 유혹 당하는 것은 잘못이요 실수다. 그런데 친구들이 모두 다 이런 사람들이면 이런 실수를 더 저지르기 쉬운 법이다.

사람들을 범죄를 저지른 수천 명의 다른 사람들과 함께 감옥에 수용하는 일은 우리가 해야 할 바와는 거의 정반대이다.

궁극적으로 사람들은 친구의 영향을 받는다. 여러분의 친구가 범죄자이거나 범죄자와 공범이면 여러분도 같은 실수를 하기 마련이어서 결국 일생 동안 범죄의 늪에 빠지기 쉽다. 이런 식으로 볼 때 사람들을 범죄를 저지른 수천 명의 다른 사람들과 함께 감옥에 수용하여 온갖 종류의 다른 범인들

과 만날 기회를 준다는 아이디어는 웃기는 발상이다. 나는 그것이 우리가 해야 할 바와는 정반대라고 생각한다.

올바른 방향으로 나갔던 시도가 있었다. 특히 미성년 초범의 경우, 아이를 사회적 환경에서 벗어나게 하여, 대도시의 유혹에서 떨어진 안정적인 가정환경 속에 두는 데 초점을 맞춘 프로그램이 몇몇 있었다. 문제는 자신과 자기 가족들을 이런 종류의 위험에 기꺼이 노출시킬만한 사람들이 충분히 있는가? 라는 것이다.

한편 다른 해법도 있다. 모든 형태의 실수가 같은 것은 아니다. 실수를 저지르기 쉬운 사람 둘이 서로 종류가 반대 되는 실수를 범하는 경향이 있을 경우, 모두 서로에게 긍정적인 영향을 끼칠 수가 있다.

우리는 죄수끼리 서로 악영향을 미치는 감옥의 문제를 적절한 그룹짓기를 통해 풀 수가 있다. 실수에 대해서 아주 다른 성향을 가진 사람들끼리 모아놓은 것이다.

이렇게 하기 위해서 우리는 여러 가지 심리 테스트를 할 필요가 있다. 그런 다음 감옥에 있는 사람들을 상호관계가 없는 소그룹으로 나눈다. 각 그룹별 죄수들이 일반적인 대중심리학적 기준으로 하나의 그룹에서 만나는지는 중요하지 않다. 하지만 한 죄수가 함께 먹고 일하고 레크리에이션을 하는 사람들은 그 사람과 같은 실수경향성을 가진 사람이어서는 안 된다.

죄수들끼리 짝을 지을 때 세심한 테스트를 한다면 한 방에 있는 두 사람은 사실 상대방에게 좋은 영향을 줄 수 있다.

죄수 두 사람이(아니면 더 많이) 한 방을 쓸 경우, 같은 아이디어를 적용할 수 있지만 이때는 훨씬 더 중요하다. 죄수들끼리 짝을 지을 때 세심한 테스

트를 한다면 한 방에 있는 두 사람 모두 범죄자이긴 하지만 상대방에게 좋은 영향을 줄 수도 있다. 그 결과 그들이 함께 보낸 시간은 서로 가르쳐주고 발전시켜주는 계기가 될 것이다. 그리고 풀려난 다음 다시 만나도 서로에게 계속해서 긍정적인 영향을 줄 수 있다.

너무 낙관적으로 들리는가? 아마 그럴 것이다. 하지만 이 아이디어 뒤에는 많은 생각이 숨어 있으며, 또한 그것은 제대로 작동할 것이다. 나는 이런 시도를 해볼만한 것으로 생각한다.

판사가 피해자에게 강도의 집에서
물건을 가져가도록 허락하다

〈시애틀 타임즈〉에 실린 우디 베어드의 글을 바탕으로 했다. 로저 나이츠가 모니터했다.

1990년 형사재판소 판사로 선출된 이후 조 브라운은 강직한 유홍가 전문 판사로서 명성을 얻었다. 그는 새로운 방식으로 선고하기를 좋아했다. 그는 몇몇 강도범에게 이전 피해자들을 위해 자기 집을 개방하라고 명령했다. 피해자가 대리인과 함께 가서 자기들이 잃어버린 물건의 가치에 해당하며, 브라운이 정한 선까지라면 무엇이든 원하는 대로 가져갈 수 있게 했다.

"범인은 집에 돌아가서 자기 물건이 제대로 있을지를 걱정하는 선량한 시민들의 마음을 알게 될 겁니다."라고 판사는 말했다.

피해자는 자신이 원하는 물건을 판사가 정한 선까지 가져갈 수 있다.

어느 피해자는 만족할 때까지 여러 번 범인의 집을 찾아갔다. "첫날은 아무것도 찾지 못했지요. 그러다 둘째 날 돌아올 때에는 컬러 텔레비전과 스테레오 컴포넌트 시트를 싸들고 왔습니다."

'범죄방지변호사 전국연합'의 스코트 월러스는 피해자가 가져간 물건이 강도의 것인지 아닌지를 구분하기가 힘들다는 점을 들어 이 판결을 비난했다.

그러나 쉘비 카운티의 공공방어 사무소 부행정관인 로버트 존스는 판사
의 방식에 호의적이다. "아주 기발한 아이디어입니다. 지금까지 해왔던 여
러 가지 방법이 잘 듣지를 않으니 누군가가 새로운 방법을 써볼 필요가 있
지요."

범죄의 고리를 끊기 위한
브라질 지역사회의 교도 행정

‘감옥에서의 공민권Citizenship of Jail’ 창립자인 로베르투 다 실바가 보내준 정보를 요약했다.

지역사회에서 해당 지역의 교도소를 관리하도록 하는 브라질의 이 프로젝트는 이 나라에서 범인을 다루는 방식을 고치고, 결함 많은 교도소 시스템을 근본적으로 바꾸기를 바라는 데서 시작됐다. 이 아이디어는 교도소를 직접 운영하고, 죄수들의 사회복귀를 성공적으로 가능케 한 몇몇 지역사회에서 나온 것이다. 부당한 대우와 부패로 가득 찬 교도 시스템은 이런 식으로 개선해 나갈 수가 있다.

‘감옥에서의 공민권’ 프로젝트는 30개 교도소에 대한 건축계획으로 이루어져 있다. 각각 210명의 죄수를 수용하며, 명칭은 ‘재사회화 센터Resocialization Center’ 라고 부르기로 했다. 감옥을 짓는 모든 도시에는 지역사회 주민들로 구성된 협의회를 만들어 감옥을 관리하기로 했다. 각 지역 협의회는 정부와 협정을 맺어서 지역민들이 교도소 행정을 책임지도록 했다. 각 교도소의 예산은 정부가 제공하기로 했다. 그리하여 지역사회 협의회는 안전, 건강, 교육, 작업, 음식, 교회사(教誨師, prison chaplain: 교도소에서 재소자의 정서함양을 위하여 강연하는 사람. 일반적으로 종교를 중심으로 하고 있으므로 재소자가 신봉하고 있는 종파의 교의에 따라 위촉된다)까지 교도소 운영을 전적으로 맡아서 했다. 1995년 상파울루에 있는 교도소들이 먼저 이 모델을 시험해 보았는데,

여기서 거둔 성공 덕택에 예정대로 진행된다면 2001년과 2002년에 각각 15
개의 교도소를 새로 짓게 된다.

이 방안은 로베르투 다 실바의 머리에서 나온 것이다. 그는 유엔(중남미
분과)의 범죄 예방 및 범죄자 대우 활동을 위한 자문 전문가로도 일하고 있
다. 그는 자기 인생의 12년을 고아원에서 보내고 추가로 6년을 교도소에서
보낸 전력이 있지만 인권분야의 학자이자 전문가가 되었다. 감옥에 있는
동안 그는 자기와 비슷한 경험을 하여 철창신세를 지게 된 청소년들을 많
이 만났다. 다 실바가 점차 알게 된 사실은 그렇게 어린 아이들을 엄격한
고아원 시스템에 수용한 결과는 고스란히 범죄행위로 이어진다는 점이었
다. 풀려나는 순간부터 아이들은 이 사실을 입증하기 시작했던 것이다.

**국가 고아원 시스템에 수용되었던 아이 370명을 조사했더니 그 중
36퍼센트가 범죄자가 되어 있었다.**

그는 국가 고아원 시스템에 수용되었던 아이 370명을 조사했다. 그랬더
니 그 중 36퍼센트가 400건 이상의 범죄를(살인만 40건을 포함하여) 저지른 재
소자가 되어 있었다. 그들이 저지른 범행의 뿌리에는 정부의 시스템이 있
었다. 이 시스템은 아이들을 '도의적인 방치'라는 법적 전제 하에 가두었으
며, 단지 음식과 잘 곳을 제공해주었을 뿐이었다. 더욱이 이 시스템의 교육
수준은 너무나 부실하여, 많은 아이들이 작은 장난에 불과한 행동 때문에
아무렇게나 멀리 격리되어서 더 불안정한 상태에 빠져버렸던 것이다. 정부
는 브라질 내의 다른 곳에 살고 있는 형제자매에게 아이를 가둔 사실을 알
리지도 않았다. 다 실바 자신은 자신이 직접 뒤져서 자기에게 두 형제가 있
다는 사실을 알아냈다. 하지만 그들은 그에 대해서나 오래 전에 사라져 버

린 형에 대해서나 전혀 알지 못했다. 아이들은 감옥 같은 집에서 살뿐만 아니라 가족의 도움을 전혀 받을 수 없게 되어 있었다.

다 실바는 정부의 처사에 법적 대응을 하였으며, 〈고아들의 범죄적 독자성 형성〉이라는 논문을 발표했다. 논문의 내용은 브라질에서 범죄율이 떨어지기를 바란다면 십대와 어린아이들에 대한 처우가 최우선으로 개선되어야 함을 역설하는 것이었다. 이러한 소신은 교도소 프로젝트의 원동력이 되어, 의심과 처벌에만 초점을 맞추던 교도 행정의 관심을 재소자의 교육과 인권에 강조를 두도록 만들었다. 이 아이디어는 '사회사업가를 위한 아쇼카-맥킨지 센터'에서 주는 사회사업상을 수상하였다. 그리고 상파울루주 정부와는 이미 협정이 이루어져 전면적인 시행을 앞두고 있다.

'사회사업가를 위한 아쇼카-맥킨지 센터'에 대한 정보:
www.ashoka.org/fellows/global_net_center.cfm

작은 감옥이 더 조용하다

존 팹워스 : 〈런던 타임즈〉에 실린 편지를 요약했다.

〈런던 타임즈〉가 보도한 바에 따르면 돈카스터 경찰서 감방에 있는 24명의 죄수들은 재래식 감옥의 긴장이 넘치는 무자비한 환경이 아닌 자유로운 분위기 속에서 복역하고 있고, 죄수와 간수가 서로 친숙하게 부르는 사이라고 한다. 이곳을 방문한 관리들은 죄수들의 변화된 태도와 보통은 포화상태가 되어버려서 엉망이 되기 마련인 사람들이 평화롭게 섞여있는 모습에 깜짝 놀랐다. 〈런던 타임즈〉의 보도가 내린 결론은 이런 조건을 폭력이 들끓는 스트레인지웨이스 교도소에 갇힌 1천6백 명에게 적용하기는 불가능하리라는 것이다.

그들은 이런 상황을 즉시 극복할 수 있었다. 재소자들의 선의에 호소한 것이 아니라 그들이 모여 있는 그룹을 더 작고 관리 가능한 단위로 나눔으로써 가능한 일이었다.

당연한 말이긴 하다. 그런데 스트레인지데이스는 왜 다시 짓고 있는가? 우리는 정녕 우리가 역사로부터 아무것도 배우지 못한다는 사실을 역사로부터 배우는가? 30년도 더 전에 레오폴드 코어 교수는 자신의 책《국가의 몰락》에서 이렇게 지적했다. 한국전 당시 한국의 과밀한 포로수용소 당국

자들은 몇 년 간의 끔찍한 말썽 끝에 생각을 바꾸게 되었다고 한다. 문제의 원인은 공산주의자들의 교정 불가능한 본성이 아니라 그들을 수용하고 있는 시설의 규모라는 점이었다. 이러한 사실을 깨닫고 나자 그들은 이런 상황을 즉시 극복할 수 있었다. 재소자들의 선의에 호소한 것이 아니라 그들이 모여 있는 그룹을 더 작고 관리 가능한 단위로 나눔으로써 가능한 일이었다.

물론 작은 단위는 관리비용이 더 든다. 하지만 우리는 우리가 원하는 바가 무엇인지 스스로에게 물어보아야 한다. 재소자들이 인간적인 대우를 받으며 복역을 마친 다음 사회로 복귀하기를 바라는가, 아니면 스트레인지웨이스 같은 지옥굴에서 몇 년을 야수처럼 취급된 다음 복귀하기를 바라는가. 교도소가 세워진 목적에 따라 기능하는 것이 아니라 오히려 그 목적을 파괴하고 있다는 사실을 그때 가서야 발견한다면 이미 너무 늦은 뒤일 것이다.

네덜란드인들의 교훈

《이코노미스트》에 실린 '성범죄자들을 안전하게 하다' 라는 기사를 요약했다.

네덜란드에는 영국이나 미국처럼 과밀하고 거대한 교도소와 관련된 폭력이나 불만 문제가 없다. 네델란드의 교도소는 영국의 3분의 1에 해당하는 재소자들이 있다. 그리고 그들을 12명에서 20명까지의 작은 단위로 수용한다. 각 수용소 마다 자체 교도관이 있고 재소자를 그룹별로 잘 알기 때문에 긴장이 생기면 바로 알 수 있다.

이런 식의 배치 비용은 어쩔 수 없이 비싸다. 하지만 여기에 더 들어간 돈은 다른 형사 분야 자금을 아껴서 충당할 수 있다고 한다. 가령 최근 정부는 성범죄자들을 보호하기 위해 격리해서 별도 수용하는 '43조' 조항에 비용이 너무 많이 들어간다고 불평했다. 네덜란드식 시스템에서는 재소자들 사이의 긴장이 단위별로 너무 잘 감시 받기 때문에 그런 배치가 필요 없다.

이런 식의 작은 단위별 통합이 적어도 영국의 한 곳에서는 적용되고 있다. 영국 교도소로는 드물게 분위기가 좋은 리틀헤이가 그곳이다.

감옥을 둘러싼 낮은 벽

니콜라스 손더스

덴마크(푼 지방의 링게 근처)에 있는 고도의 보안성을 갖춘 현대식 교도소는 낮은 벽으로 둘러싸여 있다. 그렇게 해서 재소자들이 탁 트인 주변 전원을 보며 답답함을 느끼지 않도록 한다. 재소자들은 작은 혼합 가구로(여자보다 남자가 열배나 많지만) 나누어진다. 각 가구는 자체적으로 요리와 세탁을 하며, 교도소 안에 있는 슈퍼마켓에서 자체 살림 예산에 따라 쇼핑도 한다. 교도소 안에는 자체 공장도 있다.

다른 교도소도 이제 21세기형으로 바꿀 때가 되지 않았을까?

배심원이 중간에 막고 질문을 할 수 있다

〈시애틀 타임즈〉에 실린 AP통신의 기사를 요약했다. 로저 나이츠가 모니터했다.

1994년부터 오레건 포틀랜드의 순회판사 로버트 존스는 자신의 민사재판 법정에서, 증인이 증인석에 있을 때에도 배심원이 말을 가로막고 질문을 할 수 있도록 했다. 그는 변호사와 검사의 탁자 밑에 스위치를 달도록 했다. 배심원이 질문을 할 때 피고와 원고 어느 쪽에서든 이의제기의 표시로 스위치를 누르면 존스 판사의 자리에 불이 켜지도록 했다. 그러면 판사는 그 질문을 그만두게 한다.

"이렇게 하면 배심원들이 사건에 더 관심을 갖게 됩니다. 법정은 시민들의 것이니까요." 존스가 말했다.

법정에 선 어느 법률가든 배심원이 손드는 것을 가장 두려워할 겁니다.

"법정에 선 어느 법률가든 배심원이 손드는 것을 가장 두려워할 겁니다." 존스의 법정에서 자주 일하는 데이비드 밀러 검사의 말이다.

인간 친절 재단

보 로조프 : '인간 친절 재단'의 업적과 철학에 대한
보 로조프의 최근 이야기에서 발췌했다

이상주의자는 내가 아니라 감옥제도를 옹호하거나, 감옥을 더 짓고 처벌을
더 강화하자고 하는 사람들이다. 그들이 '부정적 이상주의자'인 것은 현실
에서 끊임없이 그릇된 것으로 드러나는 징벌에 대한 이상을 갖고 있기 때
문이다. 그런 이상은 한마디로 더 이상 통하지 않는다. 우리를 해치는 사람
을 해치는 일은 해침의 악순환을 영속화할 뿐이다.

**대다수 재소자는 자기 삶을 증오한다. 그러나 누군가가 다가와서 자
신이 얼마나 가치 있는 사람인지를 보여주면 그들은 빛을 발하기 시
작한다.**

그럴듯한 기회가 주어진다면 재소자의 90퍼센트 이상은 바른 삶을 살려
고 한다고 장담할 수 있다. 고질적으로 범행에 매달리는 사람은 아주 적은
숫자다. 대다수 재소자는 자기 삶을 증오하며, 스스로가 형편없는 패자라
고 느낀다. 그러나 누군가가 다가와서 자신이 얼마나 가치 있는 사람인지
를 보여주면 그들은 빛을 발하기 시작한다.

그래서 나는 재소자들이 단지 교육과 직업훈련을 받는 것보다 일종의
'좋은 일'을 하도록 만드는 것이 그토록 중요하다고 외치는 것이다. 수지

고메스라는 사람이 언젠가 말했듯이 "도와달라고 부탁을 받는 것은 영광스러운 일이다." 재소자에게 그런 영광스러운 기회를 주어서 심오한 변화가 일어나는 모습을 목격하는 일은 놀라운 경험이다.

모든 사람이 다 자유로워져야 한다고 말하는 건 아니다. 공공을 보호하기 위해 사회에서 반드시 격리되어야 할 삐뚤어진 사람이 반드시 있을 수도 있다. 하지만 그런 사람은 아주 적으며, 우리는 이미 그런 사람들을 수용하기 위해 필요 이상의 감옥을 갖고 있다. 그리고 또 그렇다 하더라도 우리는 그들을 구제하기 위한 최적의 조건을 만들 수 있다. 여생을 철창 안에서 보낸다 하더라도 자신들의 과거 잘못에 대한 뉘우침을 통해 세상에 도움을 주는 존경받는 작가, 발명가, 사상가, 예술가, 인도주의자가 될 기회를 줌으로써 말이다.

그래서 나는 재소자들이 단지 교육과 직업훈련을 받는 것보다 일종의 '좋은 일'을 하도록 만드는 것이 그토록 중요하다고 외치는 것이다.

그러나 그럴 수 있는 사람들은 적다. 대다수 재소자들은 자택연금, 지역사회 봉사, 전자장치를 이용한 감시제도, 가족상담제도, 손해배상, 약물 및 알코올에 대한 재활치료 등을 적절하게 활용해 더 나은 대우를 받게 할 수 있는 사람들이다. 감옥은 마지막 수단이 되어야 한다. 감옥은 약물남용 같이 가장 시급한 사회적이며 의학적인 문제에 대하여 전혀 대안이 되지 못하기 때문이다.

'인간 친절 재단'은 지원 신청 대신 자유로운 기부에 의존한다.
이 재단은 노스캐롤라이나에 있다.

영앳하트 Young At Heart ―
65세 이상 노인을 위한 공연 극장

영앳하트는 농담에서 시작됐다. 메사추세츠 노스햄프턴 노인들을 위한 저소득층 식당에서 권태를 이기기 위해 만들어낸 아이디어였다. 음식은 일종의 전형적인 정부 제공식으로서 대단치는 않았지만 피아노가 있는 무대도 있고 합창단과 함께 공연하는 여성도 하나 있었다. 나쁘지는 않았다. 나는 이곳의 책임자였고 예술에 대한 내 이력은 기껏해야 못미더운 정도였다. 나는 '셀프 라이처스 브라더스'라는 단명한 밴드 소속이었다. 극장 경험에 대해서라면 나는 1년간 배우, 무대 조감독, 그리고 마을의 거의 모든 예술가들을 멀리해야 하는 극장 일반 매니저 일을 한 적이 있다.

나는 이 노인 합창단을 지도해줄 여성을 하나 찾았다. 그런데 그녀는 노인들에게는 너무 밋밋한 음악을 고르는 바람에 3개월을 그냥 질질 끌기만 했다. 나는 지휘 자리를 넘겨받기로 했다. 그룹 안에서 사람들이 즐거워하는 모습을 좋아하고 사람들이 어떠한 것이라도 해보겠다는 의욕이 넘쳐 보였기 때문이다. 1년이 채 못 되어 우리는 우리가 먹고 연습한 이 식당에서 무대공연을 하기로 결정했다. '노 시터'에서 온 로이 포드리는 흥미를 느끼고 우리와 함께 일하기로 했다. 그것은 나에게도 스릴 넘치는 일이었다. 로이는 우리 지역사회에서 가장 멋지고 창의성 있는 작품을 많이 만들어냈기 때문이다.

초연은 마을에서 있었던 어떤 위대한 예술공연보다 더 감동과 흥분을 자아내어 기억에 남을 일이 되었다. 공연은 네 번이나 매진되었고 노소 구분 없이 지역사회 전체의 호응을 얻었다. 가장 인기가 좋았던 내용은 85세 된 할머니 애나 메인이 자신만이 할 수 있는 외설스러운 농담을 하는 일종의 즉석 코미디였다. 우리는 처음부터 노래가 제대로 되지 않을 경우 애나에게 넘기면 그녀가 알아서 웃겨줄 거라고 생각하고 있었다. 합창은 처음부터 다른 노인합창단과는 사뭇 다르며 엉뚱하다는 평판을 받았다. 두 번째 해에는 두 여성 배우 랠프 인토르시오와 워렌 클라크가 독특한 희가극 댄스 스텝을 하는 영국인 에일린 홀과 나타나자 더 엉뚱해졌다.

나는 항상 노인들이 만든 이 작업의 중요성에 대한 질문을 받았다. 그것이 무엇인지 설명하기 위해 나는 먼저 무엇이 아닌지를 설명해야 한다. 합창은 노인들을 돕기 위한 사회봉사가 절대 아니었다. 물론 참여한 여러 사람들이 여러 가지 즐거움도 맛보고 수명연장에도 도움이 된다고 확신한다. 그것도 대단한 일이긴 하지만 그것 자체가 이 일을 하는 이유인 것은 결코 아니었다. 다른 대부분 뉴잉글랜드 지역 고장처럼 메사추세츠 노스햄프턴은 평생을 이곳에서 살아온 사람들과 이사 온 지 25년이 안된 사람들로 나뉘어져 잇다. 영앳하트는 지난 18년 동안 우리의 극장공연을 통해서 이런 간극에 다리를 놓는 일을 도와왔다.

몇 가지 예를 들어보자. 1984년에 영앳하트와 마을 주택건설 프로젝트에서 온 젊은 브레이크댄서 그룹은 합동으로 '불라 불라 비미니 밥'을 만들었다. 브레이크댄서들은 노인들이 부르는 노래에 맞는 댄스 스텝을 만들었다. 그것은 오랜 공연의 역사에서 문화충돌을 처음으로 보여준 사례가 되었다. 그 연출이 주는 이점은 공연 자체를 넘어섰다. 도시 전체의 공공주택을 순회하는 버스노선이 하나 있다. 두 그룹의 회원 모두가 주택건설 프로젝트 현장 가까운 곳에서 활동했기 때문에 버스에서 이따금 만나게 되었다. 공연이 있기 전에 그들은 서로 그리 편치가 않았다. 그런데 공연이 끝나자 그들은 버스에서 같이 앉게 되었다.

1988년에는 '오 안돼, 콘도'라는 공연이 고장의 주택가가 급속히 고급화되는 문제를 짚었다. 콘도 개발자에 의해 주택 프로젝트에서 밀려난 어느 노인들이 지역 공원에서 최근 자기 나라에서 쫓겨난 캄보디아 사람들과, 공원을 지배하는 펑크족 몇 사람을 만난다. 공연이 끝날 무렵 노인들은 캄보디아 전통가요를 부르고, 캄보디아인들은 '렛 미 콜 유 스윗하트'를 부르며, 펑크족들은 어빙 벌린에 맞추어 춤을 춘다.

1991년에는 합창단이 주요 공연 두개를 했다. '메인 부인의 악마'와 '루이 루 1세'였다. 전자는 합창에 푸에르토리코 댄서들과 아프리카계 사람들의 복음성가대를 합쳤다. 하이라이트는 애나 메인(당시에 95세였다)과 마돈나의 '보그' 앨범에 대한 그녀의 독특한 흉내였다. '루이 루 1세'에서는 합창을 다시 로이 포드리와 결합했다. 이 공연은 시나트라의 노래를 이용해 프랑스혁명을 재조명한 것으로 전통적인 영앳하트 화법을 벗어난 것이었다. 놀라운 시각효과를 갖춘 이 공연은 무대에서 우리가 무엇을 보여줄 수 있는지에 대한 생각을 바꾸어 주었다는 점에서 합창단에게는 혁명적인 일이었다.

1994년에는 합창단이 '플래밍 안장'을 공연했다. '파이오니아 밸리 게이 남성 합창단'과 함께 가진 큰 공연이었다. 옛 카우보이 노래와 디스코를 혼합하여 노인들과 게이 관객들은 함께 소리를 지르며 즐거워했다.

1997년 로테르담에서 열린 'R 페스티벌'에 초청되었을 때 우리는 '천국으로 가는 길'을 만들었다. 우리가 한 공연 중 최고의 것들만을 추린 편집공연이었다. 우리는 이 공연을 세상을 떠난 애나 메인과 워렌 클라크와 다른 모든 합창단원에게 헌정했다. 2000년 런던공연은 3년 동안 유럽에서 가진 여섯 번째 공연이었다. 합창단원들은 자기 아이들에게 꺼달라고 부탁하던 음악에서 무언가 재미있는 것을 발견했다. 우리 중 음악과 함께 자란 사람들은 그런 노래를 노인들이 부르면 얼마나 달라지는지 보고 놀라워했다.

우리가 함께 한 18년 세월 동안 영앳하트는 모든 연령대의 공립학교 학생들을 위해 콘서트를 했다. 이들 프로그램은 앞에서 이야기한 포맷대로 공연을 했다. 현재 우리는 '라디오 시대부터 랩으로 그리고 뒤로'라는 공연 투어를 하고 있다. 1930년대부터 지금까지 인기 있었던 노래와 스타일에 대한 뮤지컬 투어 공연이다. 우리는 이 공연을 서부 메사추세츠에 있는 100여 개 학교에서 했다. 학생 공연이 자발적으로 있기도 하고 우리 지휘자와 학교 음악교사가 미리 준비하여 하는 경우도 있다. 이 공연이 독특해지는 이유는 학생들이 자기 지역사회 노인들과 함께 관객이 된다는 점에 있다. 전형적으로 노인들은 지역 '노인 협의회'와 학생들의 초청에 따라 학교 콘서트에(학교 일과 중에) 참석한다.

취향이 같은 노인들의 집

그레고리 라이트

관심사, 취미, 전직, 배경 등이 비슷한 사람들만을 받는 요양원이나 양로원을 만들면 어떨까? 가령 '정원사의 집', '예술인의 집', '독서애호가의 집', '동물애호가의 집' 하는 식으로 말이다. 이런 주제별 집의 거주자들은 공통 관심사나 축적된 지식이 있는 환경에서 산다면, 인생이 훨씬 더 살만한 가치가 있다고 느낄 수 있으며 개인적으로 더 성숙하고 건강해지는 경험을 할 수 있을 것이다. 직원들도 각자의 취향에 따라 노인 그룹을 선택할 수 있을 것이다.

그레고리 라이트는 캘리포니아에 살고 있다.

노인이 된다는 것을 체험해보다

영국 랭커셔 애크링턴에 있는 빅토리아 병원의 간호사 워크숍은 노인 환자들의 감정에 대한 통찰을 길러 주었다. 〈너싱 타임즈〉에 실린 프랜시스 빌리의 글에서는 이렇게 말하고 있다. "참석자들에게 두 다리를 함께 묶고, 귀에 탈지면 귀마개를 끼고, 렌즈가 흐릿한 안경을 끼라고 했다. 음악이 연주되고, TV가 켜지고, 누군가가 나를 의자에서 일으켜서 방 안에 데리고 다니며 사람들에게 인사를 시켰다. 나는 어떻게 돌아가는지도 모르고 가구에 아프게 부딪쳐가며 끌려다니다가 내 의자에 다시 앉혀졌다. 시간에 대한 감각이 다 사라져버렸고, 감정은 안으로만 향했으며, 내 안전한 세계에 침입하는 그 어느 것도 참을 수가 없었다."

참석자들에게 두 다리를 함께 묶고, 귀에 탈지면 귀마개를 끼고, 렌즈가 흐릿한 안경을 끼라고 했다.

30분간의 연습이 끝난 다음 빌리와 그녀의 동료들은 노인 환자들에 대한 자신들의 접근방법을 바꿀 필요를 절감하게 되었다.

골프차(골프카트)만을
시가지의 허가차량으로

코리나 갤럽 : '세계 아이디어 은행'에 보낸 이메일을 요약했다.

지금 하려는 제안이 정치적으로는 받아들이기 어려울지라도 도시 교통문제를 해결할 하나의 방안이 될 수 있을 것이다.

일반 승용차는 도심에서 금지한다.(자가용은 교외에 차를 대고 통근하는 '파크 앤 라이드' 방식만 가능하다.) 골프차를 이용하면 요금을 받을 것이다. 이 차는 전기로 가기 때문에 매연이 없다. 최대시속이 20마일이라서 도심에서 쓰기에는 충분하다. 목적지까지 더 빨리 가고 싶은 사람은 버스를 이용하면 된다. 다른 교통량이 적어서 버스는 훨씬 빨리 다닐 수 있을 것이다. 골프차는 아주 작기 때문에 주차도 별 문제가 없을 것이다. 이 수레차는 더 가볍고 느리기 때문에 사고횟수도 상당히 줄어들 것이다.

모든 도시 사람들의 삶의 질은 대단히 높아질 것이다. 길에서 받는 스트레스도 많이 줄어들 것이라 생각한다.

스마트 카 –
아주 새로운 교통 시스템을 위한 제안

니콜라스 손더스

이제는 거의 모든 사람이 자가용 승용차가 미래의 교통 수요에 대한 해답이 아니라는 데 동의한다. 연료를 엄청나게 잡아먹고 환경오염을 유발하며 위험하기 때문이다. 대신 버스나 기차를 이용하자고 권하고 있다.

첫째, 내가 독자께 확신시켜 드리고 싶은 바는 사람들이 버스나 기차로 자신의 교통수단을 바꾸지 않을 것이라는 점이다. 모노레일이든 '총알(탄환열차)'이든 마찬가지다. 이유는 사람들이 기본적으로 이기적이며, 자신에게 더 편한 것으로만 변화를 하기 마련이기 때문이다. 언제든 여러분을 원하는 곳으로 모시기 위해 대기 중인 자가용을 없애 버리기는 쉽지 않다. 게다가 자가용은 음악, 프라이버시, 외부세계로부터의 완벽한 안전 같은 개인적인 편리함을 제공하고 있다. 프랑스 같은 나라에서 볼 수 있듯이, 차를 굴릴 여유가 있는 대부분의 사람들은 효율적이며 저렴한 대중교통수단을 이용하기 위해 자발적으로 자가용을 포기하지는 않을 것임이 분명하다. 사람들에게 자기 차를 억지로 포기하게 만들거나 도로세를 부과하는 일은 정치적으로도 인기가 없을 것이다. 그런 방법은 단기적으로나 사용할 수 있을 것이다. 장기적인 해답은 더 나은 무언가를 제공하는 것이다. 훌륭한 소수가 아니라 평범하고 이기적인 다수가 보기에 더 나은 것 말이다.

둘째, 나는 버스와 기차의 대안이 있다는 사실을 보여주고 싶다. 가령 한 친구가 남아도는 크루즈 미사일을 여객용 비행기로 개조하자고 제의했다고 치자. 이 미사일은 이륙해서 다른 비행물체나 장애물을 피하며 목적지로 가는 길을 찾을 수 있다. 그러니 이 미사일이 배워야 할 것은 착륙하는 법뿐이라는 이야기다! 나는 그런 무리한 방법을 부추기는 무모한 짓을 하지는 않겠다. 대신 우리를 바른 길로 인도해줄 방법을 찾도록 해야 한다. 그것은 일보 전진하는 것이다. 사실 기술은 미래 교통시스템을 위해 지금까지는 주로 무시되어온, 사용하지 않았던 수많은 방법으로 가는 길을 열어주었다. 슬프게도 이미 경험한 것을 약간 바꾸는 것 이상의 무언가를 그려볼 수 있는 상상력을 가진 사람은 거의 없다. 그리고 어떤 공상이 실제적인지 평가할 수 있는 능력을 지닌 사람은 더욱 없다.

셋째, 나는 내가 갖고 있는 실현 가능한 비전을 설명해보려 한다. 현존하는 기술에 어느정도 기반을 두고 있기 때문에 이것은 발명이 아니다. 개발하려면 상당한 준비가 필요하기 때문에 당장 추진할 수 있는 시스템도 아니다. 단지 우리의 손이 미치는 범위 안에 있는 무공해 무소음 교통시스템의 한 예일 뿐이다.

이 시스템은 직경 2미터짜리 튜브의 망을 만드는 것이다. 튜브 안으로 런던 택시 뒷부분 크기만 한 차들이 지하와 지상으로 달린다. 거의 시속 200마일 정도의 속도가 가능한 접속로들이 도로나 철로처럼 지상 트랙을 따라 연결될 수 있을 것이다. 하지만 더 빠른 고속 접속로는 특별히 곧은 트랙이 필요할 것이다. 아마 현수교처럼 지상에 매달린 모양이 될 것이다. 튜브에 달린 창문으로 탑승객들은 밖을 바라볼 수 있을 것이다. 속도는 트랙에 의해 조절된다. 설계에 따라 트랙의 모든 지점에 정해진 속도가 있어서, 차들이 서로 부딪치지 않으면서도 아주 가까이 붙어서 달릴 수 있도록 해야 한다. 이는 기존의 공학적 관점에서 볼 때 안전문제를 야기할 것이다. 비상시 차간 정지거리 문제다. 하지만 더 이상 차간 정지거리가 필요하지 않을 수 있다. 기차의 차량 사이처럼 차끼리 자기적으로 하나의 슬롯에 묶여있기 때문이다. 움직이는 사슬에 묶여있다고 생각하면 되겠다. 하지만 전체의 흐름이 갑자기 멈춘다면? 차들은 튜브에 밀착되어 있어서 차간 공기도 같은 속도로 움직이기 때문에 서로간의 충돌을 방지하는 스프링 역할을 할 것이다. 이는 리프트에서 입증된 안전기술이다.

차는 자력으로 떠서 부드럽고 조용한 승차감을 줄 것이다.

차에는 엔진도 없고 바퀴도 없다. 대신 트랙이 전기를 사용하는 내장식 선형유도 및 선형동기 전동기를 이용하여 추진력을 제공한다. 차는 자력으로 떠서(자기부상) 부드럽고 조용한 승차감을 줄 것이다. 트랙 건설에 많은 비용이 들겠지만, 차량은 싸게 만들 수 있다.(독일과 일본은 비슷한 기술을 쓰는 고속철도를 갖추고 있다.)

정차역은 현재의 버스 정거장 정도의 간격을 유지한다. 역마다 도움을 줄 수 있는 직원을 두어 관리를 하면 좋으리라 본다. 필요하다면 우편물이나 물건을 집집마다 배달해주며, 궤도차나 저속 전기차를 빌려주는 일을 할 것이다. 사실 이런 역들에 대해 나는 더 넓은 비전을 갖고 있다. 모든 사람들이 지나쳐야만 하는 곳이기 때문에 지역의 새로운 사회적 중심지 역할을 할 것이기 때문이다. 그리고 이런 역은 정치 시스템의 새로운 기본 단위가 되기도 할 것이다.

차가 마치 전화통화처럼 네트워크를 통해서 이동할 것이다.

어디를 가려면 승객들은 가장 가까운 역으로 갈 것이다. 그곳에는 항상 적어도 한 대의 차는 기다리고 있다. 승객이 타고 나서 신용카드 비슷한 것을 넣으면 차가 마치 전화통화처럼 네트워크를 통해서 이동할 것이다. 일단 출발한 후 승객은 고속도로에서처럼 원하는 휴게소에서 멈추어 쉴 수 있다.

합류지점에서 트랙끼리 붙어서 같은 속도로 달리는 모양은 고속도로 진입로의 광경을 연상하면 될 것이다. 나란히 달리는 두 트랙 사이에는 중간 환승 트랙이 있을 것이다. 트랙을 바꿔 타는 차는 가까이에 슬롯이 있을 경우 곧바로 갈아탈 수 있을 것이다. 아니면 환승 트랙에서 속도를 내어 빈 슬롯으로 갈 수 있다. 제대로 설계를 하면 남은 슬롯이 항상 있어야 할 것이다. 전화통화에서도 그러하듯이 혼잡이 예상되면 우회할 수도 있어야 하기 때문이다. 한 발 더 나아간 고장 안정장치로서 각 트랙은 자체의 완벽한 순환선(루프 자폐선)이 되어야 한다. 그래야 차가 그 트랙을 빠져나갈 수 없는 상황이 발생할 경우에도 계속해서 움직일 수 있기 때문이다.

자체 순환선 트랙을 갖춘 도로변에 있는 각 역에는, 차들이 (스키)리프트처럼 다가올 것이다. 차는 무게와 위험물(폭발물이 있는지 스캔할 수도 있다) 검사를 하는 감지기를 통과한 다음 역 루프를 떠나 본 트랙으로 들어갈 수 있을 것이다. 차가 지저분하다거나 망가진 사실을 발견한 승객은 코드 다이얼을 눌러 차를 보관 장소로 보내어 수리를 하도록 하고, 전에 사용한 사람을 승차료 카드를 이용해 추적할 것이다. 추가 감지기는 트랙을 달리는 차를 검사하여 트랙 사용에 문제가 있는 차를 빼낼 것이다. 이와 유사하게 특별장치를 한 차들이 다니며 트랙 상태를 항상 점검할 것이다.

시골 지역은 가장 가까운 역이 아마 몇 마일은 떨어져 있을 것이기에 사람들은 역에 가거나 이웃을 돌아다닐 때 여전히 도로차량을 이용할 것이다. 하지만 이런 이동은 짧기 때문에 결국에는 배터리로 가는, 느리고 안전하고 재충전하지 않으면 멀리 갈 수 없는 전기차만 허용하게 되리라고 본다.

빈차는 트랙으로 되돌아올 것이다. 역마다 적어도 한 대씩은 대기 중이라고 해도 출퇴근 시간 등에 대처하기 위해 특정 지역으로 몰리는 차들이 많을 것이다. 여느 시스템처럼 이것도 제한된 용량이 있을 것이다. 하지만 새 트랙, 역, 고속 연결을 통해 용량이 계속 늘어날 것이다.

물건도 같은 방식으로 실어 나를 수 있다. 화물차량은 일반 지게차가 옮기는 1톤가량의 팔레트 짐까지만 운반할 것이다. 특수차량에 팔레트 짐을 길게 싣도록 할 것이다. 유조차 같은 일부 큰 차들은 사적으로 소유하게 할 것이다. 모든 공장과 창고에 자체 역을 마련하여 일반 공중 역 직원들이 물건을 지역 내에 배달하도록 한다. 이렇게 하려면 같은 양을 운반하는 지금의 트럭 보다 훨씬 더 많은 차가 필요하지만 환경피해는 현재수준보다 더 적을 것이다. 6피트 폭 고속튜브가 12피트 폭 고속도로 한 차선보다 더 많이 운반할 수 있기 때문이다. 사업상의 경제적 이득이 엄청나리라고 본다. 사람과 물자가 출발한 뒤 한 시간 이내면 도착할 수 있기 때문이다. 이동하는 데 드는 시간의 절약은 돈을 절약해줄 뿐만 아니라 분류지, 창고, 물건 취급비에 드는 비용도 엄청나게 줄여준다. 가령 쿠키 제조자는 슈퍼마켓에 바로 상품을 보낼 수 있다. 매장에서 고른 세탁기는 소비자가 집에 도착할 즈음이면 공장에서 집으로 바로 배달된다.

> **도로 교통사고 및 사상자를 엄청나게 줄여서 얻는 이득은 이 시스템이 갖춘 또 하나의 장점이다.**

도로교통보다 유리한 이런 시스템의 환경적 장점은 엄청나다. 연료와 공해 문제와는 별도로 땅이 별로 필요하지 않다. 시속 200마일로(더 빠르면 더 많이) 운반하는 6피트 폭 튜브 트랙 하나가 고속도로 차선 30개가 할 수 있는 양만큼 수송할 수 있기 때문이다. 이는 고속철도에도 결코 뒤지지 않는 능력이다. 도로 교통사고 및 사상자를 엄청나게 줄여서 얻는 이득은 이 시스템이 갖춘 또 하나의 장점이다.

이 새 시스템의 건설비는 비싸다. 하지만 그 다음에 드는 자본과 운영비는 고속도로나 지상, 지하 철로에 드는 비용보다 싸다. 필요한 터널도 좁고, 차는 엔진이 없으며 작고 값싸다. 전기는 어느 에너지원에서든 만들어낼 수 있다.

새로우면서도 국제화될 잠재성이 있는 시스템은 어떠한 것이든 어떻게 시작하느냐가 문제다. 시도해볼 만한 모델에는 도시 외곽 버스노선을 대체하는 현재의 튜브 노선(런던 남부에 있는 것 같은)에 연결하는 방법이 있다. 이런 스마트 카 튜브가 여러 곳에 만들어지면 이들을 빠르게 연결하여 독립 시스템으로 만들 수 있다.

원서 편집자의 말

1970년대부터 아주 비슷한 개념이 독일, 프랑스, 일본, 미국에서 연구된 바 있다. 이런 식의, '개인 신속 수송'PRT라는 이름의 개인 모노레일(단궤철도)이었다.

컴퓨터기술이 발달함에 따라 작은 개인용 4인승을 움직이는 아주 유연한 시스템이 개발되었다. 각 '차량' 이용자는 목적지를 선택하여 가다가 다른 역에서 멈출 필요 없이 바로 도착할 수 있게 된다. 차간 거리를 아주 짧게 만들면서도 역에 멈추는 차가 있으면 다른 차가 사이로 지나갈 수 있도록 한다. PRT를 제안한 사람들의 말에 따르면 쉽게 철도의 수송능력을 따라잡을 수 있다고 한다. 동시에 자기만의 공간을 선호하는 자가용 이용자들의 인기를 끌 수도 있다고 한다.

PRT는 시카고의 공항 교외인 로즈먼트를 위해 마련된 네트워크다. 시험 트랙이 매사추세츠 말보로 외곽 숲에서 운행되고 있다. 후자는 공교롭게도 패트리어트 미사일을(앞에서 니콜라스 손더스가 크루즈 미사일을 언급한 부분을 보라) 만드는 방위산업체 레이시온에서 설계한 것이다.

미셸 르 파주가 《뉴 사이언티스트》에서 PRT에 반대하는 논쟁을 시작했다. 그는 PRT의 가이드웨이를 위한 인프라 건설비가 엄청날 것이라고 논박했다. 또 자동차의 득세를 위협하는 PRT는 승용차 보유자, 자동차 제조자, 다국적기업처럼 현상유지에 이해관계가 있는 당사자들로부터 완강한 저항을 받을 것이라고 했다.

덴마크 RUF시스템에서 입증한 이중 모드 방식은 이 딜레마에서 벗어나 한 걸음 더 나아갈 수 있게 해준다. 팔레 옌센이 고안한 이 시스템은 PRT를 닮았지만 중요한 차이점이 있다. 차량에는 슬롯뿐만 아니라 바퀴도 있어서 모노레일 위를 달리게 한다. 그래서 철로나 일반 도로를 모두 다닐 수 있다.

이런 이중 시스템은 통근자들이 복잡한 도심지역에 있는 빠른 가이드웨이 네트워크로 차를 몰고 가서 모노레일을 타고 원하는 도심 다른 지역으로 이동할 기회를 준다. 이 시스템은 PRT 같지 않게 유기적으로 늘어나서 이중모드 차량 생산으로 쉽게 전환할 수 있는 자동차 제조사의 지원도 받을 수 있다. 2020년이면 사망 및 장애의 세 번째로 큰 원인이 되리라 예상되는 도로교통사고가 극적으로 줄어들면서 얻는 추가 이익도 있을 것이다.

스마트 도시교통 웹사이트

로버트 앨콕

나는 자가용 승용차가 득세하는 도시(로스앤젤레스)와 대중교통수단이 발달한 편인 여러 도시(샌프란시스코, 런던, 더블린, 빌바오)에서 지낸 적이 있다. 삶의 질을 위해 나는 언제나 두 번째 그룹을 지향한다.

안됐지만 기차를 이용하든 버스, 전차, 케이블카를 이용하든 도시교통 시스템은 대개 불가해하고, 못미덥고, 흐트러져 있고, 반응이 느리며, 한 마디로 멍청하다.

도시마다 도시교통을 더 지능적인 것으로 만드는 데 기여하는 독립 웹사이트를 만들면 어떨까?

모든 주소지 데이터베이스에 연결된 모든 교통수단의 시간표를 갖춘다.

다루는 내용에 이런 것들이 있으면 좋을 것이다.

◆ 모든 주소지 데이터베이스에 연결된 모든 교통수단의 시간표를 갖춘, 원스톱 시간표 참고기능. 어디에서 어디로 가는지 입력하면 가장 쉬운 경로를 알려준다. 오가는 양쪽의 버스정류장이나 기차역으로 가는 지도도 보여준다.
◆ 장애인을 위한 완전 통합 정보를 제공한다.
◆ 어느 경로가 늦어질 가능성을 계산하기 위해 다른 경로들의 신뢰도에 대한 통계를

낸다.

◆ 고장, 날씨, 파업 등으로 인한 특별 상황에 대한 정보를 담는다.
◆ 승객들을 위한 게시판을 만든다.

웹사이트의 섹션 하나는 대중교통 개선을 위한 로비를 담당할 이용자들을 조직하는 데 할애한다. 다음과 같은 내용을 담을 것이다.

◆ 개선을 위한 제안을 제출하고 그에 대한 표결을 할 수 있는 메커니즘(장치).
◆ 시간엄수, 청결, 안전과 같은 분야에서 최고 및 최하 서비스에 대한 여론조사.
◆ 대중교통을 담당하고 있는 사람들에게 여론조사 결과를 보내어 답변을 받는다.
◆ 대중교통 개선을 위해 일하고 있는 다른 단체와 연대한다.

내가 제안하는 웹사이트의 독립적이고 자율적인 성격에 대해 강조할 필요가 있다. 그렇지 않으면 교통수단과 운영회사들 사이의 조직 차이를 반영하는, 효과적인 피드백 메커니즘이 없는 단편적인 방식의 정보만을 얻게 될 수 있기 때문이다.

가령 빌바오(내가 살았던) 시 정부가 이 일을 시작하고 있다. 대중 정보 단말기에 도시 버스노선 인터렉티브 지도를 갖추고 있다.

빌바오에서는 또 버스추적 시스템을 설치하고 있다.(그래서 버스가 어디에 있어야 하는지가 아니라 대체 어디에 있는지를 파악하는 것이다!) 하지만 이는 백만 인구가 사는 이 도시의 6대 교통시스템 중 하나일 뿐이다.(지하철, 전차, 버스회사 두 곳, 적어도 세 곳의 국철 시스템.) 그러다 보니 자연히 피드백을 위한 시스템은 무용지물에 가깝다.

개인회사가 어느 도시에서든 적용될 수 있는 일반 시스템을 만들어야 한다. 이용자가 많아지면서 시스템 운영비를 충당할 정도의 광고수익을 얻을 수 있을 것이다.

더 기발한 교통의 실마리는 쉽게 접근할 수 있는 사이트 하나에 모든 정보를 다 모으는 데 있다.

많은 회사들이 도시교통을 위한 지능형 기술을 여러 가지로 적용하는 데 힘쓰고 있다. 하지만 나는 더 기발한 교통의 실마리는 쉽게 접근할 수 있는 사이트 하나에 모든 정보를 다 모으는 데 있다고 생각한다.

길바닥에 그려진 눈동자 시선 방향 표시

이슬람 디자인에 대한 책을 써온 데이비드 웨이드는 이렇게 주장한다. '좌우혼동ambi-perplexity'은 흔히들 생각하는 것보다 훨씬 더 보편적인 현상이다. 이 표현은 사람들이 좌우를 구분할 때 생기기 쉬운 혼동을 그가 나름대로 붙인 것이다. 신병훈련소 교관들은 이 혼동을 이용해 신병들을 잘 골탕먹인다.

아이들이나, 여행객이나, 좌우혼동의 피해자들은 모두 이것 때문에 목숨이 위험에 처하는 경험을 한 바 있다. 특히 일방통행로를 건너다가 예상치 못하던 방향에서 차가 달려오는 경우를 생각해보라. '왼쪽을 보시오' 또는 '오른쪽을 보시오'라고 쓴 표지판은 곧바로 받아들여지지 않는다. 그래서 화살표가 쓰이는 경우도 가끔 있는데, 더 직접적이긴 하지만 헷갈리기는 마찬가지다. 차량의 진행방향으로 착각하기 쉽기 때문이다.

웨이드는 이렇게 제안한다. 길바닥에 하얀 눈과 속눈썹을 칠하는 동시에 바라 보아야할 방향에 눈동자를 그려 넣으면, 많은 생명을 구할 수 있으리라고. 그렇게 되면 도로표지판이나 청소용품 등에 흔한, 웨이드가 말하는 '국제 그림문자 언어'가 더 늘어나는 셈이 될 것이다.

'사고방지를 위한 왕립학회'에서 도로안전 책임자인 M.J. 리드는 이렇게 말했다. "이 제안은 간단하면서도 완벽합니다. 우리는 '기발한 아이디어'를 아주 많이 받습니다. 대부분 끔찍한 도로사고를 해결하려 한다는 점에서 훌륭한 것들이지요. 그런데 대부분은 여러 가지 이유로 실행이 불가능합니다. 이 제안은 다행히 실제 사용할 수 있어서 기쁩니다.

데이비드 웨이드는 영국 웨일즈에 살고 있다.

의무 교통패스 방안

로이 심슨

대중교통은 예비 수용력이 상당히 많지만 모든 곳에서 항상 그런 것은 아니다. 이는 낭비되는 자원이다. 이 예비 수용력이 사용 가능할 경우 (가령 연금생활자가 한가한 시간대에 쓸 수 있는 교통패스를 가지고 있을 경우) 그 수용력의 수혜자에게는 그것이 실제 현금 가치와 동일한 것이 된다. 그리고 이 수용력은 사용하지 않으면 낭비되고 마는 자원에서 나오는 것이므로 지역사회에 드는 비용은 아주 적다. 이는 양쪽 모두에게 만족스러운 방법이다.

운전자를 위한 의무 대중교통패스 개념은 대중교통이 국가에게 줄 수 있는 서비스를 극대화하고 대중교통 회사들의 부담을 줄이는 것이다. 그렇다고 해서 무제한 무료통행을 허락함으로써 시스템에 부담을 지운다는 뜻은 아니다.

일반적인 원칙에 따라 지역의 한가한 시간대에 통행하는 데에는 제한이 없을 것이나, 장거리 통행은 (컴퓨터로 계산하여) 제한을 받을 것이다. 매달 횟수를 정한다든지, 통행 거리나 목적지 등에 따라 차등을 둔다든지 하는 식이다. 가장 붐비는 시간대에는 특정 통행 코스에 대해 제한을 가한다.

운전자가 자동차세와 함께 자기 교통패스를 자동으로 지불할 수 있다.

가령 영국에서는 운전자가 자동차세와 함께 자기 교통패스를 자동으로 지불할 수 있다.(아마 가족 것도 가능할 것이다.) 앞 유리 창에 단 면허 배지로 어떤 교통패스를 발급 받았는지 알 수 있을 것이다. 도심이나 다른 혼잡지역으로 들어가려는 운전자는 주차비를 고려하면서, 대중교통을 이용해 해당 지역으로 들어갈 수 있는 교통패스를 이미 지불했다면, 마음대로 들어갈 수 있을 것이다.

이런 방법은 강제성을 최소화하면서도 교통 흐름을 상당히 줄일 수 있을 것이다. 아이들, 노인, 저소득층 등은 사회보장 시스템을 통해 교통패스를 발급 받을 수 있을 것이다. 의무 교통패스가 적용되지 않는 '1회분' 표도 물론 구입할 수 있을 것이다.

5. 공동체

● 빈민 중의 빈민을 돕는 그라민 은행 ● 주민 모임이 예산을 할당하는 브라질의 도시 ●
가비오따쓰 – 가혹한 환경 속의 자급자족 공동체 ● 그로닝겐 – 자동차 없는 자전거 도시
꾸리찌바의 시민의식이 되살아나다 ● 자유독립공화국 프레스토니아 ● 라다크 – 오래된
미래 ● 라다크 – 전통의학을 되살리다 ● 다만후르와 '인류의 사원' ● 거실을 거리까
지 늘리다 ● 여러 가정으로 이루어진 일 잔치 모임 ● 공동 부모 (공동 육아) ● 도심주
민들이 자체 유람버스를 운행하다 ● 이웃의 날 ● 이웃혁신 프로그램 ● 이웃살롱 ●
이웃과 함께 하는 식사 ● 비공인 지역사회 카페 ● 비타민 T – 부족 비타민The Tribal
Vitamin ● 지역사회 건축가들을 위한 패턴 언어

빈민 중의 빈민을 돕는 그라민 은행

가이 돈시 : 가이 돈시의 책 《붕괴 이후: 무지개 경제의 출현》를 요약했다.
그라민 은행에 대한 책으로 《가난한 사람들을 위한 은행가》(무하마르 유누스 저 |
정재곤 역 | 세상사람들의책 | 2002년)이 번역되어 한국에 소개되었다.

방글라데시에 있는 그라민 은행은 1977년 무하마드 유누스가 세웠다. 개인 담보를 요구하는 대신 그라민 은행은 땅 없는 시골 사람들에게 성별이 같은 오십 명의 그룹을 만든 다음(방글라데시는 회교국가다) 다섯 명씩 소그룹으로 나누었다. 다섯 명으로 된 열 개의 그룹은 각각 정기적으로 만나며 은행 직원의 교육도 받는다. 그리고 각자의 사업 아이디어를 토론하기도 한다. 융자를 받기 위해서는 먼저 다섯 명 소그룹의 승인을 받아야 한다. 그 다음에 더 큰 그룹의 승인을, 그리고 마지막으로 해당 분야 은행직원의 승인을 받아야 한다. 그라민은 도시의 거대은행을 별로 신뢰하지 않는 편이다. 소그룹의 두 사람이 융자를 신청할 수 있다. 평균 융자규모는 135타카로써 소작농의 연 수입을 고려할 때 미화 1만7백 불 정도에 해당한다.

융자를 받는 여성들은 그 돈으로 젖소를 산다든지, 벼 낟알 껍질을 벗기는 도정기를 산다든지, 가축사료를 산다. 처음 두 사람이 정기적으로 돈을 잘 갚을 경우 6주가 지나면 다음 두 사람이 자기들 몫의 융자를 받을 수 있다. 그리고 또 6주가 무사히 지나가면 마지막 한 사람도 융자를 받을 수 있다. 융자에 대한 심사는 은행에서 하지 않는다. 은행은 이 일을 마을사람들에게 맡겨 버린다. 돈을 갚기 위해서는 서로의 성공에 의지해야 하기에 이 시스템은 잘 먹혀 들어간다. 채무불이행률은 2.7퍼센트다. 97.3퍼센트는 제때에 상환을 한다는 것이다. 근래에 이 은행은 영업이익을 냈다.

이 은행은 1만5천개 마을에서 영업을 하고 있으며 8천명이라는 직원을 고용하고 있다. 50만 명에게 융자를 해주며 그 숫자는 계속해서 늘어나고 있다. 그라민 은행의 운영방식은 인도와 남미에서도 개발되고 있다. 12개국 60개 도시와 마을 사람들이 '악시온 인터내셔널'에서 주선한 융자혜택을 받고 있다. 시카고의 '사우스 쇼어 뱅크'는 아칸소 시골에서 다른 지역 사회와 연계된 그라민 은행 원칙에 따라 경제개발 전략을 실험했다. 23세기가 되어 연대기 편집자들은 이렇게 기록할지도 모른다. 사회담보와 동료 그룹을 이용한 대출방식 발명은, 극빈층에게는 20세기 사상 가장 획기적인 경제적 돌파구였다고 말이다.

이 대출방식은 극빈층에게는 20세기 사상 가장 획기적인 경제적 돌파구였다.

극빈층 사람들 사이에서 효과적인 기업가 문화를 길러낸 그라민 철학의 성공은 방글라데시 전체에서도 주목할 만한 성공이 되었다. 그 결과 그라민은 여신업무 이외의 일까지 하도록 권장 받았다(그리고 그럴만한 자원을 얻기도 했다). 만든 제품이 대규모 공급업자들의 손에 밀려나는 곤경에 처한 방글라데시의 자영 베틀 수공업자의 처지에 충격을 받아, 그라민은 이런 자영업자들을 위한 중개인 역할을 하는 방안을 갖고서 새 사업에 발을 들여놓았다. 개인들로서는 갖기 힘든 그라민의 이름과 영향력을 빌려주는 일이었다.

'그라민 농업재단GAF'도 같은 정신으로 가득 차있다. 자체로는 전혀 땅을 소유하지 않으면서 개인들과 계약을 맺어서 생산의 파트너가 된다. 약정한 비율의 수확량에 대한 대가로 농업재단은 교육과 자금과 마케팅을 지원한다. 이런 시스템은 전통적인 생산 사이클을 몰아내는 데 도움이 된 듯하다. 기존 방식은 비효율성과 시장에 대한 인식 부족으로 그들의 가난을 심화시키는 경향이 있었던 것이다. 농업재단은 파트너들에게 생소한 작물로 실험하며 새로운(지속가능한) 기술을 개발하기를 권장한다. 농업재단과 소농 모두 이러한 시스템을 통해 이익을 내고 있다. 이 방안이 발전할 수 있도록 하는 자연스러운 추진력을 이끌어내면서 말이다.

책임 있는 자본주의가 개발도상국이 나아갈 최선의 방향임을 보여주고자 하는 유누스의 열정은 보건 분야까지 확장되었다. "방글라데시는 모든 국민들에게 무료로 의료 서비스를 제공해주기 위해 마련된, 아주 정교한 보건 서비스 인프라를 갖추고 있습니다. 그런데 결과는 재정이 너무 궁핍해져버렸으며, 한줌의 특권층에게만 봉사하는 서비스가 되어버린 것입니다."라고 그는 주장한다. 그 대안으로서 그라민은 비용회수원칙에 입각한 민간 의료보장보험을 만들었다. 유누스는 이 보험이 방글라데시 기준으로 가난한 사람들도 감당할 수 있을뿐더러 자유국가 서비스보다 더 효율적이라고 역설한다.

가이 돈시는 캐나다 빅토리아에 있는 '지속가능 공동체 상담' 소속이다.
그라민 재단의 뉴스레터 '그라민 다이얼로그'도 보시기 바란다.
'마이크로 파이낸스 네트워크'는 워싱턴 디시에 있다.

주민 모임이 예산을 할당하는 브라질의 도시

톰 애틀리가 본 연구소에 보낸 이메일과, 유네스코의 웹사이트인
〈www.unesco.org/most/southa13.htm〉에 실린
"브라질 포르투 알레그레의 예산집행 참여 경험"이라는 글을 요약했다.

1989년 포르투 알레그레 시市는 원인불명의 극빈 문제에 대한 근본적인 해결책 하나를 고안해냈다. 바로 예산집행에 참여하는 방법이었다. 지난 10년간 이 도시의 사람들은 공공사업의 예산 할당을 직접 결정해왔다. 주민 모임들이 프로젝트를 제안하면, 주민들이 선출한 지역사회 단체와 비영리 기관 사람들이 어떤 프로젝트를 밀고 나갈 것인지 결정한다. 경우에 따라 해당 지역사회에서는 최종 프로젝트의 이행을 감시하기 위해 파견을 보내기도 한다. 이렇게 하면 세 가지 효과를 거둘 수 있다. 부패와 자금집행의 실수를 피하고, 문제에 대한 확실한 현장 진단을 가능하게 해주며, 민주적인 참여의 기회를 엄청나게 늘려준다는 것이다.

하수처리 시스템의 대상인구 비율이 46퍼센트에서 85퍼센트로 껑충 뛰어올라서, 기본적인 수도공급을 받는 경우가 65,000 가구 늘어났다.

이러한 예산 운영체계가 실행되면서 놀라운 효과가 나타나기 시작했다. 하수처리 시스템의 대상인구 비율이 46퍼센트에서 85퍼센트로 껑충 뛰어올라서, 기본적인 수도공급을 받는 경우가 65,000 가구 늘어났다. 이 도시

에서 가장 빈곤한 지역에는 해마다 25에서 30 킬로미터의 도로가 포장된다. 하수도나 공중 전기 서비스는 최우선 순위 배정을 받았다. 예산 집행의 참여는 교육에도 상당한 영향을 미쳤다. 새로 집중적 자금모집을 한 결과 1988년에서 1995년 사이에만 등록 학생수가 두 배로 늘어난 것이다. 그래도 아마 가장 극적인 효과는 전 과정에 참여하는 사람들의 숫자일 것이다. 수천수만의 사람들이 해마다 두 번씩 열리는 정기 회합에 참석하여, 파견단을 선출하며 지나간 해의 업적을 확인한다.

이 시스템의 성공은 포르투 알레그레에서만 확인된(최근의 여론조사에서 85 퍼센트라는 지지를 얻었다) 것이 아니었다. 남미 브라질, 아르헨티나, 우루과이의 다른 50개 도시들도 똑같은 예산 시스템을 실행하고 있다. 그리고 이러한 제도는 확산될 수밖에 없는 것으로 보인다. 포르투 알레그레의 사례는 정책의 영향을 받는 사람들이 그러한 정책을 만들고, 자금을 모집하고, 집행하는 일에 제대로 참여할 기회가 주어질 때, 어떠한 효과를 거둘 수 있는가에 대한 훌륭한 교훈이 될 것이다.

가비오따쓰 –
가혹한 환경 속의 자급자족 공동체

Gaviotas: 동명의 책이 번역되어 있다. 《가비오따쓰 : 세상을 다시 창조하는 마을》
(앨런 와이즈먼 저 | 황대권 역 | 월간 말 | 2002년)

다음은 《예스! 밝은미래 저널》에 '가비오따쓰Gaviotas, 상상력의 오아시스'라는 제목으로 실린 앨런 와이즈먼의 글과 앨런 와이즈먼의 라디오 다큐멘터리를 요약한 것이다.(관련 정보는 이곳에, www.chelseagreen. com/Gaviotas/)

콜롬비아의 환경보호주의자인 파올리 루가리는 1971년부터 가비오따쓰를 건설하기 시작했다. 이곳은 콜롬비아 동부의 광대한 초원지대인 로스 야노스의 토양 나쁜 사바나 목초지에 있는 자급자족 공동체다.

그는 이렇게 말한다. "사회 실험은 늘 가장 쉬우면서 가장 비옥한 땅에서만 합니다. 우리는 가장 어려운 곳을 원했습니다. 우리는 여기서 할 수 있으면 어디서든 할 수 있다는 결론을 내렸지요. 유일한 사막은 바로 상상력의 사막화입니다. 가비오따쓰는 상상력의 오아시스입니다."

우림에다 인구과밀은 어리석은 혼합입니다.

루가리는 또 콜롬비아의 늘어만 가는 인구를 위한 대안 거주지를 발견해야 할 필요 때문에 자극을 받았다. 그는 "우림에다 인구과밀은 어리석은 혼합"이라는 점과, 전 세계적으로 인구 및 개발 압력이 점점 더 커지기 때문에

사람들이 언젠가는 지구 생태계의 가장 열악한 곳에서라도 사는 법을 배울 필요가 있다는 점을 깨달았던 것이다.

그는 실패한 야노스 관통 고속도로의 중간지점에 있던 버려진 콘크리트 구조물 몇 개에서 시작했다. 구아이보 인디언, 야네로 노동자들, 열성적인 대학생들의 도움이 있었다. 그리하여 루가리와 동료들은 견본 풍차, 태양열 모터, 온수난방 판, 소小수력발전 터빈, 바이오가스 발전기, 다양한 펌프를 개발해냈다. 1976년 이 정착지는 유엔이 지정하는 모범 공동체가 되어 연구비를 지원 받았다.

그들이 조림사업을 통해서 심은 나무는 콜롬비아 정부에서 한 것보다 많았다.

나중에 브라질에 있는 어느 가톨릭 선교 정착지의 영감을 받아 가비오따쓰 주민들은 수경재배(水耕栽培) hydroponics(양분을 용해한 물 속에서 야채를 재배하는 것. 식물영양학의 발달로 식물은 토양 속에 있는 광물질 가운데 아주 적은 양만을, 그것도 물에 녹아 있는 상태로 흡수한다는 사실이 밝혀지면서 널리 쓰이게 되었다.)를 시작하였다. 동시에 톱밥을 담은 쟁반과 광물질을 첨가한 나무 칩wood chip에서 싹을 틔웠다. 그리고 백만 그루가 넘는 열대(카리브) 소나무를 심었다. 과테말라, 니카라과, 벨리즈, 온두라스에서 가져온 묘목이었다. 정말이지 그들이 조림사업을 통해서 심은 나무는 콜롬비아 정부에서 한 것보다 많았다. 그리고 지금은 목재로 사용하기 위해 나무를 베어내는 대신 페인트나 테레빈유를 만드는 데 필요한, 복원 가능한 수액을 팔고 있다.

가비오따쓰 숲의 축축한 하층에는 새들이 못 보던 씨를 물어왔다. 로스 야노스에서 아마 천년이 넘도록 보지 못했던, 휴면상태에 있던 이 고장 나무의 씨앗들이 자라고 있는 것이다. 생물학자들은 여기 카리브 소나무 그늘 아래에 있는 식물이 적어도 40종은 된다고 한다. 다가오는 몇 십 년간 가비오따쓰에서는 이 새로운 토박이 나무들이 소나무를 누르고 자라나도록(그러지 않아도 이미 메말라 있다) 내버려둘 것이다. 그리하여 야노스 평원을, 많은 사람들이 믿는 바대로 아마존의 연장선상에 있는 원시림 상태로 되돌아갈 수 있도록 놓아둘 것이다.

군대, 게릴라, 준군사 그룹의 침범과 맞서오다가 유엔의 지원까지 끊기자, 가비오따쓰는 자급자족을 하기 위한 방법을 개발해야만 했다.

가비오따쓰에 있는 공장은 130명의 주민과 함께 주변 마을의 사람들까지 많은 이들을 고용하고 있다. 여기서 그들은 가비오따쓰가 쓰고 파는 혁신적인 장치들을 만들고 있다. 가령 풍차나 일반 모델보다 물을 여섯 배나 더 깊이 퍼내는 이중작동 펌프 같은 것들이다. 파이프 안에서 무거운 피스톤이 오르내리게 하는 대신, 이 펌프는 피스톤을 고정하고 플라스틱 관으로 만든 파이프를 움직인다. 이 간단하고 저렴한 펌프는 탁한 열대 강에서 물통으로 물을 길어오던, 콜롬비아 전 지역의 시골마을 사람들의 삶에 혁명을 불러 일으켰다.

시소는 사실 위장된 펌프다. 지난 세월동안 가비오따쓰의 기술진들은 이런 시설을 수많은 학교 운동장에 설치했다.

가비오따쓰의 야외 유치원에 있는 시소는 사실 위장된 펌프다. 아이들이 올라가고 내려갈 때마다 수직 파이프에서 물이 펑펑 솟아서 열린 시멘트 탱크로 흘러간다. 지난 세월동안 가비오따쓰의 기술진들은, 마을에 깨끗한 물을 공급하기 위해 아이들의 힘을 이용하는 이런 시설을 수많은 학교 운

동장에 설치했다.

아이들 교육뿐만 아니라 주택, 의료, 먹거리까지 가비오따쓰에서는 다 공짜다. 그리고 모든 사람들이 최소임금이 넘는 급여를 똑같이 받고 있다. 가비오따쓰에는 가난이 없으며, 가정은 적정 크기로 유지되고 범죄문제가 없다. 또한 가비오따쓰 유토피아에서는 아무도 형식적인 결혼을 하지 않는다. 마음 맞는 사람들끼리 자유롭게 커플을 이루고 산다.

가비오따쓰 유토피아에서는 아무도 형식적인 결혼을 하지 않는다. 마음 맞는 사람들끼리 자유롭게 커플을 이루고 산다.

언덕 위에 자리를 잡은 공동체의 병원건물은 지붕에 창이 달려 있고, 유리로 된 차양, 태양열 집열판, 멋진 철기둥으로 된 다양한 면모를 지닌 건물이다. 어느 일본 건축 잡지는 병상 열여섯 개를 갖춘 이 병원을 세계 40대 건물의 하나로 꼽았다.

내부의 냉방 시스템은 현대와 고대의 기술을 섞어놓은 것이다. 지하 송풍관은 뒤편 북쪽 언덕으로 난 흡입구와 연결되어서, 시원한 바람을 끌어왔다. 이집트인들이 피라미드를 식히기 위해 이용했던 바람을 이용한 통풍 기술인 것이다.

병원 취사장은 소똥에서 나오는 메탄가스를 이용해서 스토브 버너를 지핀다. 대신 조리는 대부분 태양열 압력솥으로 한다. 지붕에 있는 광전지들이 펌프를 돌리며, 태양열로 데워진 기름이 스테인리스 스틸 솥 주변을 순환하는 원리다.

병원의 별도 부속건물에는 야노스에 사는 구아이보 인디언을 위해서 짚으로 이은 정자인 '라마다ramada'를 큼직하게 지어 놓았다. 이 환자들은 일반 병상 대신에 나무들보 사이에 걸어놓은 그물침대를 쓴다.

의사가 환자를 치료하는 기간 동안 가족들은 곁에서 함께 지낸다. 구아이보 사람들은 누군가를 사람들로부터 격리시키는 것이 가장 해로운 감금이라고 믿기 때문이다. 생활비를 벌기 위해 가족들은 옆에 있는 온실에서 채소를 가꾼다. 루가리는 이 온실이 열대지방에서 가장 훌륭한 약용식물 연구소를 만들기 위한 토대가 되기를 바란다.

2004년이 되면 필요할 6백 명의 송진채집 노동자를 위한 새 마을을 준비하고 있다. 추가로 공장을 여럿 지어서 여성들도 와서 일할 수 있도록 할 계획이다. 생수, 말린 과일, 하프를 생산할 공장들이다.

더 최근에 가비오따쓰는 가축을 팔기로 결정하여 주민들에게 토끼, 닭, 물고기를 개인 사업으로 기르도록 허가했다. "붉은 고기를 너무 많이 먹으면 좋지 않습니다."라고 루가리는 말한다. "소목장이 너무 많으면 환경에도 안 좋지요. 그리고 식단이 너무 '햄버거화' 되는 것은 전 세계에 나쁩니다."

한편 콜롬비아 수도 보고타에는 가비오따쓰에서 개발한 지붕 태양열 집열판이 5만 세대가 넘는 아파트에 온수를 공급하고 있다.

이 놀라운 공동체에 대한 모든 이야기는 앨런 와이즈먼의 책 《가비오따쓰 : 세상을 다시 창조하는 마을》에 있다.
가비오따쓰의 사무국은 콜롬비아 보고타에 있다.

그로닝겐 – 자동차 없는 자전거 도시

〈런던 인디펜던스〉와 〈리서전스〉지에 실린 데이비드 니콜슨-로드의 기사를 요약했다.

네덜란드에서 여섯 번째로 큰 도시인 그로닝겐Groningen은 주요 교통수단이 자전거다. 1970년대에 지독한 공통혼잡 때문에 도시계획자들은 도심 중앙로를 만들기 시작했다. 1990년대에 그들은 자동차 없는 도심 중앙로 건설에 착수했다. 이제 인구 17만 도시인 그로닝겐은 시민 57퍼센트가 자전거를 주요 교통수단으로 이용함으로써 서구에서 가장 높은 자전거 이용률을 자랑하게 되었다.

그로닝겐 시민 57퍼센트가 자전거를 주요 교통수단으로 애용하고 있다.

이 프로그램의 경제적 효과를 진단해볼 필요가 있다. 1977년 이후 도심의 6차선 교차로 대신에 녹지, 보행자도로, 자전거도로, 버스전용차로를 만들고 나자 도시는 놀랍게 살아나기 시작했다. 임대료는 네덜란드에서 가장 비싼 편이며, 인구의 유출은 역전되었고, 자동차 억제에 반발하던 기업들은 더 강력한 시행을 외치고 있다. 수석 도시계획자 게리트 반 베르벤은 이렇게 말한다. "이것은 환경 프로그램이 아니라 경제 프로그램입니다. 우리는 일자리와 기업들을 부양하고 있습니다. 자동차보다는 자전거를 위한 도

시계획이 더 싸다는 사실은 이미 증명이 되었습니다." 이 사실을 증명하려는 듯 자전거 전용화가 아직 시행되고 있지 않은 도로의 상점 주인들에게서 자동차 통행을 금지해 달라고 하는 요청이 정기적으로 들어오고 있다.

한때 자동차 억제책에 반발했던 기업들은 더 강력한 시행을 외치고 있다.

어려운 첫 고비는 막 넘어섰다. 자전거는 순전히 숫자의 힘으로 법규를 결정하고 있다. 자동차의 과속을 방지하며 운전자의 태도를 결정하고 있다. 도시 전체에 걸쳐서 도로를 좁히거나 자동차의 진입을 막고 있다. 자전거도로를 만들고, 접근할 수 있는 유일한 통로가 자전거길인 집들을 짓고 있다. 자동차 중심의 도시외곽 쇼핑센터 개발이 금지되어 있다. 자동차를 더 멀리 우회하게 하면서 자전거에게 '촘촘한 도로망'을 제공하여 도심으로 쉽게 접근하도록 만들기 위해서다.

네덜란드 국가 전체와 마찬가지로 그로닝겐은 자동차 수 증가에 대한 두려움 때문에 자전거를 지원하고 있다. 10개년 자전거 지원 프로그램은 3천만 불이라는 자금이 들지만, 대신에 승용차로 통근하면서 들었던 소음, 공해, 주차, 건강 등의 숨은 비용이 한 해에 한 대당 적어도 255불은 절감되었다.

그로닝겐에서 자전거 이용은 도시 전체의 재개발 및 계획 및 교통 전략의 일부로 보아야 한다. 별도의 자전거도로, 신호등 주변 정지선, 빨간불일 때 자전거는 우회전이 가능하도록 허용하는 것과 같이 영국에서는 예외적으로 보이는 자전거 친화적 장치가 여기서는 일상적이다.

도심에 새로 짓는 건물은 자전거 주차장을 갖춰야 한다. 보호 시설이 있는 자전거 주차장이든(중앙 기차역에만 3천대 이상을 수용할 수 있다) 길거리 보관대든, 자전거를 세워둘 수 있는 공간은 헤아릴 수 없이 많다. 시청 지하에 있던 핵 대피소는 자전거 주차장으로 바뀌었다.

"자전거를 위해 단순히 좋은 시스템을 원하지 않습니다. 우리는 완벽한 시스템을 원합니다." 반 베르벤 씨가 말한다. "우리가 원하는 자전거 시스템은 독일의 아우토반 같은 것입니다. 우리가 가난해서 자전거를 타는 건 아니지요. 그것이 재미있고 더 빠르고 편리하기 때문입니다."

게리트 반 베르벤은 네덜란드 그로닝겐에 살고 있다.

꾸리찌바의 시민의식이 되살아나다

빌 맥기븐의 《희망, 인간, 야생: 대지에서 간소한 삶을 사는 이야기》
라는 책에 나오는 이야기를 요약한 마이클 패터슨의 이메일에서.
이 도시에 대해서는 《꿈의 도시 꾸리찌바》(박용남 저 | 이후 | 2000년)
라는 책을 통해 자세히 살펴볼 수 있다.

브라질의 꾸리찌바. 정말 평균적인 브라질 도시다. 그러면서 이 도시는 세계에서 가장 뛰어난 대중교통 시스템을 갖추었고, 부랑아들에게 주택을 제공했으며, 공원의 풀밭을 다듬기 위해 양을 풀어놓는 곳이다. 살고 싶은 도시 순위를 매긴 표를 보면 꾸리찌바는 거의 순위에서 빠져있다. 최근의 조사에서 디트로이트나 뉴욕 같은 미국 도시 주민의 절반 이상이 살던 곳을 떠나고 싶다고 했다. 하지만 꾸리찌바 시민 98퍼센트 이상은 자기들이 살고 있는 도시에 만족하고 있다. 그런 통계는 일본에서도 나온 적이 없다. 이 도시는 사람들 주변에 조성된 것이지, 사람들을 억지로 도시 안에 수용하려고 하지 않았다. 여기에는 살기 좋은 곳을 만들기 위한 사람들 및 조직과 함께 일하는 자치정부가 있다. 물론 여기에도 빈민가가 있다. 그러나 깨끗하다. 당국의 트럭이 다니면서, 쓰레기 자루 하나를 가져오면 식량 자루 하나를 주기 때문이다.

여기서 주요한 역할을 담당한 자이머 레르너는 동네를 망쳐버릴 수 있는 고가도로 건설에 맞서 싸우면서 이 일을 시작했다. 그는 진짜 이웃이 있는 동네에서 자랐으며, 그에게는 도로가 바로 도시였다. 그는 도로를 차가 다니지 않는 산책로로 만들기로 했다. 시장으로서 그는 공공사업 담당자와 마주앉아 이 일을 계획했다. 두 사람은 상인들이 절대 동의하지 않으리라고 생각했다. 뉴욕시를 계획했던 전설적인 인물 에드윈 모제스처럼 그들은 도로포장을 뜯어내고는 벽돌과 자갈을 덮었다. 수많은 꽃, 가로등, 키오스크(길가에 세우는 정자 모양의 간이 구조물. 광고판이나 가판대 등으로 사용 됨) 등에 장식적인 요소를 가미하였다. 그들은 이 일을 월요일 아침에 하도록 했다. 일이 끝나고 나면 다른 상인들이 자기 상점 앞으로도 그 산책로가 이어지게 해달라고 부탁했다.

사람들은 처음에 꽃을 꺾어갔다. 그러나 시에서 줄기차게 꽃을 다시 갖다놓자 더 이상 그런 일이 일어나지 않았다.

차를 소유한 사람들은 멀찌감치 주차를 하기로 했다. 시장은 종이를 도로 길이만큼 깔아 놓은 다음 아이들에게 앉아서 그림을 그리게 했다.

사람들은 처음에 꽃을 꺾어갔다. 그러나 시에서 줄기차게 꽃을 다시 갖다 놓자 더 이상 그런 일이 일어나지 않았다. 시 당국은 시민들을 존경했으며, 시민들은 그런 존경심에 보답했다. 버스 정류장을 유리로 만들었는데 훼손하는 사람이 없었다.

다른 조치도 취했다. 교통은 나란한 큰 도로 셋으로 재정비했다. 바깥에 있는 두 길은 일방통행로며, 가운뎃길은 버스만 다니도록 했다. 그렇게 하면 간선도로를 만들기 위해 빌딩을 헐어내는 비용이 들지 않을뿐더러, 도로를 인간적인 규모로 유지할 수 있었다. 구역 설정은 아파트 단지가 반드시 버스 노선에 가깝도록 설정했다. 도시는 선형으로 성장하여, 다양한 계층이 사는 다양한 종류의 주택을 유기적으로 보존할 수 있었다.

시는 공장의 부지와 용도를 제한한다. 그들은 삶의 질을 향상시키면 월급을 괜찮게 주는 훌륭한 기업이 절로 찾아올 것이며, 그렇게 되면 세제상의 특혜를 줄 필요도 없다는 사실을 잘 알고 있다. 이런 기업들은 자치당국의 보육문제에도 도움을 준다. 시에서는 흔히 빈민가의 홀어머니들을 고용하며, 사람들이 자기 집을 짓는 데 드는 자재를 구할 때 도와주기도 한다. 건축가들은 이런 사람들이 감당할 수 있게 한 번에 방 하나씩을 지을 수 있는 집을 설계하도록 도와준다.

플라스틱 쓰레기를 유형별로 분류하는 아이들에겐 버스 토큰을 준다.

시에서 운영하는 어린이 정책을 보자. 그들은 아이들을 자기 아이 대하듯 한다. 수양 자녀를 둔 집에서 아이들을 돌보거나, 기숙사나 일거리를 제공해주기도 한다. 이 부서의 책임자는 아이들이 음식과 사랑을 받을 수 있도록 부지런히 챙긴다. 시립 보육시설은 유아에게는 음식까지 모두 무료이며, 하루 12시간제로 운영하고 있다. 아이들은 시에서 제공한 씨앗을 써서 동네 정원을 가꾼다. 1980년대에 새로 이주해온 사람들 가운데 기존 상인들과 경쟁하며 손수레 행상을 해서 먹고 살려는 사람들이 있었다. 시는 미국 도시에서처럼 손수레를 부서버리는 대신, 면허를 주어서 시에도 도움이 되는 장소에서 장사를 하도록 했다. 시 당국자들은 농산물을 농부들에게서 직접 사면 더 싸다는 사실을 이용하여 청소문제도 해결했다. 빈민가의 좁은 길에는 트럭이 들어갈 수도 없었기 때문에 시에서 싸게 산 식량을 주민들이 모아주는 쓰레기 자루와 맞바꿔 주는 방법을 쓴 것이다.

매일 버스를 이용하는 승객이 수백만이다. 어떤 버스는 지하철처럼 사람들이 여러 문으로 승차하며 요금도 미리 지불하는 특별 정류소에 정차한다. 버스회사는 자립이 가능하여 정부로부터 일절 지원을 받지 않는다. 버스가 더 빠르기 때문에 승객 수는 점점 늘어난다. 플라스틱 쓰레기를 유형별로 분류하는 아이들에겐 버스 토큰을 준다. 못 쓰는 버스를 개조하여 직업훈련소 교실로 쓴다.

이 도시에는 범죄가 훨씬 적다. 미국 도시에서 흔히 발견할 수 있는, 문명의 허상을 적나라하게 드러내주는 기회 부족, 끝없는 좌절, 적개심은 이 도시에서 찾아보기 어렵다. 시는 낡은 건물을 무너뜨리기보다 새로운 용도로 재활용하기 위해 노력한다. 꾸리찌바 시는 강의 범람을 막기 위한 콘크리트 둑에 책정된 연방의 자금을 얻어 와서는, 공원용 부지와 호수를 만들기 위한 작은 댐을 만드는 데 썼다. 1인당 녹지가 2평방피트이던 것이 1인당 150평방피트로 늘어났다. 재산가치가 늘어난 것이다.

시 예산의 1인당 평균 지출 비는 미국 주요도시의 10분의 1에 불과하지만, 그들은 늘 싸고 간단하고 빨리 일을 처리하는 방법을 찾는다. 한 달 만에 오페라 하우스를 지어버리기도 하는 것이다.

시장은 일을 처리하기 위해 방법을 모색하는 사람들을 찾아서 브레인스토밍 모임을 갖는다.

리서치나 컨설팅에 쓸 돈이 없기 때문에 될 만한 일을 찾으면 최대한 빨리 실행에 옮긴다. 레르너는 문제를 전문가들에게 맡길 수 없다고 이야기한다. 그는 일을 처리하기 위해 방법을 모색하는 사람들을 찾아서 브레인스토밍 모임을 갖는다. 그러한 모임에서 나온 결과가 '24/7 거리' 같은 작품이다. 이 거리에는 하루 24시간 영업을 하는 가게 등이 모임으로써 공간을 더 효율적으로 활용하며, 하루에 몇 시간만 쓰게 되는 건물 내 공간의 제약성을 완화해준다.

시장은 일할 때 스스로 재미를 느끼고, 웃음을 잃지 않으며, 사람들을 행복하게 만들 수 있도록 창조적으로 해야 한다고 말한다. 다른 도시의 도시 계획 디자이너들이 워크숍에 참석한다. 어느 그룹은 아이들이 재활용품으로 장난감을 만들 수 있도록 하는 이동천막 공장을 디자인했다. 시 직원들은 자신들의 아이디어가 실제로 구현되는 과정을 지켜보고 싶어 한다. 다른 대부분의 곳에서는 감히 해볼 수 없었던 일을 말이다.

미국인들은 자신을 이웃에 대한 공포로 가득 채우는 TV 프로그램을 보면서 누에고치 속에 갇혀 산다. 그들은 흔히 자기 이웃이 누구인지도 모르고 산다. 토마스 오브라이언 신부는 세계적 추세인 지역사회의 붕괴는 곧 중독으로 이어진다고 말한다. 마더 테레사는 제1세계에서 가장 결핍이 심한 것이 바로 친구와 가족에게서 받아야 할 사랑과 관심이라고 말했다. 꾸리찌바는 아이들을 행복하게 만드는 일부터 시작했다. 그리하여 아이들이 안전하다고 느끼며, 미래와 기회에 대해 희망을 갖도록 만들려고 했다. 이 도시에는 자전거 도로와, 축구장과, 즐겁고 안전한 공중의 공간이 있다. 공중 무료 콘서트, 길거리 박람회, 배구장, 밤에는 텅 비어버리는 가짜 아닌 진짜 살아있는 도심이 있다. 삶을 즐겨볼만한 곳이다. 토요일이면 가끔 시 직원들이 나와서 아이들이 그림을 그릴 종이를 깔아준다.

물론 그렇다고 완벽하다는 것은 아니다. 하지만 여기는 다른 어느 미국 도시보다 더 완벽에 가깝다.

자유독립공화국 프레스토니아 Frestonia

니콜라스 앨버리

자유독립공화국 프레스토니아는 1977년 10월27일에 건국되었다. 런던 W11 노팅데일 프레스톤가街 주민들은, 큰 공장으로 가는 길을 낸다며 이사를 하라는 강제이주 위협을 받고서 주민투표를 실시했다. 95퍼센트라는 다수가 대영제국으로부터 독립하는 쪽에 찬성표를 던졌으며, 73퍼센트는 유럽연합에 가입하는 데에 찬성을 했다. 문장紋章까지 갖춘 가입신청서를 유엔에 보내면서 평화유지군이 필요할지도 모른다는 경고를 덧붙이기도 했다.

누구든 원하는 사람은 장관이 되었으며 수상은 없었다.

프레스토니아 국민은 120명이었다. 그들은 1에이커의 땅에 있는 30채 정도의 집에서 살고 있었다. 누구든 원하는 사람은 장관이 되었으며 수상은 없었다. 교육부 장관은 두 살배기 프란시스코 보기나-브램리였고, 외무부 장관은 난쟁이 배우인 데이비드 래포트-브램리(그는 '작은 것이 아름답다'라고 쓴 티셔츠를 입고 있었다.)였다. 문장에 새겨진 이 나라의 모토는 '노스 수무스 우나 파밀리아'(Nos sumus una familia: 우리는 한 가족이다)였다. 그리고 모두가 브램리Bramley라는 성을 같이 쓰기로 했다.(만일 대런던의회가 이들을 다 쫓아

내는 데 성공할 경우, 이들을 모두 한 가족으로 묶어서 새집으로 옮겨야만 하도록 만들어놓은 것이다.)

전 세계에서 프레스토니아를 취재하기 위해 모여들었다. 〈데일리 메일〉 신문은 '프레스토니아 현지 특파원'이 보내 온 칼럼과 기사를 내보냈다. 일 본의 어느 방송은, 뉴질랜드 어느 방송이 별 일 없는 동네공원에서 벌어지 는 시시한 일을 촬영하는 모습을 녹화하고 있었다. 주로 덴마크에서 온 젊 은 관광객들이 버스 한가득 도착하여 10분 남짓한 동안 동네를 한바퀴 돌 아보았다. 여권에 프레스토니아 도장을 찍은 다음 다소 실망한 듯한 표정 으로 떠나곤 했다.

프레스토니아 국립 영화관은 국민회관 안에 자리를 잡았으며, 첫 상영은 〈핌리코행 여권Passport to Pimlico〉과 섹스피스톨스에 대한 영화였다. 프레스 토니아 국립극장은 첫 공연으로 히스코트 윌리암스의 〈이모탈리스트〉 국 제 초연을 초청했다. 공연에 앞서 국가가 셋이나 울려 퍼졌다.(〈런던 이브닝 스탠다드〉가 독자들더러 적당한 국가를 우리에게 제안하라고 했던 것이다.) 프레스토니 아는 국제우편연합에 가입 신청을 했으며, 자체 우표를 발행하기도 했다.

"만일 여러분이 존재하지 않는다면 새로 만들어야겠습니다."

이 모든 일들이 꿈처럼 이루어졌다. 전에는 우리를 상대하려 하지 않던 대런던의회GLC는 이제야 언론에게 말하길, '뉴욕이든 어디든' 우리와 협상 을 하겠다고 했다. 의회의 보수파 지도자인 호레이스 커틀러 경은 우리에 게 이런 편지를 보냈다. "만일 여러분이 존재하지 않는다면 새로 만들어야 겠습니다." 우리는 이렇게 대답했다. "우리가 존재하지 않는데 어떻게 우 릴 없애려고 했지요?" 하원의원인 지오프리 하우 경은 이렇게 썼다. 유년

시절 《노팅힐 게이트의 나폴레옹》에 푹 **빠졌던**" 사람으로서 우리가 처한 곤경을 보며 마음이 아프지 않을 수 없었다고 말이다.

우리는 의회의 눈으로 볼 때 한 무리의 무단 점유자나 부랑자나 마약중독자에서 갑자기 국제적인 사건의 주인공으로 돌변해 버렸다. 우리는 이 기회에 우리가 얼마나 시대에 앞서가고 있는지 보여줄 수 있었으며, 동시에 의회가 우리를 쫓아내는 계획을 감행한다면 언론에 부정적인 이야기를 다 말해버리겠노라고 압력을 행사했다. 공식심의 명령이 떨어졌다. 대런던 의회는 변호사를 선임했으며, 나는 환경장관으로서 프레스토니아를 대표했다. 우리는 프레스토니아가 주거와 수공업 작업장이 함께 있는 장소가 되면 좋겠다고 제안했다. 우리는 심의에서 승리를 거두었다.

프레스토니아는 마침내 우리가 디자인한대로 재건되었다. 수백만 파운드 해외원조가 대영제국에서 들어왔다. 노팅힐 주택조합의 자금을 우리 공동주택단지로 돌리는 방식이었다.

우리는 새 주택단지를 지으면서 우리가 구현하고 싶은 다양한 건축양식을 가질 수 있도록 투표를 했다. 시대를 초월하는 건축에 대한 크리스토퍼 알렉산더의 뛰어난 책인 《패턴 랭귀지》가 많은 도움이 되었다.(이 책에 나오는 '지역사회 건축을 위한 패턴 언어'를 참조.)

지금에 와서 나는 쑥 내민 지붕들, 장식한 벽돌, 둘러싸인 마을 정원을 완벽하게 갖춘 이 공사를 할 수 있었다는 것이 너무나 대견스럽다.

1998년에는 마을 정원에 있는 천막에서 성대한 파티가 있었다. 스물한 번째 독립기념일이었다. 그 정신은 아직도 새로웠다. 프레스토니아는 상상력과 유머가 있으면 제도권보다 훨씬 앞서갈 수 있다는 사실을 보여준다.

프레스토니아에 대한 더 자세한 내용은 다음 사이트를 참고.(www.globalideasbank.org)

대안공동체

라다크 – 오래된 미래

라다크에 대해 소개된 책이 번역돼 있다. 《오래된 미래: 라다크로부터 배운다》
(헬레나 노르베리-호지 저 | 김종철 역 | 녹색평론사 | 1998년)
라다크 프로젝트 뉴스레터에서 요약했다.

"매년 1만 명 이상의 관광객이 라다크를 방문한다." 티벳 국경지대인 카시미르 지방 라다크에서 일한 적이 있는 헬레나 노르베리-호지의 글이다. "라다크인 대부분이 서구적 삶에 대해 갖고 있는 인상은 아주 왜곡된 것이다. 그들의 시각은 디지털시계를 차고 카메라를 둘러멘 관광객들의(라다크인 기준으로는 하루에 15만 불어치를 쓰는) 그럴듯한 외양에만 영향을 받아서, 자신들의 삶은 대조적으로 느리고 원시적이며 비효율적으로만 보이는 것이다.

농부인 그들의 손이 지저분해지는 것이 어리석은 일인 것처럼 느끼게 된다. 우리의 교육 프로그램은 이런 일부 몰이해를 바로잡도록 돕는 일이다. 우리는 그들에게 서구인들이 말하는 새로운 '후기 산업사회' 시대와 그들 라다크인들이 이미 가지고 있는 것들 사이의 비슷한 점들을 알려준다. 우리는 젊은 라다크인들이 자기 문화에 대한 존경을 잃지 않도록 북돋워야 한다."

라다크인 대부분이 서구적 삶에 대해 갖고 있는 인상은 아주 왜곡된 것이다. 그들의 시각은 디지털시계를 차고 카메라를 둘러멘 관광객들의 그럴듯한 외양에만 영향을 받았기 때문이다.

라다크 프로젝트 뉴스레터는 어떻게 진전이 되어 왔는지를 소개한다. 라다크 여왕의 사위는 '라다크 생태개발 그룹'의 전일제 책임자가 되었다. 그의 아내는 수공예품 프로그램의 코디네이터다. 라다크 프로젝트에서 추진하는 태양열 온실, 축열벽Trombe wall, 램 펌프ram pump, 개선된 물레방아에 대한 수요가 점점 늘어나고 있다. 라다크 중심지인 레Leh에 있는 '생태개발센터' 전시관은 개발을 제대로 통제하지 않는다면 레에서의 삶이 어떠할 것인지를 알기 쉽게 보여준다. 외부세계에 경제적으로 자꾸 의존하면 어떤 결과가 올지를 아이들이 알아볼 수 있도록 하는 게임도 있다.

새로운 토착 단체인 '라다크 학생 교육문화운동SECMOL'은 우선적으로 전통문화를 활성화하기 위해 설립한 곳이다. 모두 20대인 이곳 젊은 설립자들은 현대화의 물결 속에서 위험에 처해 있는 대다수 라다크 사회의 각 부분 출신들이다. SECMOL은 최근에 자체 연극공연을 시작했다. '뉴욕행 여행'이라는 이 연극은 현재 팽배해 있는 서구에 대한 신화를 교정하기 위한 것이다. 연극은 어느 젊은 라다크인이 갖고 있던 아메리칸 드림이 어떻게 무너지는지를 보여준다. 먼저 뉴욕의 속도와 화려함에 홀린 다음, 그 꿈은 범죄와 마약과 탐욕과 고독이라는 이면의 악몽이 되어버린다. 주인공은 자신의 '아이 러브 뉴욕' 티셔츠를 매달아 버리고 자기 뿌리로 되돌아가려 한다.

헬레나 노르베리-호지의 라다크 프로젝트는 영국 브리스톨에 적을 두고 있다. 라다크 프로젝트 뉴스레터는 이 프로젝트에 기부를 하면 받을 수 있다. 〈개발, 더 나은 방법인가?〉라는 비디오도 구입할 수 있다. 출판물은 《세계화 맥락 속의 라다크: 지속가능한 미래를 향한 에너지 및 생태적 접근》,《지속가능한 개발을 위한 생태학 및 원칙》이 있다. 기부용의 짧은 소책자인 《라다크 방문객을 위한 가이드라인》도 있다. 헬레나 노르베리-호지는 영국에서 라다크에 대한 강의나 슬라이드 쇼를 하곤 한다. 그녀는 이 주제를 아주 흥미롭게 강연한다.

라다크 - 전통의학을 되살리다

'로렉스 상' 기업부문이 배포한 정보를 요약했다.

프랑스의 인류학자이자 민속약리학자인 로랑 포르디에는 인도 북부 라다크 지역에 전해 내려오는 암치Amchi 의학을 다시 알리려고 한다. 암치 의술을 복원하는 일은 전통을 되살리며 영속시킬 뿐만 아니라 세계에서 가장 열악한 환경에서 건강관리를 향상시키는 것이다.

옛날에는 암치로 알려진 지역 의사들이 농사일을 거들어주는 대가로 마을사람들에게 무료로 이 의술을 제공했다. 다른 마을사람들이 가축을 기르고 쟁기질하고 추수하는 일 등을 통해 자신들의 공동체적 의무를 하도록 하는 대신 암치들에게는 진찰, 치료, 약으로 쓸 광물질이나 식물을 채집하는 일이 허용되었다.

암치 의료 시스템이 어려움을 겪고 있는 것은 그것이 지금은 쇠퇴하고 있는 공동체의식에 단단히 뿌리를 두고 있기 때문이다.

그런데 지난 20년 동안 사정은 극적으로 변해버렸다. 사회이동이 많아지면서 시골의 지역사회는 변화에 침식을 당했다. 사람들이 자기가 태어난 마을에 남아서 사는 경우가 줄어들었다. 게다가 시장 시스템이 옛날의 교환방식을 대부분 대신해버렸다. 암치 의료 전통도 정부가 나서서 이 빈곤

한 지역에 서구의 재래의학을 도입해버리면서 기반이 무너져버렸다. 그 의도는 가치가 있었을지도 모르지만 결과는 지역사회가 의존해오던 전체적인(영육 통합적인) 의술이 찬밥 신세가 되어버린 것이다. 결국 전통적인 암치 의술은 사라지기 시작했다. 로랑 포르디에가 말하듯 "현대화는 개인주의를 불러 일으켜서 마을 주민들 사이의 전통적인 상부상조 시스템을 무너뜨렸다. 암치 의료 시스템이 어려움을 겪고 있는 것은 그것이 지금은 쇠퇴하고 있는 공동체의식에 단단히 뿌리를 두고 있기 때문이다."

이제 의심할 바 없이 무언가 행동이 필요하다. 라다크는 지구상에서 가장 추운 곳 중 하나다. 겨울이면 영하 40도까지 내려가고 이곳 지역사회는 가난한 만큼 쉽게 격리되어 버린다. 정부가 주도한 시책은 전통 시스템을 대체할만한 적절한 대안을 제시하지 못했다. 약값은 너무 비싸졌고, 병에 대해 아는 사람도 희박해졌으며, 병원이나 진료소는 드물거나 멀리 떨어져 있었다. 암치들이 자기 의술을 더 이상 아들에게 물려주지 않자 라다크인들은 의존할만한 전통 의술도 없고 서구 의료시스템도 없는 처지가 되어버렸다. 그 결과 이 지역의 건강 수준은 심각하게 떨어져버려, 지금은 영유아사망률이 인도에서 가장 높은 지역이 되었다.

그래서 포르디에가 추구하는 바는 세 단계이다. 암치 가문 사람들과 새 학생들을 전통 시스템으로 교육시킨다. 무료지급 원칙으로 누구나 이용할 수 있는 치료약물 은행을 설립한다. 정부기관과 제휴하여 암치 프로젝트를 개발한다. 교육프로그램은 1999년 11월에 공식 발족했다. 입학시험을 치른 뒤 13명을(전통기법에 대한 아무런 사전지식이 없는 여성 4명과 학생 6명을 포함) 받아들였다.

마을마다 치료은행 시스템을 둠으로써 마을사람들은 치료약물을 '인출' 하거나 전통적인 방식대로 물건과 노동을 교환할 수 있을 것이다.

치료은행이 필요했던 것은 암치들이 약초와 약물을 모으는 책임을 혼자 떠맡는 일이 더 이상 가능하지 않기 때문이다. 이제 그들은 자신들의 농사일도 돌봐야 한다. 마을마다 치료은행 시스템을 둠으로써 마을사람들은 치료약물을 '인출'하거나 아니면 전통적인 방식대로 물건과 노동을 교환할 수 있을 것이다. 포르디에는 1998년 8월 셍히-라 라다크 지역에 시범 프로젝트를 마련했다. 그래서 6개 치료은행이 세워져서 운영되고 있다. 그의 궁극적인 목적은 라다크 지역 전체에 이런 은행을 공급하는 것이다.

포르디에는 나아가서 암치 의사들의 위상을 더 향상시키고자 한다. 새로 학위를 주어서 중앙정부가 인가를 하고, 4백 명 남짓한 암치들을 모두 일종의 직업협회 차원으로 한데 모으기 위해 기관지를 발행하는 것이다. 그는 또 현존하는 암치 의사들의 의술을 연마하기 위해, '티벳 의술' 및 '점성술 연구소'와 합작으로 열흘에서 보름 정도에 걸쳐 세미나를 운영할 계획을 갖고 있다. 암치 치료사들이 기본적인 처방은 하지만 큰 외과수술은 주로 서구식 의료진에게 맡긴다는 점도 고려해야 한다. 그들은 질병을 기후, 식사, 습관, 귀신의 장난에 따른 심신의 부조화 상태로 본다. 그래서 두 시스템이 나란히 협진을 하는 일이 가능하다.

아마 가장 중요한 것은 지역 주민들이 포르디에의 노고에 열성적인 반응을 보였다는 사실이다. 또 현재의 암치 의사 대부분이 그의 일을 돕고 있다. 관심 있게 지켜보는 많은 사람들은 이 프로젝트가 라다크인들의 건강 관리 및 전통문화 보존에 중대한 영향을 끼치기를 기대하고 있다. 더욱이 암치 의사들의 존재는 지역사회의 응집력과 심적 안녕을 위해서도 필수적인 것이기 때문에, 암치 의술의 부활은 이 외딴 산골마을에 사는 삶의 짜임새 자체를 고쳐주며 튼튼하게 만들 것이다.

다만후르와 '인류의 사원'

1978년부터 스스로를 '다만후르 국The Nation of Damanhur'(원래는 이집트의 옛 도시 이름)이라고 불러온 단체는, 무허가로 현대 세계에서 가장 놀라운 건축물 하나를 만들었다. 지하에 넓은 방과, 원형지붕, 복도, 미로, 움직이는 벽, 연금술 실험실을 만들어서 이어 붙였는데, 이 모든 것을 산 한가운데에다 몰래 조성한 것이다. 이태리 북부 알프스인 피에몬트 지방의 산기슭에 있는 튜린이라는 곳에 지은 이 지하 사원은, 부피로 따지자면 11층짜리 건물과 맞먹는다.

현대 세계에서 가장 놀라운 건축물 하나를 만들었다.

다만후르 사람들은 미술을 이렇게 본다. "영적인 오솔길이다. 원재료에 형상과 일관성을 주는 과정은 바로 미술가의 영혼을 정화시키는 일이다. 움직일 수 없던 재료가 미술가의 생각과 행동에 따라 살아나는 것이다."

미술가들은 거의 사라진 기법들을 되살려 지하 사원을 꾸몄다. 유리와 나무로 된 모자이크, 스테인드글라스와 커시드럴 글라스cathedral glass(기계의 롤러를 밀어서 만드는 유리의 일종이다. 유리를 한쪽 면 또는 양면을 롤러로 눌러 다양한 효과를 줄 수 있다.), 프레스코 벽화와 액자 그림, 상감象嵌(금속·도자기·목재 등의 표면에 무늬를 파고 그 속에 금·은 등을 넣어 채우는 기술, 또는 그 작품), 세공, 돌을새

김을 한 구리, 대리석 및 기타 돌 조각을 이용해서 말이다. 현재 액자 그림과 프레스코가 넓이로 따지자면 400평방미터, 모자이크가 300평방미터나 된다.

다만후르 사람들은 1992년이 되어서야 사원의 존재를 바깥에 알렸다. 앙심을 품은 옛 직원이 44만 불을 내놓지 않으면 비밀을 폭로하겠다며 협박을 할 때였다. 관계당국이 보기에 사원은 폐쇄하기에는 너무나 아름다웠던 모양이다.(1996년 4월27일, 판사는 사원 압류 지시를 취소했다.) 그래도 다만후르 사람들은 계속 확장할 권리를 위해 싸우고 있다. 이 단체의 창립자인 오베르코 아이라우디는 사원이 아직 10분의 1밖에 완성되지 않았다고 말한다. 그는 복도를 2-3킬로미터 더 늘리고 싶어 한다.

다만후르 국은 크고 오래된 사회 실험으로서 자체 국기, 통화(크레도), 일간지 등을 갖추고 있다.

다만후르 국은 크고 오래된 사회 실험이다. 지난 시간 동안 더 민주적인 방향으로 발전해서, 지금은 (국기, 자체 통화인 크레도, 헌법, 일간지뿐만 아니라) 지도자들과 상원과 법과대학까지 두고 있다. 지도자는 6개월마다 선출된 사람들로서 장기적인 계획을 살피면서 영적인 역할을 담당하고, 상원은 각 공동체(주민은 200명을 초과할 수 없다) 대표와의 연락 업무를 맡으며, 법과대학은 공동체의 규범 및 헌법에 대한 위반사례를 다스린다. 대학에서는 이렇게 명시하고 있다. "영성과 생태는 가슴 설레게 하는 원칙이다. 우리는 이 원칙에 따라 모든 종류의 오염과 훼손을 피하면서 땅이나 동물들과 관계를 맺어야 한다."

다만후르는 이 일대 여러 곳에 185헥타르(185만㎡)의 땅을 소유하고 있으

며, 현재 거주자는 350명이다. 이태리, 프랑스, 독일에는 연고가 있는 단체
들이 있다. 학교, 농장, 캐시미어와 실크 공장, 여러 미술가들의 작업장이 있
다. 사원에 있는 우물에서 광천수를 길어 쓰며, 직접 운영하는 '아름다운 지
구 회사'에서는 '포트넘 앤 메이슨' 같은 유명 회사에 말린 과일류를 판다.

다만후르 사람들은 신앙 때문에 가톨릭 교단의 비판을 받아왔다. 그들은
이 사원이 지구를 둘러싸고 있는 3대 에너지 흐름('동시 축 synchronic lines')이
만나는 지점에 있다고 한다. 그들의 자연존중사상에는 전통족인 보호주의
자의 신조뿐 아니라 범신론적 신앙까지(괴상하다고 느낄 수도 있는) 가미되어
있다. 그것은 모든 식물이 인간과 소통할 수 있다는 믿음으로써, 식물과 인
간왕국 사이에 음악적인 합작을 만들어내려는 시도 안에 잘 간직되어 있
다. "우리는 전기저항의 미세한 변화를 측정하는 전극을 이용하여 식물의
잎과 뿌리를 두 대의 기계에 연결합니다. 그래서 그 신호를 현대의 모든 전
자장치가 읽을 수 있는 디지털 언어인 미디MIDI로 전환하지요. 그렇게 해서
식물은 신디사이저를 연주하는 법을 배웁니다. 그리고 동시에 인간이 연주
하는 음악에도 반응하지요. 밤나무, 자작나무, 참나무와 인간이 함께 연주
하는 '숲의 콘서트'는 다만후르 여름축제에서 늘 가장 인기 있는 무대입니
다." 그들은 또한 나름의 밀교적 '신성한 언어'를 개발했다. 그것은 표의문
자로서 '채택한 논리적 틀의 수준에 따라' 여러 가지 다른 뜻을 가질 수 있
다. 또한 소리, 음악, 춤, 장식, 그림을 개발하는 데 사용하고 있다.

다만후르의 홍보는 에스페리데(가입할 때 새로 지은 이 이름의 뜻은 '나비'다)가
일부 맡아서 한다. 이곳은 이따금 찾아오는 방문객들에게 사원 콘서트 같
은 행사를 개방한다.

다만후르의 홈페이지. www.damanhur.org

324

거실을 거리까지 늘리다

다음은 '노르웨이 아이디어 은행' 사이트에 올라온 '스타방게르 주민들 거리를
집처럼 꾸미다'라는 제목의 글을 고쳐 쓴 것이다.

'스타방게르'(인구 10만8천)라는 노르웨이 도시의 주민들은 거리 하나를 몽
땅 영구적인 사교공간으로 바꾸어버렸다. 나무로 만든 간이 정자, 화분, 게
시판, 전기 배선(거리에서 컴퓨터를 쓸 수 있도록), 깃발 게양대(거주자의 생일을 축하
하기 위해 깃발을 내건다)를 거리에 설치한 것이다.

이 모든 일은 트론 시그발드센이 자기 집 정원 벤치를 닦기 위해 거리에
가지고 나오면서 시작되었다. 그는 신문과 커피 주전자도 가지고 나왔다.
동네 사람들이 한담을 나누려고 그의 벤치 주위로 하나둘씩 몰려들었다.
그래서 그들은 이런 생각하게 되었다. 비케스달스가타 거리를 몽땅 야외
거실로 만들어버리면 어떨까?

먼저 이 거리 거주자 모두의 승낙을 받기 위해 집집마다 노크를 한 것을
시작으로, 그들은 지역 당국과 몇 달 동안 협의를 하는 지루함을 견뎌야 했
다. 그런 다음 새 거주공간을 채우기 위해 몇 달이 필요했다.

1999년 봄에 개시를 했다. 요즈음은 이 길이 주변 동네의 명소 비슷한 것
이 되어버렸다. 또 이런 발전에 감사하는 사람들이 있으니, 바로 버스를 기
다리는 노약자들이나 점심시간을 맞은 어린 학생들이다.

노르웨이 스타방게르의 웹사이트: www.stavanger.kommune.no

여러 가정으로 이루어진 일 잔치 모임

〈시애틀 타임즈〉에 실린 엘리자베스 로즈의 "함께 일하는 가족"이란 글을 요약했다.
로저 나이츠가 모니터했다.

시애틀 지역에 널리 퍼져 있는 호겐 모임은 매달 돌아가며 주말 일 잔치를
연다. 사교적인 목적과 함께 실용적인 목적도 추구하는 모임이다. 모임의
여러 구성원들이 전기기사, 목수, 칠장이, 도배업자이기 때문에 함께 모여
일을 하면 서로 배울 수가 있었다.

**그들은 집 안팎을 다시 칠하기도 하고, 안뜰을 만들거나, 지붕을 다
시 얹거나 하여 상당한 돈을 절약할 수 있었다.**

그들은 일 잔치를 열어 집 안팎을 다시 칠하기도 하고, 안뜰을 만들거나,
지붕을 다시 얹거나, 빗물 흐르는 홈통이나 창문을 만들거나, 부엌을 개조
하기도 했다. 그렇게 해서 상당한 돈을 절약할 수 있었다.

그들은 이 아이디어를 구성원 사이의 유대가 긴밀한 다른 모임이나 단체
에 권하기도 했다. "그것은 단지 모임을 하나로 묶기 위한 것이 아니다. 더
생산적인 일에 함께 힘쓰자는 취지다."

그들이 발전시켜서 다른 그룹에게도 권하는 규칙은 다음과 같다.

◆ 일 잔치에 사정이 있어서 참석하지 못하는 사람은 그 시간만큼 다른 일로 충당해야 한다.

◆ 일 잔치를 여는 집은 모든 작업 계획과 자재와 준비물을 마련해 둔다. 성대한 아침 및 저녁 식사에다, 넉넉한 간식과 맥주도 필수다.

◆ 압착 청소기 같은 비싼 장비들을 모임 명의로 사 모으기 위해 각 가정은 매달 10불씩을 낸다. 작은 공구는 모임에 속한 사람들 각자가 가져왔고, 스프레이 페인트로 색깔 구분을 하여 주인을 찾기 쉽도록 한다.

◆ 저녁 식사 때면 각 구성원(특히 아이들)을 차례로 인사시키며 그날 도와준 일을 칭찬해 준다.

이렇게 일하는 날은 특별한 기술이 없는 어른들도 페인트칠 같은 일을 맡을 수 있다. 아이들은 아기보기나, 잡초 뽑기, 간단한 청소, 손수레 밀기 같은 일을 맡기도 한다. 대신 다섯 살짜리 꼬마라도 자기 공구 띠tool belt를 지급받을 수 있다.

열세 살인 더스틴은 이렇게 말한다. "일 잔치라고 힘든 일을 혼자 다 할 필요는 없어요. 서툴러도 모임에 있는 사람들이 다 모여 와자지껄하는 게 재미있어요."

공동 부모 (공동 육아)

앤젤라 머피 : 〈인디펜던트〉지에 실린 편지에서.

남편과 나는 우리 아이에게 장기적인 관심을 가져 줄 친한 친구가 많았으면 한다. 달리 말해 종교적인 교육만 빼놓고 대부모로서의 모든 역할을 맡아 줄 사람들 말이다.

> **친한 친구나 가족에게 아이에 대해 각별한 관심을 가져달라고 부탁하는 전통은 4세기까지 거슬러 올라간다.**

우리 아이의 '후견인들'을 우리는 '공동부모co-parent' 라고 부르기로 했다. 따뜻한 어감에다 역사적인 전례까지 담은 표현 같았기 때문이다. 친한 친구나 가족에게 아이에 대해 각별한 관심을 가져달라고 부탁하는 전통은 4세기까지 거슬러 올라간다. 그리고 '코마테르(commater 라틴어로 '대모' 라는 뜻)'나 '콤파테르(compater 대부)' 같은 용어가(이 둘은 '절친한 친구' 라는 뜻도 갖고 있었다) 6세기 말에 처음으로 생겨났다. 부모들은 정식적인 친분 관계(피로 맺는 의식 같은)를 맺을 사람들을 주위에서 찾았다. 오늘날은 핵가족화가 점점 진행됨에 따라, 친분의 결속을 강화하는 것이 더욱 중요한 일이 되었다. 우리는 아이의 공동부모를 찾아 잔치를 하면서 이런 친분을 더 다질 수 있었다.

안젤라 머피는 영국에 살고 있다.

도심주민들이 자체 유람버스를 운행하다

다음은 '노르웨이 아이디어 은행' 사이트에 올라온
'도심주민들이 자체 유람버스를 운행하다'라는 글을 고쳐 쓴 것이다.

덴마크 코펜하겐 한가운데에 있는 룬토프테가테 공동주택 거주자들에게 '룬테'라는 버스는 중요한 만남의 장이 되었다. 협동주택을 소유한 'AKB 조합'은 1995년에 이 버스를 샀다.

> **버스가 생기기 전에는 주민들이 서로 인사도 잘 하지 않을 정도였다.**

거주자들은 이 버스를 레고랜드Legoland(덴마크에 본사를 둔 세계적인 완구업체 '레고'가 만든 놀이공원)에서 동네 슈퍼마켓까지 어디를 가든 이용해왔다. 거주자인 리시 도르는 그녀의 첫 해외여행이 주말에 이 버스를 타고 폴란드로 갔을 때라고 말한다.

버스가 생기기 전에는 주민들이 서로 인사도 잘 하지 않을 정도였다. 지금은 여러 번 함께 이 버스를 타고 나들이도 하고 활동도 한 덕에 서로 잘 알게 되었다. 버스는 중고로 1만3천불을 주고 샀다. 거주자 대표는 이런 투자에 대해 아주 만족해한다. 버스가 생기면서 이웃의 기물을 파손하는 행위가 많이 줄어서 주민조합에게 큰돈을 벌어주었다고 생각하기 때문이다.

이웃의 날

매년 5월의 첫 월요일은 이웃에 대해 알기로 하자는 '국제 이웃의 날'이다. 커피를 한 잔 하러 오라고 이웃을 모두 초청하는 전단지를 보내거나, 주민회관 같은 곳에 함께 모이는 자리를 만들어 보라.

사회변화창안연구소와 '두비(www.DoBe.org)'는 이날을 공표하며, 다른 사람들에게 영감을 주기 위해 두비 사이트에 여러분의 행사 세부사항을 올리기를 바란다. 성경에서 예수는 이웃을 사랑하라고 했건만 오늘날은 사정이 너무 나빠졌다. 존 팹워스 목사가(국제 이웃의 날을 처음으로 제안한) 지적하듯, 기독교인이든 아니든 사람들은 대부분 자기 이웃이 누군지조차 모르며 살고 있는 것이다. 오늘날 지역사회의 공동체 의식을 재건하는 일보다 더 중요한 일은 없다. 그 일이 건강 증진과 범죄율 하락이라는 긍정적인 효과가 있다는 증거는 많다.

존 팹워스는 이렇게 썼다.

현대사회의 많은 문제가 지역사회 유대와 구조의 전반적인 붕괴에서 비롯된다는 인식이 점점 늘어나고 있다. 젊은이들은 특히 뿌리 깊고 명확한 현실감에서 분리된, 일종의 박탈감으로 고통 받고 있다. 그런 현실감이 있어야만 관계, 의식, 전통, 공동목표 같은 맥락에 따른 의미 있는 삶의 틀 안에서 필요한 좌표를 발견할 수 있기 때문이다.

이런 박탈이 가하는 스트레스의 결과로 사람들은 점점 더 마약, 진정제, 근본주의 종교나 정치에 기대게 된다. 가족 유대, 노인 부양, 경제적 의무 등과 같은 사회부양적 요소에 대한 탈도덕적 무관심이 점점 팽배해진다. 그리고 돌보고 나누는 마음이 전반적으로 퇴조하고 있다. 가족 붕괴, 무법 행위, 폭력, 몸과 마음과 정신의 쇠약으로 나타난 결과는 20세기 삶의 흔한 일면이 되어버렸다. 21세기의 삶의 특징도 틀림없이 같은 요소들이 지배할 것이다. 누구든 치료하기 위해 움직이지 않는다면 말이다.

그래서 국제 이웃의 날은 이웃과 함께 하는 삶과 정신을 기리고 찬미하는 긍정적인 행보가 된다.

5월 첫 월요일, 이웃과의 유대 및 전통의 중요성을 알리는 축연을 베풀라. 이웃을 다과에 초대하는 일 말고도 또 할 수 있는 일들이 있다.

◆ 길거리 파티를 연다.
◆ 경계를 허문다.
◆ 댄스파티를 연다.
◆ 자랑스러운 이웃 상을 제정한다.
◆ 저녁 연회를 연다.
◆ 나무를 심는다.

오늘날 우리 사회에는 비타민 T가 부족하다. 부족Tribal 의식 비타민 말이다. 이웃이 고개 한 번 끄덕여주어도 비타민 T 한 단위가 올라간다. 그렇다면 하루에 필요한 비타민 T는 적어도 100단위는 된다.

이 날의 배경철학에 대해 더 알고 싶으면 존 팹워스가 발행하는 잡지 《제4세계 리뷰》를 보면 된다. 비타민 T에 대한 이야기는 이 책에서 따로 다루고 있다.

이웃혁신 프로그램

빌 버코위츠

매사추세츠 알링턴에 있는 고향에서 나는 이 이웃혁신 프로그램을 시작하도록 도왔다.

알링턴의 '지역사회 계획개발 부서'에서 운영하는 이 프로그램은 "이웃을 위한 아이디어가 있으세요?"라고 묻는다. 총 1천 불의 상금이 지급되는 작은 상들을 이웃 단체에 수여해 이웃의 삶을 향상시키는 활동에 지원하고 있다. 예산은 1년에 5천 불이다.

지금까지 후원한 프로젝트에는 이웃을 위한 박람회, 연장을 빌려주는 도서관, 기술교환, 일자리 교환정보센터, 컴퓨터 공동소유가 있다.

> **저희 부서에서는 독창성, 타당성, 든든한 이웃주민의 지원, 이웃에게 돌아가는 구체적인 혜택, 잠재적인 지속 가치를 찾고 있습니다.**

배포된 전단지를 보면 아이디어 신청서를 낸 사람들에게 이렇게 설명하고 있다. "여러분의 아이디어를 지원하는 이웃의 이름과 주소를 함께 기재하도록 하십시오. 저희 부서에서는 독창성, 타당성, 든든한 이웃주민의 지원, 이웃에게 돌아가는 구체적인 혜택, 잠재적인 지속 가치를 찾고 있습니다. 저소득층이 신청한 경우 약간의 우대가 있습니다."

"당신의 이웃에게 어떤 변화가 일어났으면 하는지 한 번 생각해 보십시오." 전단지는 이렇게 촉구한다. "당신들의 상상력이 당신들을 제한하지 않는다면, 우리는 여러분의 아이디어가 실현되도록 도울 수 있을 겁니다."

이웃 살롱

《Utne 리더》와 그 웹사이트www.utne.com에서 요약했다.

최고의 대안언론 다이제스트(다른 매체에 난 기사를 요약 재출간하는 잡지) 잡지인 《Utne 리더》는 '살롱: 위기에 빠진 대화기술을 살리며 거실에서의 혁명을 시작하는 방법은?'이라는 제목의 이야기를 실은 적이 있다. 이 이야기는 전국 '이웃 살롱' 프로그램으로 발전하여, 지금은 500개 이상의 살롱이 독자적으로 운영되도록 했다. 이 프로그램에 영감을 준 마가렛 미드의 말은 이렇다. "적지만 의식이 있고 헌신적인 시민들이 있다면 세상을 바꿀 수 있다는 사실을 의심치 말라 … 그것은 지금까지 있어왔던 유일한 …" 이 말에 따라 살롱은 같은 생각을 하는 《Utne 리더》 독자들 사이의 대화 장소로서 먼저 시작되었다.

살롱이 온 나라에 급속도로, 그리고 유기적으로 늘어났다.

어떤 살롱들은 《Utne 리더》에 나온 기사를 토론을 위한 도약대로 삼아 대화에 몰두한다. 어떤 곳은 '열렬한 듣기'와 마음에서 우러나오는 말하기를 연습하기가 주목적이다. 책읽기 모임이나, 글쓰기 모임, 스터디 모임, 기발하게 놀기 모임이 되어버린 살롱도 많이 있다. 살롱이 온 나라에 급속도로 그리고 유기적으로 증식하자 《Utne 리더》는 살롱에 대한 공식적인 관리

역할을 포기했다. 무정부적 활기가 넘치는 살롱을 다 감시하듯 할 수는 없었던 것이다. 하지만 이 잡지는 여전히 이웃 살롱에서 만나 결혼한 사람들의 스냅사진이나 살롱의 기념일을 축하하는 스냅사진을 받고 있다. 살롱 자체가 미국에서 진정으로 생동하며 잘 돌아가고 있음을 확인시켜주기 위한 용도로 말이다.

'Utne 리더 이웃살롱연합'은 오늘 및 시대를 초월한 주제에 대한 소그룹 대화를 육성하기 위한, 인터넷 메일 주소록의 글로벌 네트워크를 창설했다. 인터넷상의 '카페 Utne'가 관리하는 이 이메일 살롱은 얼굴을 맞대고 이야기하는 실제 살롱과 같은 원리로 구성되어 있다. 참가 숫자를 25명으로 제한하여 더 여유로운 분위기를 조성해 회원들끼리 서로 더 잘 알 수 있도록 했다.

이웃과 함께 하는 식사

니콜라스 손더스

내가 좋아했고 다른 곳에서도 모델이 될 수 있다고 생각한 소규모지만 혁신적인 덴마크 방식을 실현하기 위해서, 여러 집에서 이웃에 팔려고 내놓은 집들을 사들일 필요가 있었다. 그들은 옛날에 대장간으로 쓰던 작업장 건물도 샀다. 그리고 정원 사이에 있는 벽을 허물기로 했다.(그러기를 마다한 한 집만 빼고.) 그들은 모두 직접 노동에 참여하여 그 대장간을 공동체 식당으로 개조했다. 공동체 음식은 여덟 가정이 돌아가면서 매일 저녁에 만들었다. 8일에 한 번씩 각 가정은 모두를 위해 장을 보고 요리를 해야 했다. 그날 먹을 식구가 너무 많으면 고생하는 경우도 있었다. 하지만 오래 지나고 보면 일은 대체로 고르게 돌아갔다. 어디 갈 일이 있으면 미리 말해야 한다. 그날 음식을 할 수 없으면 당번을 바꿀 수 있다. 손님에게는 밥값을 따로 받았다.

> 주방과 식당을 하나로 합쳐서 가까이 사는 누구든 회원으로 가입할 수 있게 했다. 회원은 서른 명이 되었다. 돌아가면서 음식을 하도록 했으며, 음식을 만드는 사람이 알아서 재료를 사도록 했다.

코펜하겐 지역에 사는 주로 독신인 사람들에게도 비슷한 방안이 있었다.

그들은 주방과 식당을 하나로 합쳐서 가까이 사는 누구든 회원으로 가입할 수 있게 했다. 회원은 서른 명이 되었다. 역시 돌아가면서 음식을 하도록 했으며, 음식을 만드는 사람이 알아서 재료를 사도록 했다. 돈이 별로 없는 사람은 간단한 음식을 준비하면 되었다.

이런 방안은 자기만을 위해서는 공들여 음식을 장만하고 싶지 않지만 한 달에 한 번 정도는 근사한 식사를 기꺼이 만들 수 있는 사람들의 인기를 끌 수 있었다. 관건은 서로 가까이 살면서 생각이 비슷한 이웃을 찾아내는 일일 것이다.

비공인 지역사회 카페

직업 음향녹음 기사인 패트릭 그레이엄은 카디프 인버니스 플레이스 1호부터 244호에 사는 이웃들에 대해 거의 모르고 살았다. 그래서 그는 부동산 중개업자의 '집 팝니다' 표지판을 '비공인 지역사회카페, 등록하신 이 지역 주민들에게는 무료로 개방합니다' 로 바꾸어 달았다. 그리고 지역 회사를 설득하여 그에 대한 뉴스레터를 1백부 인쇄하도록 했다.

그런 다음 그레이엄에게 손님들이 하나 둘 찾아오기 시작했다. 거의 대부분 여성들로서 차 한 잔을 하기 위해 왔다. "이 구역에 사는 분들 거의 모두가 제게 인사를 하기 시작하더군요." 그레이엄이 말한다. "근처에 사는 어느 젊은 엄마는 잠시 카페 주인 노릇을 하고 싶다며 표지판을 며칠간 빌려가기도 했습니다."

"공식적인 개점 시간은 없습니다." 그가 덧붙인다. 손님이 필요하면 표지판을 내걸고 주전자를 채워 놓으면 되지요. 그럴 상황이 아니면 표지판을 치우거나 다른 집에 넘겨줍니다. 그는 문 앞에 찾아 온 사람들을 수상쩍게 살펴보기도 했지만 아무런 문제도 생기지 않았다. 이웃들과 함께 그가 한 실험은 돈이 드는 일도 아니었으며, 손님들은 차나 커피를 선물로 가져오기도 했다.

비타민 T – 부족 비타민 The Tribal Vitamin

니콜라스 앨버리

다음에 나오는 질문은 사람들이 자기가 어느 정도로 탈부족적이며 뿌리가 없는지 확인하고, 내가 말하는 부족 비타민인 비타민 T의 일일권장량을 얻고 있는지 확인하는데 도움이 되도록 고안한 것이다. 오늘 이 글을 쓰고 있는 순간의 내 지수는 69다. 그러니 나는 오늘 비타민 T 일일권장량의 69퍼센트만을 얻은 것이다. 보통사람들보다 훨씬 많이 얻고 있다 싶은 내 자신이 이 정도밖에 되지 않는다.

사람들은 대부분 거의 기아 수준의 비타민 T 밖에 얻지 못하고 있다는 사실을 깨닫지 못하는 것 같다. 나에게 비타민 T가 부족하다는 사실을 스스로 아는 것은, 내가 다행스럽게도 1960년대와 70년대 젊은 시절 런던 노팅힐에서 지역사회 기반의 단체에 열심히 참여하면서 일종의 부족 감정을 느껴 보았기 때문이다. 그래서 나는 중년의 고립감 속에서 내가 무엇을 잃고 있는지를 안다. 다른 사람들에게는 가장 비근한 경험이 대학시절에 대한 흐뭇한 회상일 것이다. 인접 환경이 흥미롭고 편안한 사교적 만남의 가능성으로 가득 차있으며, 사람을 사귀기 위해 번거롭게 약속을 잡거나 멀리 있는 친구를 만나기 위해 차를 타고 갈 필요가 별로 없을 때였기 때문이다. 내가 가장 그리워하는 것은 저녁 시간에 같이 잘 지내는 이웃집에 마음 편히 들러서 담소와 식사를 나눌 수 있는 가능성이다.

이웃에게서 받는 목례 한 번도 비타민 T 일일권장량에 집계되는 항목들이다.

나라에서 지급하는 연금으로 살아야 하는 고독한 노인들은 이웃과의 그런 격의 없는 만남을 가장 필요로 하는 사람들 가운데 하나다. 길에서 마주치는 이웃에게서 받는 목례 한 번, 동네 가게 점원과 주고받는 말 한마디가 모두 비타민 T 일일권장량에 집계되는 항목들이다.

지금까지 진화해오는 동안 우리는 대개 50에서 250명 정도의 작은 그룹 안에서 살았다. 그리고 우리는 그 정도로 진한 상호소통과, 장소 및 이웃에 대한 감각을 필요로 한다. 《제4세계 리뷰》(슬로건이 '작은 나라, 작은 지역사회, 인간적 규모'다)를 편집하는 존 팹워스 목사는 '이웃을 사랑하라'고 한 예수의 가르침을 주제로 자주 설교를 하곤 했다. 오늘날 대부분의 사람들이 이웃에 누가 사는지도 모른다고 질타하면서 말이다.

영어에 '자기 주변에 행복한 핵가족을 두고 있으면서도 외롭다'는 뜻을 지닌 단어는 없다. 외롭다는 말은 '부족 없이, 고립되어서, 뿌리 없는, 소외된' 감정을 뜻한다. 그렇다면 '지기知己가 없음Kithness'라는 새로운 단어가 필요하다. 지기없음은 오늘날 가장 덜 알려진 감정이라는 것이 내 확신이다. 거의 모든 도시생활자들은 자기 내면 깊은 곳에 그런 감정을 가지고 있다. 하지만 이 감정을 알아보거나 말로 표현하는 사람은 거의 없다.

어떤 사람들은 심지어 스스로 이웃으로부터 오랫동안 떨어지기 위해 애쓰기도 한다. 그들은 자기 부족은 아무리 멀리 떨어져 있더라도 자기와 같은 관심사를 가진 사람들이거나, 함께 일하는 사람들뿐이라거나, 편안한 자기 핵가족뿐이라고 믿는다. 물론 과거에도 사람들이 고립되고 꽉 막힌 마을 분위기 속에서 옴짝달싹할 수 없는 기분을 느꼈을 수도 있다. 하지만 이제는 세상이 바뀌어서 우리는 여행, 일, 전화, 텔레비전, 인터넷을 통해 자기 소재지에서 벗어날 기회가 너무나 많아졌다.

하지만 비타민 T가 바탕에 두고 있는 전제는, 사람이란 원래부터 가까이 사는 부족을 필요로 하며 그런 이웃과 서로 도우며 살고 싶어 한다는 사실이다.

강한 사회적 네트워크는 장수를 예고한다.

비타민 T가 건강에도 필수적이라는 사실에는 의심의 여지가 없다. 강한 사회적 네트워크가 흡연이나 음주 습관을 고치는 것보다 더 장수를 예고한다는 증거는 계속 늘어나고 있다.

컴퓨터 프로그래머와 웹디자이너와 그 동류들이, 일자리가 없거나 그들의 사치를 가능하게 해줄 우리 위에 군림할 귀족이 될 가까운 미래에는 사회의 일부라는 느낌을 갖기가 더 힘들 것이다. 그래서 우리가 사람으로서 어떠한 존재인가를 인식하는 일은 직업이 무엇이든, 직업이 있든 없든 응집력 있는 이웃 안에서만 가능할 것이다.

이 질문 목록에서 '핵가족'이란 '여러분과 여러분의 배우자와 아이들'을 뜻하며, '지역'이라는 말은 '집에서 걸어서 15분 이내'를 뜻함을 주목하시기 바란다. 질문에서 말하는 만남은 오직 여러분의 핵가족 바깥의 15분 거리 내에 있는 이웃이나 일터에서 일어나는 것만을 일컫는다. 이는 이웃을 평가하는 것이지 여러분이 먼 곳에 얼마나 친구가 많은지, 파트너나 아이들과 함께 얼마나 행복하게 지내는지 알아보는 테스트가 아님을 알아주시기 바란다.

비타민 T 질문 목록

◆ 지난주에는 대략 지역 사람(이웃, 지역 가게주인, 웨이트리스, 미용사, 지역 동료 등) 몇 명과 대화를 나누었나?(파트너나 함께 사는 핵가족을 빼놓고.)

◆ 예컨대 길을 가다가 목례를 하거나 반갑게 인사를 한 다른 사람은 대략 몇이나 되는 가?(점수를 내기 위해 이 숫자를 둘로 나누라.)

◆ 만일 여러분이 지금 당장 세상을 떠난다면 그 사실을 알고 슬퍼할 지역 사람이 몇이 나(파트너나 함께 사는 핵가족을 빼놓고) 될 것 같은가? 그 중에서 여러분도 초상 소식을 알고 슬퍼할 이웃만 포함하라.(점수를 내기 위해 이 숫자를 셋으로 나누라.)

◆ 여러분이 심하게 아플 경우, 불러서 쇼핑 같은 것을 부탁할 수 있는 지역 사람은 대략 몇이나(돌봐주는 사람, 파트너, 핵가족은 빼놓고) 될 것 같은가?(점수를 내기 위해 이 숫자에 2를 곱하라.)

◆ 별 일 없이 거의 충동적으로도 들러서 이야기나 식사를 나눌 지역 가구는 몇이나 될 것 같은가?(점수를 내기 위해 이 숫자에 5를 곱하라.)

◆ 대체로 흉금을 터놓을 수 있는 친구, 여러분의 가장 은밀한 두려움이나 걱정거리를 상의하고 나눌 수 있는 지역 사람들은(파트너나 핵가족을 빼놓고) 몇이나 있는가?(점수를 내기 위해 이 숫자에 10을 곱하라.)

◆ 여러분의 인생목표에 관심을 보이고, 그 목표를 달성하는 데 적극적으로 도움을 줄 지역 사람은(파트너나 핵가족은 빼놓고) 몇이나 있는가?(점수를 내기 위해 이 숫자에 2를 곱하라.)

◆ 지난주 부족의식에 준하는, 즉 참석자들이 모두 적극적으로 뛰어드는 일에(가령 종교 의식, 지역 친구나 동료와 함께 하는 식사, 지역 술집이나 커피숍에서 친구와 함께 한 잔 하는 일) 몇 번이나 참석했는가?(점수를 내기 위해 이 숫자에 2를 곱하라.)

◆ 서로 챙겨주는 지역 이웃이나 부족의 일원이라는 느낌을 대개 어느 정도 갖고 있는 가?(0부터 20까지 점수를 매기라. 20은 이웃이 '하나의 커다란 확대가족'일 경우이고 0은 '전혀 접촉이 없는' 경우다.)

이웃을 여러분의 집에서 벌이는 사교모임에 초대하는 것은 어떨까?

합계를 내면 여러분 개인의 비타민 T 일일권장량 비율을 대강 구할 수

있다. 100퍼센트 이상이라고 해서 걱정할 필요는 없다. 여기에는 과다복용의 위험이 전혀 없으니까. 내 친구 하나는 이 질문 목록에 대한 자기 점수가 한동안 계속해서 1천 퍼센트 이상 나온 경우가 있다. 그 당시 그는 코펜하겐의 크리스티아니아 공동체에서 흥미롭고 자극적인 생활을 하고 있었다. 여러분의 점수가 낮으면 존 팹워스가 권하는 대로 해보면 어떨까? 안내문을 만들어 이웃 우편함에 넣어서 여러분의 집이나 중립지점에서 벌이는 사교모임에 초대하는 것이다. 우리는 같은 길에 사는 사람들끼리 집집마다 번갈아가며 해마다 다과회를 갖는다. 작은 상징적 행사이지만 내가 시작한 이 일은 이웃에 대한 느낌이나 어려운 일이 있을 때 서로 돕는 방식의 차이를 알려 주는 역할을 하고 있다.

이 질문목록 점수를 내보는 분들이 개선을 위한 피드백이나 제안을 해주신다면 언제든지 환영이다.

랍비 미미 와이젤의 말

신년 전야에 다 함께 모여 저녁식사를 즐길 무렵 우리는 비타민 T 퀴즈 이야기를 하다가 우리가 비타민 T를 참 많이 섭취하면서 살고 있다는 사실을 알았다. 우리는 상대적으로 점수가 높은 이유를 독실한 유대교 신자로 살고 있는 명백하고 의식적인 선택 덕으로 돌렸다. 우리가 택한 삶은 이 비타민 이야기를 한 니콜라스 앨버리의 말대로 오늘날 대부분의 도시환경에서는 부족한 다양한 만남을 가능하게 해주었다. 우리가 사는 곳이 전 세계에서 가장 크고 넓게 퍼진 도시인 로스앤젤레스라는 곳인데도 말이다.

우리는 전통 율법에 헌신하고 살기로 한 유대인이기 때문에 우리의 라이프스타일은 핵가족 바깥의 지역사회 만남을 장려하게 되어 있다. 그래서 우리는 친목과 도움을 위한 네트워크를 형성하게 되었다. 아마 가장 좋은 예는 매주 토요일에 있는 샤바트, 즉 유대교의 사바스(안식일)를 준수하는 일일 것이다. 그래서 우리는 토요일에는 차를 타지 않기 때문에 유대교 회당에서 걸을 수 있는 거리 안에서만 지내야 한다.

우리가 매주 하는 의식의 일부는 회당을 오가는 길에 만나는 사람들에게 '샤바트 샬롬'이라고 말하는 일이다. 샤바트에는 음식을 나눠 먹고 서로의 집을 방문하기 때문에 가족간의 교류가 생기기 마련이다. 더욱이 우리처럼 아주 가깝게 이웃으로 사는 일은 우리의 신앙을 뒷받침해줄 인프라를 창조하는 것이기도 하다. 율법에서 정한 정결(코셔) 음식점과 제과점이 있으며, 유대인 서점과 선물가게가 있다. 이런 시설에 걸어 들어가다 보면 친구나 지인을 우연히 만나게 되고 가게 주인과 편안한 관계가 되기도 한다.

유대율법 준수자 지역사회의 일원이 되면 회당 생활을 하게 되는데, 이는 아픈 사람을 방문하고, 상중에 있는 사람들을 위로하며, 바깥사람들을 지역사회에 초대하는 일을 포함한다. 우리는 학교, 여러 가지 명분의 자선, 사회정의 문제를 돕는 일을 함께 한다. 함께 하는 식사나 예식에 앉아서 지역사회, 가족, 세계에 대한 우리의 염려를 함께 말하고 논한다.

유대 전통은 균형과 연결, 지역사회 유대와 상호부조를 얻을 수 있도록 도와준다.

많은 사람들이 우리 생활방식을 구속적이고 제한적인 것으로 여긴다는 사실을 내 친구들과 나는 잘 안다. 그런데 선택과 자유가 넘치는 개방적인 사회에 살고 있지만 여기 모인 우리 모두는 율법을 따르는 삶을 살기로 선택한 것이다. 우리는 저마다 이렇게 선택한 삶에서 벗어날 수 있지만 모두 받아들여 살고 있다. 왜일까? 직업과 가족이 있는 현대사회의 개인으로서

우리는 남들과 똑같이 컴퓨터, 핸드폰, 자동차에 의해 고립될 수도 있고 백화점이나 영화관의 익명성과 직면할 수도 있다. 반면에 유대 전통은 균형과 연결, 지역사회 유대와 상호부조를 얻을 수 있도록 도와준다.

대부분의 조직화된 종교는 공동체적 유대를 조성하기 위한 도움을 제공한다. 유대교 회당뿐만 아니라 기독교 교회, 이슬람 사원도 돌봄이나 우애를 위한 네트워크를 제공한다. 내 친구들과 나는 우리 전통 교의뿐만 아니라 이런 자원들을 누리는 것을 복으로 여기고 있다. 이는 거대도시에서 작은 공동체를 실제로 만드는 결과를 낳은 것이다.

지역사회 건축가들을 위한 패턴 언어

니콜라스 앨버리

'지역사회 건축'을 위한 바른 도구가 인식되기 시작했다. 건축가인 크리스 포터 알렉산더의 《패턴 랭귀지》는 어떤 부류의 사람이든 자기 집이나 이웃을 설계하는 일에 관심을 갖고 참여하도록 한다.

책에는 250개의 패턴이 있어서 숫자로 칠하는 것처럼 쉽다. 패턴은 인간적 규모의 건축 원칙이란 뼈대에 살을 입히는 셈이다.

가령 영국 런던의 프레스토니아 브램리스 공동주택 위원회는(책의 다른 부분에 나오는 '프레스토니아 자유독립공화국'을 참고하시길) 새 집을 지을 때 가장 적절한 패턴 40개 정도를 배포해서, 패턴마다 그것이 왜 좋은지를 보여주는 등급을 매겼다. 논쟁을 더 한 다음 결정된 사항은 일군의 작은 단층집을 개발한다는 것이었다. 평지를 따라 지으며 모두 발코니가 있고 드리워진 지붕과 장식 벽돌로 꾸민, 완전히 둘러싸인 공동체 정원을 갖춘 모델이었다. 건축가 폴러드, 토마스, 에드워즈와 조합은 이렇게 인정했다.(파트너 중 한 사람은 《패턴 랭귀지》를 '별나다'며 비판했지만.) 우리는 특별한 고객이 없다면 그렇게 독특한 방법을 구상하지 않았을 겁니다. 우리는 조련사가 되려는 경향이 있어요.

6. 교육 / 육아

● 알파벳 가로수를 만들어 나무 이름을 익히다 ● 도전 시 암송 ● 10대가 운영하는 앰뷸런스 ● 적절한 에너지 행동 – 유치원에서 배우는 사회기술 ● 사회사업가를 위한 학교 ● 학교 사회변화창안 워크숍 ● 델리 빈민가 아이들을 위한 컴퓨터 자기교육 ● 포럼 극장 – 어린이들의 싸움을 해결하는 새 방법 ● 자부심을 드높이는 장점 목록 ● 아이들의 자부심을 향상시켜주는 매직서클 ● 산만한 학생 옆자리에 엄마를 앉히다 ● 터프 러브(힘든 사랑) – 삐따기 자녀 길들이기 ● 학교의 걷기반 '토론 살롱' ● 정원에 태양계의 모형을 만들다 ● 재능나누기 ● 도제 – 장인 연대 ● 아기들을 위한 수화 언어 ● 우는 아기를 달래주는 무릎 굽히기 ● 잘 먹으면 스티커와 모자를 상으로 받는 걸음마 아기 ● 아기에게 전달되는 가족의 소음

알파벳 가로수를 만들어 나무 이름을 익히다

니콜라스 앨버리

아이나 어른이나 도시인들은 나무이름을 너무 모른다. 이런 무지에 맞서기 위해 적당한 방안을 찾아보라고 한다면, 가장 흔한 나무들을 알파벳 이름 순으로 심어 놓은 큰 길을 만들어 보라고 하겠다. 도심 공원이나 도시에서 가까운 관광지 같은 곳의 대로大路에다, 'A부터 Z까지' 나무이름의 알파벳 순서대로 나무를 심는 것이다. 그리고 나무마다 보통 부르는 이름과 라틴어 학명으로 만든 명찰을 달아준다.

아카시아acacia, 오리나무alder, 아몬드나무, 사과나무, 물푸레나무로 시작해서, 호두, 웰링토니아, 마가목, 버드나무willow, 주목yew으로 끝맺는 식이다.

방문객들은 가로수를 위치에 따라 식별할 수 있고 또한 기억하기도 편할 것이다. 예를 들자면 아카시아acacia, 오리나무alder, 아몬드나무, 사과나무, 물푸레나무로 시작해서, 호두, 웰링토니아, 마가목, 버드나무willow, 주목yew으로 끝맺는 식이다.

여유 공간과 땅의 조건에 따라 나무는 35그루(자연산만 심을 경우)에서 500그루(전 세계의 외래 식물을 다 포함한 경우)까지 필요할 것이다. 적어도 15미터

간격을 두고 심는다면 대로의 길이는 240미터에서 1,200미터 정도가 될 것이며, 너비는 65미터 가량 될 것이다.(프로젝트의 전체 폭은 140미터)

이상적인 것은 길 끝에 어떤 인상적인 건물이 하나 서 있어서, 런던에 있는 식물원인 큐 가든Kew Gardens의 '파고다 애비뉴' 처럼 카페나 멀티미디어 나무 연구센터 같은 시설을 수용하는 것이다. 이런 프로젝트는 완성단계까지 거의 50에서 100년이 걸릴 것이다. 그렇지만 이런 장소는 모든 학교에서 방문하고 싶은 명소가 될 것이다.

도전 시 암송

니콜라스 앨버리

시를 한 수 익히는 일은 두뇌를 훈련시키고 영성(정신)을 드높여준다! 10월 첫 일요일에 열리는 '국제 도전 시 암송의 날'에는 남녀노소 구분 없이 누구나 시를 한 수 외우도록 하여 적어도 다른 사람 한 명에게 암송을 하도록 한다. 될수록 많은 사람들 앞에서 하면 더 좋다. 사람들은 친척이나 친구들에게 자기를 후원해 달라고 부탁하여 걷힌 돈이 얼마든 원하는 비영리 단체에 직접 기부한다.

영국의 '시 주간'에 영감을 받아 '도전 시암송'은 영국 계관시인인 앤드루 모션을 후견인 삼았으며, 미국 계관시인인 로버트 핀스키의 후원도 받는다.

학교에서 '도전 시암송'은 가을이나 봄 학기 중 언제든 열린다. 영국에서는 잘 운영되어 학생들이 1년에 15만 편의 시를 외우게 되었다. 영국 수석 교육감이 말하듯 우리가 어릴 때 외운 시는 평생 우리와 함께 한다. 일생을 통틀어 퍼 올릴 수 있는 샘과 같은 것이다.

학교 참가자들은 무료이며 도전하기 위한 가이드라인은 간단하다.

◆ 학교는 참가자가 어떠한 비영리적 대의에 따르든 모금을 하는 일에 동의한다.
◆ 학생, 교사, 부모, 친구 등 가능한 많은 참가자를 모으라.

◆ 교사들에게 무료로 정보를 주라. 여러분의 학교가 '도전 시암송' 행사를 열고 싶다고 하고, 행사가 열리게 되면 적극적으로 보고서를 보내겠다고 밝히는 이메일을 보내라. 그러면 여러분에게 성공적인 '도전 시암송' 개최를 위해 교사들이 한 숱한 조언의 결과로 무료 이메일을 받을 것이다.

◆ 모든 참가자들이 전에 한 번도 익힌 적이 없는 시를 외워서 적어도 한 사람 앞에서 크게 낭송하는 데 동의하도록 하라.(시는 오래된 것이든 최근 것이든 상관없으며 심지어 자신이 쓴 것도 좋다.) 부끄럼을 타는 사람은 한 사람에게만 자기가 외운 시를 암송할 수 있으며, 더 용감한 사람은 반 전체 정도 되는 청중 앞에서 암송을 할 수 있다. 가장 용감한 사람은 학교 전체 앞에서 암송을 하기도 한다.

◆ 암송하는 사람 한 명당 학교에서 고른 자선사업에 후원을 하도록 하여 친구들에게서 적어도 5달러를 모금하도록 한다.

◆ 모금한 돈을 바로 자선단체에 보낸다.

◆ 교사나 학생 중 하나가 자기네 학교에서는 어떻게 하고 있는지를 '도전 시암송'에 이메일로 알리도록 한다. 가장 잘 한 곳에 상과 함께 적으나마 상금을 보낸다.

연습한 후에는 뇌세포 훈련을 하라! 미리 친구들이 모인 자리에서 자기가 외울 시를 암송하는 연습을 하라. 암송하려고 일어섰는데 방금 외운 시어들이 다 사라지는 상황을 보면 참 놀랍기도 하다.

학교에서 시를 외워서 자선기금을 마련하다!

엘리자베스 하워드가 다음과 같은 보고서를 보내왔다.

'도전 시암송'이라는 귀하의 기발한 아이디어 덕분에 우리 학교는 '시 해프닝'을 갖기로 했습니다. 3세부터 13세까지 240명 모든 학생들이 시를 하나 골라서 암송했습니다. 우리는 한 주 내내 이 행사에 매달렸지요.

어느 반에서는 시 한 편을 모두 함께 암송했습니다. 선생님들도 모여서 '앨버트와 사자'를 암송하고 무언극을 했습니다.

학생들은 자기가 외운 시를 반 친구들 앞에서 암송했습니다. 그리고 학기가 끝나는 날에는 반마다 학생 하나가 나와서 학교 전체 앞에서 시 한 편을 암송했습니다. 무대에 조명에 작품까지. 대단한 성공이었습니다!

부모님들과 학생들 모두 이 행사를 아주 좋아했습니다. 시집에서 시를 훑어보며 고르는 것도 즐거웠고, 시를 외운다는 것 자체가 얼마나 재미있고 즐거운 일인지 알게 되었다고도 했습니다. 어떤 학생들은 아주 긴 시를 외워서 우리를 놀라게 했습니다. 모든 교사들도 열성적으로 참여했습니다. 우리는 입학식 때 시집 전시회를 했습니다. 많은 학생들이 자기가 고른 시를 쓰고 그림을 그렸으며, 그것도 온 학교에 전시를 했습니다. 학년이 높은 학생들은 행사 전체를 조직했으며, 기부금을 모으기까지 했습니다! 우리는 자그마치 3천5백 불을 모았지요.

우리는 이 행사를 연례행사로 만들기로 했습니다. 우리는 시인을 초대해서 시 낭송을 부탁할 것이며, 부모님들을 초대하는 저녁 행사도 가질 생각입니다. 모금한 돈은 우리 학교가 후원하는 좋은 단체 네 곳에 나누어줄 생각입니다. 우리는 학생들마다 시를 잘 암송했음을 밝히는 증명서를 주기도 했습니다.

이 멋진 아이디어를 소개해 주셔서 또다시 감사드립니다. 그것은 모든 면에서 완벽한 성공이었습니다.

10대가 운영하는 앰뷸런스

다음은 《내셔널 인콰이어러》, 《퍼레이드 매거진》, 《데리언 뉴스 리뷰》에 실렸던 글이다.
모두 로저 나이츠가 모니터했다.

1970년대부터 코네티컷 주 데리언의 중등학교 학생들은 '53 보이 스카우트 구조 탐사대'를 운영해왔다. 그것은 인구 2만을 위한 24시간제 앰뷸런스 세 대를 갖춘 팀이다. 탐사대는 30명의 소년과 30명의 소녀로 구성되어 있으며, 지원자 열 명중 한 명 정도만을 뽑을 정도로 가입이 쉽지 않다. 학생들은 14세가 되면 무전실에서 근무하게 되며, 15세부터는 앰뷸런스에 승차할 자격이 주어진다. 또 그 2년 동안 150시간의 훈련을 받아야만 응급의료 기술자로서 앰뷸런스를 몰 수 있고, 다양한 인명구조 활동이 가능하다. 부러진 뼈에 부목을 대는 일부터 심각한 사고나 화상을 입은 환자를 다루는 법까지 그들의 활약은 광범위하다.

53 탐사대는 전직 광고회사 임원이었던 존 도블과 당시에 10대였던 그의 아들이 만든 작품이다. 아들은 구조를 위주로 하는 보이 스카우트 탐사대 프로젝트가 있다면 청소년들이 마약 및 알코올의 위험에 대해 배우는 좋은 기회가 되리라고 생각했다. 마약 및 술과 관련된 사고에서 다친 사람들을 도움으로써 말이다. 애송이들의 긴급구조 서비스는 먼저 지역사회에 자기 존재를 입증해야 했다. "제가 가입했을 때는 경찰이 앰뷸런스를 운영하고 있었죠." 노련한 경찰이자 53 탐사대의 고문이기도 했던 제임스 윈 경정의 말이다. "처음에는 주저하더군요. 하지만 아이들과 고문단이 이 일에 대해

잘 알고 있다는 사실을 그들은 곧 깨닫게 되었지요."

이 서비스는 한 해 동안 데리언 경찰서에서 의뢰하는 1천 건의 호출을 처리한다. 성인 감독자가 상주해 있으면서도, 실제 일처리는 십대들이 도맡아 한다.

"현장에 도착해서 보니 사고 피해자가 사망한 듯한 경우도 몇 번 있었어요." 17세인 제이미 그린이 말했다. "할아버지 한 분이 호흡이 끊어져서 맥박을 느낄 수 없었던 적이 있었죠. 우리는 곧바로 CPR(심폐기능 소생법)을 시작했어요. 그래서 2분 안에 직접 숨을 쉴 수 있게 했죠. 실제로 한 생명을 구할 수 있다는 사실을 안다는 건 세상에서 최고로 만족스러운 일이에요."

학생들은 호출기를 차고 다닌다. 집이든 학교든 밤낮을 가리지 않고 비상시에 호출이 오면 출동하기 위해서다.

본부에 없는 동안에도 학생들은 호출기를 차고 다닌다. 집이든 학교든 밤낮을 가리지 않고 비상시에 호출이 오면 출동하기 위해서다. 근무 중인 학생 운전자는 사고현장에서 도움이 필요한 사람이 요청하면 어디든지 즉각 응답하고 앰뷸런스를 몰고 달려간다.

이 그룹의 1년 예산인 12만 불은 기부금으로 충당한다. 의료 전문가들도 이 서비스를 칭찬하고 있다. 스탬포드 병원의 긴급 서비스 책임자인 도로시 턴불 박사는 말한다. "그들은 이 나라의 어느 전문 앰뷸런스 서비스에도 전혀 뒤지지 않습니다."

이 프로그램의 졸업자 중 28명은 의업에 종사하고 있다. 보스턴에서 마취과 전문의로 활동하고 있는 도블의 딸 리사도 그 중 하나다.

적절한 에너지 행동 –
유치원에서 배우는 사회기술

다음은 노르웨이 아이디어 은행 사이트에 올라 온
'스퇴르달 학생들 에너지를 절약하다' 라는 글을 발전시켜 쓴 것이다.
그 글의 바탕이 되는 자료는 페르 힐모가 세계 아이디어 은행에 보낸 것이다.

적절한 에너지 행동은 어린 시절부터 배워야 할 사회기술이다. 노르웨이의 보육원은 낭비하기 좋아하는 사회의 평형추 역할을 하고 있다.

노르웨이 정부와 전기 공급회사에서 자금 후원을 한 '학교 및 유치원의 에너지 모니터링'이라는 프로젝트는 최근 몇 년간 노르웨이의 3천 개 학교 및 유치원을 끌어들였다. 이 프로젝트 뒤에 있는 페르 힐모라는 사람은 열역학 박사로서, 이 프로젝트를 처음 시도한 노르웨이 중부의 스퇴르달 자치단체의 에너지효율 자문역이었다.

모든 학생들에게 '에너지 일기장'을 줘서 가정 전기 사용량을 기록하도록 한다.

보육원 직원들은 특별 훈련을 받아야 한다. 아이들은 학교에서 매주 미터기를(관리인이 있다) 읽으며 실제 에너지 사용량을 체크한다. 모든 학생들에게 '에너지 일기장'을 줘서 가정 전기 사용량을 기록하도록 한다. 부모들은 '학교와 전기회사에서 여러분의 전기사용료를 줄이도록 도와드립니다'

라는 제목의 폴더를 받는다.

페르 힐모가 보육원교사들과 함께 겪은 일들은《베로니카스 비르켈리헤트》라는 책으로 나왔으며, 핵심적인 두 장은《베로니카의 진실》이라는 제목으로 번역 되었다. 러브스토리이기도 한 이 책은 에너지를 어떻게 하면 제대로, 상식에 맞추어 쓸 수 있느냐에 대한 책이다. 페르 힐모는 수많은 보육원 및 학교 학생들을 에너지효율의 최고 챔피언으로 본다. 그는 에너지에 대한 인식을 하나의 자원으로 격상시키기를 원한다. 가장 간단하고 중요한 메시지, 즉 모두를 위해 적절한 에너지 행동이 필요하며, 또 가능하다는 사실은 긍정적인 결과를 낳았다.

취해야 할 조치는 필요 없는 불을 끄는 것을 포함하여, 닫아야 할 문과 창문을 닫는 것, 필요할 때에만 보육원 난방을 하는 것, 식기세척기는 가득 찼을 때에만 쓰기, 옷이 마르면 건조기를 제때 끄기 같은 것들이 있다. 이런 조치들을 다 합치면 에너지 사용량의 25퍼센트를 줄일 것이다. 노르웨이에 있는 모든 학교들이 참여한다면 에너지절약은 알타 발전소 발전량의 3분의 1과 맞먹는다. 이 발전소는 엄청난 반대시위에도 불구하고 건설된 것으로서 노르웨이 역사상 가장 논란이 많았던 발전소로 남아있다.

투실라고 보육원 원장인 안네-리세 홀름비크는 이 학교가 이 프로그램을 얼마나 더 계속할 것인지에 관심조차 없는 사람들을 이해할 수가 없다. 자치단체 공무원에게 가정 쓰레기 분리수거를 얼마나 더 계속할 것인지를 물어보는 사람이 없다며 그녀는 호소한다.

홀름비크와 힐모는 아이들이 보육원에서 배운 것들을 집에서도 실천한다는 사실을 안다. 자연과 환경과 미래에 대해 부모와 의견을 나눔으로써 가정 내의 에너지 보존이 가능했다. 학생들이 배우는 것은 그러므로 두 배의 효과를 내는 것이다.

사회사업가를 위한 학교

마이클 영 : 《런던 가디언》에 실린 '좋은 일 하는 사람들의 회사'라는 글을 고쳐 썼다.
마이클 영은 '사회사업가를 위한 학교'의 창립자이자 학과장이다.

사람들이 나에게 무슨 일을 하느냐고 물으면 나는 종종 답을 찾느라 골몰해야 했다. 지난 내 삶을 되돌아보면 나는 일련의 유용한, 그러나 특별히 매력적이라고 말할 수는 없는 단체들을 만드는 데 힘써왔다. '열린 대학', '소비자 연합', '열린 미술대학' 그리고 《which?》라는 잡지 등이다. 나 스스로를 규정할 직업을 꼭 말해야만 한다면 '사회사업가'라고 하겠다. 좋은 사람의 마음가짐을 지녔지만, 사업가의 마인드도 가져야 하는 사람 말이다.

사람들은 누구나 종종 세상을 더 좋게 만들 법한 아이디어를 떠올리곤한다. 그 아이디어의 대부분은 별 볼일 없지만, 이따금 정말 가치 있는 것들이 있는 경우가 있다.

불행히도 이런 좋은 아이디어는 대부분 실현되지 못한다. 생각해낸 사람이 이를 실행에 옮길 기술이 부족하기 때문이다. 그래서 이런 사람들은 현실세계에 살고 있지 않은 괴짜라며 무시되기 일쑤다. 결국 이들의 아이디어는 끝내 빛을 보지 못하고 만다.

좋은 사람들의 아이디어를 현실로 만드는 훈련을 제공하고 싶었던 것이다.

1997년 나는 좋은 사람들을 만들어낼 목적으로 '사회사업가를 위한 학교SSE'를 설립했다. 공공분야 및 기업계에 있는 사람들을 포함하여 많은 사람들에게, 아이디어를 현실로 만드는 훈련을 제공하고 싶었던 것이다.

이웃을 발전시킨다는 생각에서부터 지역 내 실업을 줄인다는 방안까지, 여러분에게 그럴듯한 아이디어가 떠오르면 SSE에 지원을 요청할 수 있다. 여러분에게 좋은 아이디어가 있고 실현시킬 수 있는 방안이 있다면, 우리는 여러분이 그 아이디어를 현실화할 수 있도록 우리가 할 수 있는 것이라면 무엇이든 할 것이다.

'사회사업가'라는 용어는 두 개의 오래된 단어를 새로운 조합으로 묶은 것이다. 일반적으로 이해되듯이 '사업가'(창업자)는 기업계에서 새로운 아이디어를 현실화한 사람을 말한다. 여기에 '사회'란 말을 붙이면 그 사람은 여전히 새로운 아이디어를 가지고 그것을 실현하려고 하는 사람이다. 하지만 목적은 달라진다. 사회적 요구를 만족시키는 것이다. 안타깝게도 좋은 일을 하고 싶어도 사업가적 기질이 없으면 좋은 일을 지속적으로 하기 어렵다.

우리 학교에서 고된 훈련을 받았으며 지금도 받고 있는 학생들이 입증하듯이 일종의 자질이란 것이 필요하다. 그것은 에너지, 재능, 끈기, 유연성, 복원력, 창의적인 절충을 위해 지원을 생각해내고 얻어낼 수 있는 역량, 그리고 자신이 아닌 대의를 위해 자금을 모을 수 있는 방법에 대한 예민한 감각이다.

이루어 내야 할 혁신이 있는 만큼 충족되지 않은 욕구라는 시장이 하나 있어야 한다.

학교는 그런 자질을 길러줄 수 있으며, 서로 돕는 분위기 속에서 학생들에게 실제적인 기술을 가르쳐줄 수 있다. 필요한 모든 자질 중에서 아마 가장 중요한 것이 될만한 일을 골라내는 능력일 것이다. 시장의 지배를 받기 때문에 사회사업가도 다른 사업가들처럼 될 필요가 있다. 이루어 내야 할 혁신이 있는 만큼 충족되지 않은 욕구라는 시장이 하나 있어야 한다. 그 욕구란 새로운 방법으로 만족시킬 수 있는 묵은 것일 수도 있고, 아니면 사업가의 활동으로 드러난 새로운 욕구일 수도 있다.

내가 '소비자 연합'을 시작하자, 자기 이익만을 추구하는 광고에 대응하기 위해 상품과 서비스의 가치에 대한 균형 잡힌 정보를 필요로 하는 사람들의 욕구가 충족되었다. '열린 대학'을 열었을 때에는 많은 사람들이 미처 깨닫지 못한 것으로 드러났던 새로운 욕구를 채워주었다. 그것은 평범한 근처 대학에 갈 것 없이 학위를 따는 공부를 하는 것이었다. 요구가 기회를 만들어내는 것만큼이나 새로운 기회는 새로운 요구를 만들어 낼 수 있는 법이다.

학생들은 자기들의 노력이 시장 주도적이어야 한다는 사실을 잘 알고 있다.(아니면 미리 알게 된다.) 학생들이 어떤 것을 해왔으며 또 하고 있는지를 보여줄 만한 예를 소개하겠다. 훈련과 장애에 대한 것이다.

뉴엄 와이즈는 런던 동부에 있는 훈련기관으로서 젊은 훈련생들에게 일자리를 구해주는 데 뛰어난 능력을 가진 곳이다. 그런데 이곳은 자금 문제를 안고 있었다. 버트 레슬리는 자원자 부문volunteer sector에 동참하기 위해 자기 건설회사를 팔아버린, 경험 있는 사업가였다. 뉴엄 와이즈에 있는 동안 그는 50만 파운드의 기금을 주도적으로 조성했다.

테사 더그모어는 영국 학교의 쓰지 않는 1층에 주민회관을 만들기 위해 '프로비던스 로우' 주택연합과 함께 일하는 젊은 여성이다. 꼭대기 층은 젊은 홈리스들에게 편의시설을 제공할 것이다.

파비엔 부나니는 영국에 온 르완다 난민 출신이다. 그는 아주 기술이 좋은 사람이며, 전에는 '아프리카 대륙은행'의 감사였다. 그런데 여러 제3세계 난민의 자격여부가 영국에서 늘 인정되고 있는 것은 아니다. 그는 다른 기술 있는 난민들이 영국에서 일자리를 발견할 수 있도록 도와주는 훈련방안을 개설했다.

앤 카튼은 아프리카 소녀들의 교육을 지원하는, 캠브리지에 있는 캠페드의 창립자다. 이 단체는 짐바브웨와 가나에서 온 소녀 1,860명을 학교에서 머무르도록 했으며, 240명이 중등교육을 마치도록 도와주었다. 그들은 지금 자기네 지역사회에서 변화의 동력으로 활동하고 있다. 앤이 다시 학교로 간 것은 아프리카 다른 지역에서 단체를 더 확대할 계획에 필요한 도움을 구하기 위해서였다.

우리에게는 또 제대로 된 격려만 있으면 장애인들도 일반적으로 가능하다고 여겨지는 것보다 훨씬 더 잘 할 수 있다는 확신을 주는 몇몇 학생도 있다. 우리 학생들은 고용주들을 설득하여 자폐증을 앓고 있는 사람들에게 기회를 주도록 하고, 정신건강에 문제가 있는 소수인종 출신들을 위한 복지관을 설립하고, 젊은이들의 자살을 방지하는 단체를 개설하며, 배우는데 어려움이 있는 사람들이 풋볼클럽을 위해 청소와 다른 서비스를 제공하는 사업을 열기도 했다.

학교는 사업가를 만들어낼 수 없다. 하지만 사람들의 재능을 길러주고, 실용적인 기술을 가르쳐주며, 서로 돕는 분위기 가운데 자기 아이디어를 실험할 기회를 준다.

"내 동료 학생들이 가져다주는 경험과 접촉의 범위는 그 자체가 보물을 발견하는 일입니다."라고 테사 더그모어는 말한다. "특히 나처럼 아직 경력의 출발점에 있는 사람에게는 더욱 그렇습니다. 학생과 직원이 모두 기가 막히게 잘 통하지요. 만일 일이 잘 풀리지 않으면 조언이나 평가가 뒤따르기 마련입니다. 나는 또 학교가 혁신의 실질적인 면에 철저해야 함을 가르쳐줌으로써 나를 좀 더 '빈틈없이' 되도록 도와주었다고 생각합니다."

우리는 유산에 무언가를 추가하거나 아니면 잃어야만 한다. 우리는 더 커지거나 아니면 작아져야만 한다. 우리는 앞으로 나아가든지 아니면 후퇴해야만 한다.

내가 학교를 설립한 이유는 새로운 아이디어의 지속적인 흐름 없이는 우리사회가 자신의 잠재성을 충분히 깨닫지 못할 것이라고 믿었기 때문이다. 조지 오웰이 영국적인 본성에 대해 쓴 에세이 《사자와 유니콘》의 한 구절이 생각난다. "어떤 것도 가만히 서 있지 않는다. 우리는 유산에 무언가를 추가하거나 아니면 잃어야만 한다. 우리는 더 커지거나 아니면 작아져야만 한다. 우리는 앞으로 나아가든지 아니면 후퇴해야만 한다."

학교 사회변화창안 워크숍

1980년대부터 사회변화창안연구소는 영국 주립학교에서 사회변화창안 워크숍을 운영해오고 있다. 방식은 아주 간단하다. 한 반에(7세부터 18세까지의 모든 연령) 프로젝트 당 최대 80불의 예산을 지급하여 자기들 뜻대로 학교나 지역사회에 도움이 되는 일을 하도록 한다. 프로젝트는 학기 내에 매주 두 시간 동안의 회의를 거쳐서 완성되도록 한다.

처음 회의에서 학생들은 자기 학교, 자기 이웃, 자기 개인 생활 안에 있는 문제를 살펴보며 관심을 쏟을 문제 몇 개를 고른다. 다음 회의에서 학생들은 이런 문제들을 풍부한 상상력으로 다룰 수 있는 방법인 브레인스토밍을 배운다. 세 번째 회의에서 학생들은 행동 및 평가 계획을 마련해서 학기가 끝날 무렵 자기네 기준에 따라 어느 정도까지 성공했는지를 알 수 있도록 한다. 그런 다음 학생들은 자기네 계획을 실행에 옮긴다. 어떤 프로젝트들은 회의 시간 외에도 열심히 노력한 학생들 덕분에 놀랄만한 성공을 거두기도 했다. 여기 워크숍 일부를 소개하고자 한다.

어린이 지뢰제거 행동대

런던 에센다인 초등학교의 7-8세 아이 23명으로 된 반 아이들에게 동네 문제를 여러 가지 생각해 보라고 했다. 아이들이 브레인스토밍 하기로 결정한 문제 하나가 개똥이었다. 학교 주변 길이 특히 지저분했기 때문이었다.

아이들은 '나는 개똥이 싫어요' 같은 사진이나 문구로 만든 다채로운 플래카드를 여러 개 만들었다. 그리고 그들은 '어린이 지뢰제거 행동대'의 발대식을 알리는 공보를 부지런히 준비하여 내보냈다. 지뢰제거 오토바이를 이용한 파리 사람들의 기술적 해법이 아이들의 흥미를 자극했기 때문이다. 이 오토바이는 뒤에 진공청소기를 장착하여 도로를 달리며 똥을 빨아 당겼던 것이다.

〈데일리 텔레그래프〉, 〈패딩턴 머큐리〉, LBC 라디오가 참석한 가운데 아이들은 학교 근처에 있던 리처드 밴슨(그는 당시에 정부의 환경프로그램을 맡고 있었다)의 집을 방문하여 청소에 쓸 수 있는 거액 중 일부를 이 지뢰제거 오토바이를 사는 데 써달라는 청원을 했다.

자기네 행동대 이미지를 보여주기 위해 아이들은 플라스틱 장갑과 모래삽을 이용하여 신문사 사진기자들 앞에서 개똥을 담는 시범을 보여주었다. 학생들은 또 웨스트민스터 의회에 편지를 써서 답장을 받기도 했다. 내용은 의회가 파리에서 지뢰제거 오토바이 대원 한 사람을 초청해서 영국에서는 처음으로 시도를 하도록 하겠다는 이야기였다.

이 반 교사인 이슬라 로버슨은 웨스트민스터 의회에서 계속해서 학교 주변을 청소해주려고 특별히 애쓰는 모습을 보며 이 워크숍에 아주 만족해했다. "대신 어떤 재앙이 닥쳤는지 상상도 못하실 거예요." 그녀가 말했다. "20명이나 되는 아이들 중 어느 하나가 개똥 위에 넘어지면 닦아줄 방법이 없답니다."

경찰과의 마찰을 담은 비디오

카렌 체슬

런던 베스널 그린에 있는 레인스 재단 학교의 내가 맡은 사회변화창안 위크숍에서 공부를 별로 좋아하지 않는 14세 아이들은 학교와 지역사회와 개인생활의 문제에 대해 브레인스토밍을 해보라는 권유를 받았다. 두 개의 큰 문제가 제기되었다. 학교가 '감옥'처럼 느껴진다는 것과, 특히 경찰과 말썽이 생긴다는 것이었다. 이 문제들에 대한 답을 찾는 브레인스토밍을 더 하다보니 학교 밖으로 나가서 다큐멘터리 드라마를 만들자는 아이디어가 나왔다. 그렇게 해서 더 어린 학생들에게 말썽이 생기지 않는 법을 가르쳐주는 데 쓰자는 취지였다.

나와 캐롤린 핼로언 선생님의 안내에 따라 학생들은 영화대본의 윤곽을 잡고 관련자료 정보와 도움을 얻기 시작했다. 비디오카메라는 학생 하나가 준비해왔다. '복지교육 담당관'인 워터스 씨가 청소년 범죄의 법적 측면에 대해 귀한 예비지식을 주었으며, 사회복지사 역할을 맡기로 했다. 베스널 그린 경찰서의 재키 헌트 경사와 러셀 테일러 순경은 학교로 와서 반 아이들에게 여러 이야기를 해주었을 뿐만 아니라, 경찰 밴 차량과 플래시 라이트가 있어야 하는 영화 속의 '체포' 장면을 맡기로 했다. 더욱이 그들은 취조실, 법정, 감방 장면을 찍을 수 있도록 아버스 스트리트 하급법원 사용을 주선해주기도 했다.

학생들은 경찰 밴 차량과 깜빡이는 불빛이 나오는 드라마의 체포 장면을 찍었다.

학생들 중 다섯 명은 '타고난' 배우임이 입증되었다. 그들은 반 전체가 아이디어를 짜내 플롯, 촬영장소 물색, 음악, 배경작업을 한 이 작품에서 걸맞은 역할을 해낸 것이다. 이 영화는 다른 반 학생들에게도 보여줄 계획이며, 기부 받은 돈은 지역 유치장에 보낼 것이다.

델리 빈민가 아이들을 위한 컴퓨터 자기교육

《비즈니스위크 온라인》에 올라 온 '인도 극빈층 아이들의 컴퓨터 활용능력에서 배우는 교훈'
이라고 소개된 세인 피터슨과의 인터뷰를(폴 저지가 편집) 요약했다.
이 글은 원래 클라이브 세멘스가 모니터했다.

인도 최고의 소프트웨어 및 교육 회사인 NIIT의 연구개발 책임자인 수가타 미트라는 자신이 이름 붙인 '최소 개입 교육' 방침에 따라 5억 명의 인도 어린이들이 향후 5년에 걸쳐 기본적인 컴퓨터 활용능력을 배우도록 도울 수 있다는 놀라운 전망을 열었다.

고속 데이터 전송이 가능한 고성능 펜티엄 PC를, 버려진 땅과 회사 부지를 가르는 벽 사이로 연결했다.

미트라의 '벽에 난 구멍' 실험에는 고속 데이터 전송이 가능한 고성능 펜티엄 PC를 벽을 통해 연결하는 일이 필요했다. 이 벽은 회사 땅과 주변 빈민가 사람들이 화장실로 이용하는 버려진 땅을 가르는 벽이었다. 그는 인터넷에 연결된 PC를 켜둔 채로 놓아두어서 지나가는 사람이 만지작거릴 수 있게 해놓았다. 미트라는 원격 컴퓨터와 가까운 나무 위에 탑재한 비디오카메라를 이용하여 PC 이용 광경을 모니터했다.

수가타 미트라는 며칠 지나지 않아 6세에서 12세(컴퓨터를 가장 자주 이용하는 연령 대) 빈민가 아이들이 교육도 거의 받지 못하고 영어도 거의 모르는데도 컴퓨터에 모여들어 인터넷 검색을 하는 모습을 발견하게 되었다. 기본 컴퓨터 활용능력(마우스를 이용하고, 드래그하고, 복사하고, 포인터를 움직이고, 붙여넣기를 하고, 인터넷 서핑을 하는) 달성은 거의 즉각적이었다. 빈민가 아이들에게 가장 인기 있는 프로그램은 마이크로소프트 페인트와 디즈니닷컴이었다. 디즈니는 게임이 여럿 있어서 좋아했고, 페인트는 모든 아이들이 그림 그리기를 좋아하기 때문이었다. 하지만 아이들이 그림 인쇄에는 쉽게 접근하지 못했다.

미트라가 빈민가 아이들에게 인터넷에 접속할 기회를 제공한다는 아이디어를 떠올린 것은 그가 아는 거의 모든 부모가 하는 이야기를 듣고 난 다음이다. 그들은 아이들에게 컴퓨터를 주면 아이들의 실력이 금방 어른을 뛰어넘는다는 사실을 인정하곤 했던 것이다. 여기에 착안하여 미트라는 이 사실이 그가 만난 아이들만 그런 것이 아니라, 일반적으로 어른들이 아이들의 컴퓨터 활용능력을 이해하지 못하고 저평가하고 있다는 추론을 했다.

이에 따라 그는 어른을 가르치는 방법이 아이들에게는 사실상 적합하지 않다는 생각을 하게 됐다. 그의 '벽에 난 구멍' 실험을 통해 그는 호기심 많은 아이들이 그룹으로 활동하면 외부의 도움 없이도 기본적인 컴퓨터 활용능력을 획득할 수 있다는 점을 깨닫게 되었다. 달리 말해 아이들이 무언가에 흥미를 느끼거나 배울만하다고 생각하면 가르치기 위해 형식적인 인프라가 필요하지 않다는 것이다. 따라서 아이들이 흥미를 느끼는 주제에 대해 형식적인 교육을 하는 것은 그것이 어떤 것이라도 돈과 시간과 자원의 낭비일 뿐이라는 것이다. 그 모든 것들을 아이들이 자기 힘으로는 터득할 수 없는 다른 것들을 가르치는 데 사용하는 것이 훨씬 나을 거라는 이야기다.

이 점을 더 잘 보여주기 위해 미트라는 빈민가 아이들을 위해 디지털 음악 파일인 MP3를 한 번 들려주었다. 아이들은 컴퓨터에서 음악이 나오자 깜짝 놀랐다. 소리가 TV나 라디오에서처럼 작동하는 것이냐고 아이들이 묻자 미트라는 자신의 '최소 개입' 방침을 적용하여 대답했다. "글쎄 난 하는 법까진 알지만 어떻게 작동하는지는 모르겠는 걸." 그런 후 나머지는 아이들에게 맡겼다. 일주일이 지나자 미트라의 직감 그대로 이 아이들은 자기보다 MP3에 대해 더 잘 알게 되었다. 아이들은 MP3가 무엇인지 어떤 것인지를 알아냈을 뿐만 아니라 무료 플레이어를 다운로드 하기도 했으며, 힌두어(인도 공용어) 음악 웹사이트를 찾아내기도 하고, 자기들이 좋아하는 온갖 영화음악을 다 찾아 듣기도 했다.

더 놀라운 점은 아이들이 스스로 찾아 사용한 기술의 용어나 용법을 몰랐다는 사실이다. 그들은 컴퓨터가 무언지도 몰랐지만, 인터넷 사용에 있어서, 거의 모든 정보가 영어로 되어 있어서 생길 수밖에 없는 만만치 않은 언어장벽을 스스로 극복했다. 어떻게 돌아가는지에 대해 자신들 고유의 방법을 발명하여 언어장벽을 뛰어넘을 수 있었던 것이다. 예를 들면 아이들은 마우스나 포인터라는 용어를 전혀 몰랐다. 하지만 아이들은 마우스 포인터를 '수이'라고 불렀다. 힌두어로 바늘이라는 뜻이었다. 컴퓨터가 작동 중일 때 생기는 모래시계를 아이들은 '다므루'라고 불렀다. 시바 신이 손에 들고 있는 북이 모래시계 모양이었기 때문이다. 아이들은 '물건(컴퓨터)'이 무언가를 하고 있을 때 '수이'가 '다므루'로 바뀐다는 사실을 알 수 있었다. 따라서 중요한 것은 상징이지 용법이 아니라고 미트라는 말한다. 아이들이 기능을 이미 알고 있는데 마우스를 마우스라고 부른다는 사실을 알든 모르든 무슨 문제가 되겠는가?

이런 아이들에게 언어가 장벽이 될 수 없다는 점은, 미트라가 이들에게 자국어인 힌두어로 웹사이트에 연결할 수 있는 링크가 있는 인터페이스를 제공했을 때 아이들이 컴퓨터를 끈 다음 인터넷 익스플로러 브라우저 소프트웨어로 다시 들어갔다는 사실로도 입증이 된다. 아이들은 '파일'이란 단어를 의미론적으로는 이해하지 못했다. 하지만 그들은 '파일' 안에는 저장하고 (파일을) 여는 옵션이 있다는 사실을 깨닫는 것처럼, 작동원리를 이해하는 법은 분명히 터득했던 것이다.

그는 아이들에게 컴퓨터 한 대와 두 시간을 주고서 답을 찾아보라고 했다.

인터넷이 어떻게 지식획득을 혁명적으로 가능하게 하는지에 대한 예를 달리 보여주기 위해 미트라는 다른 실험 하나를 했다. 그는 중산층 자녀들이 다니는 학교의 9학년 아이 네 명을(여자 둘 남자 둘) 골랐다. 그는 이 아이들의 물리선생님에게서 다음 해 같은 학기에 배울 주제가 점도viscosity라는 사실을 듣게 되었다. 그는 이 선생님에게 이 주제에 대해 시험문제를 좀 내달라고 부탁했다. 그런 다음 그 문제를 네 아이에게 냈다. 아이들은 물론 문제를 전혀 이해하지 못했다. 그는 아이들에게 컴퓨터 한 대와 두 시간을 주고서 답을 찾아보라고 했다. 두 시간 만에 아이들은 모든 질문의 정답을 찾아냈다. 그리고 주제에 대해 중요한 무언가를 발견했다는 사실을 입증하기 위해 물리선생님과 이 주제를 놓고 지적인 대화를 나누었다. 선생님이 말하길, 아이들은 점도에 대해서나 다음 해에 배울 것에 대해 다 알지는 못

했다. 그러나 아이들은 상당히 많이 알고 있었으며, 개중에는 선생님도 모르는 것도 여러 가지 있었다.

수가타 미트라는 자신에게 10만개의 휴대단말기와 함께 5년 동안 이런 실험을 할 수 있는 자원과 자금이 있다면 5억 인도 어린이들이 스스로 컴퓨터 활용능력을 깨칠 수 있으리라고 역설한다. 그의 추정으로 여기에 드는 돈은 20억불이다. 하지만 아이들에게 컴퓨터 기술을 가르치기 위해 전통적인 방법을 사용할 경우 두 배 이상의 비용이 들 것이라고 추정했다.

미트라는 최초의 실험이 여전히 잘 진행되고 있다고 말한다. 그와 그의 팀은 델리에서 300마일 정도 떨어진 마을에서 또 하나의 비슷한 실험을 시작했다. 이 실험 결과도 델리에서 얻은 결과와 거의 일치한다고 수가타는 말한다.

포럼 극장 –
어린이들의 싸움을 해결하는 새 방법

마이클 소스

마이클 소스는 영국 런던에 있는 얼스필드 학교에서 7-8세 아이들로 이루어진 스물 두 반을 상대로 사회변화창안 워크숍을 운영했다. 그는 아이들에게 싸움을 해결하는 기발한 방법을 알려주었다. 그가 이 글에서 밝히듯, 싸움을 두 번 재연하는 것이었다. 두 번째 재연 때는 멋지게 변화를 주어야 한다고 한다.

어느 날 아침 아이들이 교실에 들어오는데 여자아이 하나가 입술에 피를 흘리고 있었다. 이 아이는 학교로 오는 길에 싸움을 하게 되었다고 했다. 아이들은 흥분해서 자기들끼리 소리를 높였다. "다음에 내가 그놈을 꼭 패줄게", "안돼, 걔는 너보다 훨씬 힘이 세단 말이야" 하는 식이었다.

선생님이 어떻게 된 일이냐고 물으니, 곧바로 이 사건에 대해 서로 다른 이야기가 여섯 개나 한꺼번에 쏟아져 나왔다. 선생님은 모두 조용히 하라고 말한 다음 다친 아이에게 물었다. 있었던 일을 자세히 설명하는 동안 아이의 말은 여러 번 막혔다. 참다못한 아이들이 한마디씩 하거나, 선생님이 "왜 항상 싸움에 말려드는 게 너지?" 하는 재미있는 질문을 던졌기 때문이다.

아이는 방어적으로 변했다. "저를 보호하기 위해서 그런 거예요" 하고 대답했다. 선생님의 눈썹이 치켜 올라가고 다른 아이 하나가 "또 시작이군."이라고 말하자, 마침내 이 여자아이는 포기하고는 풀이 죽은 채 샐쭉해져 있었다. 선생님은 이런 결과가 전혀 마음에 들지 않았다. 하지만 타이르는 것밖에 다른 방법이 없었다. "내가 너라면 앞으로 더 조심하겠다."

보기 드물게 참을성 있으며 선의를 가진 선생님이 등장하는 이런 예는 전형적인 것이다. 내 느낌에는 아무것도 해결된 바가 없으며, 다음날이라 해도 같은 일이 일어날 것 같다.

사람들에겐 관련이 있는 모든 사람을 만족시킬 수 있을 정도로 갈등을 해결할 수 있다는 믿음이 부족하다. 아이들은 대체로 인간이 기본적으로 상대방에게 서로 적대적이며, 법과 질서와 권위라고 하는 지켜주고 단속하는 힘에 의해서만 제지받을 뿐이라는 가정에 따라 행동한다.

나는 이러한 믿음이 대부분의 아이들이 어른을 만날 때에도 확실히 갖고 있는 지각이라고 생각한다. 아이들은 중간에 거치는 것 없이 있는 그대로, 우리 대부분이 사회적 실체를 형성할 때 모르고 의존하는 아주 무의식적이며 숨어 있는 가정을 거울처럼 비춰준다.(비록 선의를 가진 많은 어른들이 자기가 사실상 그런 가정에 따라 움직이고 있다는 사실을 완강히 부인하겠지만 말이다.) 평범한 교정에서 일어나는 폭력과 고통은 "행동으로 하지 말자 - 말로 하자!" 하고 외치는 슬로건이 교육 현장에서 실제로 잘 통하지 않는다는 사실을 웅변적으로 일깨워주고 있다.

내 생각에 이런 상황은 시급한 사회변화창안을 요구하고 있다. 우리는 폭력 없이도 분쟁해결이 가능하도록 만드는 장치가 필요하다.

내가 이 반에서 사용했더니 아주 잘 먹혀 들어간 방법은 '포럼 극장'이라는 것이다. 그것은 브라질의 민중연극 연출가 아우구스토 보알이 고안해낸 것이다. 그는 브라질의 교육학자 파울로 프레이리의 글을 보고 영감을 얻어, 남미에서 압제에 시달리는 사람들을 대상으로 이 방법을 써보았다.

기본적인 방법은 다음과 같다. 먼저 분쟁에 대해 토론한다. 다른 사람들이 보기에 개입된 사람들의 상황과 행동과 감정이 분명하며 이해할만한 것일 때, 당사자들은 처음부터 끝까지 아무 방해를 받지 않으면서 이 '원작'을 한 번 '공연'한다.

모든 관객에게 다른 행동이 가능하다고 느끼면 언제든 '잠깐' 하고 불러 세워달라고 부탁한다.

그런 다음 두 번째 공연을 한다. 그런데 이번에는 모든 관객에게 무언가 잘못되었다거나 다른 행동이 가능하다고 느끼면 언제든 '잠깐' 하고 불러 세워달라고 부탁한다. 원작에 나온 누군가의 역할을 대신하기도 하며 다르게 연기하기도 한다. 누군가가 다르게 연기를 하면 사건의 전 과정이 다 바뀌어져 버릴 수도 있다. 그렇게 되면 더 만족스럽거나 덜 억압적인 결과가 나올 수 있는지 관찰할 수 있는 기회가 된다. 아니면 원작을 세 번째로 공연하도록 하여서, 다시 변화나 대안을 찾을 수 있도록 열어두는 것이다. 이런 식으로 다른 행동방식을 시도해보고 가능한 결과를 보여주는 것이다. 원래의 억압적인 상황을 재연하면서 상황의 변화를 통해 누구나 다 행복을 느낄 수 있는 것으로 만드는 이런 집체 과정은, 모든 이의 창의성을 일깨우고 여론일치가 가능하도록 만들어준다.

아이들과 함께 우리는 놀다가 일어나는 싸움을 과제 삼아 아이들이 제기하는 모든 감정상의 '비난'을 이용했다. 이번만은 갈등을 실제로 풀기 위해 에너지를 쏟도록 자극하기 위한 것이었다.

대개 우리는 사건이 어떤 식으로 전개되었는지 합의하기 전에 일어난 일에 대한 모든 아이들의 버전을 다 들어보는 데 많은 시간을 썼다. 모두에게 이 '원작(실제 일어난 일의 재연)'을 만들 수 있는 여유를 주는 것은 아주 중요했다. 그렇게 하지 않았을 때 아이들은 그만두고 포기해버렸다. 무시당한다거나 잘못 알아들었다고 생각하며 대안을 찾는 데 흥미를 잃어버렸던 것이다.

처음에는 아이들이 포럼극장의 기본수칙을 다 이해하는 데까지 설명이 많이 필요했다. 그 다음은 절차가 꽤 부드러워져서, 내가 주로 할 일은 모두 한꺼번에 '잠깐!' 하고 외치며 대안을 이야기하려할 때 말리는 것뿐이었다.

우리가 어느 누구 편도 아니라는 점을 분명히 해두는 것이 중요했다. 과정이 끝날 때가 되면 상대방에게 보복을(내게는 초강대국 정치의 소인국 판처럼 느껴지던) 하겠다고 협박하면서 생기기 마련이었던 편 가르기가 더 이상 필요 없었다. 우리는 모두가 받아들이며 안전하다고 느낄 수 있는 분쟁해결 장치를 제공했던 것이다. 그 장치를 통해서 자기들의 욕구와 입장을 주장할 수 있다고 확신하게 해주었다.

아이들은 너무나 적극적이어서 포럼극장을 전체 학생모임에서 공연하기를 원했으며 그렇게 하기도 했다. 과정의 말미에는 자기들이 배운 점을 함께 이야기했다. 주로 "어떻게 하면 싸움을 피할까, 어떻게 하면 욕심을 부리지 않고 너무 많이 먹으려하지 않을 수 있을까, 어떻게 하면 남의 말을 잘 들어줄 수 있을까, 누가 나에게 욕을 하면 어떻게 대해야 할까" 하는 내용이었다. 부모나 선생님들이 보인 반응은, 아이들이 평생 살면서 도움이 될 무언가를 배웠음을 알았다는 것이었다.

마이클 소스는 영국 옥스퍼드에 산다.

자부심을 드높이는 장점 목록

〈시애틀 타임즈〉의 칼럼 "디어 애비"에 보낸 편지를 요약했다. 미네소타 주 세인트폴의
H.P.M. 수녀가 보낸 것으로, 제목은 "모두가 간직한 그 목록은 소중한 교훈을 준다."이다.
로저 나이츠가 모니터했다.

어느 그룹의 각 구성원에게, 타인이 자신에 대해 말한 긍정적인 면을 목록으로 만들어 준다고 해보자. 그것은 장기적으로 자부심을 드높여주는 효과를 낳을 것이다.

어느 중학교의 젊은 수학 선생님은 서로 트집을 잡는, 스트레스와 좌절이 많았던 학생들과 상대하고 있었다.

> **선생님은 학생들에게 반 친구마다 가장 훌륭한 점 하나씩을 쓰도록 했다.**

그녀는 학생들에게 백지 한 장씩을 꺼내 다른 학생들의 이름을 차례로 적도록 했다. 이름마다 옆에 빈자리를 남겨 두도록 했다. 그런 다음 그녀는 반 친구마다 가장 훌륭한 점 하나씩을 쓰도록 했다. 그리고 나서 선생님은 다른 종이 한 장에다 학생들의 이름을 차례로 쓴 다음, 그 옆으로는 다른 친구들이 말한 장점을 나란히 썼다.

그런 연습을 다시 하지는 않았지만, 그것은 소정의 목적을 달성했다. 학생들은 스스로와 다른 친구들에 대해 더 나은 느낌을 갖게 되었으며, 자신

들의 자질이 제대로 평가를 받았다는 사실을 알게 되었다.

몇 년이 지나서 선생님은 베트남에서 전사한 어느 옛 제자의 장례식에 참석하게 되었다. 제자의 부모는 아들이 지갑 속에 반 친구들이 말한 자신의 모든 장점 목록을 늘 지니고 다녔다고 말했다. 그러자 장례식에 참석한 다른 옛 제자들도 모두 그 목록을 소중히 간직해오고 있었다는 사실이 알려지게 되었다.

"그 순간 저는 주저앉아 울고 말았습니다." 선생님은 이렇게 밝혔다. "그날 제가 가르치던 학생들에게서 배운 그 교훈은, 교사로 있었던 나머지 기간 내내 제가 가르친 모든 반에서 관례로 자리 잡았습니다. "

교육

아이들의 자부심을 향상시켜주는 매직서클

머레이 화이트 : 이 발췌문은 《타임즈 에듀케이셔널 서플리먼트》에 실린
머레이 화이트의 글에서 따온 것이다. 이 글을 쓸 당시 그는 영국 캠브리지에 있는
'킹스 헤지스 주니어 스쿨'의 교장이었다. 그는 이제 자부심 워크숍을 열어 영국 전역에서
이 기법을 소개하고 있다. 그는 또 '국제 자부심 회의'의 영국 대표이기도 하다.

아이의 자부심과 학업성적이 서로 관련이 깊다는 연구결과가 있었다. 자신에게 만족하는 아이들은 더 쉽게 배우고 정보를 더 오래 기억한다고 한다. 사실 이런 아이들은 모든 면에서 더 뛰어나다. 행복감이 있으면 일상생활의 갈등을 더 잘 조절할 수 있다. 편견, 학대, 중독, 비행, 폭력에 대해서도 마찬가지다.

이런 생각을 품고 나는 1988년 우리 학교 모든 반마다 '서클타임'을 조직했다. 그 전에는 몇 년 동안 수업과 단체 활동을 할 때, 행동을 토론하고 감정을 탐구하며 놀이를 하는 데 시간을 썼다. 재미있는 결과가 나타났다. 교직원은 개인적으로나 집단적으로 아이들의 행동에 나타난 변화에 대해 언급했다. 어느 교사는 이렇게 말했다. "제 수업은 선생님 수업처럼 둥글게 둘러앉아 하는 것이 아니지요. 선생님 수업은 항상 성공이에요. 함께 더 잘 만들어 나가는 수업 같습니다."

나는 다른 교사들에게 매일 학생들을 둥글게 둘러앉게 하고 서클타임을 해보라고 권한다. 가능하면 교사가 먼저 앉아서 아이들이 오는 대로 원형으로 둘러앉게 만들며, 서로 아침인사를 나누도록 한다. 출석을 부르기 전부터 둥글게 둘러앉아 하루를 시작하는 것이다. 교사는 빈곳이 있는 문장

을 하나 읽어주고 나머지 부분을 채워보라고 한다. 그러면 교사 옆에 있던 아이가 그 문장을 따라 읽은 다음 나름대로 문장을 완성시켜 본다. 그리고 다음으로 넘어간다. 여기에는 몇 가지 목적이 있다. 이는 그룹을 재구성하는 것이며, 하나의 반으로 다시 합쳐지는 중요한 행사다. 아이들은 원하면 '패스'라고 할 수 있지만 그런 경우는 적다.

> **교사는 빈곳이 있는 문장을 하나 읽어주고 나머지 부분을 채워보라고 한다. 그러면 교사 옆에 있던 아이가 그 문장을 따라 읽은 다음 나름대로 문장을 완성시켜 본다.**

많은 수의 학생을 가진 반일지라도 남의 말에 귀를 기울이는 수준이 분명히 높다. 대답을 할 때 상상력을 발휘하며 직선적으로 될 기회를 즐기는 아이들도 있다. 많은 아이들은 금방 이 기회를 자기가 생각하는 바를 마음껏 말할 수 있는 안전한 환경으로 여긴다. "오늘 나는 기분이... 별로예요." 입학한지 2주가 된 일곱 살 난 아이가 말했다. "나는 어디 있는지만 알면 ... 아빠를 만나고 싶어요." 수줍음 많은 열한 살 여자아이가 고백했다. 민감한 교사들은 이런 이야기를 들었다가 나중에 적절히 반응을 할 것이다.

우리가 만드는 원은 다루지 않는 주제가 없다. 가령 "나를 웃게 만드는 것은 ..." 하는 식이다. 아이들이 자기가 되고 싶은 과일을 고르는 원도 많은 사항들을 드러내줄 수 있다. 아이들에게는 원에서 교사가 털어놓는 자기고백도 아주 값진 것이다. 원을 이용하면 움츠러드는 아이가 동참하는 기분을 느끼게 하는 데도 도움이 된다. 학기가 시작되면 여러 가지 행동이 서로를 잘 알기 위한 목적에 집중되며, 친밀하고 따뜻한 반 분위기를 만드는 데 모아진다.

일과가 시작되고 지난 시간 동안 일어났던 모든 것을 서로 나눈 다음, 떨어져 있던 아이들은 그날의 '특별 주인공'을 뽑는다. 아이들 모두에게 인기가 좋은 시간으로서 많은 아이들에게 색다른 경험이 된다.

선택은 먼저 풍선 터뜨리기로 했다. 아이들은 각자 자기 이름을 쪽지에 적어서 풍선에 넣은 다음, 풍선을 불어서 천장에 매달아 놓았다. 매일 풍선 하나를 터뜨려서 나오는 이름대로 그날의 특별 주인공이 되었다. 순서가 한 번씩 돌아가고 나면 다른 방법(수수께끼)을 이용했다. 그래서 학기 중에 아이들은 저마다 두 번씩 특별 주인공이 되었다. 아이들의 생활에서 그날의 주인공이 갖는 중요성은 분명했다. 두 번째 순번에 주인공으로 뽑힌 아홉 살 남자아이는 이렇게 말했다. "오늘이 수요일인데 지난번에 제가 뽑힌 날도 수요일이었어요." 그러자 다른 아이들도 앞 다투어 자기가 주인공이었던 날이 무슨 요일이었는지 기억하느라 바빴다.

그런 다음 다른 아이들이 그 아이의 온갖 장점을 이야기하는 동안 그 아이는 자리를 잠시 떠나 있도록 한다.

절차에 변화를 줄 기회는 얼마든지 있다. 하지만 특별함의 원칙에는 변함이 없다. 처음에 아이에게 (보통 전날 가지고 있던 아이가)배지를 하나 준다. 우리는 배지를 줄에 단 마분지로 만들었다. 한쪽 면에는 '난 특별해'라고 쓰고 다른 쪽에는 '난 대단해'라고 썼다. 그런 다음 다른 아이들이 그 아이의 온갖 장점을 이야기하는 동안 그 아이는 자리를 잠시 떠나 있도록 한다.(문 밖에 있는 아이가 미소를 지으며 다시 불러주기를 기다리고 있는 모습을 보는 일은 내게 큰 기쁨이다.) 아니면 반대로 그날의 특별한 아이가 자진해서 손을 든 아이들에게 자기 이야기를 하도록 한다.

아이들은 거리낌없이 이야기를 하고, 대부분 진솔한 내용이다. 주인공이 된 아이들도 조용히 기쁜 마음으로 듣는다. 전혀 몰랐던 사실을 발견하는 아이들도 있다. 반 아이들은 어느 열한 살 남자아이에게 다른 학생의 공격에 잘 대처하는 그 아이의 능력이 대단하다며 칭찬을 한다. 다음날 반에서는 '감정'에 대한 말들에 대해 이야기하고 있었는데, 그 아이는 '놀랍다'라는 말을 제안했다. 좀 다듬어 보라고 하니 아이는 자기를 좋아해주는 모습을 보고 놀랐다고 했다. 아이는 확신감을 많이 얻은 것 같으며, 토론에 훨씬 자유롭게 참여한다.

빗발치는 칭찬 앞에 아이들은 그 이야기를 모두 기억하거나 믿어야할지 의아해할 수 있다. 아이들이 말을 할 때 '내 생각에 너는 …' 또는 '내가 보기에 너는 …' 하는 식으로 시작하도록 하는 것이 중요한다. 이런 식으로 하면 받아들이는 아이 입장에서도 그 말을 하나의 의견으로 생각하여 반박할 수가 없기 때문이다. 교사들은 아이들이 말하는 동안 기록을 해두었다가 주인공이 되는 아이에게 준다.

또 아이들에게 반 전체 앞에서 어떤 말이 가장 와 닿았는지 말할 기회를 준다. '너랑 함께 있으면 좋아.' 하는 말은 언제나 가장 인기가 있다. 행사의 이 부분이 되면 아이에게 자신이 자랑스럽게 느끼도록 만드는 것 하나를 말해달라고 하면서 끝을 맺는다. 말하기를 힘들어하는 경우가 흔히 있는데, 여기서 우리는 자신에 대한 자부심의 정도를 측정할 수 있다. 열한 살 여자아이가 마침내 낮은 목소리로 "나는 수학을 잘해요."라고 말한 다음 속삭이듯 "가끔은요." 하고 덧붙이던 모습을 나는 언제나 기억할 것이다.

서클타임이 또 즐거운 점은 특별 주인공에게 그날 다른 이름을 불러도 좋겠느냐고 물어볼 수 있는 것이다. 친구들 사이에서 부르는 별명을 대개 쓴다. 어떤 아이들은 좀 더 위험을 감수하여 자기들이 좋아하는 유명인의 이름을 고른다. 특별 주인공에게 다른 특권을 주거나 본인이 주장할 수 있다. 가장 인기 있는 것은 반에서 가장 앞에 있는 자리에 앉는 것이다. 이렇게 하면 학교 전체가 그 아이를 특별한 아이로 인정한다는 뜻이다. 특별 주인공은 또 그날의 놀이를 고를 수 있다. 놀이 레퍼토리는 이미 만들어서 서클타임에 짜 넣어둔 것이다. 여기에도 여러 가지 목적이 있다. 하나는 '에너지를 일으키는 것' 역할을 한다는 점이다. 이것은 다른 시간에 써도 좋은 것이다.

서클타임에는 세 가지 원칙이 있다. 한 번에 한명씩만 이야기할 수 있고, 누구나 즐거울 수 있으며, 아무도 남의 즐거움을 망치면 안 된다는 것이다. 이는 아이들이 스스로에 대해 더 많은 사실을 알아내며, 무엇이 가능하며 어떻게 상대방에게 이야기하는지를 알아내는 시간이다. 감정을 발견하고 탐험하고 받아들이는 진지하고 살아있는 토론이 많이 일어난다. 아이들은 자신에 대해 더 잘 이해하게 되면 다른 아이들에 대해서도 더 잘 이해할 수 있다는 사실을 깨닫게 된다. 실제 연습을 통해 협동과 우정의 가치를 살펴보고 강조할 수 있다.

서클타임 시간에 매주 적어도 두 번 정도는 반을 세 그룹으로 나눈다. 이렇게 하면 아이들이 말하고 듣는 기회를 가질 수 있되, 친구들에게서 더 친밀한 관심을 받아서 아이디어와 의견을 만들고 교환할 수 있다. 그런 다음 더 큰 그룹으로 이야기를 가져가서 알릴 수 있는 것이다.

물론 아이들은 자기 요구를 관철시키기 위해 옛날에 하던 방식으로 행동하기 때문에 학교에는 여전히 말다툼과 싸움과 불쾌한 소란이 가득하기 마련이다. 하지만 여기에도 대안이 있다는 인식이 점점 자라게 된다. 내가 보기에 아이들은 분명히 통제되고 규정되어 있는 한계를 가진 환경에서 잘 자란다. 하지만 이런 환경 속에서 아이들이 자신의 결정에 대해 책임을 지도록 북돋워 주어야 하며, 자율성을 얻도록 도와주어야 한다. 자부심의 발달이란 아이들이 현재의 행동결과를 평가하여 과거의 행동 및 태도와 비교를 하는 기초가 있을 때 가능한 일이다.

여러 가지 제재와 벌을 가하기도 하지만 아이의 자기 개념을 해치지 않는 선에서 하는 것이 중요하다. 행위자와 행위를 구분하는 것이 필수적이다. "너를 좋아하지만 네가 한 행동은 받아줄 수 없어." 하는 식으로.

사는 동네 분위기나 나에게 하고 싶은 말이 어떤 것인지 잘 알려지지 않았던 열한 살 된 남자아이 둘이 최근 수업시간에 나에게 아주 자유로운 태도로 이런 이야기를 했다. 놀이터에서 자기들에게 겁먹은 더 어린 아이 둘을 만났는데, 이렇게 말했다고 한다. "좋아 우리가 너희들 친구가 되어 주지." 거칠기로 소문난 아이 하나는 나름대로 1학년 아이 하나와 친해지려는 노력을 했다고 한다.

학기가 끝나갈 무렵에는 목표를 설정하여 달성하는 쪽에 주안점을 두었다. 아이들에게 작지만 특별한 목표 하나씩을 생각해보라고 했다. 집이나 학교에서 하고 싶거나 배워야 한다고 생각했던 것들, 아니면 매일 기록을 하는 것 말이다. 다른 친구들의 도움을 받고 간단히 자기 의지력을 발휘하여, 아이들은 자기들의 잠재성을 어떻게 달성하는지 깨닫는 법을 배우게 되었다.

서클타임을 견학한 사람은 아주 많았는데, 아이들은 그들을 함께 바닥에 둘러앉도록 하고 기꺼이 맞아 주었다. 아르테미스 재단의 후원으로 서클타임에 대한 비디오 제작을 했을 때도 아이들은 즐겁게 참여했다. 다른 활동으로는 아이들의 사진을 여러 사람들이 관심 있게 볼 수 있도록 학교 현관에 붙여두는 일, "나에 대한 모든 것"이라는 책자를 만드는 일 같은 것도 있었다. 이런 일들이 모두 자부심을 드높이기 위한 것이었다.

영국 내 교실에서 처음으로 서클타임을 시도했으며 《학교를 빙글 돌리세요》의 저자인 제니 모슬리는 사회적으로나 학술적으로나 학생들에게 유용한 기법을 주장한다. 정식 수업에도 도움이 될 수 있는 이유는 이 기법이 '공식 영어 교과과정'상 구체적인 필수과목을 언급하고 있기 때문이다. 그러면서 듣는 기술과 사려깊고 조리 있게 말하는 능력을 키워준다고 한다. 자부심의 중요성은 도로시 코킬 브릭스의 책 《아이들의 자부심》에 아주 웅변적으로 설명이 되어 있다.

한 사람이 자신에 대해 내린 판단은 어떤 친구를 고르는가, 어떻게 남들과 어울리는가, 어떤 사람과 결혼하는가, 얼마나 생산적인 사람이 되는가 하는 문제에 영향을 미친다. 그것은 또 창의성, 성실성, 안정성, 그리고 심지어 지도자가 되느냐, 따르는 사람이 되느냐 하는 문제에도 영향을 준다. 자신의 가치를 인정하는 마음은 인성의 핵을 형성하며, 자기 소질과 능력을 사용하는 방향도 결정한다. 자신에 대한 태도는 자기 온 삶을 어떻게 사느냐 하는 문제와 직접적인 관련이 있다. 사실 자부심은 우리를 한 인간으로서 성공할 것인가 실패할 것인가를 가를 수 있는 중요한 원인이다.

한 사람이 자신에 대해 내린 판단은 어떤 친구를 고르는가, 어떻게 남들과 어울리는가, 어떤 사람과 결혼하는가, 얼마나 생산적인 사람이 되는가 하는 문제에 영향을 미친다.

이 프로젝트에 참여한 아이들과 교사들의 열성적인 반응을 기록한 《매직서클 - 서클타임의 이점》과, 자세한 워크숍 내용 및 절차를 묘사한 출판물을 머레이 화이트에게서 구할 수 있다.

"문제가 생물학적으로 유전된 것이 아닐 경우, 거슬러 올라가 찾아보면 거의 확실히 자부심의 결핍때문임을 알 수 있다."라고 머레이 화이트는 '자부심 네트워크'의 창립 게시판에서 주장하고 있다. 자부심 부족이 거의 모든 개인 및 사회 문제에서 중요한 요인이 된다는 전제에 따라, 이 네트워크는 교육뿐만 아니라 사회 전반에 걸쳐 자기 가치에 대한 감각을 드높이자는 프로젝트 캠페인을 계획하고 있다.

산만한 학생 옆자리에 엄마를 앉히다

수 카펜터: 1990년대 영국 언론에서는 수평사고lateral thinking 접근을 입증하는 이야기를
하나 다루었다. 수업시간에 너무 산만한 아이가 하나 있어서 학교에서는 벌로서 아이의 엄마를
오도록 해서 옆자리에 앉게 했다. 아이는 너무 부끄러워서 그 다음부터는
최상의 행동을 보여주었다. 《런던 가디언》에 실린 사라 보즐리의 글을
수 카펜터가 요약하여 세부사항을 약간 첨가했다.

그레이터 맨체스터의 테임사이드에 있는 해터슬리 고등학교 학생인 앤서
니 키드(15)는 전형적인 문제아였다. 교사들에게 무례하고, 수업시간에 말
썽을 일으켰으며, 결국에는 정학을 당하게 되었다. 교사들은 머리를 다 짜
내 보았지만 속수무책이었다. 그러다 아이의 엄마가 수업시간에 함께 앉게
해달라는 제안을 했다.

너무 창피한 일이었다. 앤서니는 너무 빨리 태도를 바로잡기 시작해서
이제는 너무 완벽해지려고 해서 걱정일 정도다. "아이들이 다 저를 골릴 줄
알았는데, 자기들도 제 꼴이 되면 어쩌나 하는 걱정을 하더군요. 저보고 안
됐다는 이야기만 하던데요." 앤서니의 말이다.

터프러브(힘든 사랑) −삐따기 자녀 길들이기

다음 인터뷰는 빌 머코위츠의 《지역영웅: 미국 영웅주의의 재탄생》라는
책에 나오는 내용이다.

필리스 요크와 데이비드 요크는 충격적인 일을 겪은 후 지역사회 일에 참여하게 되었다. 그들의 세 딸 중 하나가 마약 거래상을 털다가 붙잡히는, 골치 아픈 일이 있었기 때문이다. 부부는 딸을 돕기 위해 백방으로 뛰어 다녔다.(그들은 필라델피아에서 가족 치료사 일을 하고 있었다.) 하지만 이미 저질러진 일이어서, 딸을 교도소에서 데리고 나올 수는 없었다. 대신 그들은 친구들에게 도움을 요청했다. 그들은 지역사회에 후원을 요청하여 도움을 받을 수 있었다. 이 사건을 통해 '터프러브(힘든 사랑)'이 시작되었다.

터프러브는 십대 아이를 키우는 데 어려움을 겪거나, 십대 자녀가 말썽을 일으키거나, 아니면 둘 다인(대개 그렇다) 부모에게 다가간다. 이 접근은 정기적으로 만나는 부모 자조(셀프헬프) 그룹을 수반하는 것이 보통이다. 서로 지원해주고, 가족 행동을 바꿔주며, 한계나 '핵심'을 정해주기 위한 모임이다. 미국과 캐나다에서 천여 개, 뉴질랜드에서 75개의 그룹이 이런 모임을 갖고 있다.

터프러브의 '터프(힘든)' 부분은 그런 기준을 조용하면서도 확실하게 적용하거나, 필요하다면 십대들을 치료기관에 맡기기까지 하는 일이다.

터프러브의 '러브(사랑)' 부분은 십대들이 책임 있고 봉사하는 어른으로 자랄 수 있도록 온당하고 공정한 기준을 마련하는 일을 한다. '터프(힘든)' 부분은 그런 기준을 조용하면서도 확실하게 적용하거나, 필요하다면 십대들을 치료기관에 맡기기까지 하거나, 법정에 서는 일을 막거나, 십대 후반 아이들을 보호감호소에서 빼내는 일이다. 필요에 따라 다른 터프러브 부모들이 임시로 자기 역할을 맡을 수도 있다.

요크 부부는 지역사회가 아이 키우는 부모에 대해 책임을 갖고 있다고 생각한다. 아이가 잘못되면 이는 어느 정도 지역사회 기준을 잘못 알려주었거나 잘못 가르쳤기 때문이라는 것이다. 지역사회는 스스로를 챙겨야 한다는 것이다. 그런 점에서 터프러브는 지역사회 개입을 위한 국제적 모델이 되기도 한다. 요크 부부는 우선 자신들과 주변 사람들을 위해 터프러브를 시작했다. 그때만 해도 지역 잡지에서 이 이야기를 다루어 널리 알려지고 마침내 전 국민의 마음을 움직일 것이라고는 생각하지 못했다. 이제 터프러브는 국제적인 비영리 기구가 되었다.

기자 친구 분에게 전화를 걸어서 따님 문제를 도와달라고 말한 때부터 네트워크를 넓히는 일까지 어떻게 진행이 되었습니까?

데이비드 이 지역에 사는 아는 분에게서 전화가 왔는데 17세 아들이 말썽을 일으킨다고 하더군요. 아이가 집을 나가버렸다고 했습니다. 자기 아버지 낙타털 코트와 위스키도 가져가고, 온갖 거짓말로 부모를 속였다고 하더군요. 아버지는 이렇게 말하더군요. "이제 어떻게 하죠? 아이가 어디 있는지, 어디서 뭘 하고 있는지 알 수가 없습니다. 대체 어디서 살고 있는지도 모릅니다."

그래서 우리가 말했습니다. "동네 분들께 전화를 하세요. 친구고 이웃이고 모두 전화를 해서 다 오시라고 하세요. 아드님은 분명히 아주 가까운 어딘가에 있을 겁니다. 어디 있는지 찾아내서 도와주는 손길을 끊어야 합니다." 그래서 그분들은 서른 명을 모았는데 이분들이 우리 터프러브의 첫 그룹이었습니다. 우리는 이 그룹의 리더 비슷하게 되었지요. 처음에는 좋았습니다만 7~8개월이 지나자 매주 이 모임에 참석하기가 너무 힘들어졌습니다. 그래서 우리는 매뉴얼을 하나 만들기 시작했지요. 《타임》지가 우리를 인터뷰했습니다. 그런데 우리를 인터뷰한 여자 분이 기사를 내는 데 어려움을 겪더군요. 회사에서 기사를 내보내지 않으려고 한다는 거예요. 회사에서 보기에는 이 운동이 너무 급진적이라는 거였습니다.

필리스 아이들을 다 쫓아내려 한다고 본거죠.

데이비드 네 끔찍한 부모에게서 고통 받는 불쌍한 아이들에게 대하는 보통의 방식하고는 사실 반대로 행동했으니까요.

필리스 그런데 앤 랜더스가 이 이야기를 쓰고 나니 하루에 편지가 1천5백통 꼴로 계속해서 오더군요. 열흘이 되니 1만5천통이 넘었습니다. 일주일에 전화만 2천통이 넘었고요. 셀러스빌의 조그만 사무실에서 이 일에 미친 사람처럼 혼자서 다 감당해야 했습니다.

학교의 걷기반 '토론 살롱'

발레리 율

우리 학교의 뛰어난 교사 하나는 하이킹 보다는 시골로 나가 걷기를 주로 하는 '걷기반'을 지도했다. 직원이나 고학년 학생들도 참여했다. 우리는 15명에서 30명 정도 모여 기차를 타고 나갔다. 구불구불 난 시골길을 따라 걷다가 적당한 곳이 나타나면 한가로이 소풍 도시락을 즐기기도 했다.

우리는 세대차이 없는 놀라운 시간을 가졌으며, 토론도 학교 수업 때보다 훨씬 더 교육적이었다.

참교육을 위해 격식 없는 나들이를 할 수 있을 것이다.

모든 학교에서 '참교육'을 위해 이런 격식 없는 나들이를 할 수 있을 것이다. 아무도 이 반에 따로 가입할 필요는 없다. 그냥 함께하기만 하면 된다.

정원에 태양계의 모형을 만들다

다음은 '성 요셉 학교 정원, 야외 교실'이라는 제안이다. 이 정원은 성요셉 학교(런던 완즈워스 오크빌 로드)를 위해서 스티브 패리와 동료들이 설계했다. 이 학교는 새 건물을 지을 때 재활용 가능한 목재, 무독성 페인트 및 광택제 등을 쓴다.

인간이 달 착륙을 했지만 세계는 여전히 우리의 호기심을 가득 자아내는 신비다. 아이들은 우주라는 개념에 황홀함을 느낀다. 이 아이디어는 태양계의 축소 모델 정원을 만드는 것이다. 이 모델은 1대 10억의 축척비율로 만든다. 그러면 한 걸음이 우주공간에서의 620억 마일(1,000억 킬로미터)의 거리를 나타내는 셈이다. 태양은 직경 1.2미터가 될 것이다. 학교 운동장은 태양과 명왕성을(태양에서 가장 먼 행성) 한꺼번에 다 나타내기에도 비좁을 것이다. 태양 모델이 완델 강 가까이 있다면 명왕성은 7.4킬로미터 떨어진 그리니치에 있어야 한다. 템즈 강을 따라 태양계 걷기를 하면 금성, 수성, 지구에서 토성, 천왕성, 해왕성까지 여러 행성들을 지나가게 된다.

이 프로젝트는 천문학에 대해 가르치며, 사람들이 추상적인 개념을 시각적으로 알 수 있도록 도울 수 있는 이상적인 방법이다.

재능 나누기

게일 래퍼포트

우리는 대부분 자라는 동안 어느 시기에 어떤 식으로든 커서 뭐가 되고 싶으니? 라는 질문을 받기 마련이다.

하지만 '어떤 재능을 세상에 나누어 주고 싶니? 또는 세상을 더 나은 곳으로 만드는 데 무엇을 해줄 수 있니? 같은 식의 질문이 더 낫지 않을까.

기억하시길. 언어의 힘은 막강하다는 사실을.

도제-장인 연대

도제-장인 연대는 1994년 영국에서 시작되었다. 지금은 사라진 샌프란시스코의 모델을 좇아 만든 것으로서, 이 단체는 도제와 장인을 연결시켜주는 역할을 한다. 새로운 기술을 배우거나 혹은 교환해서 갖고 있는 기술을 보완하려는 도제들과, 자기 전문분야의 도제를 훈련시키고자 하는 장인의 만남을 주선하는 것이다. 장인은 대개 중소기업가이며, 도제 하나를 고용함으로써 생산량을 상당히 늘릴 수 있는 독립 기능공인 경우도 있다.

도제는 학교를 관두거나 졸업한 사람일 수도 있고, 실업자이거나 직업을 바꿔보려는 사람일 수도 있다. 어떤 경우든 이 방안은 교육과정을 잘못 고르는 부담이나 비용 없이 '산 체험'을 하는 기회를 늘려주는 중대한 기능을 하고 있다. 경우에 따라 어떤 도제들은 과정을 이수하면서 일도 함께 하거나, 별도로 시간제 일을 하기도 한다. 경쟁이 많은 직업 시장에서는 경력을 요구하는 경우가 많으나, 그런 경험을 하는 것은 언제나 어렵다. 이런 맥락에서 도제는 우선 귀한 기술을 익힐 수 있는 것이다. 그런 다음 장인이 고용주로 있는 곳의 전일제 유급직이나 같은 분야의 다른 일자리를 얻을 수 있게 된다.

장인 입장에서는 필요한 도제를, 심지어 호주에 있는 사람까지 고를
수 있다.

대신 장인은 도제가 제공하는 도움 및 헌신과 과거의 경험으로부터 이익을 얻는다. 더욱이 웹사이트에 있는 정보의 접근이 용이하며 도제 신분으로 있는 여러 사람들이 지속적인 관심을 갖고 참여하기에, 장인은 일군의 후보자 중에서 가장 필요한 사람을 선택할 수 있다. 심지어 호주에 있는 사람까지 말이다. 어느 장인은 이렇게 말한다. "구하러 나다닐 필요없이 그 모든 사람들이 저에게 관심을 갖고 연락할 수 있다는 건 대단한 일이지요."

도제-장인 연대는 124명의 '장인 명부'를 보유하고 있다. 그들의 기술은 건축, 숲 관리, 실크 페인팅 공예, 인형 만들기 등 다양하다. 도제 후보자는 장인이 웹사이트에 올려놓은 내용을 직접 조회하여 업무에 대해 자세히 알 수 있다. 장인은 그들이 구하려는 도제의 업무와 능력과 경험에 대한 소개 글과, 그들이 제시하는 조건을 올린다.

가르침이 절실한 장인과 배움이 절실한 도제를 짝지어 줄 때, 가장
멋진 일대일 관계가 생겨난다.

장인에게도 도제에게도 비용을 부담하지 않는다. 도제-장인 연대는 사회변화창안연구소가 주관하며, 공식 자선단체인 '제4세계교육'과 '연구협회기금'의 프로젝트이기도 하다.

영국에 본부를 두고 있지만 전 세계의 장인들에게 인기를 얻고 있다. 존 비즐리는 호주 노스 퀸슬랜드 쿠란다 인근의 우림지대에 있는 집에서 일하

고 있는 직업 조각가다. "제 경우에는 이 방안의 효과를 톡톡히 본 셈이죠." 그의 말이다. "지원자가 거의 30명이나 되었어요. 주로 영국 출신이긴 했지만 미국, 캐나다, 다른 유럽지역에서 지원한 경우도 있었죠. 지금은 세 번째 도제와 함께 일하고 있습니다."

그의 첫 번째 도제였던 레이첼은 이렇게 말한다. "처음에는 사포砂布질부터 시작했지요. 그러다 점점 더 복잡한 도구 이용법을 배우다가, 마침내는 전기톱까지 다룰 수 있었어요. 저는 그의 여러 작품에 직접 손을 댔어요. 제 도움으로 그의 작품수가 아마 두 배로 늘었을 거예요. 자랑 같지만 제 작품을 만들기도 했어요. 돌아온 다음 제 온실을 작지만 쓸만한 작업장으로 바꾸어 놓았죠."

이런 성공적인 짝짓기 사례는 도제-장인 연대가 갖고 있는 믿음을 입증해주고 있다. 가르침이 절실한 장인과 배움이 절실한 도제를 짝지어 줄 때, 가장 멋진 일대일 관계가 생겨난다는 믿음 말이다.

도제-장인 연대는 영국에 있다. www.apprentice.org.uk

아기들을 위한 수화 언어

'아기 수화를 하세요' 웹사이트를 요약했다. 로저 나이츠가 모니터했다.

아기와 수화를 한다는 아이디어는 조셉 가르시아가 청각장애인 친구 집을 방문한 경험에서 나온 것이다. 10개월 된 아기가 있었는데, 아기가 부모와 나누는 소통 수준은 같은 개월 수의 청각이 정상인 아기와 정상 부모가 나누는 소통보다 훨씬 더 정교한 것이었다. 그 아기는 '미국식 수화 언어'를 구사하고 있었던 것이다.

수화를 하는 아기는 문법과 구문을 더 잘 이해하는 경향이 있었다.

조셉은 너무 감동을 받아서 이것을 자신의 연구주제로 삼아 결국 석사학위 논문 주제로 쓰기로 결정했다. 연구를 진행하는 동안 그는 청각이 있는 아기는 8개월이 되어서 수화를 모방하기 시작한다는 사실을 알게 되었다. 예외적으로 6개월 만에 하는 아기가 있기도 했다. 이는 같은 표현을 말로 따라 하는 것보다 훨씬 더 이른 시기다. 그리고 수화를 하는 아기가 일단 말을 시작하면 문법과 구문, 과거 및 현재 시제, 언어 전반을 더 잘 이해하는 경향이 있었다. 그는 이런 발견의 중요성을 너무나 확신하여 이 주제에 대한 《걸음마 아기 이야기》라는 책을 썼다. 그리고 《아기 수화 완결 학습 키트》라는 학습세트 편집에 참여했다.

조셉 가르시아의 방법을 이용하여 아기는 말을 배우기 전에 배고파요, 목말라요, 귀가 아파요 같은 표현을 할 수 있다.

아기들은 말을 하기 위해 필요한 정교한 운동기능이 발달하기 오래 전부터 손동작이 발달해 있다. 이렇게 이른 의사소통의 혜택을 인식하는 부모와 돌보는 사람들은 아기가 7개월만 되어도 과정을 시작하여 수화를 가르친다.

'부모교육 센터' 책임자이자《인생의 첫 3년》,《밝고 예의 바른 아이 키우기》의 저자인 버튼 화이트 박사는 수화를 배워서 가장 덕을 보는 시기는 아이가 17개월에서 20개월 사이일 때라는 점을 발견했다. "요약해보면 우리가 경험한 바로는 아기가 생후 3개월 동안 겪는 좌절에 가장 약하다는 것입니다."라고 화이트 박사는 말한다. "중요한 이유 중 하나는 아기가 어떤 상태인지를 쉽게 말할 수 없다는 점입니다. 그런 점에서 적당히 풍부한 수화 어휘력을 가진 아기는 훨씬 더 편안해 하겠지요."

부모는 쉬운 '미국식 수화 언어'를 몇 개 가르치면서 천천히 시작할 수 있다. '또', '먹자', '우유' 같이 아기가 이해할 수 있는 간단한 뜻을 나타내주는 수화이다. 아기가 빽빽 울거나 칭얼거리거나 엉엉 우는 소리를 간단한 손짓으로 어느 정도 대신할 수 있다면 아기와 돌보는 사람 사이의 관계는 엄청나게 좋아질 것이다. 가르시아 시스템을 이용하는 부모들이 보고한 바로는 자기와 아기 모두의 좌절이 줄었고, 부모 자식 간의 강한 유대가 형성되었으며, 많은 경우 말로 하는 언어 기술이 많이 늘었다고 한다.

아기와 의사소통이 되는 부모는 아기를 소홀히 하거나 학대하는 경우가 적을 수 있다. 수화를 통해서 아기와 소통하는 습관이 든 부모는 나중에 유아나 청소년이 된 아이의 말에 더 귀를 기울이는 부모가 될 가능성이 있다.

'국립 자녀건강 연구소' 및 '인간 개발'에서 후원한 최근의 연구에서 린다 아크레돌로 박사와 수잔 구드윈 박사는, 아무리 비교를 해도 아기 수화를 한 아이들이 그렇지 않은 아이들에 비해 언어발달 및 IQ를 포함한 여러 면에서 더 낫다고 썼다. 연구결과를 보면 아기 때 수화를 한 아이들의 평균 IQ는 114로서 안한 아이들의 102에 비해 월등히 높았다. 연구에서 그들은 아기 수화를 한 아이들이 말을 더 빨리 배우는 경향이 있을 뿐만 아니라, 이미 세 살 때 보통 아이 네 살수준과 맞먹는 언어 능력을 가지고 있음을 발견했다.

우는 아기를 달래주는 무릎 굽히기

마틴 레이먼 : 다음은 세계 아이디어 은행에 보낸 이메일을 요약한 것이다.

내가 우는 아기를 달랠 때 쓰는 방법이 하나 있다. 아기를 흔들어 달래려고 하는 것은 사실상 흔들어 깨우는 일이다. 이리저리 방향을 바꾸기까지 하면 아기는 더 불안정해지는 듯하다. 나는 아기를 팔에 안아서 머리를 내 가슴에 기대게 한 다음, 선 자세로 무릎을 굽혔다 폈다 하면서 내 몸의 움직임을 부드럽게 한다. 여전히 아기에게는 흔들림이 느껴지겠지만(수평운동이 아닌 수직운동으로) 전 보다는 부드러운 동작이 된다.

> **나는 하강 정지 시(즉 몸을 가장 낮추었을 때) 아기가 숨을 들이마시는 순간과 일치하도록 시간을 맞춘다.**

하지만 이것은 내 아기 달래기 방법의 시작일 뿐이다. 나는 하강 정지 시(즉 몸을 가장 낮추었을 때) 아기가 숨을 들이마시는 순간과 일치하도록 시간을 맞춘다. 조잡하게 표현하자면 아기가 쉴 숨을 빼앗는 것이고, 좀 점잖게 말하자면 아기가 소리쳐 울기 위해 마셔야할 공기를 줄이는 것이다.

이 이야기가 좀 이상하게 들릴지도 모르겠다. 하지만 이는 내 경험에 따르면(내 아이 넷과 친구들의 아기 여럿) 아기들이 원하는 바로 그 방법이다. 아기가 울 때 이렇게 하면 강도를 완화시키며(스프링에 무게가 실리면 어떻게 될지 상상을 해보라) 아기를 천천히 달래주는(아기 울음이 잦아듦에 따라 '무릎 굽히기'를 줄인다) 효과가 있는 것 같다. 이렇게 울음을 그치게 하는 방법은 네다섯 번 정도 앉았다 일어나는 사이에도 효과가 있을 만큼 유용하기도 하다.

사실 무슨 성공이라도 거둔 듯한 보상을 느끼게 해준다. 나는 다리를 번갈아 가면서(춤추는 듯한 동작이 나온다) 이 동작을 함으로써 변화를 줄 수 있다. 한편으론 종아리 근육이 놀랍게 단련되기도 하지만, 새벽 3시 정도면 그런 문제에 대해 그다지 신경을 쓰지 않게 된다. 나는 단지 평화와 고요를 원하기 때문이다.

이런 접근이 100퍼센트 효과가 있는 것은 아니라는 점을 밝히고 싶다. 그도 그럴 것이 아기는 때때로 관심을 쏟아줘야 할 만큼 아주 좋지 않은 상태가 되기 때문이다. 기저귀를 갈 시간이거나 아픈 경우 등이 그렇다. 이 방법이 아기가 정말 고통을 느끼고 있는데도 덮어버리는 역할을 해서는 안 된다.

그렇다면 더 극단적인 경우는? 다음에 나오는 이야기는 아주 조심할 필요가 있기에 말하면서 마음이 조금 떨린다. 하지만 계속해서 한 번 설명해보기로 하겠다. 잘만 하면 눈 먼 좌절과 분노로 고통 받는 어른이 아기에게 심각한 신체적 손상을 입힐 가능성에서(나도 그럴 뻔했기 때문에 안다) 벗어나게 만들 수도 있기 때문이다. 그러면 다른 모든 방법으로는 실패한, 아주 고통 받고 있는 아기에게 같은 방법을 써보라. 대신 좀 더 강렬하게 적용해본다. 더 높이 올라가고 더 깊이 내려가는 것이다. 나는 바닥에 몇 인치를 뛰어오르기도 했지만, 같은 방법을 쓰는 것이 좋다. 하지만 다시 말하되 동작은 부드러워야 한다. 내려올 때는 더욱 그렇다. 아기를 제대로 떠받치도록 하라. 특히 머리를.

나는 이 두 가지 방법을 11년 전 내 딸 지젤이 아주 괴로워하는 아기였을 때 발견했다. 우리는 당시에 집 없는 생활을 하고 있었다. 물리학자로서(그렇다. 위에 나온 표현이 조금 차갑고 기술적으로 느껴졌다면 잘못은 내가 받은 교육 때문이다) 나는 스프링이 동작을 흡수함으로써 잦아들 듯이 아기가 우는 행위도 잠잠해질 수 있지 않을까 하는 생각을 했다. 자동차의 충격흡수장치가 차의 흔들림을 줄여주듯이 말이다.

나는 식당에서 만난 전혀 모르는 사람들에게도 이 방법을 가르쳐 주었다.

나는 내가 거둔 성공에 놀랐고, 인류 역사상 오래 전 어딘가에서 이 방법을 분명히 썼을 것이라고 확신했다. 그래서 나는 이 발견을 친구들에게만 말로 알려주곤 했다. 그런데 세월이 지남에 따라 곤경에 빠져 좌절하고 근심하는 부모가 적지 않다는 사실을 알게 되었다. 나는 식당에서 만난 전혀 모르는 사람들에게도 이 방법을 가르쳐 주었다. 대부분의 사람들은 전혀 모르는 사람이 자기 아이에 대해 왈가왈부하는 것을 꺼려했다. 하지만 나중에는 정말 감사하다고 인사를 건네 왔다.

잘 먹으면 스티커와 모자를 상으로
받는 걸음마 아기

《런던 가디언》에 실린 샤론 맥스웰 매그너스의 '자 꼬마야! 맘마 먹자'라는 글을 요약했다.

뱅거 대학의 퍼거스 로우 교수와 동료들은 100명의 아이들과 함께 진행한 6년간의 프로그램에서 어린 아이들(2세에서 7세까지)이 단것보다 과일과 야채를 더 찾게 만드는 방법을 발견했다.

(약간 나이가 든) '잘 먹는 아이'들에게 나쁜 정크푸드 일당과 싸우고 과일과 야채를 멋지게 먹는 비디오를 보여준다 한들 그 자체로는 거의 효과가 없었다. 그런데 '좋은' 음식을 먹는 아이들에게 '잘 먹는 아이' 스티커와 모자를 상으로 주었더니 과일과 음식 소비량이 100퍼센트가 늘어났다.

연구자들은 핵심이 아이들에게 음식 맛을 보게 하는 것임을 발견했다. 아이가 특정 음식 맛을 더 자주 볼수록 그 음식이 아이의 정규식사의 일부가 될 가능성이 많아졌다.

연구자들은 또 이 프로그램이 아이에게 좋은 식습관을 길러주려다 결국 격렬한 장기전에 돌입하고 마는 부모들이 받는 압박감을 없애준다고 믿는다.

아기에게 전달되는 가족의 소음

《뉴 사이언티스트》에 소개된 '아기 키우기'라는 메레디스 스몰의 글을 요약했다.

"아기의 진화적 역사 연구와 아기에 대한 거의 모든 심리학적 연구가 밝힌 바, 아기는 본래 감각 자극에 호의적으로 반응하도록 되어 있다고 합니다." 캘리포니아 클레어몬트에 있는 포모나 대학의 인류학자인 제임스 메케나의 주장이다. 인터콤(내부 연락 장치)을 통해 잠자는 아기를 모니터하는 아이디어는 모두 잘못되었다는 것이 그의 생각이다. 대신에 앰프를 켜놓고 잠자는 아기가 가족들이 내는 소리를 듣도록 해야 한다고 한다.

"아기의 심장박동과 호흡은 엄마가 말하고 웃고 노래하는 소리를 들을 때마다 영향을 받아서 바뀌는 것으로 알려져 있습니다."라고 메케나는 말한다. "가족의 소음은 아기가 잘 잘 수 있도록 도와주는 역할을 합니다."

7. 국제 / 정치

● 수리가 필요한 자전거를 개발도상국에 기증하다 ● 지구 밖 여행을 하는 사람들을 위한 십계명 – 제국주의에 대한 반성 ● 규모에 대한 10 가지 원칙 ● 제3세계 구걸문화를 바꾸다 ● 미합중국을 분할하다 ● 온건한 초국가 기구의 기준 ● 스위스 헌법을 수출하다 ● 정치인에게 후원자들의 로고가 실린 옷을 입으라고 하다 ● 시장을 공원 벤치에서 만나다 ● 핵무기가 불법임을 법원에서 판결하다 ● 분쟁해결 언론

수리가 필요한 자전거를 개발도상국에 기증하다

'리사이클Re-Cycle' 웹사이트인 www.re-cycle.org에 실린 내용을 요약했다.

런던정경대학에서 공부를 하는 동안, 멀린 매슈스에게는 '닥터 바이크'(자전거 박사)라는 별명이 생겼다. 금요일 저녁에 맥주를 대접받는 대신 자전거를 고쳐주고, 자전거 수리 작업장도 운영해서 생긴 별명이다.

그러던 중 그는 아이티에 자전거 공장을 차리면 어떻겠느냐는 권유를 받게 되었다. 대중에게 값싸고 공해가 적은 교통수단을 제공한다는 취지였다. 멀린은 흔쾌히 응했다. 고칠 수 있는데도 버려지고 있는 자전거가 영국에 얼마든지 있다는 사실을 그는 잘 알고 있었던 것이다.

그는 프로젝트를 직접 챙기기로 하여, 대부분의 시간은 아이티의 작업장에서 보내면서 영국에 있는 자전거 공급원을 찾아보기로 했다. 시간이 흐를수록 그는 자신이 영국에서 주로 머물면서 자금을 마련하여 자전거를 모으고 부치는 일에 힘쓰는 것이, 아이티나 다른 나라의 사람들에게 더 도움이 된다는 사실을 깨닫게 되었다.

그때부터 리사이클은 미국에 있는 세 개의 단체(ITDP, Bikes Not Bombs, 국제자전거 협회)와 제휴하여, 세계 여러 지역민들에게 자전거를 수리하고 간수하는 법을 가르쳐서 지속가능한sustainable 방식으로 수명을 연장하는 데 기여하고자 했다.

2001년에 리사이클은 시에라리온, 잠비아, 나이지리아를 포함한 다섯 나라에 3천 대가 넘는 자전거를 실어 보냈다. 영국의 우체국에 해당하는 '로열 메일Royal Mail'의 협조로, 리사이클은 향후 한 해에 약 4,500 대의 자전거를 기증할 것이다.

리사이클Re-Cycle은 영국 에섹스에 있다. 웹사이트는 www.re-cycle.org이다.

지구 밖 여행을 하는 사람들을 위한 십계명 – 제국주의에 대한 반성

니콜라스 앨버리

적어도 커크패트릭 세일의 《낙원 점령: 크리스토퍼 콜럼버스와 그의 유산》에 묘사된 대로 보자면 크리스토퍼 콜럼버스는 얼마나 불미스러운 인물이었던가. 그리고 그가 온 유럽이라는 곳 자체가 좀살스럽고, 인종주의적이며, 병적이고, 환멸에 빠진, 난폭하고 오만한 곳이었다.

콜럼버스는 타이노 사람들이 살고 있던 앤틸리스 제도의 어느 섬에 상륙하여, 선주민들을 노예로 만들기 시작했다. 고삐 풀린 스페인 무법자들은 날마다 마을에 침입하여 강간, 약탈, 강도, 살인을 일삼았다. 1500년에 두 번째 원정대가 도착하여 콜럼버스가 허락해준 파괴행위의 참상을 보고서 그를 사슬에 묶어서 본국으로 송환했다. 하지만 파괴는 계속되었다. 한 세대 이내에 타이노 사람들은 제도諸島에서 쫓겨나 버렸고 한 세기가 못되어 거의 멸종되고 말았다.

그런데 이들은 콜럼버스가 처음에 상륙했을 때에는 이렇게 묘사한 사람들이었다. "너무도 자애롭고, 탐욕을 모르는 사람들. 내 생각에 세상에 이보다 더 나은 사람과 나은 땅은 없다. 그들은 이웃을 자기 자신처럼 사랑한다. 말할 때에도 항상 공손하고 웃는 얼굴로 부드럽게 대하는 것이 이 세상에서 최고다. 남자나 여자나 어머니 뱃속에서 난 그대로 벌거벗고 다닌다.

그런데도 그들이 서로를 대할 때는 아주 조심스러웠다. 왕은 이 놀라운 나라를 다스리면서, 여기 다른 모든 것과 마찬가지로 보기에 흐뭇할 정도로 순박한 태도를 갖고 있었다."

다음 세기 동안 구대륙의 스페인 사람들은 새로운 땅의 순박한 이 사람들을 1천5백만 명 이상 죽였다. 천국을 파괴해버린 것이다.

콜럼버스의 잘못에서 우리가 배울 교훈은 무엇인가?

이 비극적인 침략을 보고 이런 생각이 떠올랐다. 우리 인간들이 미래에도 살아남는다면 태양이 다 타버리기 전에 태양계를 떠날 운명에 처할지도 모른다. 콜럼버스의 잘못에서 우리가 배워야 할 교훈은 무엇인가? 지구에서 57억 광년 떨어진 알파 센타우리Alpha Centauri로 출발하는 승무원들에게 어떤 십계명이 필요할까? 여기 내 생각을 소개한다.

알파 센타우리Alpha Centauri로 출발하는 승무원들에게 어떤 십계명이 필요할까?

1. 먼저 선대 탐험가들의 역사와 그들이 마주친 대상에게 가한 비극적 참상에 대해 배우지 않고서는 태양계를 벗어나는 여행을 하지 말라.
2. 인간의 문화가 우월하다든지 외계에서 온 지적 존재가 인간보다 열등하다고 여기지 말지니 이는 대량학살을 낳을 수 있기 때문이라.
3. 되도록 지적 하등생물을 먹을지니 이는 행여나 뛰어난 외계 생물이 그대를 먹지 못하도록 하기 위한 도덕적 논쟁이 있을까 함이라.
4. 외계 생물을 대할 때 그대 자신을 감염 덩어리이며 전염병 보균자처럼

여기라.

5. 탐험 책임자는 생물학적 다양성을 존중하는 생태주의자일지니라.

6. 도착해서는 최소한의 행동만 할지니라. 단지 거주자들의 관습과 의식
   만을 관찰하고, 그대의 문화가 행여 그들을 압도할 위험이 있거든 계속
   잠잠히 있을지니라.

7. 외계 생물종과 성관계를 갖지 말지니라.

8. 떠날 때에는 적어도 도착할 때만큼 깨끗한 상태가 되도록 할지니라.

**방문한 행성을 떠날 때에는 적어도 도착할 때만큼 깨끗한 상태가 되
도록 할지니라.**

---

9. 어느 행성에 가든 장기체류를 할 경우 되도록 작고 소박한 수준의 공간
   만 차지하며, 처음이든, 나중이든 환영받지 못하면 즉시 떠날 지니라.

10. 어떠한 외계생물이라도 순진함이나 소박함을 이용하지 말지니라.

규모에 대한 10 가지 원칙

니콜라스 앨버리

많은 사람들이 제도권 '정치-산업-군사 복합체'가 앞으로 필요한 진보적 분권화나 생태적 개혁을 거부할 것이라 믿으며 미래에 대해 비관적 견해를 갖고 있다. 이 추론은 틀린 점이 없으며, 앞으로 평화적 변화가 일어날 가능성은 외부적 힘으로만 가능하다는 말이 옳을 것이다. 이는 기적이 필요하다는 말 같다.

하지만 기적을 바란다고 해서 비이성적인 것은 아니다. 오늘의 사회는 200년, 100년, 아니 50년 전의 사람이 와서 본다고 해도 마술적으로(제정신이 아니라고 할지 모르지만) 변했다면서 놀랄 것이다. 미래는 현재 흐름의 단순한 지속이 아닌, 우리가 상상하는 것보다 훨씬 더 이상야릇하게 될 것이 거의 확실하다. 그리고 오늘날 보기에는 보잘것없는 다윗과 골리앗 식의 노력이 나중에 가서는 긍정적인 촉매작용을 한 것으로 밝혀질 수도 있는 일이다.

그런 노력의 하나가 '작은 나라, 작은 지역사회, 인간적 규모'를 지향하는 '제4세계운동'이다. 변화에 대한 이 운동의 장기 전략은 바람직할 뿐더러, 충분히 타당성이 있다.

변화를 위한 장기 전략

환경(녹색)단체들, 제4세계운동 등 여러 곳에서 주도적으로 나서 슈마허의 '작은 것이 아름답다'라는 사상이 정치 시스템에도 어떻게 적용될 수 있는지를 보여주는, 광범위하고 재정이 탄탄한 교육 및 홍보 캠페인이 필요하다. 가령 정치인이나 정치학도 치고 레오폴드 코어 교수와 커크패트릭 세일이 만든 열 가지 '규모 원칙'을 모르는 사람이 없다는 점을 확실히 알려야 한다. 내 생각에 이런 원칙은 포스터로 제작해 더 많은 사람들에게 알렸으면 좋겠다. 내용은 다음과 같다.

규모 원칙

1. 콩줄기 원칙: 모든 동물, 물건, 시설, 시스템에는 더 이상 자라서는 안 되는 최적의 상한선이 있다.
2. 주변부 소홀의 법칙: 정부의 관심사란 부부간의 정절이나 중력작용처럼 거리의 제곱만큼 줄어든다.

주변부 소홀의 법칙: 정부의 관심사란 부부간의 정절이나 중력작용처럼 거리의 제곱만큼 줄어든다.

---

3. 정부 규모의 법칙: 인종 및 사회 분규는 한 국가나 주의 중앙정부 크기 및 힘에 정비례하여 늘어난다.
4. 루카의 법칙: 다른 조건이 같다면, 지역은 크고 의존적인 것보다는 작고 독립적인 경우 더 부유하다.
5. 한계의 원칙: 사회문제는 기하급수적으로 늘어나는 경향이 있는 반면,

인간이 이를 다루는 능력은 다 발휘한다 하더라도 산술적으로만 늘어날 뿐이다.

6. 인구 원칙: 인구 규모가 두 배로 늘어남에 따라 복잡성은(정보 교환과 필요한 결정의 양) 스트레스 및 혼란과 사회통제 메커니즘의 증가와 함께 네 배로 늘어난다.

7. 인구의 속도이론('작은 것이 아름답다'): 인구는 출생을 통해 수적으로만 늘어나는 것이 아니라 움직이는 속도의 증가를 통해서도 늘어난다.

8. 자립 원칙: 아주 자립적인 지역사회는, 생존을 세계무역 시스템에 의존하는 지역사회에 비해 대규모 폭력에 개입될 가능성이 적다.

9. 전쟁 원칙: (a) 전쟁의 혹독함은 항상 국가권력의 증가에 따라 심해진다. (b) 전쟁은 국가권력 증가에 대한 빌미와 국가권력을 획득하는 수단을 제공함으로써 중앙집권화를 강화한다.

10. 결정적 힘의 법칙: 결정적 힘이란 국가 지도자들이 어느 적대자들이나 적대세력끼리 연합한 힘으로도 자기네를 견제할 수 없을 것이라고 믿게 만드는 힘의 크기를 말한다. 그런 힘의 축적은 필연적으로 전쟁을 불러일으킨다.

여기에 열한 번째 원칙을 추가할 수 있다고 생각한다. 얌전하게 이름을 붙이자면 '앨버리의 필연 법칙'이다. 하이테크 슈퍼파워(초강대국)는 본래 불안정하여, 상대적으로 짧은 시간 안에 분열이 불가피하다. 주요 변수는 이런 변환이 어떤 폭력을 수반하느냐 하는 것이다.(그리하여 비록 최악의 경우 핵전쟁 이후 방사능에 오염된 소규모 인간집단이 간신히 연명하는 악몽이 벌어질 수도 있겠지만, 인간적 규모로 되돌아가는 일이 보장될 것이다.)

국가의 붕괴

교육 캠페인은 또한 인간적 규모의 정치를 실현하기 위해 두 가지 주요 실천 과제에 주목할 것이다. 모두 레오폴드 코어의 책에 나오는 이야기다.

◆ 어떤 나라든 연방이든 인구가 1천2백만이 넘어가면 안 된다.
◆ 나라 안에 스위스처럼 마을과 이웃이 칸톤이나 카운티의 연합 안에서 가능한 한 많은 자율성을 누리는 비집중 구조가 있어야 한다.

이웃

이런 성격의 정책을 가진 환경단체 등은 선거철에 자신들의 존재를 알릴 필요가 있을 뿐만 아니라, 이미 그렇게 하고 있듯이 인간적 규모의 아이디어를 지역 이웃이나 자치단체나 카운티 수준에서 실행에 옮기는 데 집중할 필요가 있다. 즉 작은 학교를 만든다든지, 지역 소유 은행이나 신용협동조합, 물물교환권 같은 것들을 만들어서 중앙집권국가의 붕괴가 시작되면 지역민들이 자기 일을 최대한 능숙하게 처리할 수 있게 하자는 것이다.

총선거

예컨대 영국에서는 (전국)총선거에서 환경단체 등이 영국을 여섯 개 정도의 독립국가로 분할하자는 정강에 따라 캠페인을 벌일 수 있다. 영국에 비례대표제가 없음에도 불구하고 노동당이 집권하는 데에는 50년이 걸리지 않았다. 체르노빌 같은 사건들이 더 일어나면서 문명의 내리막길이 가속화됨에 따라 녹색 기치를 내건 당이 집권하는 데 걸리는 시간은 더 짧을 수도 있다. 집권당이 된 다음 처음 할 일이 영국을 독립국가 여럿으로 분할하겠다고 발표한 공약을 이행하는 것이라고 할 때, 묵은 정책을 고수하려는 공직자들 같은 방해세력은 훨씬 약화될 것이다.

다국적기업

다국적기업과 대기업이 점차 독립 운영 단위로 나눠지는 일이 더 쉬워질 수 있도록, 특정 산업이 허락하는 한도 내에서 가능한 한 규모를 줄이는 회사에게 보상을 지급하는 세금제도로 전환할 필요가 있을 것이다.

슈퍼파워 규모 줄이기

국제적인 수준에서 다각적이면서 균형적인 블록 규모 감소를 위한 협상이 있어야 할 것이다.

즉 러시아, 중국, 인도 등의 거대국가는 자기네 구성 지역에 대한 독립권을 미국이 자치주에 주거나 유럽연합이 회원국에게 주는 정도로 나눠주어야 할 것이다.

러시아, 중국, 인도 등의 거대국가는 자기네 구성 지역에 대한 독립권을 나눠주어야 한다.

첫 걸음

하지만 첫 걸음은 광범위한 교육 논의와 캠페인이 있어야 할 것이다. 남아프리카 공화국에서 그라운즈웰이라는 단체가 스위스식 헌법을 만들자며 벌인 영향력 있는 캠페인과 같은 것 말이다. 인간적 규모의 정책은 코어 철학의 근본을 가슴에 새기기만 하면 쉽게 실행할 수 있을 것이다. 코어는 이렇게 표현한다.

"오늘날 젊은이들은 우리 시대를 압도하는 전례 없는 변화가 우리 사회가 겪고 있는 어려움의 '본질'이 아닌 '규모'에 대한 것이라는 사실을 알아야만 한다."

원자폭탄의 경우처럼 우리의 밀집성 자체 때문에 그토록 피하려고 애쓰던 폭발이 일어나고 말 것이다.

오늘날의 갈등은 인간과 대량생산소비, 개인과 사회, 개인과 국가, 작은 지역사회와 큰 지역사회, 다윗과 골리앗 사이의 싸움이다. 그리고 우리는 더 많이 모일수록 (원자폭탄의 경우처럼) 우리의 밀집성 자체 때문에 그토록 피하려고 애쓰던 폭발이 일어날, 임계질량critical mass 및 조밀도에 더 가까이 다가가고 말 것이다.

제3세계 구걸문화를 바꾸다

제프 그린왈드 :《뉴에이지 저널》에 실린 글을 요약했다.
로저 나이츠가 모니터했다.

캔디나 동전을 한 움큼씩 나눠주는 행동은 아이들을 거지로 만들어 버리는 일이다.

나는 서구인들이 좋은 뜻으로 멀리 떨어진 시골 마을에 갑자기 찾아와 동네 아이들의 관심을 끌고 캔디나 동전을 한 움큼씩 나눠주는 모습을 여러 번 지켜봤다. 그런데 이런 행동은 다음에 오는 관광객들이 곧 알게 되듯이 "안녕하세요?"라고 말하는 법을 배우기도 전에 아이들을 거지로 만들어 버린다. 값싼 '빅' 볼펜 하나라도 하루에 40센트를 벌어서 먹고 사는 집 아이들에게는 엄청난 선물이 된다. 그리고 이런 아이들은 '레이밴' 선글라스나 찢어지지 않는 나일론 옷을 입은 사람들만 보면 금방 대단한 사람이라고 생각하기 시작한다. 우리는 관대함이란 습관을 별로 고치고 싶어 하지 않는다. 좀 더 나은 판단을 하는 경우도 가끔 있지만 어쨌든 우리는 무언가를 거저 주기를 계속할 것이다. 하지만 이렇게 하면서 우리가 방문하는 곳을 모두 상어굴처럼 만들게 되는 것은 아닌가?

그러지 않을 수 있다는 것이 내 생각이다. 호의와 온정을 보이면서도 탐욕과 의존심을 조장하지 않을 방법이 얼마든지 있다. 상상력을 발휘해 약간의 준비를 한다면 선물주기를 여행에서 가장 즐거운 부분이자, 지역 아이나 어른과 교감할 수 있는 최선의 기회로 만들 수 있다.

그렇지만 우선 선물주기가 무언가를 꼭 주는 것만을 뜻하지는 않는다는 사실을 강조하고 싶다. 자기 자신, 자기 삶이나 개인사를 약간이나마 나누는 것으로도 충분할 때가 자주 있다. 예컨대 여행작가로 일하는 동안 나는 발리부터 브롱스까지 전 세계 어른과 아이들에게 무언가 공통점이 있음을 발견했다. 그들은 모두 여러분의 가족과 여러분이 온 곳에 대해 알고 싶어 한다.

어느 열 살짜리 걸인 일당의 습격을 받자, 입으로 불어서 크게 만들 수 있는 값싼 지구의를 꺼냈다.

내가 발견한 바 제3세계로 여행할 때 가져갈 수 있는 가장 유용한 물건은 가족사진과 자기 사는 곳의 그림엽서다. 최근에 나는 인도 북부지방에서 어느 열 살짜리 걸인 일당의 습격을 받자 내가 가끔 가지고 다니던, 입으로 불어서 크게 만들 수 있는 지구의를 꺼냈다.

처음에는 관심을 딴 곳으로 돌리기 위해서 시작한 이야기가 금방 지리교육으로 바뀌었다. 아이들은 자기들이 라디오에서 들었던 단편적인 뉴스들과(독일 미국 러시아에 대한) 지구의에 있는 나라를 맞추기 시작하더니 왜 인도와 러시아는 분홍색인데 파키스탄과 미국은 노란색인지 열띤 설전을 벌이기 시작했다. 그러다 아이들은 마침내 지구의 자체를 달라고 했다. 하지만 나는 완강히 거절했다. 나중에 이렇게 만날 아이들을 위해서도 반드시 필요한 것이라고 이유를 댔더니 알았다며 고개를 끄덕였다.

8천 피트 이상 고지를 여행할 때, 내 요술가방에는 여러 재미 있는 소도구들이 들어 있다. 마른 잎에 작은 구멍 하나를 내기에 충분한, 간단한 돋보기 하나는 처음 구경하는 사람들에게는 기적으로 보이는 것 같았다. 작은 만화경kaleidoscope이나 망원렌즈에 대해서도 같은 이야기를 할 수 있다. 한동안 머무를 곳에 가서 아이들에게 둘러싸이게 될 경우, 나는 색연필 한 세트를 꺼내 아이들에게 내 일기장에 돌아가며 그림을 그려 보라고 한다. 어떤 아이들은 훌륭한 화가의 소질을 보여준다. 그들이 속박 없이 표현하는 동물, 꽃, 광고비행선에 그려진 파카를 걸친 뚱뚱한 서구인 그림은 내가 가장 아끼는 기념품이기도 하다. 가끔 멈춰서 이야기하고 프리즘이나 만화경 시범을 보이며 시간을 보내기도 하지만 길을 가다가 사람들에게 무언가를 거저 주는 일은 거의 없다. 대신 가끔 어느 집에서 너무 편안하게 잘 묵고, 집주인들과 따뜻한 교류를 한 다음에는 답례로서 어른이나 아이에게 작은 선물을 주는 경우가 있기는 하다.

이런 경우 나는 두 가지 주먹구구 원칙이 있다. 첫째 원칙은 돈이나 사탕을 주는 것은 현명하지 못한 처사다. 덜 수상쩍으면서 주는 사람의 개성을 훨씬 더 잘 표현할 수 있는 선물들이 얼마든지 있다. 그림엽서는 앞에서도 말했듯이 가볍고 값이 싸다. 엽서는 뛰어난 기념품이어서 대개 받는 사람이 붙여놓고 아끼게 된다. 향이나, 멋진 성냥, 잘 써지는 펜, 일회용 라이터 같은 것들도 아주 사랑받는 품목이다.

선물을 아이들에게 직접 주지 않는다. 부모에게 주어서 아이들에게 전해주도록 하는 것이다.

아이들은 더 쉽다. 내 추천 품목은 풍선, 플라스틱 반지와 돋보기, 프리즘, 팽이(여행 전에 유대인 하누카 축제 때 쓰는 작은 4각형 장난감을 사둔다), 색연필,

펜, 크레용, 작은 플라스틱 동물이나 공룡, 아니면 장난감 가게에서 파는 싼 스티커 같은 것도 좋다. 이런 것들은 모두 재미있고 교육적인 선물이 되어서 아이들이 함께 나눌 수 있으며, 더불어 아이들이 몇 가지 우주의 신비를 밝혀내는 데 도움이 될 것이다. 두 번째 원칙은 아이들에게 선물을 직접 주는 일을 금하는 것이다. 선물을 부모나 손위 형제자매에게 주어서 그들이 전해주도록 하는 것이다. 그런 제스처는 존경의 표시이면서 가족이야말로, 부유한 서구 관광객보다 더 선물과 보상을 기대할만한 존재라는 생각을 아이들에게 심어줄 수 있다.

아주 씁쓸한 현실 사례를 하나 들어보자. 점점 더 많은 아이들과 마을 사람들이 기본적인 의료 물자를 구걸하기 위해 여행로를 따라 나서고 있는 것이 사실이다. 붕대나, 요오드, 아스피린, 텀스 같은 간단한 약을 부탁하는 데 거절하기란 쉽지 않다. 특히나 달라고 애원하는 사람이 자기 머리를 꽉 붙잡거나 배를 감싸 쥐거나 벌어진 상처를 보여줄 때는 말이다.

내 개인적으로는 마약을 나눠주는 일이 아닌 이상, 할 수 있는 한 최선을 다해야 한다고 생각한다. 말할 것도 없이 조금 긁히거나 찢어진 사람을 돕겠다고 달려간다는 이야기는 아니다. 하지만 상황이 위험하다 싶을 때에는 대개 해결하기 위해서 노력한다. 어떤 때에는 가장 가까운 보건소가 어디 있는지 알아내거나, 심지어는 환자나 부상자를 그곳에 데려가는데 드는 돈을 친척이나 짐꾼에게 주는 것도 좋은 생각이다.

이 글의 핵심은 구걸과 그에 대한 내용이 일종의 게임이나 아주 성가신 무언가가 되어버렸다는 사실이다. 이는 서구인들 때문에 생겨나서 사라지지 않고 있는 현상이다. 이런 상황을 진심으로 대처하려 하지 않는다면, 지금은 성가신 습관 정도인 것이 많은 제3세계 시골 사람들과 아이들에게 일종의 생활양식으로 굳어질 것이다.

미합중국을 분할하다

고어 비달 : 《모던 머튜리티》에 실린 고어 비달 인터뷰를 요약했다.
로저 나이츠가 모니터했다.

기자: 비달 씨께서는 최상의 정부 시스템은 아마 스위스 연방제일 것이라고 하신 적이 있습니다. 정치권력이 중앙 정부와 26개의 주(州, 칸톤) 및 반주(半州, 하프칸톤) 사이에 나뉘어져 있는 형태 말입니다. 그것을 미국에도 적용할 수 있을까요?

스위스에서는 서로를 좋아하지 않지요. 그런데 희한하게도 멋지게 돌아간단 말입니다. 그렇게 할 수 있었던 것은 연방제도를 조심스럽게 피해갔기 때문이지요.

비달 스위스 클로스터스에 있는 마을에 오래 있으면서 스위스가 어떻게 돌아가는지를 자세히 살펴보았지요. 스위스에는 네 개의 민족이 있습니다. 독일계, 프랑스계, 이태리계, 로망슈계(Romansh, 스위스 동남부 지방에서 주로 쓰이는 라틴어계의 방언. 1938년 이래 스위스 공용어가 되었다)로 나뉘어져 있지요. 게다가 가톨릭도 있고 개신교도 있어요. 아무도 서로 좋아하지 않지요. 그런데 희한하게도 멋지게 돌아간단 말입니다. 그렇게 할 수 있었던 것은 연방제도를 조심스럽게 피해갔기 때문이지요. 돌아가면서 대통령직을 차지하지만 아무도 대통령의 이름을 기억하지 못해요. 대통령의 업무가 기차역에 나가서 고위 인사들을 만나는 것뿐입니다. 국민은 정부에서 만드는 법을 승인하거나 거부하기 위해 90일 이내에 국민투표를 요구할 권리가 있지요.

기자 하지만 스위스는 미국보다 훨씬 작지 않습니까? 비교가 가능한가요?

비달 캘리포니아를 셋으로 쪼개자는 운동이 활발히 벌어지고 있습니다. 사람들을 더 편하게 해주기 위해 새로운 지역 구분이 있을 법합니다.

기자 미국을 분리된 여러 자치지역으로 나누자는 주장을 옹호하시는 건가요? 그렇다면 시민들이 국세를 계속 내야 합니까?

연방정부가 사라지게 되니 소득세가 없어질 겁니다.

비달: 연방정부가 사라지게 되니 소득세가 없어질 겁니다. 각 지역 정부가 워싱턴에 얼마를 보내야 할지 결정하겠지요. 이런 식으로 말할 겁니다. "우린 우체국이 돌아가게 하고 돈을 찍어낼 정도의 돈만 낼 거요. 백악관과 형식적인 대통령을 유지하는 선에서 말이오."

온건한 초국가 기구의 기준

니콜라스 앨버리

많은 이상주의자들은 국민국가nation state의 해체 및 '세계정부World Government'로의 점진적 이행에 대한 신념을 가지고 있다. 그런데 세계정부는 어쩔 수 없이 현재의 초강대국superpowers보다 훨씬 더 동떨어지고 다가가기 힘든, 또 하나의 전제적인 제국을 낳고 말 것이다. 필자가 공동 편집한 책《세상을 구하는 길: 규모의 정치》에서 인용하자면, "우리가 세계 문제에 대하여 새로운 지역주의를 지지하는 운동을 할 때, 거대 국가의 붕괴를 위해 참여한다고 하더라도 온건한 국제주의의 균형을 갖출 필요가 있다.

우리는 복잡한 지구 문제에 맞서기 위해 연방주의자를 조직화하고 초국가transnational 기구에 걸맞은 기준과 보호수단을 발전시켜 나가야 한다.

그러한 것들의 통제를 받지 않는 형태의 정치 경제력은 평화와 자유에 대한 위협이 된다. 해보아야 할 질문은 통제에 대한 것이다.

◆ 누가 누구를 임명하는가?
◆ 누가 누구를 선출하는가?
◆ 누가 고용하며 해고하는가?

누가 정책을 결정하는가? 누가 예산을 가결하는가?

- ◆ 누가 정책을 결정하는가?
- ◆ 누가 예산을 가결하는가?
- ◆ 누가 재정집행을 감시하는가?
- ◆ 누가 이런 결정을 하는 사람들을 통제하는가?

필자가 말하는 온건한 초국가기구의 원형은 결코 약간 변형된 스타일의 유엔이 아니다. 차라리 스위스 베른에 있으면서 전문적인 국제우편업무를 묵묵히 잘 처리하고 있는, 소박한 국제 우편연합이라고 보는 것이 낫겠다. 그래서 필자가 보기에 그럴듯한 국제기구들의 기준에는 다음과 같은 내용이 있어야 한다.

- ◆ 여러 국제기구는 한 나라가 아니라 세계 곳곳에 본부를 두어야 한다.
- ◆ 전문적인 특수임무가 완성되면 해당 기구가 해체될 수 있도록 장려해야 한다.
- ◆ 각각 별도의 기구로서 이름도 다르며, 유엔이든 세계의회World Parliament든, 그 무엇이든 중앙 집중 또는 전 세계적 권위 아래에 있지 않아야 한다.
- ◆ 가능하다면 특정 현안 기준으로 모인 관심 있는 종사자나 전문가로 구성되어야 한다. 필요하다면 국가의 정치적 감독이나 이익단체의 로비에 따라서 말이다. 그래서 국제우편연합은 계속 스위스에 본부를 두면서, 케냐에서 일어나는 초국적 공해문제나 지역별 인권위원회를 다루는 센터를 둘 수도 있을 것이다. 걸프전 때 이라크를 견제한 연합군처럼 비상시에 복무할 국가의 군대나 시민군을 위한 지역별 공동출자도 물론 필요할 때가 있을 것이다.
- ◆ 이런 초국적 단체는 되도록 적은 권력만을 가져야 한다.
- ◆ 권력은 가능하면 최대한 작은 지역단위에 위임하면서 기구는 보조적 역할만을 맡는다는 원칙을 구체화해야 한다.

공산주의적 국제주의는 결코 그 자체가 결함은 아니었다. 국제주의는
'거대규모'라는 저주받은 대상과 나눈 불운한 사랑의 일부일 뿐이었던 것
이다. 정치인과 헌법 입안자는 규모의 원칙을 배울 의무가 있다. 지나친 거
대중에 들떠서 지난 세기를 망쳐버린 건축가, 도시계획자, 공학자, 산업자
본가, 경제학자 같은 사람들과 마찬가지로 말이다.

스위스 헌법을 수출하다

니콜라스 앨버리

영국에 있는 사회변화창안연구소는 1990년 스위스 로잔에서 열린 중동부 유럽 정치인 및 헌법 입안자를 위한 심포지엄을 주최했다. 스위스 정부가 후원을 했으며, 스위스 비교법학연구소가 주관을 했다. 나는 언제나 먼발치에서 스위스 헌법을 흠모해왔다. 그러하기에 신흥 민주주의국가들의 50명 남짓한 헌법전문가들이 사흘간의 심의에 참석하여 스위스 법체계의 모든 면을 공들여서 연구한다면, 분명히 많은 도움을 얻을 수 있으리라고 생각했다. 스위스 사람들은 특유의 순박함 때문인지 참가자들에게 자기네 헌법 조직을 팔려는 노력을 전혀 하지 않았고, 스위스가 한 실패에 대해서만 아주 꼼꼼하게 설명을 해주었다.

긍정적인 면

나는 이 심포지엄에서 스위스 헌법을 세계 곳곳의 분쟁지역으로 수출하기에 알맞도록 만든 핵심요소에 대해서 많은 것을 배웠다.

　내가 보기에 가장 중요한 요소는 시골 마을단위의 스위스식 공동체(코뮌)이다. 각 공동체에 있는 수천 명의 거주자들은 놀라울 정도의 자치권을 누린다. 이러한 코뮌들은 자체 헌법을 가지고 있으며, 경우에 따라 해마다 한 번씩 열린 모임에서 토론과 투표를 한다.

스위스에는 최종 통치권이 명백히 국민들에게 있다. 그래서 다른 대부분의 국가들에게서 볼 수 있는, 지배자와 피지배자 사이에 분명히 존재하는 불신의 균열이 이들에게는 없는 것이다.

과도한 정부권력을 견제하기 위한 헌법상의 안전장치는, 반감을 느끼는 사안이 있을 경우 종류에 따라 5만에서 10만 사이의 서명을 받아오면 국민(직접)투표를 실시할 수 있도록 하는 권리다. 이 국민투표는 비교적 흔한 편이다. 스위스 국민은 보통 1년에 세 번에서 다섯 번 정도의 연방 직접투표를, 2년에 한 번 정도의 주(칸톤) 직접투표를, 3년에 한 번 정도의 코뮌 직접투표를 한다. 이런 식으로 해서 주민이 헌법에 추가하려고 하는 특이하고 다양한 주제에는 사실상 제한이 없다. 그래서 헌법 32조에 보면 압생트 absinthe(향쑥·살구씨·회향·아니스 등을 주된 향료로 써서 만든 술. 향쑥의 정주精酒 주성분이 신경조직에 유해하여 과하게 사용하면 중독 증세를 나타내기 때문에 원산지인 스위스나 프랑스에서도 1915년을 전후하여 향쑥의 사용이 금지되었다. 근래의 압생트는 향쑥을 포함하지 않으며, 알코올 도수도 40% 정도의 것이 많다) 판매를 금지하는가 하면, 최근에는 성공하기만 했으면 스위스 군대를 없애야 했을 국민투표도 있었다. 스위스에는 최종 통치권이 명백히 국민들에게 있다. 그래서 다른 대부분의 국가들에게서 볼 수 있는, 지배자와 피지배자 사이에 분명히 존재하는 불신의 균열이 이들에게는 없는 것이다.

소수의견도 보호를 받을 수 있다. 국민투표로 일단 통과된 사안이라 할지라도 각 주에서 다수결 투표를 다시 해야 하는 것이다.

게다가 소수의견도 보호를 받을 수 있다. 국민투표로 일단 통과된 사안이라 할지라도 각 주에서 다수결 투표를 다시 해야 하는 것이다. 주 내부의 소수의견의 경우, 투표 결과를 도저히 받아들일 수 없는 사람들은 '유라'주의 예를 따르면 된다.

이 주는 일련의 복잡한 직접투표를 실시한 다음, 소속에서 탈퇴하여 새로운 주(칸톤)를 만들어버린 것이다. 비록 스위스 헌법에 탈퇴를 허락하는 조항은 없지만, 우리가 보건대 유라가 굳이 연방을 떠나서 프랑스에 합류하기를 바란다고 해도 막을 방법이 없어 보였다. 사실 그렇게 그릇된 충동을 좇았더라면 프랑스의 나폴레옹식 중앙집권제를 더 눈여겨보고 모방했을지도 모르는 일이다.

연방 수준에서 볼 때 언어가 다른 그룹 사이가 그토록 화기애애한 것은 각 그룹을 위해서 내각에 영구직이 마련되어 있기 때문이다. 대통령직에 대한 야심은 장관 일곱 명이 돌아가며 맡게 함으로써 제한한다. 스위스인들 중 현재의 대통령이 대체 누구인지도 모르는 사람이 많다.(우루과이가 한때 스위스 헌법을 모방한 적이 있다. 그랬더니 결국 대통령이 권력이 너무 적은 데 불만을 품고서 군사 쿠데타를 일으켜 군사 독재자가 되어 버렸다.)

스위스 헌법 발전시키기

중동부 유럽 국가들은 어떻게 하면 스위스 헌법을 채택해서 쓸 수 있도록 발전시킬까? 그렇다면 스위스 제도의 단점은 과연 어떤 것일까?

◆ 작동이 너무 느리다. 스위스의 국민투표 결과는 목적을 달성하는 데 4~5년이 걸린다. 그런데 그때가 되면 그 목적은 이미 낡아빠진 것이 되어버린다. 예/아니오 같은 간단한 결정을 하는 데 4년이 걸리는 기업이 있다면 오래가지 못할 것이다. 스위스 헌법을 전부 개정하는 일이 지금껏 25년 간 진행 중이다. 끝은 아직 보이지도 않는다.

헌법이 낡은 조항들로 덧입혀지는 사태를 방지하기 위해 이런 제안을 하고 싶다. 입법자들은 어떤 조항이 개정되지 않을 경우 자동으로 백 년 동안 놔두도록 하라고 말이다. 그리고 국민투표 전 과정을 지금 시대에 맞게 바꾸어야 한다. 투표 토론에 대한 심층 텔레비전 보도를 한 다음, 몇 주 이내에 투표를 실시하도록 하는 것이다.

투표를 하러 온 사람들에게는 복권을 주는 아이디어가 있다.

◆ 스위스 사람들은 분명히 지나친 민주주의 때문에 손해를 보고 있다고 생각한다. 젊은이들과 노동계층에게는 정치적 무관심이 만연해있다. 어떤 경우에는 겨우 20퍼센트 남짓한 유권자만 국민투표에 참여했다. 특히나 노동자계층의 투표자를 끌기 위해서는 차라리 피터 무치의 아이디어를 써보는 것도 좋을 것이다. 투표를 하러 온 사람들에게는 복권을 주는 것 말이다.

투표율이 가장 낮은 경우는 법학교수들이 좋아하는 헌법상의 추상적인 문제에 대한 국민투표이다. 투표율이 가장 높은 경우는 스위스 국민들의 호주머니를 건드리는 문제에 대한 것이다. 스위스가 유엔에 가입하지 않은 이유가 원칙 때문이 아니라 돈이 들기 때문이었다는 의심이 나돌 정도다. 그들은 돈주머니 끈을 단단히 조여 매고서, 유엔의 개별 프로그램을 입맛대로 사들이기를 더 좋아한다. 그것은 아마 유엔에 돈을 내는 다른 국가들에게도 더 분별 있는 방법이 될지도 모른다.

스위스 사람들은 유엔의 개별 프로그램을 입맛대로 사들이기를 더 좋아한다.

◆ 스위스의 도시는 코뮌 네트워크로 분할할 필요가 있다. 존 팹워스는 《제4세계 리뷰》에서 스위스 도시 코뮌 안에 정치적 세분화가 필요하다고 역설했다. 50만 유권자가 있는 도시 코뮌은 시골에 있는 코뮌에 비해서 불합리하게 큰 것이다. 의미 있는 대표성이 부족해서 젊은이들이 소외감을 더 느끼는지도 모르겠다. 스위스에 다른 어느 유럽국가보다 마약중독자와 에이즈 환자가 더 많다는 사실에서 볼 수 있듯이 말이다.

◆ 기업 규모에 따라 세금을 매겨서 대기업의 힘을 통제할 필요가 있다. 아니면 그들이 어떠한 헌법적 안전장치라도 우습게 보려할 것이다.

◆ 스위스 헌법에 현재 가장 큰 위협은 외부적인 것이다. 다국적기업과 은행들이 유럽의 다른 지역사회 시장을 찾아 옮겨감에 따라(미국의 압력을 받았다는 것은 더 이상 비밀도 아니다) 스위스 경제가 어려움에 처할 지도 모른다는 기미가 있다. 경제적인 두려움이 스위스를 '공동시장Common Market'에 가입하도록 밀어붙일지도 모른다. 하지만 그렇게 하면 장기적인 번영에 악영향을 줄뿐만 아니라 각 주마다 있는 개성의 다양성을 획일화시킬 우려가 있다고 확신한다. 그리고 지역의 자율성이 있는 고도로 발전된 시스템 및 인간적 규모의 정부를 유럽연합 본부가 있는 브뤼셀의 독재와 맞바꾸는 결과를 낳을 수도 있다.

우리가 초대했던 동유럽 헌법 입안자들이 방문한 스위스 산골의 '소작' 농장들이 유럽연합의 산업농장과 경쟁해서는 절대 살아남을 수 없을 것이다. 우리에게 요들을 불러준 82세 할아버지는 자신이 백만장자가 된 기분이라고 말한다. 자신에게 있어 소중한 것은 산에서 사는 삶과 토끼 같은 손자들이라고 말한다. 할아버지의 아들은 이따금 이웃의 도움을 받아 소 40마리를 키웠다. 어느 나라의 농업이 얼마나 인간적인 규모인가를 알아보는 가장 좋은 방법은 소들이 저마다 이름을 갖고 있는지 알아보는 것이라고 나는 확신한다. 이 아들의 소들은 외양간 각 칸마다 자기 이름이(내 사랑, 부르주아 등과 같은) 있었을 뿐만 아니라, 해마다 가을이 되면 아랫마을로 내려가는 의식에 쓰기 위한 꽃다발과 커다란 종도 있다. 나는 유럽연합의 저온살균법 기준에는 아마 미달이었을 '그뤼에르'라는 독특한 치즈를 샀다. 그리고 스위스에서는 농업이 유럽연합의 허용기준 이상으로 강력하게 지원을 받고 있다는 사실을 알게 되었다. 산악지형의 어려움을 고려해야만 하기 때문이다.

정치인에게 후원자들의 로고가 실린
옷을 입으라고 하다

패트릭 더린 : 다음은 세계 아이디어 은행에 보낸 이메일을 요약한 것이다.

그렇게 입은 정치인들은 자기 후원자들의 배지를 단 카 레이서처럼 보일 것이다.

나는 정치인들이 (적어도 일년에 한 번은) 행사복을 입도록 하는 것이 좋은 아이디어라고 생각한다. 이 옷에는 자신에게 기부금을 내는 사람들의 배지나 기업 로고를 달도록 한다. 그렇게 입은 정치인들은 자기 후원자들의 배지를 단 카 레이서처럼 보일 것이다.

배지 크기는 기부 액수에 따라 조절하도록 한다. 가령 특정 회사에서 그 정치인의 전체 선거자금 중 5퍼센트에 해당하는 금액을 기부했다면 그 정치인은 이 특별 행사복의 5퍼센트를 덮는 그 회사 배지를 달아야 할 것이다.

우리는 한 눈에 누가 영향력을 행사하기 위해 돈을 내는지 알 수 있을 것이다.

좀 우스꽝스럽게 보일지 모르지만 한 번 생각해 보시라. 일년에 한 번 미디어에서는 이 정치인이 선거 캠페인 옷을 입은 모습을 사진에 담을 기회

를 얻는 것이다. 선출된 공인이 유권자가 아닌 후원자의 배지를 달고 있는 모습을 본다면 누구든 무슨 일이 일어났는지를 쉽게 알 수 있을 것이다. 선거자금 개혁에 대한 오랜 논의는 금방 전망이 보일 것이다. 우리는 한 눈에 누가 영향력을 행사하기 위해 돈을 내는지 알 수 있을 것이다.

시장을 공원 벤치에서 만나다

다음은 노르웨이 아이디어 은행에 실린 '시장님을 광장 벤치에서 만나세요'와
'의원님을 도서관에서 보세요'라는 글을 고쳐 쓴 것이다.

**링게리케의 시장은 매주 수요일 정오에 지역 중심지인 회네포스의
광장에 있는 빨간 벤치에 앉아 있다.**

노르웨이 오슬로 북서쪽에 있는 인구 2만8천명의 자치시인 링게리케의 시
장은, 매주 수요일 정오에 지역 중심지인 회네포스의 광장에 있는 빨간 벤
치에 앉아 있다. 콜뷔른 크베룸 시장은 1993년 8월부터 지금까지 매주, 계
절이나 날씨와 상관없이 그렇게 해왔다. 그리고 그는 절대 혼자 남겨지지
않았다. 때로는 사람들이 시장과 이야기하기 위해 줄을 서야 했다.

시장은 자기 지역사회와 갖는 열린 대화의 중요성을 열성적으로 신봉하
고 있다. 시의회에 대해 이야기하고 싶어 하는 사람도 있고 자기 문제를 이
야기하려는 사람도 있다.

벤치에 앉는다는 아이디어는 시장이 직접 생각해낸 것이다. 1993년 처
음에 그는 사람들을 개방시간에 자기 집무실로 초청했다. 그러나 곧 광장
이 사람들을 만나기에 더 나은 장소라는 생각이 들었다.

이웃 자치시인 리에르에 있는 동료 울라 네베스타드는 그를 따라 했다.
대신 그녀는 매주 벤치를 옮겨 다니며 다른 장소에서 사람들을 만났다. 크
베룸도 이렇게 자리를 옮겨 다니는 방법을 생각해본 적이 있다. 그러나 회

네포스 광장이 자기에게는 이상적인 자리라는 결론을 내리게 되었다. 링게리케 시민 대부분이 자주 지나다니는 곳이었기 때문이다.

1999년 분권화 시도의 일환으로 오슬로의 우라니엔보르-마요르스텐 지역 의원들은 비슷한 벤치 프로젝트를 시작했다. 일주일에 3일씩 주민들은 자기 동네 출신 정치인을 만나 벤치에서 대화를 나눌 수 있다. 겨울이면 동네 도서관에서 만난다. 여름이면 이 지역 주민들이 즐겨 찾는 녹지인 발퀴레 광장에서 만난다.

이런 벤치 대화에 대한 반응은 아주 긍정적이었다. 사람들은 자신들의 대표를 이런 열리고 편안한 환경에서 만나기를 전반적으로 즐겼다. 벤치는 사람들이 정치인들을 만나 자기 감정과 좌절을 털어놓으며, 자기 비전과 아이디어를 내놓는 장소가 되었다.

핵무기가 불법임을 법원에서 판결하다

1988년 세 명의 판사 알프레드 루빈, 프랜시스 보일, 번스 웨스튼이 핵무기의 합법성 여부라는 문제에 대해 최초로 언급했던 사법재판에 대한 얘기다. 루빈 판사가 대표로 읽은 판결문의 일부는 이렇다. "전쟁에 대한 국제법은 핵무기 및 핵무기의 전시 사용에 대해서도 적용된다. 국제인도법이 전쟁에 대하여 금지하는 방식으로 핵무기 위협을 하거나 사용을 하는 경우, 이유여하를 막론하고 일반 국제사회가 그러한 행동을 저지하기 위해 법적 조치를 취하는 데 중요한 근거가 될 수 있다. 따라서 본 법정은 '원고 측'에게 국제법에 반하는 핵무기 위협이나 사용을 금하는 강제명령을 승인한다." 루빈 판사와 같은 맥락에서 웨스튼 판사는 핵무기에 관한 국제법의 여섯 가지 '핵심 규정' 골자를 다음과 같이 설명했다.

◆ 첫째, 불필요할 뿐만 아니라 참상과 고통을 가중시키는 무기나 전술을 사용하는 것을 금지한다.

전투원과 민간인을 가리지 않는 무차별적 위험을 유발하는 무기나 전술을 금지한다.

◆ 둘째, 전투원과 비전투원, 군인과 민간인을 가리지 않는 무차별적 위험을 일으키는

무기나 전술을 금지한다.

◆ 셋째, 앞서 당한 도발이나 합법적인 군사 목적에 어울리지 않거나, 전쟁에 관한 법률로 보호할 수 있는 사람과 단체와 자원을 무시하는 보복 행사를 금지한다.

◆ 넷째, 자연환경에 광범위하고 장기적이며 심각한 피해를 줄 무기나 전술을 금지한다.

◆ 다섯째, 비참가국 관할을 침해하는 무기나 전술을 금지한다.

◆ 여섯째, 세균전 수단을 포함하여 질식시키거나 독성이 있는 가스 등 그와 유사한 모든 액체, 물질, 장치의 사용을 금지한다.

보일 판사는 자기 차례가 되자 두 동료 판사와 함께 이렇게 발표했다. "국제사법재판소 법 38(1)(d) 항에 따라 이 '판결문'은 법적 처리를 결의하기 위한 부속수단이 된다." 따라서 이런 경우는 미래의 국제 전범재판소의 판단에 의지할 수 있을 것이다. 그래서 이 경우는 이 분야의 독창적인 판례가 되었으며, 어느 나라의 소송 당사자들도 언급할 수 있는 사례가 되었다.

이 재판은 캘리포니아 검사인 레온 비크먼이 주도한 결과였다. 그는 약간의 조사 후 미국에 있는 핵무기에 대한 소송을 제기한다해도 옳고 그름에 따른 판결을 받을 수 없다는 점을 알게 되었다. 미국 내의 법정은 그런 문제를 '정치적 사안'으로 간주하여 자제를 요청할 것이었기 때문이다. 헤이그에 있는 국제사법재판소에 도움을 청해보는 것도 별 소용이 없을 것 같았다. 어떤 재판이든 피고 측은 법원의 사법권에 동의하여야 하며, 국가만이 그런 소송을 제기할 수 있기 때문이다.

지구에 사는 모든 사람들을 위하여 28개 '핵보유국'에 제기하는 소송이었다.

비크먼은 《핵무기는 왜 불법인가》라는 소책자에 자신이 해온 6년간의 싸움을 묘사하고 있다. 다음은 발췌한 내용이다.

그러한 문제를 들어주도록 권한을 부여받은 법원을 찾을 필요가 있었다. 알고 보니 그런 법원은 '지구동맹Federation of Earth'이라는 임시 세계정부 안에서 만들어지고 있는 중이었다. 이 정부의 헌법 아래에서 완전한 법원 시스템이 만들어질 수 있었다. 입안자의 역설에 따라 법안 하나가 동맹의 '최초 세계 임시국회'에서 통과되었다. 1982년 영국의 브라이튼에서 있었던 이 일로 로스앤젤레스에 해당 법원이 세워졌다. 그러자 곧바로 고소장이 접수되었다. 지구에 사는 모든 사람들을 위하여 28개 '핵' 보유국에 제출하는 소송이었다. 피고 측은 세 그룹으로 나누어졌다. 초강대국, 핵보유국, 핵(개발) 가능국이었다.

절차상의 모든 단계는 일반적으로 받아들여지는 법적 절차에 꼼꼼히 따르는 방향으로 진행되었다. 피고 측 국가들에게는 법정 변론을 할 기회가 여러 번 주어졌다.(인도는 반론을 제기한 유일한 국가였다. 핵무기 사용을 억제하기 위해 핵을 보유했다는 내용이었다.) 워싱턴 벨뷰의 검사 게이더 코디스는 법원의 고문역할을 맡아서 피고 측의 입장을 간략히 구두로 변론했다.

거의 6년 동안 지속된 소송기간 동안 아마 법정 청문회보다 더 극적이었던 사건은, 사건을 판결할 패널에 아주 뛰어난 세 판사를 선임한 일일 것이다. 샴페인에 있는 일리노이대학 로스쿨의 국제법 교수인 프랜시스 보일 판사, 터프 대학의 법학 및 외교학 대학원 국제법 교수인 알프레드 루빈 판사, 아이오와 대학 법학대학원의 국제법 교수인 번스 웨스튼 판사가 그 셋이었다. 세 판사가 모두 핵무기 관련법 분야의 최고 권위자라는 사실에 걸맞게, 세 판사는 장문의 서면 의견서를 각각 작성했다. 그리고 셋은 모두 매우 중요한 법적 파급효과를 일으켰다.

법원 소환장에 있는 주요 소송청구 원인은 다음과 같다. "원고 측은 다음에 나오는 피고 측이 인명을 살상할 수 있는 여러 목표 지역뿐만 아니라, 인구가 집중된 곳에 사용하기 위해 준비해둔 핵무기를 보유하고 있다는 정보를 입수하였고, 그렇게 믿고 있으며, 증언을 근거로 주장하고 있다. 중국, 프랑스, 러시아, 영국, 미국이 그런 피고 측이다."

> **우리는 법에 따르는 사람들이다. 우리는 이제 가장 무시무시한 무기에 대한 법을 갖게 되었다. 앞으로 지켜보도록 하자.**

피고 측에 대한 법원의 사실인정은 상당한 영향력을 발휘할 수 있다고 비크먼은 단정한다. "몇 사람만 있어도 궁극적으로 핵 정책 자체에 영향력을 행사할 수 있는, 핵무기 반대 국제 평화시위를 시작할 수 있을 것이다. 지구 대기 안에서의 핵실험 반대운동을 선구적으로 한 라이너스 폴링, 핵무기 비축에 반대하는 운동의 선봉이었던 헬렌 캘디콧을 생각해보라. 우리는 법에 따르는 사람들이다. 우리는 이제 가장 무시무시한 무기에 대한 법을 갖게 되었다. 앞으로 지켜보도록 하자."

레온 비크먼의 《핵무기는 왜 불법인가》는 캘리포니아에 있는 '핵 시대 평화재단'Nuclear Age Peace Foundation이 펴내는 소책자 20호다.

분쟁해결 언론

더들리 윅스

《평화언론의 NPC 연구 전망NPC Research Prospect in Peace Journalism》에 실린
'평화 영속화하기'라는 글을 고쳐 썼다. 이 기사는 다른 형태로 파리의 〈EJN 뉴스〉에
처음 실린 바 있다. 더들리 윅스는 세계적으로 유명한 분쟁해결 전문가다.
그는 60개 이상의 나라에서 분쟁 당사자들 사이의 대화 촉진을 위한 활동을 해왔으며,
미국의 수많은 가정, 기업, 지역사회에도 조언을 했다. 그는 이 주제에 대하여
국제적인 매체에 정기적인 기고를 하고 있다.

인생의 대부분을 분쟁해결과 평화수립 문제에만 종사해온 사람으로서, 나는 일각에서 '분쟁 해결 언론'이라고 부르는 것의 등장에 흥미를 느끼게 되었다. 미디어와 분쟁해결 전문가들 사이에 나름의 조사가 있었지만 이 말이 무슨 뜻인지를 제대로 아는 사람은 없는 듯하다. 물론 명확한 정의가 꼭 있어야 할 필요는 없다. 그렇지만 몇 가지 기본적인 특성을 찾아보는 것은 도움이 될 것이다.

내 생각에 책임 있는 미디어란 '완전한 이야기 전하기'에 몰두하는 곳이다. 완전한 이야기란 이미 일어난 일에 대한 것일 수도 있고, 일어나고 있거나, 아니면 일어날 일에 대한 것일 수도 있다. 분쟁 상황에 대한 모든 '완전한' 이야기는 조금이나마 분쟁해결의 가능성이 움직이고 있는지의 여부를 반드시 담아내야 한다. 언론인으로서 분쟁의 원인이나 분쟁을 영속화시키는 행위에만 초점을 맞추려 해서는 안 된다는 것이다.

내 경험에 따르자면 미디어는 대체로 분쟁 당사자 사이에 있을만한, 보다 자극적인 불화에만 집중적으로 매달려온 것이 사실이다. 그러면서 분쟁

의 와중에도 당사자들 사이에 존재하는, 내가 '연결점'이라고 부르곤 하는 것을 무시하기 십상인 것이다.

효과적인 분쟁해결의 토대를 마련하는 것은, 흔히 '공동의 필요'를 포함하는 이러한 연결점들인 것이다. 그런 점들을 무시한다는 것은 완전히 이야기하지 않았음을 의미한다.

언론인이 인터뷰를 하는 방식을 예로 들어보자. 질문은 흔히 특정한 사람이나 그룹의 요구와 입장에 대한 정보를 이끌어 내기 위해 하는 것이다. 그런데 그런 질문이란 동시에 분쟁 중인 상대방에 대한 뿌리 깊은 반감에 치중하는 경향도 있다.

그러한 정보도 분명 이야기의 일부이기는 하다. 그러나 내가 말하는 '더 큰 그림'도 마찬가지다. 그것은 과거 및 현재의 반목과 한계를 모두 고려하면서도, 분쟁을 효과적으로 다루며 관계를 개선한다는 가능성을 포함한다는 뜻이다. 더 큰 그림을 위한 질문을 한다는 것이 '분쟁 해결'이나 '평화 언론'에만 한정되어서는 안 될 것이다. 더 큰 그림을 보게 해주며, 지금 일어나고 있는 일에 대한 독자의 이해를 돕는 질문을 한다는 것은, 완전한 이야기를 찾아서 들려주는 데 필수적인 부분이다.

나는 전 세계 분쟁지역에서 '분쟁 협력 촉진자'로서 활동하고 있다. 이일은 내가 25년 동안의 경험을 살려 만든, 분쟁해결과 관계수립을 위한 '분쟁 협력 절차'라는 것을 기초로 하고 있다. 내가 '중재자' 대신 '촉진자'라는 표현을 쓰는 것은, 그것이 분쟁 당사자들 스스로가 문제를 해결할 수 있도록 힘을 실어주는 촉매제로서 기여한다는 개념을 더 잘 나타내 주기 때문이다. 나는 그들 각자가 상황을 진전시키는 데 사용할 만한 절차와 효과적인 기법을 제공할 수 있다. 적대적 경쟁에 대해서 흔히 해온 협상차원의 접근 대신 두 당사자 사이에 껴서 '거간' 역할을 하는 것이다. 나는 그러한 분쟁해결 촉진자나 중재자로서의 언론인이란 역할을 옹호하는 것은 아니다.

하지만 분쟁 당사자들과 각각 따로 만나거나 다행히 그들을 한자리에서 초대하여 던진 질문의 일부는, 완전한 이야기를 알아내는 데 한몫을 한다고 나는 확신한다. '더 큰 그림'을 얻기 위한 예를 몇 가지 들어보자면 다음과 같다.

◆ 인터뷰에서 한쪽이 상대방과의 관계에 대하여 부정적인 측면만 언급할 경우, 나는 이렇게 물어본다. "상대방과 협조적인 교섭을 해본 적이 있습니까?"
◆ 한쪽이 특정 사태가 안고 있는 잠재적으로 비참한 가능성, 가령 다른 인종그룹 피난민들의 송환문제 같은 것만을 부정적으로 고려하고 있다면 이렇게 물어본다. "피난민 송환문제가 선생님 측에 긍정적인 효과가 있을 수도 있지 않습니까?"
◆ 한쪽에서 자기들의 요구와 희망사항에 대해서만 계속 이야기하면, 나는 그러한 필요에 대하여 물어보고 혹시 상대방과 함께 나눌 만한 것이 있는지 물어본다.

전반적으로 어떤 식의 관계가 서로에게 가장 유익할까요?

◆ 당사자들이 당장의 분쟁에 대해서만 이야기하며, 현 상황의 가장 부정적인 측면에만 비추어서 상대방이나 전체 관계를 정의하려 하면, 나는 이렇게 물어본다. "전반적으로 어떤 식의 관계가 서로에게 가장 유익할까요?"
◆ 당사자들이 분쟁을 대하는 방법은 오직 적대적 경쟁뿐이라고 여기고 있으면, 나는 이렇게 물어본다. "당신이 필요하다고 말한 것 중에서, 싸우는 대신 서로 협력해서 얻을 수 있는 것은 어떤 것이라고 생각하십니까?"

이런 질문들이 언론인으로서 하기에 적절한 것일까? 나는 그렇다고 생각한다. 내가 하는 그런 질문들은 절차의 일부다. 그 절차란 분쟁 당사자 모두가 효과적이며 지속적인 태도로 분쟁을 다루기 위해서, 함께 추가적인 행동 단계를 발견해 나갈 수 있도록 힘을 실어주는 것이다. 내 생각에 언론인은 완전한 이야기를 알아내어서 그 이야기를 다 전하기 위한 방편의 하나로서 그러한 질문을 던질 수 있다. 내게 있어서 그것은 분쟁을 해결하는 언론이라기보다 '책임 있는' 언론이다.

NPC 미디어는 영국에 있다.

8. 경제 / 과학

● 이타카 아워 – 지역발생 화폐 ● 공동체 발행 통화 ● 참석자들이 회의가 시작되기 전에 의사록을 쓰다 ● 프로젝트 및 아이디어 교환PIE ● 새 직원들을 모집하고 돌봐주는 종업원들에게 보상을 주다 ● 회의 때마다 아이디어 세 개씩 ● 사업에서 쓸 수 있는 업무 크레디트 시스템 ● 엑스자 모양 건물이 창이 많은 사무실을 최적화한다 ● 근속연수에 대한 보상으로 자유시간을 더 많이 주다 ● 은퇴한 기업인을 구매자와 연결시키다 ● 협상가의 차액을 공동의 목표에 쓰다 ● 흥정 시 가격차이를 분산하기 ● 닐스 야드 Neal's Yard 원칙 – 유기농 자연식품 가게 ● 주주Zoo-Zoo 식권 ● 주주에게 돈을 벌어 주어야 한다는 주식회사의 의무에 단서조항을 달다 ● 장기주식Long-term Shares ● 바람과 물에서 나오는 연료 – 수소 ● 1인당 사용 탄소를 할당하다 ● 잃어버린 동물을 찾는 광고로 지진을 예측하다 ● 프로젝트 구텐베르크 ● 주요 도서관에 모든 책의 디지털 본을 보내도록 하자 ● 시각 샘플링 기계와 만나다 – 만족도를 시각적으로 파악하기 ● 과학자를 위한 히포크라테스 선서 ● 과학자들의 초월적 경험을 위한 웹 문서보관소 ● 매일 혁신적인 아이디어를 이매일로 받다 ● 은퇴한 과학자를 위한 연구소

이타카 아워 – 지역발생 화폐

폴 글러버 : 세계 아이디어 은행에 보낸 이메일을 고쳐썼다.

여기 뉴욕 이타카에서 우리는 1991년부터 수천의 참가자들에게 우리가 직접 발행한 지역 화폐 8만5천불 이상을 쓰도록 함으로써 상업거래의 사회 및 환경적 효과에 대한 통제를 얻기 시작했다. 수없이 많은 거래와 우호적 행동이 이 화폐를 이용해서 이루어졌다. 수백만 달러 어치의 지역 상품이 '풀뿌리 국산품'에 추가되었다.

> **우리가 직접 화폐를 찍어낸 이유는, 연방의(국가의) 달러가 지역에 들어와서 몇 사람의 손에서 놀아나다가 우림지대 원목을 사러가거나 전쟁을 하기 위해 사라져버리는 꼴을 많이 보아왔기 때문이다.**

우리가 직접 화폐를 찍어낸 이유는, 연방의(국가의) 달러가 지역에 들어와서 몇 사람의 손에서 놀아나다가 우림지대 원목을 사러가거나 전쟁을 하기 위해 사라져버리는 꼴을 많이 보아왔기 때문이다. 이타카 아워HOUR화는 그와는 반대로 우리 지역 내에 머물면서 우리끼리 서로 고용하는 일을 돕는다. 달러가 우리를 다국적기업과 은행에 점점 의존하도록 만드는데 반해, 아워는 지역 내 거래를 활성화하고 생태 및 사회정의에 대한 우리의 염려에 더 부합하는 상업을 권장해준다.

어떻게 돌아가는지 한 번 보자. 이타카 아워는 이타카에서 발행한 10불 짜리 지폐인데, 그것은 시간당 10불이 톰킨스군(郡)의 평균 임금이기 때문이다. 다섯 종류로 발행된 이 아워 지폐를 통해 배관일, 목수일, 전기 작업, 지붕 얹기, 간호, 척추교정, 보육, 자동차 및 오토바이 수리, 음식, 안경, 장작, 선물, 그리고 수없이 많은 기타 상품 및 서비스를 살 수 있다. 우리 신용협동조합은 담보대출이나 융자 수수료에 대한 대가로서 이 돈을 받는다. 사람들은 아워로 집세를 지불한다. 마을에서 가장 유명한 식당은 이 돈을 받는다. 영화관이나 볼링장, 두 개의 커다란 지역소유 식료품점, 여러 차고 세일, 55개 시장 납품업자, 상공회의소, 그리고 기타 300개의 사업체도 마찬가지다. 이타카 화폐 리스트에 들지 않은 여러 곳에서도 아워를 받아서 사용해왔다.

이타카의 새로운 아워식 최소임금은 임금을 더 많이 깎아내리는 일 없이 저소득층 수입을 부양하는 역할을 했다. 가령 이타카의 몇몇 유기농장은 아워당 10불 어치의 지출능력이라는, 세계에서 가장 높은 노동임금을 지불하고 있다. 이들 농장은 지역농업에 대한 아워의 충실성 덕을 보고 있다. 한편으로 시간당 10불 이상씩을 받는 치과의사, 마사지 치료사, 변호사는 시간당 몇 아워씩을 받을 수 있도록 했다. 그런데 요즈음은 우리의 공평한 임금을 기준으로 제공되는 전문직 서비스도 점점 늘어나고 있다는 소식이 들린다.

아워를 받기로 하는 사람들은 우리 '아워 마을' 주소록에 든 대가로 1-2 아워(10-20불)를 지급 받는다. 8개월마다 한 번씩 가입을 연장해준 대가로 1 아워를 더 지급받을 수 있다. 이것이 우리가 점진적으로 그리고 조심스럽게 우리 화폐의 1인당 공급량을 늘려가는 방법이다. 일단 발행하고 나면 누구나 아워를 얻어서 쓸 수 있다. 등록을 했든 안 했든 수많은 사람들이 이용을 한 것이다.

이타카 화폐의 1천5백 명부는 전화번호부책과 맞먹는, 우리 지역사회의 역량을 보여주는 초상화다. 기존의 시장에서 그때까지 고용하지 않았던 시간과 기술을 시장에 소개하는 역할을 해낸 것이다.

주민들은 자기들이 즐기는 일을 해서 얻은 소득을 자랑스럽게 생각한다. 우리는 서로를 대할 때 달러를 다투는 승자와 패자가 아니라 동료 이타카인으로 본다. 지금까지 발표된 3백 명 참가자들의 성공담은 우리 시스템이 촉진하는 관대한 행동과 지역연대를 입증한다. 우리가 하는 일은 먹고 사는 차원이라기보다는 공동체를 건설하는 차원이다. 그렇게 함으로써 우리는 강박적인 쇼핑과 자원낭비를 낳는 사회적 절망에서 벗어나고 있다.

동시에 더 많은 부를 지역으로 환원시키는 이타카 지역소유 상점들은, 매출을 올려서 전에는 갖지 못하던 구매력을 얻는다. 그리고 우리의 활짝 열린 운영기관인 '바터 팟럭'을 통해서 지금까지 1만 불 어치가 넘는 지역화폐를 60곳 이상의 지역사회 단체에 기부했다.

우리는 이타카 아워를 진짜 돈으로 여긴다. 진짜 사람들, 진짜 시간, 진짜 기술과 도구가 지탱하는 진짜 돈 말이다.

서로를 위해 공급하는 방법을 찾다보니 수입 의존도를 낮추게 되었다. 이타카를 고립시킨다기보다는 자립도를 높임으로서, 생태적 수출산업을 통해 바깥으로 뻗어갈 수 있는 잠재력을 키워주게 되었다. 우리는 우리가 찍어낸 돈을 융자받아 새로운 사업에 자본을 댈 수 있다. 아워 융자는 이자 부담이 없다. 우리는 이타카 아워를 진짜 돈으로 여긴다. 진짜 사람들, 진짜 시간, 진짜 기술과 도구가 지탱하는 진짜 돈 말이다. 달러는 이와 반대로

웃기는 돈이다. 더 이상 금이나 은이 아닌, 빈껍데기로(5조 달러의 국가 부채) 지탱되는 화폐다.

이타카 돈은 우리가 존중하는 지역 고유의 것을 소중히 여긴다. 토종 꽃, 힘찬 폭포, 공예품, 농장, 아이들 같은 것들이다. 아워 기념화폐는 미국에서 처음으로 아프리카계 미국인을 기리는 지폐다. 여러 가지 색으로 된 아워 는 지역의 습지 갈대로 만든 종이에 일련번호를 다 넣어 인쇄하여서, 달러 보다 위조하기가 더 어렵다.

지역화폐는 많은 품과 책임이 필요하다. 다른 지역사회를 돕기 위해 우리는 '홈타운 머니 스타터 키트'를 제공해오고 있다. 이 키트는 단계별로 아워 시스템을 어떻게 시작하며 관리할 것인지를 설명해준다. 그리고 양식, 법규, 계약, 절차, 통찰, 이타카 아워 샘플, 이타카 화폐 발행에 대한 설명도 들어 있다. 우리는 이 키트를 49개 이상의 주에 있는 1천여 개 지역에 보냈다. 우리가 보낸 견본은 국제적인 관심을 끌었다.

키트는 25불(뉴욕에서는 2.5아워) 또는 해외주문의 경우 35불이다. 17분짜리 비디오도 17불에 구할 수 있다. 키트와 함께 사면 15불이다.(키트와 비디오를 합해서 40불에.) 주문 및 자세한 내용은 웹사이트에서. www.lightlink.com/ithacahours
타임 달러도 참고하시길. www.cfg.com/timedollar

공동체 발행 통화

데이비드 웨스튼 : 다음 글은 《뉴 에코노믹스》에 처음 실렸던 글을 고쳐 쓴 것이다.

지구가 평평하다는 것에 대한 확신이 너무나 강해서 지구가 둥글다는 아이디어를 도저히 받아들일 수 없었던 시대가 있었다. 마찬가지로 오늘날에도 공동체나 지역에서 통화를 발행하여 사용하며, 은행까지 운영한다는 아이디어는 불가능해 보인다.

그러나 그런 일이 이미 일어났다.

뵈르글 실링

1930년대 초반, 대공황의 수렁 속에서 유럽이나 미국의 다른 여느 마을처럼 어려운 날들을 겪고 있던 오스트리아 티롤의 작은 마을 뵈르글은, 자체 통화를 발행하는 믿기 어려운 발걸음을 내디뎠다.

마을 시장 미하엘 운터구겐베르거는 마을 살림이 바닥나는 현실에 직면하게 되었다. 일거리가 없는 주민들이 세금을 낼 수 없었기 때문이다. 길과 다리는 보수가 필요했으며 공원은 관리가 필요했지만 마을에서 쓸 수 있는 돈이 없었다. 놀고 있는 남자나 여자들은 수입이 없었다.

그는 연결고리를 찾는다면 이 세 가지 문제를 모두 해결할 수 있다는 사실을 알게 되었다.

고리는 바로 돈이었다. 세 가지 문제 모두 아무도 돈을 가지고 있지 않았기 때문에 일어났던 것이다. 그의 간단한 해결책은 지역 화폐를 발행하는 것이었다.

그는 액면가 1, 5, 10실링의 '노동 증서'에 번호를 매겨서 3만2천 실링어치의 지역화폐를 발행했다. 이 증서는 마을회관에서 도장을 찍어주어야만 통용이 가능했다. 그리고 매달 액면가 가치의 1퍼센트를 떨어뜨렸다.

대공황의 고통을 겪고 있던 오스트리아 티롤의 작은 마을 뵈르글은 자체 통화를 발행했다.

그것이 가능했던 것은 매달 말에 화폐를 보유한 사람이 구호기금을 마련하는 차원에서 마을회관의 도장을 구입함으로써 화폐를 '재평가'했기 때문이다.

평가절하를 하니 화폐의 유통이 촉진되었을 뿐더러, 밀린 것이든 당시의 것이든 미래의 것이든 세금이 걷히게 되었다. 이렇게 걷힌 세금은 사회나 공공을 위한 서비스를 제공하는 데 쓰였다.

매년 말에는 화폐를 모두 걷어 새로 발행해야 했다. 여기에는 필요한 도장만 있으면 수수료가 없었다. 2퍼센트를 공제하는 선에서 이 노동증서를 오스트리아 실링으로 바꿀 수도 있었다.

이런 환전을 원활하게 하면서 구호 증서에 대한 담보를 제공하기 위하여, 수탁자 측에서는 발행한 지역화폐와 같은 금액의 오스트리아 통화를 라이파이젠 은행(신용협동조합)에 예금했다.

그 돈은 이자율 6퍼센트에 믿을만한 도매업자에게 빌려주었다. 이렇게 번 이자는 마을 재정을 살찌웠으며, 나아가 '바깥세상'과의 거래를 촉진했다.

지역화폐로 주는 임금

시장은 마을 사무직 및 육체노동자 임금의 50퍼센트(나중에는 75퍼센트로 인상)를 지역화폐로 지급함으로써 이 돈을 순환시켰다.

마을사람들은 뵈르글에 있는 모든 업소에서 이 화폐를 액면가대로 쳐준다는 사실을 알게 되었다. 그리고 그 돈은 요금이나 세금의 형태로 다시 이 지역 재정으로 환원되었다. 경제적으로는 인플레이션이 없었으며, 정치적으로는 이 돈이 지역의 모든 단체에서 통용될 수 있었다.

가만히 놔두면 화폐가치가 하락하기 때문에 순환이 빨라졌고, 그만큼 지역 경제를 일으켰다.

가만히 놔두면 화폐가치가 하락하기 때문에 순환이 빨라졌고, 그만큼 지역 경제를 일으켰다. 또 사람들은 이 돈으로 당시의 세금을 낼뿐만 아니라 밀린 세금까지도 갚았다. 나아가 많은 사람들이 세금을 미리 냈다. 재정적인 혜택이 있었기 때문이다.

뚜렷한 고용효과 말고 구체적인 자산도 생겨났다. 중심가와 하수처리 시스템 향상, 가로등, 새 도로 건설, 도로경계 턱과 하수도관 제조, 스키점프 도약대 건조, 새 저수지 건설 및 울타리 작업이 다 이렇게 이루어진 일이다.

뵈르글 화폐를 일대에서 다 받아주기는 했지만 커다란 두 세력의 반대도 만만치 않았다.

티롤 노동당과 오스트리아 국민 은행이었다.

둘 다 두려워한 점은 이 실험이 확산될지도 모른다는 것이었다. 이 아이디어는 이미 이웃마을 키르히비헬에서 본뜨고 있었기 때문이다. 두 마을의 화폐는 양쪽에서 모두 통용되었다. 티롤 지방의 다른 마을들도 평가절하

화폐를 발행하기로 했지만 국민 은행의 협박 때문에 진행을 하지 못하고 있었던 것이다. 결국 국민 은행은 법정 소송을 하겠다며 뵈르글 마을을 위협했고, 1993년 9월1일 이 실험은 끝이 나고 말았다.

어느 논문에서 운터구겐베르거는 평가절화 통화가 가치 불변의 국가 통화보다 훨씬 더 화폐 본연의 기능에 충실하다고 주장했다. 그가 밝히길 새 화폐로 지불을 하거나 도장을 찍어주는 데 아무런 어려움이나 불만이 없었다. 그리고 지역화폐는 이 사업이 시작되자마자 모든 업소에서 다 받아들였다고 한다.

그는 또 이런 사업은 마을단위뿐만 아니라 군, 도, 국가 같은 더 큰 단위에서도 적용할 수 있다고 주장한다. 오스트리아에서는 실험이 끝나버렸지만 다른 곳에서 주목 받아 재차 시도되었다. 예컨대 캐나다의 경우 앨버타 주 정부는 1930년대 중반에 '번영 증서'라는 이름으로 자체 평가절하 화폐를 추진했다.

성공할지 모른다는 '위험'을 느낀 중앙정부는 재빨리 금지시켜버렸다.

어떤 교훈을?

어떤 교훈을 얻을 수 있을까? 무엇보다 먼저 우리가 함께 자라온 '국가' 통화가 신성한 것은 아니라는 사실이다.

화폐는 (정보기술 발전에 따라 금속 칩, 종잇장, 카드까지도) 재화와 서비스와 세금의 대가를 지불할 때 사람들이 받으려 하는 것이다.

지역사회 화폐가 세금을 내는 데 쓰이면서 국가 통화와 교환할 수도 있었다.

사람들이 마을이나 지역의 화폐를 받아들인다면 그것이 파운드나 달러나 독일 마르크만큼이나 유효하다는 것이다. 공동체나 지역의 화폐가 세금을 내는 데 쓰이면서, 또한 그것이 받아들여지고 성공할 수 있도록 해준 친숙한 국가 통화와 교환할 수도 있었다는 것은 사실이었다.

침체된 지역사회가 직접 발행한 화폐를 통해서 실업문제를 끝내는 방법을 찾은 것이다.

가장 중요한 교훈은 희망이 없어 보이는 지경에 빠진 침체된 지역사회가 직접 발행한 화폐를 통해서 실업, 지역 침체, 믿을만한 재정기반의 부족이라는 풀 수 없을 것 같던 문제를 끝낼 수 있는 방법을 찾았다는 점이다.

마을과 지역의 침체 원인 중에서 가장 유력한 후보는 중앙 집중적인 은행 및 화폐 제도이다. 정의상으로 봐서 국가 화폐는 정치적인 것이다.

은행 또한 정치적인 것이, 지역의 부와 가치를 마음대로 유용하며 자신들의 중앙 집중적 재정이라는 소용돌이 속에 던져 넣어버리기 때문이다.

중앙 집중 은행들은 한 국가의 각 지역에서 돈을 끌어다가 붐이 일고 있는 지역에다 투자를 한다.

이러한 소용돌이는 노벨경제학상 수상자인 미르달Myrdal이 '누적인과효과cumulative causation effect'를 들어 잘 기술한 바와 같다. 중앙 집중 은행들은 한 국가의 각 지역에서 돈을 끌어다가 붐이 일고 있는 지역에다 투자를 한다. 그러면 붐이 더 커지고, 그만큼 지역에서 돈을 더 끌어와야 한다.

거꾸로, 그리고 동시에, 마을과 지역사회는 중앙의 게걸스런 식욕을 채워주기 위한 국가 화폐를 통해 부를 빼앗기게 된다. 행여나 그 돈의 일부가 마을이나 지역으로 다시 돌아온다 할지라도 그것은 단지 밖에서 통제하는 자본일 뿐이다.

이런 과정의 복사판이 지금 유럽 중앙은행과 유럽 단일통화를 밀어붙이는 가운데 전개되고 있다.

목격했고 또 경험한 바로는, 유럽통화제도는 틀림없이 중앙 집중식 재정 권력을 확대하는 데 사용될 것이다. 런던에서 취리히까지 흐르는 이 권력의 회랑은 유럽의 다른 주요 재정 센터로 연결될 것이다. 그 중에 모스크바가 포함될지도 모르겠다. 권력의 중앙 집중은 항상 문제를 일으켜 왔으며, 권력을 남용하는 것도 새삼스러운 일이 아니다.

유럽공동체조약에서 '보충성의 원칙Principle for Subsidiarity'이라고 알려진, 권력의 적절한 분산이 꼭 이루어져야 한다. 이 원칙은 의사결정과 행동개시의 우선순위가 최대한 분권화 되어 있는 수준에서 결정되어야 한다고 명시하고 있다.

분권화가 이루어지기 위해서는 지역 자치정부가 자체 통화를 발행할 수 있도록 허가해 주어야할 것이다.

실제로 이렇게 하기 위해서는 지역 자치정부가 돈 대신 쓸 수 있는, 이자 없는 지역 채권의 형태로 자체 통화를 발행할 수 있도록 허가해 주어야할 것이다.

지역 교환제

이러한 맥락에서 지역 화폐와 지역 교환 시스템의 차이점을 이해하는 것도 중요하다.

지역 교환제는 지역화폐가 아닌 LET시스템 내부 결제용 화폐가 있는 상업 네트워크처럼 한 지역 내 개인들에게서 구할 수 있는 재화와 서비스에 대한 정보를 자발적이면서 조직적으로 공유하는 데 바탕을 두고 있다. 회계는 시간이나 국가 통화(파운드, 달러 등) 단위로 한다.

이런 시스템에는 세 가지 기본적인 약점이 있다.

◆ 대체로 외딴 시골에 있는 소수의 헌신적인 참여자에게만 범위가 제한되는 경향이 있다.
◆ 공동체 바깥의 거래에는 적용되지 않는다.
◆ 부와 에너지를 순환시키기보다 축적하기를 장려한다. 거래의 확대는 새로운 생산자를 모집해야만 가능하다. 재화나 서비스 순환을 촉진시키기 위한 유인 장치가 본래 갖춰지지 않은 것이다.

반면에 지역화폐는 지역사회에 있는 '누구든', '모든' 상품이나 서비스에 대한 결제수단으로 사용할 수 있다.

유통 촉진을 제한하는 유일한 것은 받아들여지느냐의 문제일 뿐, 모든 형태의 경제활동을 촉진시킨다. 교환에 대한 규정만 잘 마련되어 있으면, 지역사회 바깥에 있는 사람 및 조직과의 거래를 조장하여서 지역사회의 '수입대체 효과'를 거둘 수 있다.

물론 티롤에서 한 것처럼 지역사회끼리 서로의 통화를 액면가대로 받아 주기로 할 수도 있다.

이제 실행할만한가?

뵈르글의 선례는 성공을 위한 몇 가지 전제조건을 시사해준다.

◆ 지역화폐는 지역 정부와 기타 공공기관에서 세금, 임대료, 수수료에 대한 대가로 받
  아들여져야 한다. 그리하여 그들도 자체 지역 지불수단으로 쓸 수 있어야 한다.
◆ 국가통화와 교환이 가능해야 한다. 액면가 할인 같은 약간의 교환 억제책이 필요할
  지도 모른다. 아니면 발행한 통화가 한꺼번에 유통과정에서 사라져 버릴 수도 있는
  것이다.

뵈르글 실험의 사례에서 교훈을 건질 수도 있다. 오직 국가만이 공식통
화인 법적 효력을 지닌 화폐를 발행할 수 있는 현행 제도를 고칠 필요가 있
다. 아니면 지역화폐 발행자나 사용자까지도 국가의 제재를 받을 수 있다.

이 실험은 충분히 해볼만한 것이다. 영국, 유럽, 미국의 지역사회운동이
점점 힘을 키워가면서 그러한 시도가 여러 곳에서 정치적인 지원을 받을
수도 있다는 암시를 받게 된다.

데이비드 웨스튼은 영국 옥스퍼드에 살고 있다.

참석자들이 회의가 시작되기 전에
의사록을 쓰다

존 카터 : 인터넷의 '대안 단체' 토론그룹에 보낸 이메일을 고쳐 썼다.
이 온라인 토론그룹에 가입하려면 다음 이메일 주소로 신청메일을 보내기 바란다.
〈Altinst-request@cco.caltech.edu〉

회의는 낮은 대역폭을 가진 길고 지루한 것이다. 나는 그것에 변형을 가하여 시행하고 검증해보았다.

회의 의제는 중앙 컴퓨터에 있다.(리눅스 시스템을 쓰면 원격 컴퓨터 시스템을 써서 할 수 있다.)

참석자들은 그들이 말하려고 하는 것을 회의가 시작되기 전에 기록해 둔다.

참석자들은 그들이 말하려고 하는 것을 회의가 시작되기 전에 기록해 둔다. 달리 말해 모든 사람들이 회의가 시작되기 전에 의사록을 쓰는 셈이다.

회의 전에 미래 의사록을 출력하여 모두가 읽는다. 그러면 참석자들은 미래 의사록의 90퍼센트에 동의할 것이며, 나머지 논쟁의 여지가 있는 문제들에 대해서만 간단히 토의한다.

장점: 빠르다. 간단하다. 의사록은 훨씬 더 정확하며 완벽하다. 조용한 사람들도 자기 목소리를 낼 수 있다.

단점: 그다지 바람직하지 않은 인성이 드러날 수도 있다. 자기주장을 하고 싶을 뿐만 아니라 자기주장을 하는 모습이 보이기를 바란다. 그래서 안 되면 말로 그렇게 할 것이며 마침내 모든 일반 회의 패턴이 반복될 수도 있다.

프로젝트 및 아이디어 교환 PIE

사회변화창안연구소의 어느 오후 회의에서 회의를 새롭게 구성하는 방법을 실험한 적이 있다. 프로젝트 및 아이디어 교환 PIE은 데이비드 채프먼 박사가 제안해서 옛날 귀부인들이 무도회에서 따로 춤을 추자고 신사에게 예약을 할 때 쓰던 카드를 본떠서 만들었다. PIE는 조직화한 칵테일파티 같았다. 예약 양식은 23개의 '짧은 만남'(15분짜리 미니 회의)을 두 시간 반이라는 시간 안에 한다는 생각으로 만들었다. 모두가 대체로 아주 즐거운 오후 시간을 보냈다는 데 동의했다. 처음 투표 모임에서(각자 세 가지 주제를 자원할 수 있었다) 제안된 여러 주제 중에서 마지막 23개까지 살아남은 주제는 자신의 본성(그것은 단절적인가?)에서부터, 남성해방(남성은 왜 그토록 억압되거나 우울해지나?)이나 언어와 행동(사람들이 말하는 것과 뜻하는 바는 다르다)이나 영국의 빈민가(어떻게 하면 그들에게 힘을 줄까?)나 돈과 신용카드(그것들의 미래가 어떻게 될까?) 죽음(어떻게 맞이해야 하는가?)에 이르기까지 다양했다.

옛날 귀부인들이 무도회에서 따로 춤을 추자고 신사에게 예약을 할 때 쓰던 카드를 본떠서 만들었다.

PIE는 어쩌면 여러분의 지루한 회의나 파티에 대한 대안이 될 수 있다. 평범한 모임에서는 흔히 같은 분야에 관심이 있는 사람들을 발견하기가 쉽

지 않다. 아니면 자기들에게 정말 중요한 것에 대해 말하기가 어렵다.

데이비드 채프먼 박사는 준비를 최적화하기 위해서 마이크로소프트와 BBC 베이직을 모두 이용하여 컴퓨터 프로그램을 짠 다음 PIE 절차를 효율적으로 만들었다. 여기에 20명 정도의 그룹을 위해 컴퓨터화한 PIE가 실제로 어떻게 작동하는지 소개한다.

그룹은 둘러앉아서 소개가 끝나고 나면 각자가 다른 사람들과 논하고 싶은 주제 세 가지(프로젝트든 아이디어든 문제든 무엇이나)를 간단히 이야기한다. 각 주제에는 숫자가 잇다. 참석자들은 그 숫자를 적은 다음, 그 옆에 그 주제에 대해 어느 정도까지 논의를 하고 싶은지 1에서 9까지 표시를 한다. 마지막에 참석자를 숫자별로 구분하여 이 점수를 마스터 종이에 기록한다. 식사시간 동안 세 가지 세부사항을 컴퓨터에 입력한다. 구할 수 있는 방의 숫자와 좌석 수도 기록한다. 그런 다음 참석자들이 관심이 있는 주제에 가능한 한 많이 참석할 수 있도록 회의를 최적으로 배열하는 일이 남는다. 마지막으로 일정 출력물을 모두가 볼 수 있도록 게시한다.

채프먼 박사의 소프트웨어는 현재 참석자 100명인 회의까지 처리할 수 있도록 개발한 것이다. 더 많은 숫자를 위한 것으로 쉽게 확장할 수 있을 것이다.

경제 비지니스

새 직원들을 모집하고 돌봐주는
종업원들에게 보상을 주다

《컴퓨터 월드》에 실린 줄리카 대쉬의 '추천(위탁)으로 결원을 메우다'라는
글을 요약했다. 로저 나이츠가 모니터했다.

회사에 새 직원을 구해주는 종업원에게 보상을 주는 일은 비싼 구인비용과
직원들의 높은 이직률을 피하게 해주는 방법이다.

종업원이 구해준 사람을 고용할 경우 그 종업원에게 2천불을 준다.

미네아폴리스에 본부를 둔 칼슨사는 종업원이 구해준 사람을 고용할 경
우 그 종업원에게 2천불을 준다. 게다가 4년 동안 매해 1천불씩을 더 지급
한다. 이렇게 해서 두 직원이 모두 회사에 더 오래 남도록 하는 효과를 거
둔다. 이는 종업원들이 단지 친구나 지인들을 소개하도록 장려하는 차원뿐
만 아니라, 일단 그들이 고용되고 난 다음에도 그 아는 사람들을 돌보게 만
든다.

회사에 남아 있는 두 직원들에 대한 일괄지불 및 유예지불을 혼합한 결
과, 칼슨이 사용한 방안은 커다란 성공을 거두었다. 새로 뽑은 직원들 중 5
분의 1 이상이 올해 상반기에 종업원 추천제도를 통한 사람들이다. 더욱이
이 회사의 고용담당인 린 캐롤이 지적하듯이, 이 방안은 관련된 모든 사람
들이 서로 자기 일에 만족하도록 돕고 있다.

이 아이디어는 모두를 위해 한몫을 한다. 회사로서는 고용비를 줄이고 종업원의 애사심을 확보하며, 원래 종업원들은 상대적으로 쉽게 적지 않은 돈을 벌 수 있으며, 새로 뽑힌 사람들은 아는 사람이 있는 회사생활에 더 빨리 적응할 수 있다. 내부고용제도는 업무만족도에 완전히 새로운 의미를 부여할 수 있을 것이다.

회의 때마다 아이디어 세 개씩

미국 잡지인 《보드룸 리포츠》에 실린 마틴 에델스턴의 '경영대학원에서 지금껏
가르쳐온 것들'이란 글을 요약했다. 찰스 클라크가 모니터했다.

몇 년 전 만났을 때 피터 드러커는 내게 이렇게 물었다. "회사에서 하는 회의가 어떻습니까?" "솔직히, 별로 안 좋아요. 회의라는 게 다 그렇지요 뭐." 내 대답이었다.

> **회의 참석자 모두에게 두 가지 아이디어를 준비해오라고 하십시오. 자기 일이나 자기 부서 일을 더 생산적으로 할 수 있도록 만들 아이디어 말입니다.**

"이렇게 해보세요." 그가 권했다. "회의 참석자 모두에게 두 가지 아이디어를 준비해오라고 하십시오. 자기 일이나 자기 부서 일을 더 생산적으로 할 수 있도록 하거나, 아니면 회사 전체에 도움이 되는 아이디어 말입니다."

드러커 박사와 만난 뒤 곧바로 우리는 다소 서투르다 싶을 정도로 단순하게 그의 말을 따랐다. 내가 주재할 회의 의제를 알린 다음 나는 항목 1번으로 이렇게 적었다. '업무 향상, 비용 절감, 아니면 돈 되는 일에 대한 각자의 아이디어 세 개씩.' 드러커 박사는 두 개를 제안했지만 지속적인 향상을 위한 드라이브는 금방 50퍼센트라는 생산성 향상을 가져다주었다.

나오는 아이디어에 대한 경의를 표하기 위해 큰 벨과 커다란 사냥꾼 뿔나팔을 준비했다.

나는 우리 팀원들이 대부분 처음에는 자기 제안에 대해 눈치를 보거나 자신이 없거나 부끄러워하리라 예상했다. 그래서 나는 처음에 지폐 한 다발과 사탕 한 움큼을 들고 회의에 참석했다. 그리고 나오는 아이디어에 대한 경의를 표하기 위해 큰 벨과 커다란 사냥꾼 뿔나팔을 준비했다. 벨을 한 번 울리면 1불짜리 아이디어고 두 번 울리면 2불짜리란 뜻이었다. 사냥꾼 나팔은 아이디어가 약할 때 불었으며 사탕으로 보답했다. 나팔소리는 부정적인 느낌을 일으켜서 별로 효과가 없었기에 이제는 벨과 나팔을 번갈아가며 사용한다. 그리고 아이디어 하나마다 적어도 1불씩을 선물한다. 그 정도의 부담 없는 액수는 밝고 긍정적인 분위기를 만드는 데 도움이 된다.

아이디어가 열띤 환영을 받는다는 사실이 모두에게 확실해지자 구태의연한 회의들이 낳았던 빈약한 결과가 사라졌다. 우리는 여전히 프레젠테이션, 리포트, 코멘트를 했다. 그런데 이 모든 것들에도 비상한 성취감이 감돌았다.

'보드룸'은 이제 여기서 일하는 사람들이 낸 아이디어의 결과에 따라 엄청난 돈을 절감하고 있다. 회사는 앞으로도 훨씬 더 높은 성장을 위한 초석을 쌓을 수 있었다.

보드룸에서 향상을 지속적인 과정으로 정착시키기 위해 우리는 세부사항에 많은 관심을 기울인다.

첫째, 우리는 모든 아이디어를 진지하게 받아들이기에, 기록하지 않고 빠뜨리는 법이 없다. 또한 부서장들은 아이디어들이 속출하는 회의로 이끌도록 요청받는다. 그리고 우리는 팀원들과 함께 정기적으로 특별 점심식사를 한다. 그 시간의 유일한 의제는 회사의 특정 발표나 기능을 향상시키는 아이디어를 내는 것이다. 누군가는 회의에서 나오는 독특한 아이디어를 기록한다. 우리는 회사 본관 중앙에 '나의 힘'이라고 써 붙인 커다란 모자를 놓아두고 사람들이 자기의 제안을 넣을 수 있게 했다.

우리는 출처에 상관없이 모든 아이디어를 노란 포스트잇에 붙였다. 그렇게 하니 아이디어가 집중이 되고 표현도 더 간단해졌다. 또 종이 한 장에 포스트잇 여섯 장을 붙여서 복사를 할 수도 있었다. 나는 금요일이면 그렇게 복사한 종이 철을 집으로 가져가서 아이디어를 하나씩 다시 훑어보며 A, B, C로 등급을 매겼다.(아니면 간단한 질문 몇 마디를 덧붙여 추가정보를 부탁하거나, 현재로서는 실행에 옮기기에 부적절한 아이디어라는 메모를 남기기도 했다.)

'나의 힘' 프로그램의 둘째 핵심부분은 피드백과 보상이다. 아이디어를 제출하는 사람은 모두 보답을 받는다.

당장은 실행할 수 없는 아이디어를 제출하는 팀원들에 대해서는 기여해 줘서 고맙다는 자필 메모를 전한다. 그럴듯한 아이디어는 모두 어떤 조치가 취해진다.

매주 우리는 업무에 반영된 여러 제안에 대해 모두에게 알리는 보고서를 발행한다. 어떤 아이디어도 그냥 사라지는 법은 없다. 우리는 세심하게 '보류 파일'을 관리하여 아이디어를 실현하기까지 누가 어느 아이디어를 추진하고 있으며, 얼마나 진척이 있었는지, 어떤 장애가 생겼는지를 모두 기록한다. 매달 우리는 그달 채택된 아이디어와 제출한 사람의 이름 목록을 보고서로 만들어 배포한다.

◆ A등급 아이디어는 10불을 받는다.

◆ 한 달 동안 A등급 아이디어를 가장 많이 낸 사람은 추가로 50불을 받는다.
◆ 관리자 세 사람으로 구성된 위원회에서 선정한 그달 최고의 아이디어 제안자는 쇼나 콘서트 티켓을 두 장 받는다.
◆ 큰 돈을 절약하는 아이디어를 낸 사람에게는 특별 현금상을 수여한다.

이제 보드룸에서는 이렇게 업무에 대한 창의적인 아이디어와 건전한 사고 흐름을 놓치지 않기 위해 매주 많은 시간을 할애하고 있다. 그래도 그 흐름은 그칠 기미를 보이지 않는다.

사업에서 쓸 수 있는 업무 크레디트 시스템

니콜라스 손더스

사회변화창안연구소는 업무 크레디트 시스템을 이용할 수 있는 계획 단계의 사업을 하나 찾고 있다. 그런 시스템은 일반 고용-피고용인 관계에 엄청나게 도움이 되는 효과를 낳을 수 있다.

이 시스템(미국의 '월든 2' 공동체 실험을 응용한)에서 하루 일과 중에 하는 모든 일에는 일정한 크레디트(점수)가 주어진다. 크레디트 값은 일하는 사람 자신이 직접 정하여 가장 인기가 없는 일은 가장 높은 크레디트를 받도록 한다. 장점을 보자면 사람들이 자기가 고른 일을 자기 페이스에 가깝게 할 수 있고, 일의 실제 가치에 따라 삯을 받을 수 있으며, 자기평가 요소가 있는 만큼 고용인의 간섭도 줄어든다.

도입

이 시스템은 직원들의 임금을 더 공정하게 지불하기 위한 것이다. 그리고 사업에 관련된 사람은 소비자를 포함하여 누구나 영향을 받는다. 평가는 정해진 간격에 따라 자동으로 수정이 되는 방식으로, 그 일을 하는 사람들이 직접 한다. 평가를 일하는 사람들이 하기 때문에 '보스'의 개입이 줄어들어서 긴장의 원인을 제거할 수 있다. 지불을 크레디트 기준으로 하기 때문에 직원들은 자기만의 페이스대로 일하며 어떤 일을 할 것인지를 선택할 자유가 있다.

운영원칙

사업에 관련된 일은 특정한 일로 세분화된다. 일을 굳이 구분하는 것이 실용적이지 못한 경우, 하나의 카테고리로 통합될 수도 있다. 가령 부기와 물품 주문은 '사무실 일'로만 분류할 수 있다.

> **그날 할 일의 목록이 크레디트 점수와 함께 게시되면, 직원들은 자기가 할 일을 (자기가 할 수 있도록 자격부여가 되어 있는 일 중에서) 고른다.**

특정 업무는 각각 크레디트 점수 여러 점을 줄 수 있다. 가령 작업장 청소에 12점, 그날 수입분 은행일 보기는 10점, 하는 식이다. 불특정 업무는 점수를 시간으로 계산한다. 예컨대 사무실 일은 시간당 20점, 밴 차를 모는 일은 시간당 15점, 하는 식이다. 실제로 대부분의 일은 특정 업무다. 하지만 사업 유형에 따라 사례는 달라진다. 여러 사람이 함께 일하는 곳에서는 물론 일을 해서 얻은 점수를 나눌 수 있다.

실제 운영

그날 할 일의 목록이 크레디트 점수와 함께 게시된다. 직원들은 자기가 할 일을 (자기가 할 수 있도록 자격부여가 되어 있는 일 중에서) 고른 다음 줄을 그어서 목록에서 지운다. 이 때 자기가 얻은 크레디트 점수가 모두 몇 점인지 적어둔다.

아직 아무도 고르지 않은 일(즉 선택의 여지없이 남은 일)은 크레디트 점수가 몇 퍼센트 가량 자동으로 업그레이드된다. 물론 어떤 일이 특정한 날에 선택되지 않은 특별한 이유가 있으면 상식에 따라 이런 일이 일어나지 않도록 할 것이다. 일하는 사람들은 정기모임에서든, 매주 바꿀 수 있는 일정 점수를 가지고 있는 사람이 하든, 크레디트 점수를 바꿀 기회도 있을 것이다.

매주 할당된 총임금은 크레디트 점수 총계로 나눈다. 그러면 가령 한 점이 25센트의 가치가 있다고 할 경우 각 사람의 임금은 그에 따라 계산된다.

원칙의 확장

총임금을 어떻게 계산할 것인지에 대해 처음부터 직원들과 일정 형태의 협의를 해두는 일이 필요하다. 여러 사업에서(가게 같은) 이것이 바로 편리하게 총매상의 일부가 될 수 있기 때문이다. 모든 일이(정해진 조건 아래에서) 그날 끝나야 한다고 직원들과 합의하는 일도 필요할 것이다. 그러니 '초과근무 수당'은 물론 없을 것이다. 대신 일하는 시간이 길어지면 대체로 매상이 올라가는 경향이 있다. 총임금과 총매상을 연결하는 이 장치는 일반적으로 누구나 공정하다고 보며, 비용문제를 고려할 때 대단히 유리하기도 하다.

더 확장해보면 직원들이 사람을 더 고용할 것인지 결정하는 일이 있다. 사업이 확장되는 중이라고 하자. 모든 직원들이 점점 더 많이 일을 하다가 (그러면 수입도 점점 더 많아질 것이다) 마침내 적게 일하고 적게 벌겠다는 결정을 하는 순간까지 가게 된다. 사업이 축소될 때에는 직원들이 일시 해고를 할 것인지, 언제 할 것인지, 누구를 할 것인지 결정할 수 있을 것이다.

세 번째로 (그리고 가장 근본적으로) 확장은 '보스'의 위치에 있는 사람도 포함한다. 분명 기본적인 업무를 할 사람보다 관리업무를 할만한 사람이 더 적을 것이다. 하지만 책임도 크레디트 점수로 평가하고 보상할 수 있을 것 같다. 그리고 구성을 완성하기 위해 자기 자본을 리스크를 걸고 투자한 사람들도 평가해서 보상을 주면 어떨까?

최적 확장: 직원과 소비자의 통합 협동조합

어느 가게에서 운영되고 있는 이 시스템이 일반 소비자에게도 적용된다고 생각해보자. 그러면 사업을 소유한 사람이 사업을 소비자에게 팔아서 일종의 협동조합처럼 되게 할 수도 있을 것이다. 아니면 사업을 하나 차리기 위해 투자를 하는 일군의 잠재고객에게서도 같은 결과가 나올 수 있다.

그런 구조는 얼핏 생각해보면 갈등의 소지가 있는 것처럼 보인다. 소비자의 이해와 직원들의 것이 다르기 때문이다. 하지만 실제로는, 그리고 선의를 가진다면, 그것이 진짜 문제는 아니라는 것이 내 생각이다.

나는 일에 대한 크레디트를 원칙으로 하는 직원 한 그룹을 고용하면서 전반적인 원칙을 정할 소유주와 소비자 위원회를 그려본다. 직원과 소비자는 매니저와 중요한 변화에 대한 합의를 하는 합동 모임을 가질 것이다. 하지만 그와는 별도로 직원들은 나날이 그리고 주별로 사업 운영에 대한 통제를 할 것이다.

여러분의 사업은 계획단계인가?

나는 이 시스템을 몇 년 동안 꾸려온, 종업원 12명 정도를 고용하는 소매사업에 적용하고 싶었다. 하지만 이런 경우에는 특별한 문제가 있었다. 아마 기존 사업구조가 이미 잘 세워져 있는 탓일 것이다.

따라서 이 시스템은 아직 계획단계에 있는 사업에 더 잘 어울린다. 가장 잘 어울릴 사업은 소매업, 유통업 및 기타 여러 경공업, 농업이 있다.

엑스자 모양 건물이 창이 많은
사무실을 최적화한다

제니퍼 에드스트롬과 마틴 엘러가 쓴 《빌 게이츠가 이끄는 야만인들:
세계에서 가장 부유한 회사들은 어떻게 권력을 휘두르는가》라는 책을 요약했다.
로저 나이츠가 모니터했다.

마이크로소프트에 있는 모든 건물들은 다 '엑스'자 모양이다. 카페테리아,
우편물실, 비품보관실이 모두 엑스의 중심에 있다. 이는 마이크로소프트가
IBM에서 모방한 디자인이다. 이런 식으로 이 회사는 창이 많은 사무실의
수를 최대화할 수 있었다.

근속연수에 대한 보상으로
자유시간을 더 많이 주다

톰 워커

일하는 시간이 짧은 주에 비용이 더 많이 든다는 사실은 기업 애널리스트나 노동경제학자들 사이에서는 일치하는 의견이다. 그런데 이 의견일치는 틀린 것이다. 이는 30년 묵은 분석으로서, 사용한 데이터는 더 오래 된 것이다. 세월은 변했다.

오늘날에도 적게 일한 주에 비용이 여전히 더 드는 경우가 있기는 하다. 하지만 다른 많은 경우, 일이 적을수록 종업원은 돈을 절약하고, 일자리가 더 많이 생기며, 모든 종업원에게 중요한 혜택 하나가 돌아간다.

지난 4반세기 동안 일어난 노동비의 변화는 경제학의 수요공급모델이 예측하던 것과 일치한다. 그런데 고용주들은 가격 신호에 반응하지 않았다. 만일 그랬더라면 지금쯤 인플레이션 없는(그리고 숫자를 꾸밀 필요도 없는) 완전고용 상태가 되어야 한다.

> 근속연수에 대한 보상을 더 많은 임금 대신 더 많은 자유시간으로 함으로써 자유시간 시장의 차익거래를 실현하는 것이다.

상품 하나가 다른 시장에서 서로 다른 가격으로 팔린다면 다른 시장에서 그 상품을 사고팖으로써 차액거래에서 생기는 이익을 얻을 기회가 생긴다. 여기서 말할 문제의 상품은 자유로운 시간이다. 이 제안은 근속연수에 대한 보상을 더 많은 임금 대신 더 많은 자유시간으로 함으로써 자유시간 시장의 차익거래를 실현하는 것이다.

새천년의 노동비 구조는 어떻게 바뀔 것인가.

1970년대와 80년대에 급격한 인플레이션 때문에 기업계에서는 급작스럽게 노동비 걱정을 하게 되었다. 그래서 이 비용의 구성에 대한 관심이 더 많이 쏟아졌다.

노동경제학자들은 노동비 전체 구성 중에서 준고정비라고 알려진 노동자당 고정비가 증가하는 현상을 의미심장하게 지적해냈다. 그런 준고정비는 초과수당을 사용하기 위한 유인을 만들고 워크셰어링(work sharing: 업무시간분할제) 도입을 저해하는 것으로 드러났다.

그 다음부터는 수십 년간에 걸친 인색한 고용전략이 노동비 지형을 바꾸어 놓았다. 현재 볼 수 있는 노동비와 노동시간의 미스터리에 대한 단서는 노동조합을 불허하는 사용자의 인사정책에서와 마찬가지로 여러 단체협약에서 발견된다. 그런 단서는 임금율wage rates상의 일정이다.

전형적인 임금율 일정은 작업분류 내에서 서비스 증대를 제공하며, 분류 사이의 등급대로 지불한다. 종업원이 임금률 일정을 올릴 때 연 급여계산 시간은 고정으로 머물러 있으며 연소득은 늘어나는 임금률에 따라 증가하는 것은 의심의 여지없는 전제다.

마찬가지로 논리적인(대신 들어본 적 없는!) 대안이 있어서 임금 상승에 정비례하여 근무시간을 줄이면서도 연소득을 안정되게 유지할 수 있다. 그것은 곧 숙련과 근무연수에 대한 보상을 자유시간으로 하는 것이다.

그렇다고 그 말이 모든 사람이(아니면 대다수라도) 더 많은 소득보다 더 많은 자유시간을 원한다는 뜻은 아니다. 어느 표준 단체협약을 보아도 이것이 가능하다고 인정하는 사례가 없었다는 점을 지적하고 싶은 것이다.

가령 어느 종업원의 한계세율이 33퍼센트라면 특별휴가 하루는 소득 하루 반으로 계산될 것이다.

표준 단체협약이 자유시간과 소득 사이의 그러한 흥정을 함으로써 생기는 상대적 혜택을 비교하는 것도 아니다. 가령 어느 종업원의 한계세율이 33퍼센트라면 특별휴가 하루는 소득 하루 반으로 계산될 것이다.

노동 간접비는 누가 지급하나?

임금율 일정이 노동비 구조가 어떻게 지난 30년간과 같이 변해왔는지 모두 설명해주지는 못한다. 그런 설명은 1920년대에 미국 경제학자 존 모리스 클라크가 제시한 바 있다.

클라크가 주장하길, 종업원들이 자기네 노동력에 요구되는 등락 사이클의 비용을 바꾸려고 할 때 그 비용은 결국 다른 형태로 돌아온다고 했다. 노동비를 변동비로 다루는 오류를 지적하기 위해 클라크는 이렇게 물었다. "모든 산업을 노동자들이 통합하여 소유한다면 고정비와 변동비의 관계가 어떻게 될 것인가?" 그의 답은, "실제 노동비는 고용을 줄인다고 해서 물적으로 감소하지 않는다는 것이 노동자 소유주에게 분명해질 것이다"라는 것이었다.

언뜻 보기에는 클라크의 가설적인 노동자 소유주 통합 산업이 오늘날의 실제 경제와 아주 다른 것처럼 보인다. 실업의 사회적 비용을 기업의 입장에서 계산하는 일은 투자자들의 반발은 말할 것도 없고, 극복하기 어려운 기술적 문제를 제기할듯하다.

그런데 공교롭게도 사회적 비용 계산을 위한 임시 대행자가 이미 있다. 누진세율을 적용하는 소득세가 그것이다. 기업의 총봉급세와 노동자의 실질세금 보상의 차이는 그 기업이 노동 간접비를 노동자에게 전가하려고 시도해온(그렇지만 결국 실패해온) 정도를 간단하게 수치로 보여준다.

여러 회사에서 고용주들은 고정 노동비를 눈엣가시로 여기고 노동력을 정리해서 비용을 줄이려고 노력해왔다. 하지만 평균 근속연수와 남아 있는 장기근속자들의 급여 분류는 꾸준히 상승했다. 장기근속자들의 임금률이 상승함에 따라 그들의 소득도 어쩔 수 없이 고납세율에 편입되었다.

높은 세금과 노동시장 양극화를 딛고 어떻게 이익을 얻나

노동시장 양극화와 고세율 사이에서 차익을 얻는 전략은 간단하다. 비결은 연소득을 동일화하는 방향으로 나아가며, 숙련도와 근속연수에 대한 보상을 자유시간으로 하는 것이다.

비결은 연소득을 동일화하는 방향으로 나아가며, 숙련도와 근속연수에 대한 보상을 자유시간으로 하는 것이다.

모든 종업원들이 이렇게 소득을 자유시간과 맞바꾸는 과격한 방법을 원하지는 않을 것이다. 그러니 이 방법을 강요한다거나 새로운 인센티브를 제공할 필요는 없을 것이다. 한계 소득세율은 이미 고소득 근로자들의 자유시간에 상당한 프리미엄을 부여하고 있다. 선택과 정보가 주어진다면 많

은 사람들이 기회를 이용하려 할 것이다.

근무연수와 숙련도를 자유시간으로 보상하는 방향으로 전환해 가는 일은 한꺼번에 할 필요가 없다. 한 번에 조금씩 도입할 수 있을 것이다. 그러는 사이 고용주들은 적게 받더라도 여유를 계속 즐기고 싶어 하는 종업원들이 적지 않은 사실을 보고 의아해하기 시작할 것이다.

정부는 고용주의 모델이 되며 불평등이 더 확대되는 일을 방지하는 역할을 맡고 있다. 연금 펀드매니저들은 줄어든 근무시간/소득에 대한 대등한 배당을 지불할 가능성에 대비해 투자를 물색할 수 있을 것이다. 새로 사업을 시작하는 사람들은 고임금에 오랜 근무시간을 자랑하는 회사를 인수해서 종업원들과 새로운 자유시간 협상을 할 수 있을 것이다.

은퇴한 기업인을 구매자와 연결시키다

피터 랭 : 세계 아이디어 은행에 보낸 편지를 요약했다.

내 제안은 은퇴할 시기가 된 중소기업인들과 사업체를 인수하고 싶지만 자본이 부족한 사람들을 연결시켜주는 '중개소'를 만드는 것이다.

중소기업인들은 은퇴할 때가 되면 다음 중 하나를 선택해야 하는 상황에 직면한다. 즉 사업체를 더 큰 업체에 팔든지, 관심이 있는 아들딸에게 물려주든지, 완전히 문을 닫아버리는 것이다.

오너의 자녀가 사업을 물려받기 싫어한다거나 업체를 인수하려는 사람이 없을 경우, 은퇴하는 사람은 일생동안 일구어온 사업이 더 번창하지 못한 이유를 따져보며 한탄하는 수밖에 없다. 한편 사업을 새로 시작하는 것도 위험한 계획이다. 그리고 영세한 지역 업체를 활성화하며 일자리를 제공할 필요도 있다.

은퇴할 시기가 된 중소기업인들과 사업체를 인수하고 싶지만 자본이 부족한 사람들을 연결시켜주는 '중개소'를 만드는 것이다.

자기 사업체를 사줄만한 사람이나 맡아 줄만한 친척도 없으며, 자기 사업이 거대 체인의 일부가 되기를 바라지도 않는 사람에게 이런 소개소는 아주 흥미로운 소식일 것이다. 은퇴자와 새 오너 사이의 절충은 협상할 문

제다.

◆ 새 오너는 합의한 기간 동안 이익의 1퍼센트 이상을 지불하여 은퇴자의 연금생활에
  도움을 주는 데 동의할 수 있을 것이다.
◆ 은퇴자는 계속 남아서 1주일에 하루나 이틀을 일하면서 조언을(그리고 은퇴의 충격을
  줄일 수 있을 것이다) 해줄 수 있을 것이다.
◆ 임대료, 설비, 신용 등에 대한 대가로 퇴임하는 오너에게 급여의 형태로 일정 자금
  을 지불할 수 있을 것이다.

이 소개소는 '도제와 장인의 연합'에서 하는 일과 논리적으로 연결이 된
다. 어느 독자든 이 프로젝트를 추진하고 싶은 분이 있다면 기꺼이 도울 용
의가 있다.

피터 랭은 영국 헤리퍼스셔에 살고 있다.
이 책의 '도제와 장인의 연합'을 보시길.

협상가의 차액을 공동의 목표에 쓰다

프레데릭 멀더 : 대가들의 미술 작품과 현대 판화들을 판매하고 있는
프레데릭 멀더가 비범한 협상법을 공개한다.

나는 적당한 가격을 제시했다. 내 고객은 2만 불이 더 적은 가격을
불렀다. 얼마간 밀고 당기다가 우리는 막다른 골목에 다다랐다. 그러
다 갑자기 떠오른 생각이 있었다. 내가 그의 제안을 받아들인다면 그
가 2만 불이라는 차액을 기부할 수 있느냐고 물어보면 어떨까?

나는 에드바르드 뭉크의 중요한 원판화를 하나 산 적이 있다. 나는 이 그림
을 내가 적당하다고 생각되는 가격으로 아는 고객에게 구입을 제안했다.
내 고객은 2만 불이 더 적은 가격을 불렀다. 얼마간 밀고 당기다가 우리는
막다른 골목에 다다랐다. 나는 이 판화의 시장가격을 요구했다고 믿고 있
었고, 그 이하로는 팔고 싶지 않았다. 고객도 자신이 제안한 가격 이상을 지
불할 생각이 없었다. 그러다 갑자기 떠오른 생각이 있었다. 내가 그의 제안
을 받아들인다면 그가 2만 불이라는 차액을 기부할 수 있느냐고 물어보면
어떨까? 나는 용기를 내서 물어보았다. 그건 내가 해본 적도 없고 그런 일
이 있었다고 들어본 적도 없는 제안이었다. 비슷한 이야기가 어렴풋이 떠
오르긴 했지만 말이다. 그것은 그림 하나를 놓고 자기가 제시한 것과 어느
유명 피아니스트가 부른 값 사이에 도저히 타협할 수 없는 가격차이가 생
기자, 피아니스트에게 콘서트를 한 번 하는 데 얼마를 받는지 물어보았다

는 화상의 이야기였다. 콘서트로 받는 돈은 그림의 가격차이와 같았다. 그래서 화상은 피아니스트에게 자기를 위해 콘서트를 한 번 열어달라고 제안했다. 두 사람은 다 만족할 수 있었다. 내 고객은 즉시 내 제안을 받아들였을 뿐더러 기부금을 2만 불 대신 2만5천 불을 내겠노라고 했다. 나는 그에게 내가 챙길 이익이 얼마인지까지 이야기했으며, 우리 둘은 다 각자의 이익은 공정한 것이라는 데 동의했다. 나는 주로 제3세계 돕기와 환경운동 프로젝트 자금을 마련하는 일에 관여했었다. 그래서 우리는 그 2만5천 불을 내가 잘 알던 단체인 옥스팸과 그린피스에 나눠서 내기로 합의했다.

그러고 나서 내게 떠오른 생각은 내가 한 제안이 거래에 대한 우리 모두의 태도와 각자의 역할을 얼마나 바꿀 수 있었나 하는 것이었다. 흔히 해오던 대로 각자 자신에게 가장 유리한 가격을 고집하다가 거래상의 마찰을 빚기 전에, 내가 얻을 이익의 일부 또는 전부를 함께 포기할 수 있다는 생각을 서로 하다보니 둘은 어느새 공동의 목표를 가진 한편이 될 수 있었다. 또 내가 깨달은 점은 흥정에서 터무니없이 손해를 입지 않을런지 악착같이 챙길 만큼 내가 염려하고 있지는 않았다는 사실이다. 마찬가지로 고객도 자신이 제일 싸게 물건을 샀음이 확실하다고 할 만큼 자기가 쓸 돈에 대해 염려하고 있지도 않았다. 흥정에 '선물'이라는 요소를 가미하고 나니 거래의 분위기가 바뀌었고, 누가 이길 것이냐 하는 문제에 서로가 덜 민감해지도록 만들었다.

내가 얻을 이익의 일부 또는 전부를 함께 포기할 수 있다는 생각을 서로 하다보니 둘은 어느새 공동의 목표를 가진 한편이 될 수 있었다.

이는 상거래를 새로운 눈으로 볼 수 있도록 해주는 새로운 단계이기도

했다. 나는 거래를 이익을 창출해서 생계를 꾸려나가는 행위라는 생각으로 이 일을 배우기 시작했다. 내 이익의 일부를 제3세계 발전 및 환경운동을 지원하는 데 쓰기 시작하면서, 모든 거래는 한편으로 다른 목적을 위해 자금을 마련하는 방편이 되기도 했다. 이제 나는 한 단계 더 나아가서 일부 고객들과 함께 자선 프로젝트를 후원하는 일에 참여하고 있다. 이 일은 여러 파급효과를 가져왔다. 일부 고객은 우리가 함께 후원하던 특정 운동에 나 보다 더 열성적으로 참여하기 시작했다.

흥정 시 가격차이를 분산하기

《월스트리트 저널》에 실린 '모토롤라, 발명가 레멜슨과의 특허소송에서
이례적인 합의에 동의하다'라는 돈 클라크의 글을 요약했다.

자선교육에 대한 상호 이익이 발명가 제롬 레멜슨과 모토롤라사 사이의 법
정 교착상태를 푸는 열쇠가 되었다. 소송 잘 걸기로 유명한 레멜슨은 특허
권 문제로 모토롤라와 오랜 법정싸움에 휘말려 있었다.

"레멜슨 씨와 대화를 나누던 중," 모토롤라는 이렇게 표명했다. "우리는
발명과 혁신을 위한 교육프로그램을 후원하는 일에 서로 공통점이 상당히
많다는 사실을 발견했습니다." 오랜 법정 분규는 모토롤라가 밝힐 수 없는
액수를 레멜슨이 운영하는 박애적 재단(MIT대학, 애리조나 주립대학, 기타 선별 기
관의)과 공동후원 교육프로그램에 지원하기로 합의하면서 해결이 됐다.

노련한 특허 변호사 도널드 배너는 이 합의를 '아주 이례적인 것'이라고
말했다. 그는 이런 합의가 긍정적인 사회적 혜택을 가져올 수 있다고 했다.
"우리에겐 가능한 한 모든 혁신이 필요합니다."

닐스 야드Neal's Yard 원칙 –
유기농 자연식품 가게

니콜라스 손더스 : 니콜라스 손더스는 런던 코벤트가든의 '닐스 야드'에서
여러 가지 사업을 시작했다. 제일 먼저 1970년대에 시작한 것이 유기농 자연식품 가게였다.
그리고 연이어 여러 사업을 시도했다. 제과점, 유제품점, 커피숍, 약제 상점, 수프 및 샐러드 바,
치료요법실, 탁상출판 스튜디오, 개인발전 대행사 등을 열었는데 모두 지금까지 남아 있다.

일에 대한 내 아이디어는 주로 러시아 신비주의 사상가 구르지예프Gurdjieff
의 영향을 받았다. 그에 따르면 성취는 모든 일을 쉽게 하는 데서 오는 것
이 아니라, 육체노동을 포함하여 사람의 능력을 확장시켜주는 다양한 일을
하는 데서 오는 것이다. 그래서 나는 청소부터 돈 만지는 일까지 업무를 번
갈아 가며 하도록 했다. 그리고 직원들에게 수표 서명 권한과 함께 사업을
관리할 기회를 줌으로써 책임의식을 북돋우곤 했다. 때로는 그들의 성姓을
몰라서 은행 직원을 경악하게 만들기도 했다.

**일에 대한 내 아이디어는 주로 러시아 신비주의 사상가 구르지예프
의 영향을 받았다. 그에 따르면 성취는 모든 일을 쉽게 하는 데서 오
는 것이 아니라, 육체노동을 포함하여 사람의 능력을 확장시켜주는
다양한 일을 하는 데서 오는 것이다.**

일터는 에너지가 넘치고 합리적인 분위기였기에 열성적인 일꾼들이 많

이 찾아왔다. 유기농 자연식품 가게는 돈도 많이 벌었고, 나는 이익을 직원들에게 분배하면서도 가격을 더 낮출 수 있었다.

유기농 자연식품 가게와 제과점을 연 다음에도 나는 다른 가게에 대한 아이디어가 있었다. 직원들의 공동주택이나 다른 시설에 대해 그다지 확신이 있지는 않았지만 몇 가지 원칙을 정하고 싶었다. 제과점의 클레어는 내가 '닐스 야드 거래원칙'의 초안을 만드는 데 도움을 주었다.

1. 모든 음식은 다 점포 내에서 준비되어야 한다. 그것이 힘들다면 포장이라도 점포 내에서 이루어져야 한다.
2. 모든 재료는 다 유기농 자연식품이어야 한다. 즉 향료나 색소나 방부제 같은 첨가제가 없는 신선한 재료여야 한다. 지나치게 정제된 재료는 피한다.
3. 가격은 저렴해야 한다.

제품설명은(말이든 글이든) **솔직하고 철저하며 객관적이어야 한다. 설득하거나 유혹하거나 미화하는 표현을 사용해서는 안 된다.**

---

4. 제품설명은(말이든 글이든) 솔직하고 철저하며 객관적이어야 한다. 설득하거나 유혹하거나 미화하는 표현을 사용해서는 안 된다.
5. 공지사항의 크기나 스타일은 간단해야 한다. 관심을 구하거나, 유혹적이거나, 이미지를 조성하거나, 어떠한 광고기법이나 판촉기법을 써서는 안 된다.
6. '판매시점 부추기기'를 해서는 안 된다.
7. 조리법, 재료, 품질, 공급자에 대한 정보는 자유롭게 구할 수 있어야

한다.

8. 이웃을 생각하며 도와주어야 한다.

9. 모든 직원이 회계장부를 볼 수 있으며, 회의에 참석하여 마음껏 의견을 내놓아야 한다.

10. 업무는 되도록 돌아가면서 한다. 특히 아무도 인기 없는 일을 혼자 하도록 내버려두어서는 안 된다.

11. 정직원이 할 수 있는 일이면 외부 용역 직원을 두지 않는다.

12. 사업이 번창할 경우 확장하거나 지점을 두려 해서는 안 된다. 대신 직원 중 일부가 분사해 나가서 다른 독립 사업을 시작하도록 돕고 권장해야 한다.

이런 원칙들 뒤에는 소비자와 재화를 생산하는 사람 사이의 직접적인 피드백에 대한 나의 신념이 있었다. 숙련된 사람들이 각자 별도로 제조, 포장, 운송, 판매 공정을 처리할 수도 있지만 한 사람이 더 만족스러워하며 이 모든 일들을 혼자 할 수 있다. 소비자의 반응을 직접 느낄 수 있다는 간단하지만 중요한 이유가 있기 때문이다.

각 개인 업무의 결과를 기준으로 평가한다면 생산성이 떨어지는 측면이 있겠지만, 이는 포장과 운송과 훨씬 낮은 간접비를(관리비가 생산비의 절반을 차지하는 경우가 흔히 있기 때문이다) 절감함으로써 많이 보충할 수 있다. 게다가 더 신선한 제품을 팔 수 있는 이점도 있었다. 그리고 이는 방부제를 사용하지 않는 유기농 자연식품과 관련해서 특히 중요한 점이었다.

당시에 나는 직원 열두 명이 넘어가도록 사업을 확장하거나 지점을 개설하는 일에 특히 반대했다. 규모가 작아야만 내부연락에 문제가 없고, 인사 부서 없이도 사람들 사이에 직접적인 소통이 가능하기 때문이다. 사업체가 작으면 직원들도 사장과 더 친밀감을 느낀다. 그러면 사업조직 구조가 어떻든 더 공정한 경향이 있기 마련이다.

니콜라스 손더스는 남아프리카공화국에서 교통사고로 세상을 떠났다. 그가 남긴 60페이지 분량의 소책자 《닐스 야드 스토리》는 사회변화창안연구소에서 구할 수 있다.

주주Zoo-Zoo 식권

'미국 슈마허 학회'에서 발표한 지역화폐 계획 하나는 이제는 없어져 버린 '주주'라는 오레건의 자연식품 레스토랑과 관련이 있다. 이 레스토랑은 한때는 이곳 노동자들의 협동조합으로서 번창했던 곳이다. 그러던 중 노동자들은 확장 이전을 하기로 결정을 했다. 이전에 드는 자금을 대기 위해서 그들은 몇 가지 혜택을 전제하고 친구들에게 돈을 빌려달라고 설득했다. 그럼에도 불구하고 여전히 1만 불 가량의 자금을 더 모아야 했다. 그들은 나중에 팔 음식을 미리 팔아 이 자금을 모았다. '지금 주Zoo를 도와주세요'라는 스탬프가 찍힌 10불짜리 식권을 발행하여 '(언제)이후부터 유효'라는 표시의 날짜를 모두 다르게 해서 사람들이 한꺼번에 회수를 하지 못하도록 만들었다.

그들은 10불짜리 식권을 발행하여 나중에 팔 음식을 미리 팔아서 모자라는 자금 1만 불을 모았다.

새 현장에서 일을 하는 목수들도 노임의 일부를 주주 식권으로 받았다. 고객들도 필요한 것보다 많이 사서 친구들에게 나누어 주었다. 달러로 지불하는 친구들을 데리고 오는 '주주' 식권 고객은 최고의 홍보자였다.

메사추세츠 그레이트 배링턴에 있는 다섯 개 업체가 슈마허 학회의 도움을 받아서 주주의 사례를 모방했다. 임대가 끝나면 다른 곳으로 이전을 하기 위해 은행에 필요한 자금 융자신청을 했다가 퇴짜를 맞은 어느 레스토랑 소유자는 자체 델리 달러 500매를 발행하기도 했다. 9불에 델리 달러를 구입한 고객은 6개월 후에 10달러로 사용할 수 있게 된다.

주주에게 돈을 벌어주어야 한다는
주식회사의 의무에 단서조항을 달다

로버트 힌클리 : 로버트 힌클리는 뉴욕에 있는 법률회사인 '스캐든, 압스, 슬레이트, 미거,
플롬'의 파트너다. 다음은 세계 아이디어 은행에 보낸 이메일을 고쳐 쓴 것이다.

주식회사는 왜 그리도 나쁜 시민인가? 주식회사가 존재하는 이유는 그런
회사를 만들어도 좋다는 법이 통과되었기 때문이다. 이 법은 또 이사들에
게 회사 주주에게 돈을 벌어주기 위해 최선의 노력을 다할 의무를 명시하
고 있다. 이런 의무를 만족시키지 못할 경우 이사는 소송을 당할 수 있다.
이사진은 경영 조직상 최고의 위치에 있기 때문에 이런 의무는 주식회사
시스템 안에서 일하는 모든 사람들의 책임이기도 하다. 따라서 어쩔 수 없
이 주식회사 시스템 안에서 일하는 모든 사람들은 공공의 이해와는 다른
이익을 추구하기 위한 행동을 취하게 된다. 환경 피해, 차별, 사옥을 옮긴다
는 구실로서 '주식회사는 돈을 벌어야 한다.'라고 하는 소리를 얼마나 자주
들었는가?

**이익을 내야 할 의무…
하지만 환경을 대가로 해서는 안 된다.**

주식회사가 사회적 책무를 수락하는 것은 이 의무에 명확한 경계가 있을
경우에만 그럴 것이다. 일례를 들면 돈을 벌 의무에다 간단히 다음에 나오

는 표현을 추가하기만 하면, 주식회사의 시민의식은 월등히 향상될 것이다.

...하지만 환경, 공중의 안전, 주식회사가 활동하고 있는 지역사회, 종업원들의 존엄성을 대가로 해서는 안 된다. 이런 의무를 수행하면서 주식회사의 이사진은 법의 문구뿐만 아니라 법 정신에 대해서도 존중해야 할 것이다.

이렇게 개정한다면 이사진은 자신들이 주주에게 갖는 의무가 제한적이라는 점을 분명히 알 것이다. 이런 제한에는 그들의 의무가 주주에 대한 책무만큼 공중의 이익에 대한 책무도 중요하다는 사실이 포함되어 있다.

로버트 힌클리는 미국 메인에 살고 있다.

장기주식 Long-term Shares

제이미 카니

현행 자본주의가 안고 있는 가장 큰 구조적 문제는 기업이 궁극적으로 주주들의 단기이익에 이끌려 장기적 비전을 가지고 투자하지 못하는 데 있다. 주주들이 올해에는 배당을 많이 받고 내년에는 이익을 남기기 위해 주식을 파는 문제에만 더 관심이 있는데, 이사진이 5년 10년을 내다보고 장기적인 이익을 겨냥해서 연구개발비 지출을 과감히 늘리기는 쉽지가 않은 것이다.

주요 건설회사, 보험회사, 연기금 같은 장기투자 분야도 1~2년 앞을 잘 내대보지 않는다. 만일 그런다 하더라도 실질적인 현실의 무게는 투자시장 단기론자의 압박을 강화한다. 결국 우리는 일본처럼 정부부처가 산업별 장기 연구개발을 장려하고 조정해주는 나라에게 지고 마는 것이다.

이런 상황은 주식시장의 새 장치를 이용하면 상대적으로 쉽게 개선될 수 있다. 자본주의 시스템의 심장부인 주식시장이 산업별 장기비전을 고려한 평형추 역할을 하도록 하는 것이다. 이 장치는 발행과 매입을 법적으로 제한하는 '장기주식'의 모양새를 갖출 것이다.

산업별 장기비전을 고려한 평형추 역할을 하도록 하는 이 장치는 발행과 매입을 법적으로 제한하는 '장기주식'의 모양새를 갖출 것이다.

기업이 일반주를 새로 발행하고자 할 때마다 일정 비율 이상의 장기주를 의무적으로 발행하도록 하는 법령이 도입될 필요가 있다. 아마 발행주식의 10퍼센트는 장기주식이 되어야 할 것이다.(기업들이 현재 가지고 있는 주식의 일정부분을 일정 기간에 걸쳐서 이 장기주식과 바꾸도록 하는 방안이 마련될 것이다. 아마 정부의 도움이 어느 정도 필요할 것이다.)

새로운 유형의 주식은 비슷한 특별 장기주식시장에서 거래될 것이다. 장기주식은 몇 가지 점을 제외하면 다른 모든 주식과 비슷하다. 다른 점은 장기주식을 산 사람은 5년 동안은 팔 수 없도록 하며, 5년이 지나면 팔 수 있거나 5년을 더 들고 있어야 한다. 장기주는 다른 어느 주식 유형과도 동일하다. 이 주식을 보유한 주주는 평소에는 회사 오너의 일원으로 간주될 것이며, 주주총회와 공개매입절차 중에도 정상 투표권을 가지게 된다.

일정 바닥가치 이상으로 주식을 소유한 개인과 기업이 적어도 자기 보유 주식 중 10퍼센트는 장기주식을 가지고 있어야 한다.

분명히 이 주식은 팔 수 있는 시기가 제한되어 있다는 점에서 인기가 없을 것이다. 그래서 같은 법은 일정 최저가치 이상으로 주식을 소유한 개인과 기업이 적어도 자기보유 주식 중 10퍼센트는 장기주식을 가지고 있도록 하는 명문을 만들어야 한다.(이 최저 가치는 소액개인투자자를 배제하며, 아주 부유한 개인이나 주요 기관투자자를 포함시키기 위해 아마 2만 정도가 되어야 할 것이다.)

새로운 주식을 도입하면 이사진이 전에 없던 새로운 방식으로 장기적인 계획과 투자를 해야만 할 것이다.

　그렇다면 그 결과가 어떻게 될까? 기업의 장기주식을 보유한 사람은(5년이 지나도록 처분을 할 수 없었던 사람도) 아마 기업의 장기적인 건강을 확보하는 데 관심이 많아질 것이다. 이는 주주총회를 지배하는 강력한 메시지가 될 것이다. 새로운 주식을 도입하면 이사진이 전에 없던 새로운 방식으로 장기적인 계획과 투자를 하는 일이 가능해지며 그렇게 해야만 할 것이다.

　다른 세부사항이 몇 가지 더 있다. 5년 기간이 다 차기 전에 장기주식을 처분할 수 있는, 예외적이면서도 분명한 상황을 명시할 필요가 있다. 가령 주주의 파산과 같은 경우다. 마찬가지로 해외시장에서 주식을 취득한 투자자도 같은 법의 적용을 받아야 한다. 자기가 취득하는 주식의 10퍼센트를 장기주식으로 하지 않으면 그 나라에서 투자금액이 한꺼번에 우르르 몰려나갈 수도 있기 때문이다. 해외투자자들이 다른 나라의 주식시장에서 취득을 하는 경우, 덜 투명한 경향이 있으니 여러 가지를 충분히 고려해야 한다. 그러려면 내가 아는 것보다 더 상세하게 국제투자시장의 생리를 알 필요가 있다. 하지만 해외투자자라고 해서 장기주식을 취득할 때 필요한 요건을 따르도록 만드는 일이 원칙적으로 불가능한 이유는 없어 보인다.

　이런 변화가 시작되면 조정기간이 반드시 필요한 것이 사실이다. 주가가 전반적으로 상당히 변하겠지만 시장은 곧 안정을 되찾고 평소대로 돌아갈 것이다. 조정기간을 세심하게 계획하여 필요하다면 정부의 재정지원도 받아야 한다. 어쨌든 경제에 미치는 장기적 이익은 잠재적으로 상당하다고 본다.

바람과 물에서 나오는 연료 – 수소

'하이드로젠 나우!' (이제는 수소를! www.hydrogennow.org)의 사명은 대중을 교육하고 자극하여 수소를 세계 에너지시장에 편입시키는 일이다.

가장 고무적인 발전은 스웨덴 하르노산 마을에서 했던 매우 성공적인 수소인 '웰가스Welgas' 실험이었다. 스웨덴 철강산업과 사브SAAB와 다른 기업들이 후원한 실험이었다. 하르노산에서 올라프 테그스트롬이 설계하고 살았던 집은, 정원에 있는 작은 덴마크식 풍차를 컴퓨터로 작동하여 전기를 얻었다. 이 전기는 걸러진 물을 전기분해하여 수소와 산소 성분으로 나누는 데 쓰였다. 수소가스는 주방연료 및 난방용으로 쓰였으며, 사브 자동차의 연료로도 쓰였다.

전기는 걸러진 물을 전기분해하여 수소와 산소 성분으로 나누는 데 쓰였다.

이 자동차는 무공해로서 배기가스가 거의 모두 수증기로 이루어져 있었다. 저장상의 안전 문제는 폭발가능성이 있는 수소가스를 금속성 수소화물로 흡수되도록 하여, 수소는 필요할 때에만 흘러나오도록 했다.

수소를 세계최고의 에너지 공급원으로 만들 필요가 있다. 이런 기술혁명은 대기오염문제를 해결해줄 것이며, 동시에 원자력발전을 점점 대체할 것이다. 수소는 석유보다 에너지 함유량이 서너 배 더 많은 뛰어난 연료다. 그리고 수소는 여러 산업처리과정의 부산물일 뿐만 아니라, 우리가 아는 모든 에너지원에서 얻어낼 수 있다.

수소자동차에 대한 더 자세한 정보는 다음 웹사이트들에 있다.
팜 데저트 프로젝트(www.humboldt.edu/~serc),
메르세데스벤츠 연구소(www.mercedes-benz.com),
미국수소협회(www.clean-air.org).

1인당 사용 탄소를 할당하다

리처드 스타키와 데이비드 플레밍이 쓴 〈가정 내 교환 할당〉이라는 논문을 요약했다.

'가정 내 교환할당' 제도에 참가하는 모든 시민들에게는 개인 교통수단을 포함하여 가정에서 필요한 만큼의 연료를 충당하기 위해, 무료로 동등한 수의 탄소단위가 주어질 것이다. 사업체나 기타 기관들은 정부로부터 자기들 몫의 단위를 사야만 할 것이다. 할당받은 것보다 적게 쓴 사람들은 남은 단위를 더 필요한 사람에게 팔 수 있다. 이 방안은 환경이 탄소 배출물을 흡수하는 역량을 사용한 대가를 지불할 의무와, 모든 시민들이 그 가치를 똑같이 나눌 권리를 구체화할 것이다. 또 이 방안은 '세계서민연구소Global Commons Institute'에서 제안한 탄소배출권을 함께 나누기 위한, 국제 (탄소배출) 축소 및 수렴 모델을 국가 수준에서 보완해줄 것이다. 이는 이전에 제안된 적이 있는 배급제가 아니라 전자 방식이다. 종이쿠폰을 쓰는 방법도 아니다.

이 방안은 환경이 탄소 배출물을 흡수하는 역량을 사용한 대가를 지불할 의무를 구체화한다.

21세기 전반부에 화석연료에 의존하는 시대는 사실상 끝을 볼 것이다. 이는 기후를 안정시키기 위해 탄소배출을 충분히 줄일 필요에 응하는 일일

것이며, 원유와 가스 공급제한을 추진하는 과정에서 일어날 것이다. 따라서 심각한 경제적 타격을 주지 않는 범위에서 화석연료에 대한 수요를 줄여주며, 줄어든 자원공급을 불공평하거나 지나치게 고생스럽지 않은 정도로 배분할 경제적 장치가 필요하다. 가정 내 교환할당은 권리와 매입에 의해 배출권을 할당하는 효율적인 해법이며, 모두에게 열려 있는 2차 시장을 유지하는 역할을 한다.

가정 내 교환할당은 국가경제가 자체 탄소배출을 줄이는 일이 가능하도록 만드는 경제장치다. 이는 국가경제 내에서의 적용을 위해 고안된 것이지, 국가간 거래를 위해 고안된 것이 아니다. 이 할당제는 국가기관이 화석연료 소비를 줄이는 정도에 대한 통제를 가하도록 한다. 동시에 경제가 그 자원을 효율적으로 분배할 수 있도록 쓸 수 있는 자원을 공정하게 분배하며 가격 신축성을 유지하면서 말이다.

이 방안을 추진하는 나라는 시간이 흐름에 따라 줄어드는 포괄적인 '탄소예산Carbon Budget'을 설정한다. 이 예산을 구성하는 '탄소 단위'는 시장에 두 가지 방법으로 발행된다. 첫째 모든 성인에게는 무조건적인 권리가 주어진다. 가계의 배출권은 모든 성인에게 동등한 1인당 기준이 적용된다.(아이들에 대한 탄소배출권은 현행 자녀수당을 기준으로 해서 적용될 것이다.) 남은 몫은 매입 요청을 하는 상업 및 산업별 기업이나 공공부문에 정부 부채 매입용으로 이미 만들어진 시스템을 이용해서 준다. 그것은 은행이 자동신용할당제(탄소단위에 대하여)와 직불제(지불에 대하여)를 이용하여 기관에게 분배하는 방식이다. 정부는 필요한 사람들의 매입을 통해 수익을 얻는다. 거래수익은 사고파는 시장조성자market-makers들이 서로 값을 부름으로써 생긴다.

적게 쓰는 사람이 남은 것을 수익을 위해 팔 수 있으며, 많이 쓰는 사람이 살 수 있는 탄소단위 국내 시장이 있다. 연료나 에너지를 살 때, 소비자와 회사는 (가령) 할당량 카드나 직불카드를 이용하여 할당량 잔고를 확인한 뒤 에너지 소매업자에게 할당량을 지불한다. 그리고 소매업자는 도매업자에게서 에너지를 살 때 탄소단위를 지불한다. 마침내 1차 에너지 공급자는 연료를 퍼 올리거나 파내거나 수입할 때 탄소단위를 '인증기관'에게 되돌려준다. 이렇게 해서 한 사이클이 완성된다.

이렇게 수립된 계획 안에서 사실상 모든 거래는 전자적으로 이루어진다. 이미 사용 중인 자동대출이나 직불카드 같은 기술 및 시스템을 이용해서 말이다. 이 방안은 여기에 참여하는 사람들뿐만 아니라 그렇지 않은 사람들을 위해서도 효율적으로 기능하기 위해서 고안되었다. 예컨대 해외 방문객, 노약자, 협력을 거부하는 사람들까지 말이다. 이 방안의 장점이라고 주장하는 것들을 보면, 효과적이고 공정하며 효율적이라는 것이다.

구매시점에 지불할 탄소단위가 전혀 없는 연료 구매자들도 있다. 가령 외국인 방문객, 카드를 잃어버린 사람, 자기 할당량을 다 써버린 사람, 굳이 정기적으로 은행을 거쳐서 단위를 구입할 필요가 없는 작은 회사나 상인들이 그런 경우다. 이런 사람들은 모두 구매시점에 넘겨줄 할당량을 사야만 한다. 할당량을 받을 때 현금으로 다 바꾼 다음 연료를 구매할 때에 할당량을 다시 사야하는 사람은 발생비용에 대한 벌금을 내도록 한다. 시장에서 부르는 비싼 값에 단위를 사야하며, 더 싼값에 넘겨야 하는 것이다. 이 두 가격의 차이는 참여하지 않아서 생긴 비용이다.

적게 쓰는 사람이 남은 것을 수익을 위해 팔 수 있으며, 많이 쓰는 사람이 살 수 있는 탄소단위 국내 시장이 있다.

시장경제의 화석연료에 대한 의존을 줄임으로써 사회에서 발생할 탄소를

엄청나게 줄이는 일을 과소평가해서는 안 된다. 시장의 주요 기술과 에너지 자원을 대체하며, 해결책을 서둘러 마련할 필요가 있다. 효율성을 높이고 기술을 전환하면 대안을 찾을 수 있다고 여기는 경우가 많다. 그러나 이러한 견해는 일의 규모를 제대로 알지 못해서 하는 생각이다.

정말 필요한 것은 경제의 모든 핏줄과 조직을 파고드는 에너지혁명이다. 행동양식, 땅을 이용하는 패턴, 바라는 바가 수정되어야 한다. 화석연료가 거의 필요 없는 세상에 기꺼이 모든 사람들이 적응하도록 하는 집단적 임무에 뛰어들게 만들어야 한다.

이 제도는 모든 사람이 필요한 만큼 탄소연료에 대한 의존성을 충분히 줄이는 개인적 도전의식을 갖게 만들 것이다.

과세는 지금까지 해오던 사업, 굳건한 경제, 광범위한 세금 지불 능력, 지속적이며 든든한 석유공급을 다 받아들이는 간접적인 장치다. 이러한 가설이 이 경우에는 다 적용되지 않을 수도 있다. 가정 내 거래할당은 직접적으로 탄소배출을 줄일 것이고, 가격신축성을 유지할 것이며, 중대한 변화를 위한 시간을 주면서 장기 사용량 정보를 갖추도록 할 것이다. 연료에 대한 접근을 공정하게 배분하는 동시에 총사용량을 급격히 줄여나갈 것이다. 그리하여 모든 사람이 필요한 만큼 탄소연료에 대한 의존성을 충분히 줄이는 개인적 도전의식을 갖게 만들 것이다.

리처드 스타키는 영국 허더스필드 대학 교수다.
데이비드 플레밍 박사는 영국 런던의 '야윈 경제 운동The Lean Economy Initiative' 소속이다.

잃어버린 동물을 찾는 광고로 지진을 예측하다

〈트루 뉴스〉에 실린 짐 버클랜드의 기사를 바탕으로 했다. 로저 나이츠가 모니터했다.

새너제이에 거주하는 짐 버클랜드는 1979년부터 잃어버린 동물을 찾는 신문광고가 급증하는 경우를 관찰함으로써 270회 이상의 지진을 예측해왔다. 그의 예측은 성공률이 75퍼센트나 되었다. 그가 한 예측 중에서 가장 유명한 것은, 보통은 서너 건 정도만 나오던 잃어버린 고양이를 찾는 광고가 1989년 10월에 27건이나 났을 때 한 것이다. 이 데이터와 흔치않은 만조滿潮 예보 같은 기타 정보를 근거로 하여, 버클랜드는 샌프란시스코에 리히터 규모 6 이상의 강력한 지진이 일어날 것이라는 예측을 신문에 실었다. 나흘 뒤 가까이 있는 샌앤드레이어스 단층San Andreas Fault(북아메리카 서안에 거의 평행하여 북서~남동으로 지나는 길이 1,000km 이상의 대단층)이 갑자기 밀리면서 70명이 사망하는 진도 7.1의 강진이 일어났다.

잃어버린 고양이를 찾는 광고가 27건이나 실리는 사실을 보고, 그는 샌프란시스코에 강력한 지진이 일어날 것이라는 예측을 했다.

"동물들은 어떤 식으로든 이런 종류의 재앙이 닥치기 전에 자기장 내부에 있는 변화를 감지합니다." 하고 버클랜드는 말한다.

프로젝트 구텐베르크

마이클 하트와 동료들 : 다음은 '프로젝트 구텐베르크의 역사와 철학'이라는
웹사이트를 요약한 것이다. 로저 나이츠가 모니터했다. 수백 권의 전자 서적 전문을
이 사이트에서 열람할 수 있다. 마이클 하트는 이 전자도서관 일에 수십 년간
매달려온 사람이다. 일리노이 라일에 있는 베네딕트회의 소속 대학에서는 그를
'전자문서 조교수'라는 이름을 붙여주거나 적은 연봉과 생활비를 지급하여 돕고 있다.
여기 프로젝트 구텐베르크의 발전사를 일부 소개한다.
* 웹사이트 www.promo.net/pg : 저작권이 소멸된 문학작품들을 입력하여
전자문서로 만들어 무상으로 배포하는 프로젝트이다.

프로젝트 구텐베르크는 1971년 마이클 하트가 일리노이 대학의 '물질 연구소'에 있는 '제록스 시그마 5'라는 1억 불짜리 컴퓨터를 사용할 수 있는 기회가 주어졌을 때 시작되었다. 그는 곧바로 '독립 선언' 전문을 입력했다.

마이클 하트는 컴퓨터에 입력될 수 있는 것은 무엇이든 무한히 재생산될 수 있다는 전제에서 프로젝트 구텐베르크의 기반을 닦았다. 하트는 '복사기 기술'이란 용어를 만들어냈다. 복사기 기술의 요체는 일단 책이나 다른 아이템(사진, 사운드, 3D물까지)을 컴퓨터에 저장할 수 있으면 얼마든지 복사를 할 수 있다는 점이다.

전자텍스트(e텍스트)는 '플레인 바닐라 ASCII'라는 가장 간단하고 이용하기 쉬운 형태로 만들 수 있다.

프로젝트 구텐베르크의 전자텍스트(e텍스트)는 '플레인 바닐라 ASCII'라

는 가장 간단하고 이용하기 쉬운 형태로 만들어진다. ASCII가 사용되는 것은 많은 사람이 접하고 있는 하드웨어와 소프트웨어의 99퍼센트가 이 파일을 읽고 찾을 수 있기 때문이다.

하트와 동료들은 가장 많은 이용자들이 원하고, 자주 찾을 만한 e텍스트를 고른다. 그들은 절판 된 밀교적 판본의 책들의 e텍스트를 준비하라는 요구를 계속 받는다. 하지만 그렇다고 해서 그들이 목표로 한 이용자(99퍼센트의 일반대중)가 그것을 이용한다는 보장은 없다.

마찬가지로 프로젝트 구텐베르크는 '권위 있는 판본'을 만들라는 요청과 요구와 압력을 받는다. 그것은 셰익스피어의 어떤 구절이 절 사이에 콜론을 썼느냐 세미콜론을 썼느냐를 따지는 독자를 만족시켜줄 수는 없다. 대신 일반 독자들의 눈에 99.9퍼센트 정확한 e텍스트를 내놓는다는 목적에 눈높이를 맞추고 있다.

2002년 하트와 동료들은 프로젝트 구텐베르크 공공 전자도서관에 들어 갈 1만권의 책을 마무리 지어야 한다.

2002년 하트와 동료들은 프로젝트 구텐베르크 공공 전자도서관에 들어 갈 1만권의 책을 마무리 지어야 한다.

이 프로젝트가 시작되었을 때 보통 300페이지 되는 책이 1메가바이트 공간을 차지했기 때문에 파일이 아주 작아야만 했다. 그러니 1971년에는 아무도 그런 생각을 할 수 없었다. 그래서 '미국 독립 선언(5킬로바이트)'이 시작하기에 가장 좋은 것이라고 생각했던 것이다. 다음에 한 것이 '권리 장전'이었으며, 이어서 공간을 많이 차지한 미국 헌법 전문을 했다.(적어도 1973년 기준으로는.) 그 다음에 한 것이 각 권이 그다지 크지 않은 성경이었으며, 이어서 셰익스피어를 했다.(한 번에 연극대본 한 편씩.) 그리고 가볍고 무거운 문학 및 참고문헌 분야의 일반 작품을 했다.

일단 e텍스트를 '플레인 바닐라 ASCII'로 만들고 나면 그것은 미래에 쓸 모든 판의 원본이 된다. e텍스트 판본을 원하는 사람의 경우, 책 전부를 다시 준비할 필요 없이 특정 종이책 판본에 필요한 변경사항을 쉽게 입력할 수 있다. 그들은 프로젝트 구텐베르크 e텍스트를 바탕으로 삼아 바라는 어떤 방향으로든 구성할 수 있다. 중요한 점은 앞으로 프로젝트 구텐베르크 e텍스트를 사용할 가능성이 여전히 있지만, 날로 새로워지는 프로그램과 운영체계가 거듭될수록 하드웨어의 모든 부품들이 그러하듯이 e텍스트도 공룡처럼 되어버릴 것이라는 사실이다.

프로젝트 구텐베르크 도서관에 세 가지 분류가 있다.

◆ 《이상한 나라의 앨리스》, 《거울 나라의 앨리스》, 《피터 팬》, 《이솝우화》 등과 같은 가벼운 문학.
◆ 성경이나 다른 종교문헌, 셰익스피어, 《모비 딕》, 《실낙원》 등과 같은 무거운 문학.
◆ 《로겟 유의어사전》, 연감, 백과사전, 일반사전 등과 같은 참고문헌.

가벼운 문학 선집은 미취학 아동이든 증조부모 노인이든, 사람들을 먼저 컴퓨터와 가깝게 만들어 준다. 프로젝트 구텐베르크 직원들은 아이들이나 노인 분들이 영화 《후크》를 보고 나서 서로 《피터 팬》 e텍스트를 보라고 하거나, TV에서 본 《이상한 나라의 앨리스》를 e텍스트로 찾아서 읽는 소리를 들을 때 보람을 느낀다. 구텐베르크 프로젝트는 사람들이 대화나 영화나 음악이나 책에서 접한 말들을 찾아보라고 계획된 것이다. '플레인 바닐라 ASCII'로 여러분은 간단한 검색 프로그램의 사용보다 복잡하지 않게 도서관 전체를 쉽게 뒤져볼 수 있다.

주요 도서관에 모든 책의
디지털 본을 보내도록 하자

《런던 이브닝 스탠더드》에 실린 팀 잭슨의 '공공도서관 RIP'이라는
글에 있는 정보와 아이디어를 고쳐 썼다.

현재 영국 출판사는 주요 도서관에서 원할 경우 자신들이 출간하는 책 여섯 부를 무상으로 증여해야 한다. MIT 대학 미디어랩의 니콜라스 네그로폰테 교수는 《와이어드》지에서 출판사가 물리적인 책이 아니라 디지털 본을 도서관에 보내도록 해야 한다고 주장했다. 이렇게 하면 나중에 책을 컴퓨터로 더 쉽게 찾아볼 수 있게 할 것이라고 한다.

팀 잭슨이 제안하는 바는 도서관이 자기 집에서 책을 검색하는 사람들에게 무료로 디지털 온라인 열람을 할 기회를 주자는 것이다. 대신 독자가 출력을 하거나 전문을 다운로드 받고자 한다면 저작권자에게 응당한 지불을 해야 한다.

시각 샘플링 기계와 만나다 – 만족도를 시각적으로 파악하기

키스 잉글랜드

사업이나 협회 모임에서 모든 사람에게 '3,2,1,0,-1,-2,-3' 표시가 있는 조작 장치를 나눠주면 어떨까. 숫자는 어느 문제에 대해 그 사람이 각각 갖고 있는 감정을 나타낸다. 완전 찬성(3)부터 중립(0) 및 완전 반대(-3)까지다.(편집자주: 이 장치는 텔레비전 게임 프로에 나오는, 방청객이 찬성투표를 할 때 쓰는 전자장치와 비슷하다.)

간단한 중앙 컴퓨터 화면이 투표결과를 보여주며 해당 문제에 대한 지지도를 보여줄 것이다. 이는 아주 낮은 비용으로 어느 결정에 대한 의견을 나타내는 방법이다. 게다가 이 방법은 거수를 세거나 비밀투표를 하는 것보다 더 빠르다. 단순한 예-아니오 식 투표 때문에, 그리고 의견을 정확히 표현하거나 느낌을 충분히 나타내는 능력의 부족 때문에, 현재는 각 사람의 생각이 평가절하되고 있다.

단순한 예-아니오 식 투표 때문에, 그리고 의견을 정확히 표현하거나 느낌을 충분히 나타내는 능력의 부족 때문에, 현재에는 각 사람의 생각이 평가절하되고 있다.

흔히 사용할 수 있는 다른 방법도 여러 가지 있다. 회원들이 계속해서 조작 장치를 작동하면 의장은 현재의 지지도를 즉각 볼 수 있으며, 투표자들이 이미 결심을 했으면 더 이상 논쟁으로 시간낭비를 할 것 없이 토론을 멈출 수 있는 것이다. 의장이 보기에 주제와 무관하다 싶으면 의장은 갑자기 가로막고서 특정 발언을 끝낼 수 있는 보다 확고한 위치에 있을 수 있다.

스태포드 비어 교수의 발언

스태포드 비어 교수는 자신이 1971년 칠레에서 이와 비슷한 '알게도닉 미터'를 쓰자고 제안한 적이 있다고 한다. 그의 아들 사이먼이 시범 시스템을 만들었다. 가장 좋은 참고자료는 비어의 책 《기업의 뇌》로서 칠레 아엔데 정부를 위한 사이버네틱스에 대한 매력적인 증언이다.

'알게도닉 미터algedonic meter'는 결국 아리스토텔레스가 말한 '유데모니아eudemonia' 또는 '전반적인 행복 상태'를 측정하는 기준을 제시하려는 것이다. 그것은 간단한 아날로그 장치로서 여러 가지 색으로 된 구간으로 나뉘어져 있다. 그래서 가운데 손잡이를 돌리면 '행복/불행' 표시의 비율이 바뀐다. 그리고 또 미터가 들어있는 고리의 입력단자도 바뀐다.

알게도닉 미터를 들고 있는 사람이 전적인 불안과 전적인 만족 사이에 있는 눈금 어딘가에 바늘을 돌려서 화면을 맞춘다. 사용자는 아무것도 설명할 필요가 없다. 단지 알게도닉 방식으로 항상 관찰되도록 반응하면 되는 일이다.

공적인 자리를 생각해볼 수도 있겠다. 텔레비전 앞에 사람들을 적절히 배치하여 미터기를 가령 3 이하로 맞춘다고 해보자. 이 장소에 맞는 전압을 계산해주는 간단한 전기 시스템을 미터기가 만들어낸다.

자 그런 다음 방송이 시작되면 사람들의 행복감이 텔레비전 스튜디오 안에 있는 미터기에 표시된다. 모두가(스튜디오 방청객과 일반 시청자) 그것을 볼 수 있다. 스튜디오 미터기는 사람들의 미터기를 모두 합친 것이다. 이렇게 해서 알게도닉 측정을 마치는 것이다.

민중회의 같은 곳에서 하는 토론방송에 참여할 때, 사건에 따라 뒤섞인 만족도를 계속해서 등록하는 방법을 이용해봄직하다.

민중회의 같은 곳에서 하는 토론방송에 참여할 때, 논리적 환원주의나 정치적 선동으로 귀결되기 쉬운 수단이 되는 방송질문에 대답하느니 사건에 따라 뒤섞인 만족도를 계속해서 등록하는 방법을 이용해봄직하다. 이 미터기가 회의에 참석한 사람뿐만 아니라 자기 미터기가 있는 일반 시청자에게도 보인다는 점을 주목해야 한다.

현재의 문제는 정부가 마치 개인에게 말하듯 무차별적 대중과 직접 의사소통을 해서, 집안에 앉아서 보면 실제로 그런 것 같은 환상을 만들어내고 있다는 점이다. 이 거짓 대화의 맥락은 개인도 뉴스 미디어에 의해서 어떤 사건이 발생하자마자 그에 대한 정보 확산과 오보를 공급받고 있다는 것이다.

우리는 다음과 같은 효과를 본다.

◆ 다양성이 막대하게 증폭된다. 한 문장을 이야기하면 상상에 의한 결과를 시간 분량으로 시뮬레이션하는 단계까지 발전한다고 생각해보라.
◆ 역동적인 주기에 막대한 변화가 일어난다. 정부는 선거 때가 되서만 밝히는 것이 아니라 전국에 매일 보고를 하는 셈이 될 것이다.

하지만 돌아오는 반응은 바뀌지 않는다. 사람들이 일으키는 변화는 이전처럼 약해진다. 이러한 상황은 필수적 다양성의 법칙을 배반하고 풍요로움과 빈도 모두에서 항상성 평형을 깨뜨리고 있다.

그러고 나면 그렇게 영향 받은 사람들이 더 이상 공개할 수 없는 시스템 내부의 압박을 형성할 것이 예상된다. 여과 능력이 흐름을 더 이상 인정할 수 없기 때문이다.

이렇게 되면 불안으로 치닫게 된다. 시위, 동요에다 아마 폭력까지, 그리고 반란도 가능하다.

이렇게 되면 불안으로 치닫게 된다. 시위, 동요에다 아마 폭력까지, 그리고 반란도 가능하다.

나의 알게도닉 미터 실험은 아쉽게도 아옌데 정부가 붕괴하면서 결국 실행에 옮기지 못했다. 하지만 이런 실험이 어딘가에서 실행이 되기를 바란다. 아마 그럴듯한 실험을 예로 들자면 어떤 회의장에 알게도닉 고리를 설치하는 것이다. 집계 미터가 계속 떨어지는 꼴을 모두가 보고 있는데도 연사가 계속해서 지겹고 모호한 이야기들만 늘어놓을 수 있을까?

원서 편집자의 말

회의장에서 쓸 수 있는 장치에 필요한 점 하나는 테이블 아래에 있어야 한다는 것이다. 발로 조작할 수 있으면 이상적이다. 보통사람들로서는 테이블 위에 장치를 두고 작동한다는 것이 보통 용기가 필요한 일이 아니다. 그것은 연사가 말하고 있는데 당신은 너무 지겹다며 말을 막는 것과 마찬가지다. 비어는 제임스 볼드윈이라는 맨체스터 사람이 여섯 가지 색을 칠한 주사위 모양을 테이블 위에 올려놓고 자기 기분에 따라 연사에게 뜻을 표시했다고도 하지만 말이다. 뇌는 다른 어떤 정보보다 더 빨리 사람 얼굴을 판독하는 데까지 진화했다. 그러므로 가장 효과적인 시각샘플링 장치는 컴퓨터 프로그램으로 모니터에 나타내는 얼굴일 것이다. 이 장치에 접근하는 사람의 표에 따라 크고 작게 찡그리거나 웃는 모니터 말이다.(정확한 기록이 필요할 때마다 스크린 한쪽에 총계표시가 나와서 확인할 수 있도록 하면서.)

발레리 율의 말

나는 오랫동안 연사를 위한, 가령 144개 빨간 불 버튼이 달린 조작 장치가 있었으면 하고 생각해왔다. 청중의 일부가 흥분하면 자기 자리에서 버튼을 눌러서 조작 장치 중 하나에 불이 들어온다. 144명이 따분해지면 조작 장치 전부에 불이 들어온다. 아니면 덜 기술적인 방법으로 좌석에 작은 깃발을 두고 듣기 싫을 때 정지 신호를 내리도록 한다.

교회에서는 자리마다 촛불을 켜둘 수 있다. 예배가 시들해지면 초를 꺼버리는 것이다. 예배당이 전부 컴컴해지면 설교자는 이 메시지를 받아들일 것이다.

교회에서는 자리마다 촛불을 켜둘 수 있다. 예배가 시들해지면 초를 꺼버리는 것이다. 예배당이 전부 컴컴해지면 설교자는 이 메시지를 받아들일 것이다.

과학자를 위한 히포크라테스 선서

니콜라스 앨버리

기계 설계자 및 제조자를 위한 선서가 몇 백 년 전에 있었어야 옳았다. 신무기 개발을 금지하는 것과 같은 식으로 말이다. 우리의 종교지도자들은 우리를 배신했다. 가장 존경받을 만한 교황은 이노센트 2세다. 그는 라테라노 공의회에서 적어도 가톨릭과 다른 기독교도에 한해서는 파문을 전제로 석궁(石弓, crossbow) 사용을 금지했다. 석궁은 12세기의 신예 최첨단 병기로서 귀족의 갑옷을 뚫을 수 있었으나 귀족이 아닌 사람도 마음대로 쓸 수 있었다. 교황의 칙령은 어느 정도 효과를 발휘한 듯하다. '경건왕'으로 알려진 프랑스의 루이 7세는 석궁부대를 보유하고 있다가 공의회 이후에 부대를 해체한 것으로 기록되어 있다. 그러다 프랑스에 이 부대가 부활한 것은 영국의 리처드 1세가 십자군전쟁 때 이교도들에게 자주 쓰기 시작한 뒤부터였다.

> **교황 이노센트 2세는 라테라노 공의회에서 파문을 전제로 석궁(石弓, crossbow) 사용을 금지했다.**

지금도 대부분의 무기는 위험한 부메랑이기 때문에 우리를 몽땅 집어삼킬 수도 있는 위협적인 군사 및 기술상의 해악에 대한 입장을 마련하는 일이 그리 늦지는 않았을 것이다. 호주의 C.G. 위러맨트리 교수는 여러 가지 흥미로운 조치가 필요함을 확실히 알렸다. 그것은 기술평가위원회, 정부부처의 미래 조사기관, 대안미래 위원회, 과학정책 연수센터, 방지 위원회, 입법 및 사법 구조조정, 국제 협약 및 조약, 법정의 일시정지 명령, 국민투표, 교육 및 법학대학원 교과과정 구조조정 같은 것들이다.

이런 광범위한 접근의 일환으로 사회변화창안연구소의 실무반은 새롭고 간단한 히포크라테스 선서를 만들었다. 의사가 아니라 엔지니어, 과학자(순수 및 응용), 그리고 이들을 고용하는 경영진들을 위한 것이다.

과학자, 엔지니어, 경영진을 위한 히포크라테스 선서

◆ 나는 양심과 품위에 따라 내 업에 종사하겠노라.
◆ 나는 오직 인류와 지구와 모든 생명의 복리를 최대한 존중함으로써만 내 기술을 적용하고자 애쓰겠노라.
◆ 나는 내 일과 현재 및 미래 세대에 대한 내 의무 사이에 국적, 정치적 이해, 편견, 물질적 이익이 개입되지 않도록 하겠노라.
◆ 나는 엄숙하고 자유롭게, 내 명예를 걸고 이 선서를 하노라.

위러맨트리 교수가 말하듯, "과학윤리에 대한 아이디어는 프랜시스 베이컨까지 거슬러 올라간다. 베이컨의 저술 《뉴 아틀란티스》에서 과학자들은 자신이 보기에 비밀을 지켜야 할만한 발명이나 경험에 대하여 선서를 했다."

우리 사회변화창안연구소 실무반의 일원인 피터 루이스는 역사를 보면 과학자의 윤리적 행동에 대한 주목할 만한 선례가 있다고 한다. 이는 레오나르도 다빈치의 예다. 그는 (밀라노 대공이나 다른 후원자들에게 군사 발명품을 많이 제공했지만) 잠수함에 대한 연구결과를 숨겨두었다. 그것은 "바닷속에서 암살을 저지를, 인간의 악한 속성 때문"이었다. 레오나르도의 행동 때문에 세계는 잠수함 전쟁을 3백 년 동안이나 피할 수 있었다. 피터 루이스가 인정하는 바, 과학자들은 지금까지 자기 연구를 진리에 대한 탈도덕적이며 비감정적인 탐구로 보는 경향이 강했다. 그러나 근래에 와서는 점점 많은 학자들이 과학적 방법이 윤리성을 도입하는 쪽으로 수정될 수는 없는가 하는 질문을 스스로 하기 시작했다고 한다. "우리가 제시하는 것과 같은 선서에 의해 제약을 받는 사람이라면," 루이스는 이렇게 적고 있다. "누구든 자기 행동을 제어할 강력한 고삐를 갖는 셈이다. 내가 만일 그런 규칙을 깬다면 그런 위반을 남들에게서 숨긴다 하더라도 '나는 내가 어떤 사람인지를 알 것이다.' 그리고 그런 생각에서 벗어나기는 힘들 것이다."

장기적인 목표는 이 선서가 학교 졸업식의 일부가 되는 것이다.

이 선서에 서명한 유명인이 1백 명이 넘으며, 그 중 18명은 노벨 수상자다. 첫 서명을 한 이들은 영국왕립학회원인 모리스 윌킨스 교수, 왕립학회원 압두스 살람, 국제과학연맹협의회장인 존 켄드류 경이다. 그 외 전 세계 유수한 대학의 총장 같은 분들이 지원을 해주고 있다. 장기적인 목표는 이 선서가 학교 졸업식의 일부가 되는 것이다. 방위산업계에서 이미 일하고 있는, 가족과 융자 걱정을 해야 하는 과학자의 50퍼센트를 '전향' 시킬 가망은 별로 없다. 하지만 진로를 막 선택해야 하는 학생들에게 영향을 주는 일은 가능할 것이다. 반응은 상당히 고무적이었다. 가령 오클랜드 대학의 경우 핵심 교직원들이 서명을 한 다음 수백 부를 복사하여 학생들에게 나눠주었다. 런던의 '퍼그위시 회의'는 이 문제에 대해 실무진을 구성하였고, 유네스코도 관심을 표명했다.

우리 연구소 실무반 의장이자 《인간, 기계, 그리고 내일》의 저자인 메레디스 스링 교수는 이렇게 쓴 바 있다. "아무도 적절치 못한 제한을 원치 않는다. 그러나 너무 많은 과학연구가 생존 아니면 파멸을 의미하는 수준까지 커져버림으로써 도덕적 문제를 야기하고 있다. 지금 당장 결연히 도덕성을 규정하지 못한다면 인류를 2차대전 당시의 강제수용소 관리들과 같은 수준에 방치하는 꼴이 되어버릴 것이다. 즉 '생각하는 건 내 일이 아니었어요. 난 그저 명령을 따를 뿐이었단 말입니다.' 하고 마는 식 말이다." 선서의 표현은 물론 아주 일반적이며 모든 종류의 지각 있는 전문인들이 적용할 수 있는 것이다. 선서가 기대하는 바는 각 분야에서 더 상세한 실행 규약을 만들기 위한 윤리적 틀을 제공하는 것이다.

마침내 그런 선서는 군수산업이나 유사하게 의심스러운 분야에서 일하고 있는 공학자들의 사회적 입지를 줄일 수도 있다. 그리고 일단 일깨워지고 나면 지상에서 사회적 압력보다 더 강력한 힘은 거의 없는 법이다.

선서 채택이 다 이루어지는 한에서 일어날 수 있는 가장 큰 문제는, 아마 선서에 충실하여 입장을 고수하다가 일자리를 빼앗기는 과학자나 공학자는 어떻게 할 것인가 하는 문제다. 선서가 해당 전문직 교육기관 졸업식의 일부가 되면 그 전문직 업계 협회가 고용주에게 압력을 행사해야 한다. 오스트리아의 로베르트 융크와 동료들은 이 문제를 살펴보았다. 처음에 나온 제안은, 윤리적인 이유 때문에 연구직을 떠나야 하는 과학자에게 보험을 통해 양심에 대한 대가를 지불하도록 하는 것이었다. 그런데 이는 알고 보니 비용이 많이 드는 방법이었다. 대신에 개발한 방법은 사람들이 기금을 모아서 일종의 '망명' 과학자에게 일자리를 줄 대안 과학단체를 보조하는 것이었다. 지금 유럽에는 그런 단체가 네다섯 군데 있다.

과학자들의 초월적 경험을 위한 웹 문서보관소

다음은 '테이스트'의 웹사이트(www.issc-taste.org) 내용을 고쳐 쓴 것이다.

'과학자들의 초월적 경험을 위한 문서보관소'(테이스트)는 모든 분야의 과학자들이 개인적인 초월 경험을 나누기 위해 만든 웹사이트다. 이 사이트는 안전하고 익명성을 지켜주면서도 잘 관리를 하는 곳으로서 과학자나 일반 대중이 얼마든지 접근할 수 있다.

> **자기 경력에 해로운 결과를 초래하는 일이 두려워서 과학자들은 자신들의 초월적인 경험을 알리기 주저한다.**

동료들에게서 받을 비웃음과, 자기 경력에 불리하고 해로운 결과를 초래하는 일이 두려워서 과학자들은 자신들의 초월적인 경험을 알리기 주저한다. 그런데 불행한 일이지만 사실 그런 두려움을 충분히 가질만하다. 자기 동료들을 누르려고 하는 과학자들이 너무 많아서가 아니다. 단지 그것이 우리 시대의 사회적 조건이기 때문이다. 초개인심리학 연구소와 데이비스 소재 캘리포니아 대학 교수인 찰스 타트가 편집하는 이 웹사이트는 이런 문화를 바꿔보려 한다.

타트는 이렇게 말한다. 그간 많은 과학자들은 내가 말해도 되는 사람이라고 안심하기만 하면 자기들이 겪은 진귀하고 초월적인 경험에 대해 이야기해 주었다. 그런데 나는 그들이 동료들에게서 받을 조롱이 두려워 자기 경험을 털어놓은 처음이자 유일한 사람이 되는 경우가 너무 많았다.

오늘날 과학자들은 대사제 비슷한 사회적 역할을 맡는 경우가 흔히 있다. 평신도 같은 사람들이나 비슷한 사람들에게 무엇이 '진실'인지 아닌지를 말하다 보니 결과적으로 무엇이 가치 있거나 온전한 것인지를 말하게 되어버리는 것이다. 불행하게도 현대과학의 주류인 유물론적이면서 환원론적 심리사회 기류는(사회학자들이 '과학만능주의'라고 부르는, 과학의 본질 과정과는 다른 태도) 초월적, 초개인적, 개량적, 영적, 심령적 상태나 경험을 갖거나 나누는 일을 모두 배격하고 억압한다.

심리학자인 타트 교수의 관점에서 이런 편향적 억압과 거부는 과학자와 일반 과학 애호가의 초월적(또는 기타) 잠재성을 모두 심리적으로 훼손하고 왜곡한다. 또한 이는 의식의 모든 스펙트럼에 대한 진정한 과학적 이해를 발전시키는 일을 억제한다. 우리 본성의 어느 측면을 거부하는 일은 궁극적인 진실이 무엇이든 간에 심리적으로나 사회적으로나 건강하지 못한 처사다.

테이스트는 이런 제한적이고 병적인 기류를 바꾸는 데 도움이 되고자 만든 단체다. 테이스트가 특별히 강조하는 점은 이렇다.

1. 생생한 경험을 표현하기 위해 안전한 수단을 제공함으로써 과학자 개인의 심리적 발전에 기여한다.
2. 과학자 직업군 안에서 인간성의 모든 면모에 더 수용적인 기류를 조성하여 세계 문화에도 기여한다.
3. 고도로 명료하고 세심한 집단, 즉 과학자 인구 내에서의 초월적 경험에 대한 연구 데이터를 제공한다.

4. 초월적 경험 연구에 필요한 데이터 및 심리적 지원을 함으로써 의식
   에 대한 총체적 연구를 발전시키도록 돕는다.
5. 과학자의 인간적 면모를 보여줌으로써 과학과 다른 문화 사이의 불행
   한 간극에 다리를 놓는다.

매일 혁신적인 아이디어를 이메일로 받다

'매일 아이디어 하나' 웹사이트(www.idea-a-day.com)에 올라 온 내용을 요약했다.

'아이디어 어 데이' 웹사이트는 매일 사람들에게 아이디어 하나를 메일로 보낸다. 그리하여 사람들의 상상력에 불을 지펴 창조적이고 혁신적인 사고력을 기르도록 자극한다.

이 사이트에 일단 가입하고 나면 그날의 아이디어가 담긴 이메일을 바로 받을 수 있다. 이 서비스는 무료다. 이 사이트를 개발한 사람은 이 일이 결코 돈을 벌기 위한 수단이 아니며 단지 재미를 위한 일이라는 점을 강조한다.

사이트 가입자나 방문자들은 특정 아이디어 제안자에게 반응을 보내달라거나, 자신의 독창적인 아이디어를 보내 달라는 권유를 받는다. 각 아이디어는 "읽고 즐기고 이용하고 남용하기 위해 있는 것'이라고 이 사이트는 표현한다.

이 말이 뜻하는 바대로 어떤 아이디어도 그 자체로는 저작권이 없다(사이트에서 표현한 방식대로만 보호를 받는다). 그렇게 하는 의도는 이메일이 들어가는 곳이면 어디서나 새로운 아이디어가 더 잘 전달되어 퍼지도록 하는 것이다.

웹사이트가 제공한 아이디어를 다 모아놓은 데이터 보관소도 있다. 최근에 나온 아이디어를 보면 이런 것들이 있었다. 복층 주차장에 차를 대러 들어가기 전에 모든 운전자가 (티켓을 이용해서) 미리 가장 가까운 빈 공간을

파악할 수 있도록 하자고 한다든지, 환멸을 느끼는 유권자가 둘 중 하나를
위해 억지로 찬성표를 주는 방법 대신 반대하는 당을 응징하는 반대표를
던질 기회를 주자고 하는 것과 같은 것들이었다.

은퇴한 과학자를 위한 연구소

파항 세피드바쉬 : '세계지배 연구센터'의 파항 세피드바쉬가 세계 아이디어 은행에 보낸
이메일을 요약했다. 파항 세피드바쉬는 임페리얼칼리지(런던대학 소속)에서 박사학위를 받은
원자력공학 교수이자, 새로운 원자로 개념의 창안자, 95개가 넘는 과학출간물의 저자다.

나는 은퇴한 과학자를 위한 '세계지식연구소' 설립을 제안한다. 현재 인류는 지식발전과 가르침을 위해 기여할 수 있으며 기꺼이 기여하고자 하는 과학자나 지식인을 너무 일찍 은퇴시켜 버림으로써 잠재적인 지식발전 가능성을 잃어버리고 있다.

전 세계 모든 지식분야에서 매년 본인의 의사와는 상관없이 은퇴하여 활동을 멈추는 사람들이 많다. 이로써 오랫동안 그들이 쌓아왔던, 대체 불가능한 상당한 지식과 경험이 사라지고 마는 것이다. 이들은 아직도 인류의 복리를 위해 기여할 바가 많은 사람들이다.

그들이 인류를 위해 기여한 기회를 잃는다면, 그들은 자신들에게나 인류에게 덜 유익한 라이프스타일에 새로이 적응해야 할 것이다. 인류는 이런 사람들을 길러내기 위해 쏟아 부은 헤아릴 수 없는 투자를 쓰레기로 만들어버리는 셈이다.

세계지식연구소에서는 전 세계 각 지식 분야의 은퇴한 과학자와 지식인들이 모여서 어떠한 일이든 자기들이 하고 싶은 것을 하게 될 것이다. 그들은 동료들과 함께 아직 다듬어지지 않은 아이디어를 토론할 기회를 얻게 될 것이다. 개인적인 프로젝트를 연구하고(아마 옛 소속단체의 목적과는 어울리지

않던 주제에 대한), 책이나 논설을 쓰고, 가르치며, 궁극적으로는 옛 소속기관에서는 하고 싶어도 할 기회가 없었던 어떠한 일이라도 할 수 있을 것이다.

학생이나 지식을 구하는 사람들이 이 연구소로 와서 배우고 연구조교가 될 수 있을 것이다.

과학자들에게는 사무 공간, 비서진, 연구 작업을 위한 기본적인 시설이 주어질 것이다. 이들의 이들의 파트너를 위해 간단하지만 쓸만한 주택이 주어질 것이다. 음식, 의료지원, 티켓, 용돈도 생길 것이다. 대부분은 퇴직연금이 있어서, 액수에 따라 다르기는 하겠지만 도움이 그다지 필요하지 않다. 과학자들은 1년에 몇 달에서부터 영구거주까지 원하는 시간 동안 마음껏 머무를 수가 있다.

연구소는 인구집중지역에서 떨어져 있으며 기후가 온화한, 아름다운 시골 땅이 필요할 것이다. 주택, 사무 공간, 세미나실, 계단식 교실, 식당, 의료센터, 도서관, 컴퓨터 시설 등이 필요할 것이다.

명망과 부를 가져다 줄 수 있는 이런 연구소를 유치하기 위해 개발도상국들이 경쟁을 벌일 것이라는 예상을 할 수도 있다.

미래에 대한 비전을 갖춘 명망과 부를 가져다 줄 수 있는 이런 연구소를 유치하기 위해 개발도상국들이 경쟁을 벌일 것이라는 예상을 할 수도 있다. 연구소를 유치하는 나라는 방대한 지식 은행과 가장 저렴한 값으로 국민들을 교육할 수 있는 기회를 얻는 혜택을 입을 것이다. 과학적 목적을 지닌 여러 관광객들이 지식을 구하기 위해 유치국을 찾을 것이다. 연구소는 세상 모든 과학자와 지식인의 용광로가 될 것이다. 이렇게 매우 유능한 사람들 사이에서 일어나는 상호작용은 새롭고 중요한 지식을 낳을 것이다.

세계지식연구소는 배움의 중심지가 될 것이다.

여러 국제 과학기구와 개인이 이 프로젝트에 기부를 할 것이다. 현재 영향력이 있는 사람들은 미래의 자기 자리를 만든다는 아이디어에 자극을 받을 것이다. 은퇴한 여러 과학자들이 살아있는 동안에 기여를 하거나, 사후에 기증할 것을 남길지도 모른다. 이런 식으로 그들은 자신들이 선택한 세계지식연구소에 이름을 남기면서 스스로를 불멸의 존재로 만들 것이다.

이 아이디어는 세계은퇴과학자연구소WIRS가 모양새를 갖추기 시작하면서 구체적인 현실이 되고 있다. 세피드바쉬 박사는 WIRS가 이타적 원칙과 자문 역량을 발휘하는, 살아있는 생물체처럼 자라고 발전하는 유기적 기관이 되기를 바라고 있다. 본부는 브라질 히우 그란지 두 술 주州에 둘 것이나 인터넷을 통해 전 세계에 자문역할을 할 수 있을 것이다. 더 자세한 정보 및 WIRS 회원에 가입하기 위한 신청서는 웹사이트에 있다.

캐나다 국립연구위원회는 관심분야를 계속 연구하고 싶은 퇴직 과학자에게 사무공간과 자원을 제공한다. 이런 과학자는 '초빙 연구원'이라는 칭호가 주어진다.
나사에서 은퇴한 84세의 허먼 뱅크는 10년 전 '의학발전을 위한 자원봉사 전문가'를 설립했다. 이는 캘리포니아 파사데나의 제트추진연구소 출신이면서 자기 지식과 전문기술을 의학에 적용하는 엔지니어와 학자들로 이루어진 그룹이다. 조산아를 위한 자동 산소공급시스템을 이미 설계했을 뿐만 아니라, 지금은 전 세계 연구자 및 소아과의사를 위한 어린이질병 데이터베이스를 개발하고 있다. 뱅크 씨는 이제 미국 주변에도 비슷한 단체를 만들기 위한 홍보를 시작하고 있다.(《머스트 리드》잡지에 실린 수잔 지아윈스키의 '데이타스페이스 카우보이'라는 글에서 요약했다. 로저 나이츠가 모니터했다.)